U0686806

資治通鑑

第八册

晉孝武帝太元十二年丁亥起
宋文帝元嘉十八年辛巳止

卷一百七至
一百二十三

中華書局

資治通鑑卷第一百七

端明殿學士兼翰林侍讀學士右諫議大夫充集賢殿修撰權判西京留司御史臺上柱國河內郡開國侯食邑一千三百戶食實封四百戶賜紫金魚袋臣 司馬光 奉敕編集
後學天台 胡三省 音註

晉紀二十九 起強圉大淵獻（丁亥），盡重光單閼（辛卯），凡五年。

烈宗孝武皇帝中之下

太元十二年（丁亥、三八七）

1 春，正月，乙巳，以朱序爲青、兗二州刺史，代謝玄鎭彭城；序求鎭淮陰，許之。序求鎭淮陰，以燕方強，必進取河南，彭城去建康道遠，聲援不接故也。以玄爲會稽內史。優玄以內地也。會，工外翻。

2 丁未，大赦。

3 燕主垂觀兵河上，韋昭曰：觀，示也，陳兵以示威武。觀，古玩翻。高陽王隆曰：「溫詳之徒，皆白面儒生，烏合爲羣，徒恃長河以自固；若大軍濟河，必望旗震壞，不待戰也。」垂從之。戊午，遣鎭北將軍蘭汗、護軍將軍平幼於碻磝西四十里濟河，隆以大衆陳於北岸。陳，讀曰陣。

溫攀、溫楷果走趣城，蓋趣東阿城也。趣，七喻翻。平幼追擊，大破之。詳夜將妻子奔彭城，其衆三萬餘戶皆降於燕。降，戶江翻。垂以太原王楷爲兗州刺史，鎮東阿。

初，垂在長安，秦王堅嘗與之交手語，【章：十二行本「語」下有「垂出」二字；乙十一行本同；孔本同；退齋校同。】冗從僕射光祚言於堅曰：冗，而隴翻。從，才用翻。「陛下頗疑慕容垂乎？垂非久爲人下者也。」堅以告垂。及秦主丕自鄴奔晉陽，事見上卷十年。祚與黄門侍郎封孚、鉅鹿太守封勸皆來奔。祚從苻丕在鄴，見上卷九年。勸，奕之子也。封奕仕燕，燕興於昌黎，奕有力焉。垂之再圍鄴也，見一百五卷九年。秦故臣西河朱肅等各以其衆來奔。詔以祚等爲河北諸郡太守，皆營於濟北、濮陽，濟北、濮陽，二郡。濟，子禮翻。濮，博木翻。羈屬溫詳；師古曰：言羈縻屬之而已。詳敗，俱詣燕軍降。降，戶江翻。垂赦之，撫待如舊。垂見光祚，流涕沾衿，衿，音今。曰：「秦王待我深，吾事之亦盡；但爲二公猜忌，二公，謂長樂公丕、平原公暉也。吾懼死而負之，事見一百五卷九年。每一念之，中宵不寐。」祚亦悲慟。垂賜祚金帛，祚固辭，垂曰：「卿猶復疑邪？」復，扶又翻。祚曰：「臣昔者惟知忠於所事，不意陛下至今懷之，臣敢逃其死！」垂曰：「此乃卿之忠，固吾所求也，前言戲之耳。」用孔子語。待之彌厚，以爲中常侍。光祚，秦之宦者，故處以此官。

4 翟遼遣其子釗寇陳、潁，朱序遣將軍秦膺擊走之。

5秦主登立妃毛氏爲皇后，勃海王懿爲太弟。后，興之女也。遣使拜東海王纂爲使持節、都督中外諸軍事、太師、領大司馬，封魯王；使，疏吏翻。纂弟師奴爲撫軍大將軍、幷州牧，封朔方公。纂怒謂使者曰：「勃海王先帝之子，南安王何以不立而自立乎？」長史王旅諫曰：「南安已立，理無中改；今寇虜未滅，不可宗室之中自爲仇敵也。」纂乃受命。於是盧水胡彭沛穀、屠各董成、張龍世、新平羌雷惡地等皆附於纂，有衆十餘萬。以登、纂連兵，聲勢浸盛，故相與歸之。屠，直於翻。

6後秦主萇徙秦州豪傑三萬戶于安定。去年萇徙安定民以實長安，今又徙秦州豪傑以實安定。蓋萇起兵以安定爲根本，而欲都長安，故因道里遠近爲次以漸徙之。

7初，安次人齊涉聚衆八千餘家據新栅，降燕，安次縣，前漢屬勃海，後漢屬廣陽國，晉屬燕國。新栅蓋在魏郡界。降，戶江翻。燕主垂拜涉魏郡太守。既而復叛，連張願，願自帥萬餘人進屯祝阿之瓮口，祝阿縣，漢屬平原郡，晉屬濟南郡。願自泰山進屯焉。劉昫曰：齊州禹城縣，漢祝阿縣，天寶元年，更名。宋白曰：祝阿，猶東阿也，古祝國黃帝之後。按古東阿，齊爲東阿，漢爲祝阿縣，故城在今豐齊縣東北二里；唐改禹城。復，扶又翻。帥，讀曰率。瓮，烏貢翻。招翟遼，共應涉。

高陽王隆言於垂曰：「新栅堅固，攻之未易猝拔。易，以豉翻。若久頓兵於其城下，張願擁帥流民，西引丁零，丁零，謂翟遼。帥，讀曰率。爲患方深。願衆雖多，然皆新附，未能力鬭。

因其自至，宜先擊之。願父子恃其驍勇，驍，堅堯翻。必不肯避去，可一戰擒也。願破，則涉不能自存矣。」垂從之。

二月，遣范陽王德、陳留王紹、龍驤將軍張崇驤，思將翻。帥步騎二萬會隆擊願。軍至斗城，去瓮口二十餘里，解鞍頓息。願引兵奄至，燕人驚遽，德兵退走，隆勒兵不動。願子龜出衝陳，陳，讀曰陣。隆遣左右王末逆擊，斬之。隆徐進戰，願兵乃退。德行里餘，復整兵，還與隆合，復，扶又翻。謂隆曰：「賊氣方鋭，宜且緩之。」隆曰：「願乘人不備，宜得大捷；而吾士卒皆以懸隔河津，勢迫之故，人思自戰，言兵爲河津所隔，前有強敵，退則溺死，故思之而各自爲戰也。故能卻之。今賊不得利，氣竭勢衰，皆有進退之志，不能齊奮，宜亟擊之。」德曰：「吾唯卿所爲耳。」遂進，戰於瓮口，大破之，斬首七千八百級；願脱身保三布口。燕人進軍歷城，歷城縣自漢以來屬濟南郡。青、兗、徐州郡縣壁壘多降。降，戶江翻。垂以陳留王紹爲青州刺史，鎮歷城。德等還師，新栅人冬鸞執涉送之。果如慕容隆所料。唐韻：冬，姓也。垂誅涉父子，餘悉原之。

8 三月，秦主登以竇衝爲南秦州牧，楊定爲益州牧，楊壁爲司空、梁州牧，乞伏國仁爲大將軍、大單于、苑川王。杜佑曰：苑川在蘭州五泉縣，近大、小榆谷。余謂杜佑以意言之。單，音蟬。

9 燕上谷人王敏殺太守封戢，代郡人許謙逐太守賈閏，各以郡附劉顯。爲燕擊劉顯張本。

10 燕樂浪王溫爲尚書右僕射。「燕」下當有「以」字。樂浪，音洛琅。

11 夏，四月，戊辰，尊帝母李氏爲皇太妃，儀服如太后。

12 後秦征西將軍姚碩德爲楊定所逼，退守涇陽。涇陽縣，前漢屬安定郡，後漢、晉省，秦屬隴東郡。杜佑曰：漢涇陽縣在今平涼郡界涇陽故城是。定與秦魯王纂共攻之，戰于涇陽，碩德大敗。後秦主萇自陰密救之，纂退屯敷陸。陰密縣，屬安定郡，殷時密國也。敷陸，唐坊州鄜城縣，卽其地。

13 燕主垂自碻磝還中山，慕容柔、慕容盛、慕容會來自長子。柔等去年自長子逃歸，今始達中山。庚子，【章：十二行本「子」作「辰」；乙十一行本同；孔本同；張校同；退齋校同。】垂爲之大赦。喜子孫得全而東歸，故爲之肆赦。爲，于僞翻。垂問盛：「長子人情如何，爲可取乎？」盛曰：「西軍擾擾，人有東歸之志，陛下唯當脩仁政以俟之耳。若大軍一臨，必投戈而來，若孝子之歸慈父也。」垂悅。癸未，封柔爲陽平王，盛爲長樂公，樂，音洛。會爲淸河公。

14 高平人翟暢執太守徐含遠，以郡降翟遼。降，戶江翻。燕主垂謂諸將曰：「遼以一城之衆，反覆三國之間，三國，謂晉及燕、西燕。不可不討。」五月，以章武王宙監中外諸軍事，監，工銜翻。輔太子寶守中山；垂自帥諸將南攻遼，帥，讀曰率；下同。以太原王楷爲前鋒都督。遼衆皆燕、趙之人，聞楷至，皆曰：「太原王子，吾之父母也！」楷父恪相燕，燕、趙之人懷之，故云然。相帥歸之。遼懼，遣使請降；垂以遼爲徐州牧，封河南公，前至黎陽，受降而還。降，戶江翻。井陘人賈鮑，井陘縣屬常山郡。陘，音刑。招引北山丁零翟遙等五千餘人，夜襲中山，陷其外郭。章武王宙以奇兵出其外，太子寶鼓譟於內，合擊，大破之，盡俘其衆，唯遙、鮑單馬走免。

15 劉顯地廣兵強，雄於北方。會其兄弟乖爭，魏長史張衮言於魏王珪曰：「顯志在幷吞，今不乘其內潰而取之，奴眞、肺渥相繼來降，故云然。必爲後患。然吾不能獨克，請與燕共攻之。」珪從之，復遣安同乞師於燕。去年魏遣安同乞師於燕以破窟咄，故此言復。復，扶又翻。

16 詔徵會稽處士戴逵，會，工外翻。處，昌呂翻。逵累辭不就；郡縣敦逼不已，逵逃匿于吳。謝玄上疏曰：「逵自求其志，論語曰：隱居以求其志。今王命未回，將罹風霜之患。陛下既已愛而器之，亦宜使其身名並存，請絕召命。」帝許之。玄爲會稽內史，故爲逵上疏。逵，逯之兄也。戴逯見一百四卷四年。

17 秦主登以其兄同成爲司徒、守尚書令，封潁川王；弟廣爲中書監，封安成王；子崇爲尚書左僕射，封東平王。

18 燕主垂自黎陽還中山。

19 吳深殺燕清河太守丁國，章武人王祖殺太守白欽，勃海人張申據高城以叛；高城縣屬勃海郡。賢曰：高城故城，在今滄州鹽山縣南。燕主垂命樂浪王溫討之。

20 苑川王國仁帥騎三萬襲鮮卑大人密貴、裕苟、提倫三部于六泉。密貴爲一部，裕苟爲一部，提倫爲一部。六泉在高平。帥，讀曰率。騎，奇寄翻。秋，七月，與沒弈干、金熙戰于渴渾川，據載記，國仁襲三部，而沒弈干、金熙連兵襲國仁，故遇戰于渴渾川，其地當在天水勇士縣東北。沒弈干、金熙大敗，三部皆降。降，戶江翻。

21 秦主登軍于瓦亭，後秦主萇攻彭沛穀堡，拔之，穀奔杏城。彭沛穀，盧水胡也，立堡於貳縣。杜佑曰：杏城在坊州西。萇還陰密，以太子興鎮長安。

22 燕趙王麟討王敏于上谷，斬之。

23 劉衛辰獻馬於燕，劉顯掠之。燕主垂怒，遣太原王楷將兵助趙王麟擊顯，大破之。將，即亮翻。顯奔馬邑西山。魏王珪引兵會麟擊顯於彌澤，按魏書帝紀，彌澤在馬邑南。又破之。顯奔西燕，麟悉收其部衆，獲馬牛羊以千萬數。劉顯滅而拓跋氏強矣。爲慕容氏計者，莫若兩利而俱存之，可以無他日亡國之禍。

24 呂光將彭晃、徐炅攻張大豫于臨洮，破之。張大豫奔臨洮，見上卷上年。洮，土刀翻。大豫奔廣武，王穆奔建康。八月，廣武人執大豫送姑臧，斬之。穆襲據酒泉，自稱大將軍、涼州牧。

25 辛巳，立皇子德宗爲太子，大赦。

26 燕主垂立劉顯弟可泥爲烏桓王，以撫其衆，徙八千餘落于中山。

27 秦馮翊太守蘭櫝帥衆二萬自頻陽入和寧，頻陽縣，秦厲公置，自漢以來屬馮翊。應劭曰：在頻水之陽。據載記，和寧在嶺北杏城之東南。帥，讀曰率。與魯王纂謀攻長安。纂弟師奴勸纂稱尊號，纂不從；師奴殺纂而代之，櫝遂與師奴絕。西燕主永攻櫝，櫝【章：十二行本「櫝」下有「遣使」二字；乙十一行本同；孔本同；張校同。】請救於後秦，後秦主萇欲自救之。尚書令姚旻、左僕射尹緯曰：「苻登近在瓦亭，將乘虛襲吾後。」萇曰：「苻登衆盛，非旦夕可制；【嚴：「制」改「至」。】登遲重少決，必不能輕軍深入。比兩月間，比，必寐翻，及也。吾必破賊而返，登雖至，無能爲也。」九月，萇軍于泥源。漢書地理志，北地郡有泥陽縣。應劭註云：泥水出郁郅北蠻中。師奴逆戰，大敗，亡奔鮮卑。後秦盡收其衆，屠各董成等皆降。苻纂兄弟既敗，苻登之勢孤矣。屠，直於翻。

28 秦主登進據胡空堡，秦屯騎校尉胡空所築堡也，在新平界。戎、夏歸之十餘萬。夏，戶雅翻。

29 冬，十月，翟遼復叛燕，復，扶又翻；下同。遣兵與王祖、張申寇抄清河、平原。抄，楚交翻。

30 後秦主萇進擊西燕王永於河西，「西燕王」當作「西燕主」。此龍門至華陰，河之西也。永走。蘭櫝復列兵拒守，萇攻之；十二月，禽櫝，遂如杏城。

31 後秦姚方成攻秦雍州刺史徐嵩壘，拔之，執嵩而數之。雍，於用翻。數，所具翻。嵩罵曰：「汝姚萇罪當萬死，苻黃眉欲斬之，先帝止之。謂穆帝升平元年姚襄敗時也。授任內外，榮寵極矣。曾不如犬馬識所養之恩，親爲大逆。謂殺秦王堅於新平佛寺也。汝羌輩豈可以人理期也，何不速殺我！」【章：十二行本「我」下有「早見先帝取姚萇於地下治之」十二字；乙十一行本同；孔本同；張校同；退齋校同。】方成怒，三斬嵩，三斬者，斬其足，斬其腰，斬其頸也。悉阬其士卒，以妻子賞軍。後秦主萇掘秦主堅尸，鞭撻無數，剝衣倮形，薦之以棘，坎土而埋之。堅葬於徐嵩、胡空二壘之間，徐嵩之壘既陷，故姚萇得掘墓鞭尸以逞其忿。倮，郎果翻。薦，藉也。

32 涼州大饑，米斗直錢五百，人相食，死者太半。

33 呂光西平太守康寧自稱匈奴王，殺湟河太守強禧以叛。西平郡，東漢之末，分金城置，唐之鄯州，卽其地也。湟河郡，河西張氏置，蓋亦在鄯州界內。強，其兩翻。張掖太守彭晃亦叛，東結康寧，西通王穆。光欲自擊晃，諸將皆曰：「今康寧在南，伺釁而動，伺，相吏翻。若晃、穆未誅，康寧復至，復，扶又翻。進退狼狽，勢必大危。」光曰：「實如卿言。然我今不往，是坐待其來也。若三寇連兵，三寇，謂康寧、彭晃、王穆。東西交至，則城外皆非吾有，大事去矣。今晃初叛，與寧、穆情契未密，出其倉猝，取之差易耳。」易，以豉翻。乃自帥騎三萬，帥，讀曰率。騎，奇寄翻。倍道兼行，既至，攻之二旬，拔其城，誅晃。

初，王穆起兵，遣使招敦煌處士郭瑀，使，疏吏翻。敦，徒門翻。處，昌呂翻。瑀歎曰：「今民將左衽，吾忍不救之邪！」乃與同郡索嘏起兵應穆，索，昔各翻。運粟三萬石以餉之。穆以瑀爲太府左長史、軍師將軍，㟪爲敦煌太守。既而穆聽讒言，引兵攻㟪，瑀諫不聽，出城大哭，舉手謝城曰：「吾不復見汝矣！」復，扶又翻。還而引被覆面，覆，敷又翻。不與人言，不食而卒。卒，子恤翻。呂光聞之曰：「二虜相攻，此成禽也，不可以憚屢戰之勞而失永逸之機也。」一勞永逸，古語有之。遂帥步騎二萬攻酒泉，克之。進屯涼興，涼興郡，河西張氏置，在唐瓜州常樂縣界。穆引兵東還，未至，衆潰，穆單騎走，騂馬令郭文斬其首送之。騂馬縣屬酒泉郡，蓋魏、晉間所置也。騂，思榮翻。呂光新得河西，黨叛於內，敵攻於外，雖數戰數勝，而根本不固，宜不足以貽子孫也。

十三年（戊子、三八八）

1 春，正月，康樂獻武公謝玄卒。樂，音洛。康樂縣，屬豫章郡。

2 二月，秦主登軍朝那，朝那縣自漢以來屬安定郡。後秦主萇軍武都。此武都亦當在安定界。五代志：朝那縣，西魏置安武郡。安武，漢舊縣名；武都之名當是因安武而名。

3 翟遼遣司馬眭瓊詣燕謝罪；眭，姓也；師古息隨翻。類篇宜爲翻。燕主垂以其數反覆，斬瓊以絕之。數，所角翻。遼乃自稱魏天王，改元建光，置百官。

4 燕青州刺史陳留王紹爲平原太守辟閭渾所逼，退屯黃巾固。漢末黃巾保聚於其地，因以爲名。齊人謂壘堡爲固。紹自歷城退屯焉，其地在濟南郡章丘城北。燕主垂更以紹爲徐州刺史。渾，蔚之子也，辟閭蔚見一百卷穆帝永和十二年。蔚，紆忽翻。因苻氏亂，據齊地來降。後辟閭渾爲慕容德所殺。

降，戶江翻。

5 三月，乙亥，燕主垂以太子寶錄尚書事，授之以政，自總大綱而已。

6 燕趙王麟擊許謙，破之，去年許謙叛燕附劉顯。謙奔西燕。遂廢代郡，悉徙其民於龍城。

7 呂光之定涼州也，杜進功居多，光以爲武威太守，事見上卷十年。貴寵用事，羣僚莫及。光甥石聰自關中來，光問之曰：「中州人言我爲政何如？」聰曰：「但聞有杜進耳，不聞有舅。」光由是忌進而殺之。

光與羣寮宴，語及政事，參軍京兆段業曰：「明公用法太峻。」光曰：「吳起無恩而楚強，商鞅嚴刑而秦興。」業曰：「起喪其身，鞅亡其家，皆殘酷之致也。吳起事見一卷周安王十五年，商鞅事見二卷顯王三十一年。喪，息浪翻。明公方開建大業，景行堯、舜，詩曰：高山仰止，景行行止。毛萇曰：景，大也。鄭玄曰：景，明。庶幾古人，有高德者，則慕仰之，有明行者，則而行之。行，下孟翻。猶懼不濟；乃慕起、鞅之爲治，治，直吏翻。豈此州士女所望哉！」光改容謝之。沮渠蒙遜兄弟舉兵，所以推段業爲重，亦由此言爲涼州人士所歸敬也。

8 夏，四月，戊午，以朱序爲都督司・雍・梁・秦四州諸軍事、雍州刺史，戍洛陽。雍，於用翻。以譙王恬代序爲都督兗・冀・幽・幷【章：十二行本「幷」下有「四州」二字；乙十一行本同；孔本同。】諸軍事、青・兗二州刺史。

9 苑川王國仁破鮮卑越質叱黎於平襄，平襄縣，漢屬天水郡，晉屬略陽郡。越質蓋鮮卑部落之號，後以爲氏。獲其子詰歸。

10 丁亥，燕主垂立夫人段氏爲皇后，以太子寶領大單于。單，音蟬。段氏，右光禄大夫儀之女；其妹適范陽王德。儀，寶之舅也。爲後寶逼殺段后張本。追謚前妃段氏爲成昭皇后。段氏死見一百卷穆帝升平二年。

11 五月，秦太弟懿卒，謚曰獻哀。

12 翟遼徙屯滑臺。遼自黎陽徙屯滑臺，既與燕絶，欲阻河爲固也。滑臺城在白馬縣西，春秋鄭廩延邑也，唐爲滑州。

13 六月，苑川王乞伏國仁卒，謚曰宣烈，廟號烈祖。其子公府尚幼，羣下推國仁弟乾歸爲大都督、大將軍、大單于、河南王，時乞伏氏跨有涼州河南之地，遂爲國號。爲後公府殺乾歸張本。單，音蟬。大赦，改元太初。

14 魏王珪破庫莫奚於弱落水南，新唐書曰：奚亦東胡種，爲匈奴所破，保烏丸山；漢曹操斬蹋頓，蓋其後也。弱落水即饒樂水，在奚中。秋，七月，庫莫奚復襲魏營，復，扶又翻。珪又破之。庫莫奚者，本屬宇文部，與契丹同類而異種，其先皆爲燕王皝所破，徙居松漠之間，契丹國自西樓東去四十里，至眞珠寨，又東行，地勢漸高，西望松林鬱然，數十里，遂入平川。契，欺訖翻。洪邁曰：契丹之讀如喫，惟新唐書有音。種，章勇翻。

15 秦、後秦自春相持，屢戰，互有勝負，至是各解歸。關西豪桀以後秦久無成功，多去而附秦。

16 河南王乾歸立其妻邊氏爲王后；置百官，倣漢制，以南川侯出連乞都爲丞相，出連亦以部落之號爲氏。梁州刺史悌眷爲御史大夫，金城邊芮爲左長史，東秦州刺史祕宜爲右長史，乞伏氏置東秦州於南安。武始翟勍爲左司馬，勍，渠京翻。略陽王松壽爲主簿，從弟軻彈爲梁州牧，弟益州爲秦州牧，屈眷爲河州牧。乞伏乾歸所置州牧，不過分居河、隴之間。從，才用翻。

17 八月，秦主登立子崇爲皇太子，弁爲南安王，尙爲北海王。

18 燕護軍將軍平幼會章武王宙討吳深，破之，深走保繹幕。繹幕縣，自漢以來屬清河郡。

19 魏王珪陰有圖燕之志，遣九原公儀奉使至中山，燕主垂詰之曰：使，疏吏翻。詰，去吉翻。「魏王何以不自來？」儀曰：「先王與燕並事晉室，世爲兄弟，魏與燕皆鮮卑種也。拓跋力微與慕容涉歸並事晉室。臣今奉使，於理未失。」垂曰：「吾今威加四海，豈得以昔日爲比！」儀曰：「燕若不脩德禮，欲以兵威自強，此乃將帥之事，將，卽亮翻。帥，所類翻。非使臣所知也。」儀還，言於珪曰：「燕主衰老，太子闇弱，范陽王自負材氣，是時慕容德在燕宗室中固自有與人不同者。非少主臣也。少，詩照翻。燕主既沒，內難必作，難，乃旦翻。於時乃可圖也。今則未可。」珪善之。

爲後魏攻燕張本。儀，珪母弟【嚴：「母弟」改「從父」。】翰之子也。

20 九月，河南王乾歸還都金城。

21 張申攻廣平，王祖攻樂陵；壬午，燕高陽王隆將兵討之。

22 冬，十月，後秦主萇還安定；秦主登就食新平，帥衆萬餘圍萇營，帥，讀曰率。四面大哭，萇命營中哭以應之，登乃退。

23 十二月，庚子，尚書令南康襄公謝石卒。

24 燕太原王楷、趙王麟將兵會高陽王隆於合口，水經：衡漳水過勃海建成縣，又東，左會呼沱別河故瀆。又東北入清河，謂之合口。魏收地形志曰：浮陽縣西接漳水，衡水入焉，今謂之合口。以擊張申；王祖帥諸壘共救之，帥，讀曰率。夜犯燕軍，燕人逆擊，走之。隆欲追之，楷、麟曰：「王祖老賊，或恐詐而設伏，不如俟明。」隆曰：「此白地羣盜，烏合而來，徼幸一決，徼，堅堯翻。非素有約束，能壹其進退也。今失利而去，衆莫爲用，乘勢追之，不過數里，可盡擒也。申之所恃，唯在於祖，祖破，則申降矣。」降，戶江翻；下同。乃留楷、麟守申壘，隆與平幼分道擊之，比明，比，必利翻，及也。大獲而還，懸所獲之首以示申。甲寅，申出降，祖亦歸罪。

25 秦以潁川王同成爲太尉。同成，秦主登之兄。

十四年（己丑、三八九）

1 春，正月，燕以陽平王柔鎮襄國。

遼西王農在龍城五年，庶務脩舉，乃上表曰：「臣頃因征卽鎮，農誅餘巖，擊高句麗，因鎮龍城，見上卷十年。所統將士安逸積年，青、徐、荆、雍遺寇尚繁，雍，於用翻。願時代還，展竭微效，生無餘力，沒無遺恨，臣之志也！」庚申，燕主垂召農爲侍中、司隸校尉；以高陽王隆爲都督幽・平二州諸軍事、征北大將軍、幽州牧；建留臺於龍城，以隆錄留臺尚書事。又以護軍將軍平幼爲征北長史，散騎常侍封孚爲司馬，散，悉亶翻。騎，奇寄翻。並兼留臺尚書。隆因農舊規，脩而廣之，遼、碣遂安。遼、碣，謂遼水、碣石。碣，其謁翻。

2 後秦主萇以秦戰屢勝，謂得秦王堅之神助，亦於軍中立堅像而禱之曰：「臣兄襄敕臣復讎，穆帝升平元年，姚襄爲秦所殺。新平之禍，見上卷十年。臣行襄之命，非臣罪也。苻登，陛下疏屬，猶欲復讎，況臣敢忘其兄乎！且陛下命臣以龍驤建業，見一百五卷八年。驤，思將翻。臣敢違之！今爲陛下立像，爲，于僞翻。陛下勿追計臣過也。」秦主登升樓，遙謂萇曰：「爲臣弒君，而立像求福，庸有益乎！」因大呼曰：呼，火故翻。「弒君賊姚萇何不自出！吾與汝決之！」萇不應。久之，以戰未有利，軍中每夜數驚，數，所角翻。乃斬像首以送秦。

3 秦主登以河南王乾歸爲大將軍、大單于、金城王。單，音蟬。

4 甲寅，魏王珪襲高車，破之。

5 二月，呂光自稱三河王，呂光，字世明。光時有涼州河西之地，未能兼有三河也。大赦，改元麟嘉，置百官。光妻石氏、子紹、弟德世自仇池來至姑臧，長安之亂，呂光之家奔仇池依楊氏。光立石氏爲妃，紹爲世子。

6 癸巳，魏王珪擊吐突鄰部於女水，女水在弱落水西，去平城三千餘里，後魏顯祖改曰武川。大破之，盡徙其部落而還。

7 秦主登留輜重於大界，大界，當在安定、新平之間。重，直用翻。自將輕騎萬餘攻安定羌密造保，克之。將，卽亮翻。騎，奇寄翻。「保」，當作「堡」。

8 夏，四月，翟遼寇滎陽，執太守張卓。

9 燕以長樂公盛鎮薊城，脩繕舊宮。燕主儁初自龍城徙都薊，有舊宮在焉。樂，音洛。薊，音計。

五月，清河民孔金斬吳深，送首中山。吳深反，事始上卷十一年。

10 金城王乾歸擊侯年部，大破之。於是秦、涼鮮卑、羌、胡多附乾歸，乾歸悉授以官爵。

11 後秦主萇與秦主登戰數敗，數，所角翻。乃遣中軍將軍姚崇襲大界；登邀擊之於安丘，魏收地形志：安定陰盤縣有安城。又敗之。敗，補邁翻。

12 燕范陽王德、趙王麟擊賀訥，追奔至勿根山，訥窮迫請降，降，戶江翻。徙之上谷，質其弟染干於中山。質，音致。

13 秋，七月，以驃騎長史王忱爲荆州刺史、都督荆・益・寧三州諸軍。驃，匹妙翻。騎，奇寄翻。忱，是壬翻。忱，國寶之弟也。

14 秦主登攻後秦右將軍吳忠等於平涼，克之。八月，登據苟頭原以逼安定。諸將勸後秦主萇決戰，萇曰：「與窮寇競勝，兵家之忌也；吾將以計取之。」乃留尚書令姚旻守安定，夜，帥騎三萬帥，讀曰率；下同。襲秦輜重于大界，克之，重戰輕防，此苻登所以敗也。重，直用翻。殺毛后及南安王【章：十二行本「王」下有「弁、北海王」四字；乙十一行本擠刻字數同；孔本同；張校同。】尚，尚，秦主登之子也。擒名將數十人，驅掠男女五萬餘口而還。毛氏美而勇，善騎射。後秦兵入其營，毛氏猶彎弓跨馬，帥壯士數百人【章：十二行本「人」作「力」；乙十一行本同；孔本同；張校同。】戰，衆【章：十二行本「衆」上有「殺七百餘人」五字；乙十一行本同；孔本同；張校同；退齋校同。】寡不敵，爲後秦所執。萇將納之，毛氏罵且哭曰：「姚萇，汝先已殺天子，謂殺秦王堅也。今又欲辱皇后，皇天后土，寧汝容乎！」萇殺之。諸將欲因秦軍駭亂擊之，萇曰：「登衆雖亂，怒氣猶盛，未可輕也。」遂止。兵勝者驕，兵怒者奮，以奮乘驕，則先敗而後勝者多矣。姚萇見兵勢，所以收衆而止。登收餘衆屯胡空堡。萇使姚碩德鎮安定，徙安定千餘家于陰密，遣其弟征南將軍靖鎮之。

15 九月，庚午，以左僕射陸納爲尚書令。

16秦主登之東也，後秦主萇使姚碩德置秦州守宰，以從弟常戍隴城，從，才用翻。隴城縣，漢屬天水郡，晉省。此時當屬略陽郡。邢奴戍冀城，姚詳戍略陽。楊定攻隴、冀，克之，斬常，執邢奴；詳棄略陽，奔陰密。定自稱秦州牧、隴西王；秦因其所稱而授之。

17冬，十月，秦主登以竇衝爲大司馬、都督隴東諸軍事、雍州牧，雍，於用翻。楊定爲左丞相、都督中外諸軍事，秦·梁二州牧，【章：十二行本「牧」下有「楊壁爲都督隴右諸軍事南秦益二州牧」十六字；孔本同；張校同。按乙十一行本亦脫。】約共攻後秦；又約監河西諸軍事·并州刺史楊政、都督河東諸軍事·冀州刺史楊楷各帥其衆會長安。帥，讀曰率；下同。政、楷皆河東人。秦主丕既敗，政、楷收集流民數萬戶，政據河西，楷據湖、陝之間，遣使請命於秦，登因而授之。大界既陷，苻登之兵勢衰矣，故約竇衝等共攻後秦。陝，式冉翻。使，疏吏翻。

18燕樂浪悼王溫爲冀州刺史，燕冀州刺史治信都。樂浪，音洛琅。翟遼遣丁零故堤詐降於溫帳，何承天姓苑有故姓。帳，謂帳下。【章：十二行本正作「帳下」。「帳」上有「爲溫」二字；乙十一行本擠刻均同；孔本同；張校同。】乙酉，刺溫，殺之，刺，七亦翻。并其長史司馬驅，帥守兵二百戶奔西燕。燕遼西王農邀擊刺溫者於襄國，盡獲之，惟堤走免。

19十一月，枹罕羌彭奚念附於乞伏乾歸，以奚念爲北河州刺史。枹罕舊爲河州治所。乞伏氏先於境內置河州，以屈眷爲牧，故以枹罕爲北河州，以奚念爲刺史。枹，音膚。

20 初，帝既親政事，太元元年，崇德太后歸政，帝始親政事。威權己出，有人主之量。已而溺於酒色，委事於琅邪王道子；道子亦嗜酒，日夕與帝以酣歌爲事。又崇尚浮屠，窮奢極費，所親暱者皆姏姆、僧尼。暱，尼質翻。姏，姑三翻，老女稱。姆，莫補翻，女師也，又音茂。左右近習，爭弄權柄，交通請託，賄賂公行，官賞濫雜，刑獄謬亂。尚書令陸納望宮闕歎曰：「好家居，纖兒欲撞壞之邪！」撞，丈降翻。纖者，小之至。言爲纖兒，謂不及小兒也。左衛領營將軍會稽許營以左衛將軍領營兵，是爲左衛領營將軍。許營，一作「榮」。上疏曰：「今臺府局吏、直衛武官及僕隸婢兒取母之姓者，官婢私合而生子，不能審知其父，取母之姓爲姓。本無鄉邑品第，皆得爲郡守縣令，或帶職在內，及僧尼乳母，競進親黨，又受貨賂；輒臨官領衆，政教不均，暴濫無罪，禁令不明，劫盜公行。昔年下書敕羣下盡規，而衆議兼集，無所採用。臣聞佛者，清遠玄虛之神，今僧尼往往依傍法服，傍，步浪翻。謂依傍佛法，服僧尼之服而不遵其敎也。五誡粗法尚不能遵，況精妙乎！佛有五戒，不淫，不盜，不殺，不妄語，不遭酒敗。而流惑之徒，競加敬事，又侵漁百姓，取財爲惠，亦未合布施之道也。」施，式吏翻。疏奏，不省。省，悉景翻。

道子勢傾內外，遠近奔湊；帝漸不平，然猶外加優崇。侍中王國寶以讒佞有寵於道子，扇動朝衆，朝，直遙翻。諷八座啓道子宜進位丞相、揚州牧，假黃鉞，加殊禮。晉氏渡江，有吏部、祠部、五兵、左民、度支五尚書，二僕射，一令，爲八坐。護軍將軍南平車胤曰：沈約曰：秦時有護軍都尉。漢陳平爲護軍中尉，盡護諸將。李廣爲驍騎將軍，屬護軍將軍。蓋護軍，護諸將軍。魏武以韓浩爲護軍。資重爲護軍將軍，資輕爲中護軍。車，尺遮翻。「此乃成王所以尊周公也。今主上當陽，人主南面鄉明而立以治天下，故曰當陽。非成王之比；相王在位，豈得爲周公乎！」乃稱疾不署。不署名也。疏奏，帝大怒，而嘉胤有守。

中書侍郎范甯、徐邈爲帝所親信，數進忠言，數，所角翻。補正闕失，指斥姦黨。王國寶，甯之甥也，甯尤疾其阿諛，勸帝黜之。陳郡袁悅之有寵於道子，國寶使悅之因尼【章：十二行本「尼」下有「支」字；乙十一行本同；孔本同；張校同。】妙音致書於太子母陳淑媛云：「國寶忠謹，宜見親信。」帝知之，發怒，以他事斬悅之。國寶大懼，與道子共譖范甯出爲豫章太守。甯臨發，上疏言：「今邊烽不舉而倉庫空匱；古者使民歲不過三日，記王制：古者用民之力，歲不過三日，任老者之事，食壯者之食。今之勞擾，殆無三日之休，至有生兒不復舉養，復，扶又翻。鰥寡不敢嫁娶。【章：十二行本「娶」下有「臣恐社稷之憂」六字；乙十一行本同；孔本同；張校同；退齋校同。】厝火積薪，不足喻也。」厝火積薪，賈誼之言。甯又上言：「中原士民流寓江左，歲月漸久，人安其業。凡天下之人，原其先祖，皆隨世遷移，何至於今而獨不可。謂宜正其封疆，戶口皆以土斷。晉時中原士民南渡者，皆於江左僑立郡縣以居之，不以土著爲斷。斷，丁亂翻。又，人性無涯，奢儉由勢；今并兼之室，亦多不贍，非其財力不足，蓋由用之無節，爭以靡麗相高，無有限極故也。禮十九爲長殤，以其未成人也。未成人而死曰殤，其喪禮殺於成人。長，知兩翻。今以十六爲全丁，十三爲半丁。所任非復童幼之事，任，音壬。豈不傷天理、困百姓乎！謂宜以二十爲全丁，十六爲半丁，則人無夭折，生長繁滋矣。」夭，於兆翻。長，知兩翻。帝多納用之。

甯在豫章，遣十五議曹下屬城，豫章領南昌、海昏、新淦、建成、望蔡、永脩、建昌、吳平、豫章、彭澤、艾、康樂、豐城、新昌、宜豐、鍾陵十六縣。一縣負郭，餘十五縣各遣一議曹。下，遐稼翻。採求風政，幷吏假還，訊問官長得失。假，居訝翻。假還，謂吏休假日滿而還府者。徐邈與甯書曰：「足下聽斷明允，庶事無滯，則吏慎其負，負，謂罪也。吏畏罪，則每事加謹。斷，丁亂翻。而人聽不惑矣，人聽，即民聽。晉書史臣避唐太宗諱，改民爲「人」，通鑑因之。豈須邑至里詣，飾其游聲哉！非徒不足致益，寔乃蠶漁之所資；蠶漁，謂所遣者蠶食漁取於民。鄭玄曰：趙、魏之東，寔、實同聲。寔，是也。詩：「實墉實壑，實畝實籍。」「實」當作「寔」。言韓侯之先祖微弱，所受之國多滅絕。今復舊職，繼絕世，故築治是城，修是壑井，牧是田畝，收斂是賦稅，使如故常。孔穎達曰：凡言實者，已有其事而後實之。今此方說所爲不宜爲實，故轉爲寔，訓之爲是也。趙、魏之東，寔、實同聲，鄭以時事驗之也。春秋桓六年，「州公寔來。」是由聲同，故字有變異也。余按徐邈所謂寔訓之爲是，於義亦通。豈有善人君子而干非其事，多所告白者乎！自古以來，欲爲左右耳目，無非小人，皆先因小忠而成其大不忠，先藉小信而成其大不信，遂使讒諂並進，善惡倒置，可不戒哉！足下慎選綱紀，郡以僚佐爲綱紀。必得國士以攝諸曹，諸曹皆得良吏以掌文按，攝，總也，整也。按，據也。文按，謂諸曹文書留爲按據者。又擇公方之人以爲監司，監，工銜翻。則淸濁能否，與事而明，足下但平心處之，處，昌呂翻。何取於耳目哉！昔明德馬后未嘗顧左右與言，漢明帝后馬氏謚明德皇后。可謂遠識，況大丈夫而不能免此乎！」

21十二月，後秦主萇使其東門將軍任瓫東門將軍，萇使守安定東門者也。任，音壬。瓫，與盆同，音蒲奔翻。詐遣使招秦主登，許開門納之。使，疏吏翻。登將從之，征東將軍雷惡地將兵在外，將，即亮翻。聞之，馳騎見登，騎，奇寄翻。曰：「姚萇多詐，不可信也！」登乃止。萇聞惡地詣登，謂諸將曰：「此羌見登，事不成矣！」登以惡地勇略過人，陰憚之。惡地懼，降於後秦，降，戶江翻。萇以惡地爲鎭軍將軍。

22秦以安成王廣爲司徒。

十五年（庚寅，三九〇）

1春，正月，乙亥，譙敬王恬薨。

2西燕主永引兵向洛陽，朱序自河陰北濟河，擊敗之。【章：十二行本「之」下有「永走還上黨」五字；乙十一行本同；孔本同；張校同。】敗，補邁翻。序追至白水，水經註：白水出上黨高都縣故城西，東流歷天井關。序所至處，去長子一百六十里。會翟遼謀向洛陽，序乃引兵還，擊走之；留鷹揚將軍朱黨戍石門，使其子略督護洛陽，以參軍趙蕃佐之，身還襄陽。

3 琅琊王道子恃寵驕恣，侍宴酣醉，或虧禮敬。帝益不能平，欲選時望爲藩鎮以潛制道子，問於太子左衛率王雅曰：「吾欲用王恭、殷仲堪何如？」雅曰：「王恭風神簡貴，志氣方嚴；仲堪謹於細行，行，下孟翻。以文義著稱。然皆峻狹自是，且幹略不長；若委以方面，天下無事，足以守職，若其有事，必爲亂階矣！」帝不從。爲後王、殷稱兵張本。恭，蘊之子；王蘊，后父也。仲堪，融之孫也。殷融見九十六卷成帝咸康五年。二月，辛巳，以中書令王恭爲都督青・兗・幽・幷・冀五州諸軍事、兗・青二州刺史，鎮京口。

4 三月，戊辰，大赦。

5 後秦主萇攻秦扶風太守齊益男於新羅堡，克之，益男走。秦主登攻後秦天水太守張業生于隴東，隴東，安定涇陽縣之地。萇救之，登引去。

6 夏，四月，秦鎮東將軍魏揭飛自稱衝天王，晉書載記作「魏褐飛」。太元元年，秦遣庭中將軍魏曷飛擊氐、羌，意卽此人也。帥氐、胡攻後秦安北將軍姚當成於杏城；帥，讀曰率。鎮軍將軍雷惡地叛應之，攻鎮東將軍姚漢得於李潤。李潤，地名，在邢望南。李延壽曰：馮翊東有李潤鎮。按魏書宗室列傳，安定王燮除華州刺史表曰：「謹惟州居李潤堡，雖是少梁舊地，晉、芮錫壤，然胡夷內附，遂爲戎落，請徙馮翊古城。」後秦主萇欲自擊之，羣臣皆曰：「陛下不憂六十里苻登，時登趣長安，據新豐之千戶固。乃憂六百里魏揭飛，何也？」萇曰：「登非可猝滅，吾城亦非登所能猝拔。惡地智略非常，若南引揭飛，東結董成，董成，屠各種也，時據北地。得杏城、李潤而據之，長安東北非吾有也。」乃潛引精兵一千六百赴之。揭飛、惡地有衆數萬，氐、胡赴之者前後不絕。萇每見一軍至，輒喜。羣臣怪而問之，萇曰：「揭飛等扇誘同惡，種類甚繁，種，章勇翻。吾雖克其魁帥，帥，所類翻。餘黨未易猝平；易，以豉翻。今烏集而至，吾乘勝取之，可一舉無餘也。」此曹操取馬超、韓遂故智耳。揭飛等見後秦兵少，少，詩沼翻。悉衆攻之；萇固壘不戰，示之以弱，潛遣其子中軍將軍崇帥騎數百出其後。揭飛兵擾亂，萇遣鎮遠將軍王超等縱兵擊之，斬揭飛及其將士萬餘級。惡地請降，降，戶江翻。萇待之如初。惡地謂人曰：「吾自謂智勇傑出一時，而每遇姚翁輒困，固其分也！」分，扶問翻。史言姚萇能服雷惡地之心。

萇命姚當成於所營之地，每柵孔中輒樹一木以旌戰功。掘地作孔，豎木以爲柵，故有柵孔。歲餘，問之，當成曰：「營地太小，已廣之矣。」萇曰：「吾自結髮以來，與人戰，未嘗如此之快，以千餘兵破三萬之衆，營地惟小爲奇，豈以大爲貴哉！」

7 吐谷渾視連遣使獻見於金城王乾歸，乾歸拜視連沙州牧、白蘭王。河西張茂以敦煌、晉昌、西域都護、校尉、玉門大護軍三郡三營爲沙州；吐谷渾未能有其地也。李延壽曰：此以吐谷渾部內有黃沙，周迴數百里，不生草木，因號沙州。使，疏吏翻。見，賢遍翻。

8 丙寅，魏王珪會燕趙王麟於意辛山，意辛山在牛川北，賀蘭部所居也。據北史，踰陰山而北，即賀蘭部。擊賀蘭、紇突鄰、紇奚三部，破之，紇突鄰、紇奚皆降於魏。史言燕爲魏驅除。降，戶江翻。

9 秋，七月，馮翊人郭質起兵於廣鄉以應秦，魏收地形志，鄭縣有廣鄉原。鄭縣時屬京兆。移檄三輔曰：「姚萇凶虐，毒被神人。被，皮義翻。吾屬世蒙先帝堯、舜之仁，先帝，謂秦主堅。非常伯、納言之子，常伯，侍中也。納言，尚書也。卽卿校、牧守之孫也。校，戶教翻。與其含恥而存，孰若蹈道而死。」於是三輔壁壘皆應之；獨鄭縣人苟曜【章：十二行本「曜」下有「不從」二字；乙十一行本同；孔本同。】聚衆數千附於後秦。秦以質爲馮翊太守。後秦以曜爲豫州刺史。苟曜後持兩端，爲後秦所殺，事見後。

10 劉衛辰遣子直力鞮攻賀蘭部，賀訥困急，請降於魏。丙子，魏王珪引兵救之，直力鞮退。鞮，田黎翻。珪徙訥部落，處之東境。處，昌呂翻。

11 八月，劉牢之擊翟釗於鄄城，釗走河北；又敗翟遼於滑臺，張願來降。翟遼、張願叛，見上卷十一年。走，音奏。敗，補邁翻。鄄，音絹。

12 九月，北平人吳柱聚衆千餘，立沙門法長爲天子，破北平郡，轉寇廣都，入白狼城。白狼縣，前漢屬右北平郡，後漢、晉省。魏收地形志：後魏眞君八年，置建德郡，治白狼城，廣都縣屬焉。燕時當屬北平郡。燕幽州牧高陽王隆方葬其夫人，郡縣守宰皆會之，衆聞柱反，請隆還城，遣大兵討之。隆曰：「今閭閻安業，民不思亂，柱等以詐謀惑愚夫，誘脅相聚，無能爲也。」誘，音酉。遂留葬訖，遣廣平太守、廣都令先歸，「廣平」，當作「北平」。續遣安昌侯進將百餘騎趨白狼城，趨，七喻翻。柱衆聞之，皆潰，窮捕，斬之。

13以侍中王國寶爲中書令，俄兼中領軍。道子主之也。

14丁未，以吳郡太守王珣爲尚書右僕射。

15吐谷渾視連卒，子視羆立。視羆以其父祖慈仁，爲四鄰所侵侮，吐谷渾辟奚、視連慈仁，見一百三卷簡文帝咸安元年。乃督厲將士，欲建功業。冬，十月，金城王乾歸遣使拜視羆沙州牧、白蘭王；視羆不受。爲後乞伏乾歸伐吐谷渾張本。

16十二月，郭質及苟曜戰于鄭東，質敗，奔洛陽。鄭東，鄭縣之東也。

17越質詰歸據平襄，叛金城王乾歸。十二年，越質詰歸附于乞伏氏。

十六年（辛卯、三九一）

1春，正月，燕置行臺於薊，加長樂公盛錄行臺尚書事。薊，音計。樂，音洛。

2金城王乾歸擊越質詰歸，詰歸降，降，戶江翻。乾歸以宗女妻之。妻，七細翻。

3賀染干謀殺其兄訥，訥知之，舉兵相攻。魏王珪告于燕，請爲鄉導以討之。鄉，讀曰嚮。二月，甲戌，燕主垂遣趙王麟將兵擊訥，鎮北將軍蘭汗帥龍城之兵擊染干。賀染干部落，蓋居賀蘭部之東偏，故燕以龍城之兵擊之。將，即亮翻。帥，讀曰率。

4 三月，秦主登自雍攻後秦安東將軍金榮于范氏堡，克之；雍，於用翻。遂渡渭水，攻京兆太守韋範于段氏堡，不克；進據曲牢。曲牢在杜縣東北。

5 夏，四月，燕蘭汗破賀染干於牛都。都，聚也，其地當在牛川，夷人放牧，於此聚會，因名。

6 苟曜有衆一萬，密召秦主登，許爲內應；登自曲牢向繁川，繁川，蓋即杜陵縣之樊川也。軍于馬頭原。五月，後秦主萇引兵逆戰，登擊破之，斬其右將軍吳忠。萇收衆復戰，復，扶又翻；下同。姚碩德曰：「陛下愼於輕戰，每欲以計取之，今戰失利而更前逼賊，何也？」萇曰：「登用兵遲緩，不識虛實。今輕兵直進，遙據吾東，馬頭原之地蓋在長安東。此必苟曜豎子與之有謀也。善用兵者，觀敵之動而察知其情，是以能制勝。緩之則其謀得成，故及其交之未合，急擊之以敗散其事耳。」敗，補邁翻。遂進戰，大破之。登退屯於郿。郿，音媚，今音眉。

7 秦兗州刺史強金槌據新平，降後秦，以其子逵爲質。強，其兩翻。降，戶江翻。質，音致。後秦主萇將數百騎入金槌營。羣下諫之，萇曰：「金槌既去苻登，又欲圖我，將安所歸乎！且彼初來款附，宜推心以結之，奈何復以不信疑之乎！」復，扶又翻。既而羣氐欲取萇，金槌不從。強金槌，氐種，秦之戚黨也。姚萇推心待之，以攜苻登之黨。

8 六月，甲辰，燕趙王麟破賀訥於赤城，禽之，水經：河水自雲中楨陵縣南過赤城東，又南過定襄桐過縣西。又魏書帝紀，登國三年，幸東赤城。明元泰常八年，築長城於長川之南，起自赤城，西至五原，延袤二千餘里。降其部落數萬。降，戶江翻。燕主垂命麟歸訥部落，徙染干於中山。麟歸，言於垂曰：「臣觀拓跋珪舉動，終爲國患，不若攝之還朝，使其弟監國事。」垂不從。攝，錄也，收也。慕容麟之姦詐，知拓跋珪之終不可制，而慕容垂不從其言，天將啓珪以滅燕，雖以垂之明略，不之覺也。監，工銜翻。

9 西燕主永寇河南，太守楊佺期擊破之。

10 秋，七月，壬申，燕主垂如范陽。范陽縣，漢屬涿郡，魏文帝改涿郡爲范陽郡。

11 魏王珪遣其弟觚獻見於燕；見，賢遍翻。燕主垂衰老，子弟用事，留觚以求良馬。魏王珪弗與，遂與燕絕；爲燕、魏搆難張本。使長史張袞求好於西燕。好，呼到翻。觚逃歸，燕太子寶追獲之，垂待之如初。

12 秦主登攻新平，後秦主萇救之，登引去。

13 秦驃騎將軍沒弈干驃，匹妙翻。騎，奇寄翻。以其二子爲質於金城王乾歸，質，音致。請共擊鮮卑大兜。乾歸與沒弈干攻大兜於鳴蟬堡，克之。據載記，大兜時據安陽城。安陽城在唐秦州隴城縣界；鳴蟬堡亦當在其地。兜微服走，乾歸收其部衆而還，還，從宣翻，又如字。歸沒弈干二子。沒弈干尋叛，東合劉衛辰。八月，乾歸帥騎一萬討沒弈干，帥，讀曰率。沒弈干奔他樓城，他樓城在高平，唐太宗貞觀六年，以突厥降戶置緣州，治平高之他樓城；高宗置他樓縣，後省入原州蕭關縣界。乾歸射之，中目。射，而亦翻。中，竹仲翻。

14 九月，癸未，以尚書右僕射王珣爲左僕射，太子詹事謝琰爲右僕射。太學博士范弘之論殷浩宜加贈謚，因敍桓溫不臣之迹。是時桓氏猶盛，王珣，溫之故吏也，王珣先爲溫府主簿。以爲溫廢昏立明，有忠貞之節；黜弘之爲餘杭令。餘杭縣，漢屬會稽郡。顧來曰：縣，秦始皇立，後漢分屬吳郡，吳分屬吳興郡。弘之，汪之孫也。范汪得罪於桓溫，見一百一卷哀帝升平五年。

15 冬，十月，壬辰，燕主垂還中山。自范陽還也。

16 初，柔然部人世服於代，魏收曰：神元之末，掠騎得一奴，髮始齊肩，忘本姓名，其主字之曰木骨閭。木骨閭者，首禿也。木骨閭與「郁久閭」聲相近，故後子孫因以爲氏。木骨閭既壯，免奴爲騎卒，穆帝時，坐後期當斬，亡匿廣漠谿谷間，收合逋逃，得百餘人，依紇突鄰。木骨閭死，子車鹿會雄健，始有部衆，自號柔然。其大人郁久閭地粟袁卒，部落分爲二：長子匹候跋繼父居東邊，次子緼紇提別居西邊。長，知兩翻。緼，於粉翻。紇，戶骨翻。秦王堅滅代，滅代見一百四卷元年。柔然附於劉衞辰。

及魏王珪卽位，攻擊高車等，諸部率皆服從，獨柔然不事魏。戊戌，珪引兵擊之，柔然舉部遁走，珪追奔六百里。諸將因張袞言於珪曰：「賊遠糧盡，不如早還。」珪問諸將，若殺副馬，爲三日食，足乎？」凡北人用騎兵，各乘一馬，又有一馬爲副馬。皆曰：「足。」乃復倍道追之，及於大磧南牀山下，是時魏盛，跨有代北。柔然西奔南牀山，蓋在大磧之西。北史帝紀作「南商山」。復，扶又翻。大破之，虜其半部，匹候跋及別部帥屋擊各收餘衆遁走。帥，所類翻。珪遣長孫嵩、長孫肥追之。珪謂將佐曰：「卿曹知吾前問三日糧意乎？」曰：「不知也。」珪曰：「柔然驅畜產奔走數日，至水必留；我以輕騎追之，計其道里，不過三日及之矣。」皆曰：「非所及也。」嵩追斬屋擊於平望川。肥追匹候跋至涿邪山，匹候跋舉衆降，降，戶江翻；下同。獲縕紇提之子曷多汗、汗，音寒。兄子社崙、斛律等宗黨數百人。崙，盧昆翻。縕紇提將奔劉衛辰，珪追及之，縕紇提亦降，珪悉徙其部衆於雲中。爲社崙復叛去而建國張本。

17 翟遼卒，子釗代立，改元定鼎。攻燕鄴城，燕遼西王農擊卻之。爲燕滅翟釗張本。

18 三河王光遣兵乘虛伐金城王乾歸；乘其伐沒弈干之虛也。乾歸聞之，引兵還，光兵亦退。

19 劉衛辰遣子直力鞮帥衆八九萬攻魏南部。鞮，田黎翻，又丁奚翻。帥，讀曰率。十一月，己卯，魏王珪引兵五六千人拒之，壬午，大破直力鞮於鐵岐山南，直力鞮單騎走。騎，奇寄翻；下同。乘勝追之，戊子，自五原金津南濟河，金津當在五原郡宜梁、九原二縣間。徑入衛辰國，衛辰部落駭亂。辛卯，珪直抵其所居悅跋城，考之載記，悅跋城卽代來城也。衛辰父子出走。壬辰，分遣諸將輕騎追之，將軍伊謂禽直力鞮於木根山，魏書官氏志，拓跋鄰以次弟爲伊婁氏，後改爲伊氏。木根山在五原河西。衛辰爲其部下所殺。十二月，珪軍于鹽池，漢地理志，五原郡成宜縣有鹽官。唐鹽州五原縣有烏、白等池鹽。宋白曰：青、白鹽池在鹽州北。誅衛辰宗黨五千餘人，皆投尸于河，報元年衛辰藉兵於秦以滅代之怨也。自河以南諸部悉降，降，戶江翻。獲馬三十餘萬匹，牛羊四百餘萬頭，國用由是遂饒。

衛辰少子勃勃亡奔薛干部，少，詩照翻。珪使人求之。薛干部帥太悉伏【張：「太悉」作「大悉」。】【章：十二行本「伏」作「伏」；乙十一行本同；張校同；退齋校同。】出勃勃以示使者曰：帥，所類翻。使，疏吏翻。「勃勃國破家亡，以窮歸我，我寧與之俱亡，何忍執以與魏。」乃送勃勃於沒弈干，沒弈干以女妻之。爲勃勃殺沒弈干復建國張本。妻，七細翻。

20 戊申，燕主垂如魯口。

21 秦主登攻安定，後秦主萇如陰密以拒之，謂太子興曰：「苟曜聞吾北行，自長安如陰密爲北行。必來見汝，汝執誅之。」曜果見興於長安，興使尹緯讓而誅之。善制敵者，能因事而爲功。苟曜反覆於苻、姚之間，而長安去鄭三百里耳，此姚氏腹脇之癰疽也，使萇召之，曜必不來。萇在長安，曜亦畏憚而不敢來。萇外出以誘之，曜亦疑而不敢來。二秦交兵，邊遽狎至，萇之北行若不得已者。苟曜無疑畏之心，謂姚興居守爲無能爲者，輕於一來，卒以送死。姚氏腹脇之疾去矣，此非能因事而爲功乎！

萇敗登於安定城東。敗，補邁翻。登退據路承堡。路承，人姓名，築堡自守，時因以爲名。萇置酒高會，諸將皆曰：「若值魏武王，姚萇僭號，追謚兄襄爲魏武王。不令此賊至今，陛下將牢太過耳。」將牢，謂先自固而不妄動也，猶今人之言把穩。萇笑曰：「吾不如亡兄有四：身長八尺五寸，長，直亮翻。臂垂過膝，人望而畏之，一也；將十萬之衆，與天下爭衡，望麾而進，前無橫陳，二也；將，卽亮翻。陳，讀曰陣。溫古知今，講論道藝，收羅英儁，三也；董帥大衆，上下咸悅，人盡死力，四也。帥，讀曰率。所以得建立功業，驅策羣賢者，正望算略中有片長耳。」羣臣咸稱萬歲。

王崇武標點容肇祖聶崇岐覆校

資治通鑑卷第一百八

端明殿學士兼翰林侍讀學士朝散大夫右諫議大夫充集賢院修撰權判西京留司御史臺上柱國河内郡開國侯食邑一千三百戶食實封四百戶賜紫金魚袋臣 司馬光 奉敕編集

後學天台胡三省 音註

晉紀三十 起玄黓執徐（壬辰），盡柔兆涒灘（丙申），凡五年。

烈宗孝武皇帝下

太元十七年（壬辰、三九二）

1 春，正月，己巳朔，大赦。

2 秦主登立昭儀隴西李氏爲皇后。

3 二月，壬寅，燕主垂自魯口如河間、渤海、平原。翟釗遣其將翟都侵館陶，屯蘇康壘。蘇康，人姓名。館陶縣，漢屬魏郡，晉屬陽平郡。將，即亮翻；下同。三月，垂引兵南擊釗。

4 秦驃騎將軍沒弈干帥衆降于後秦，驃，匹妙翻。騎，奇寄翻。帥，讀曰率。降，戶江翻。後秦以爲車騎將軍，封高平公。

5 後秦主萇寢疾，命姚碩德鎮李潤，尹緯守長安，召太子興詣行營。萇時屯安定。萇，音長。征南將軍姚方成言於興曰：「今寇敵未滅，上復寢疾。復，扶又翻。王統等皆有部曲，終爲人患，宜盡除之。」興從之，殺王統、王廣、苻胤、徐成、毛盛。皆苻氏舊臣也。萇怒曰：「王統兄弟，吾之州里，實無他志；徐成等皆前朝名將，朝，直遙翻。吾方用之，奈何輒殺之！」使萇果以殺統等爲非罪，當按誅始造謀者；但怒而已，豈眞怒邪！

6 燕主垂進逼蘇康壘。夏，四月，翟都南走滑臺。走，音奏。翟釗求救於西燕，西燕主永謀於羣臣，尚書郎渤海鮑遵曰：「使兩寇相弊，吾承其後，此卞莊子之策也。」中書侍郎太原張騰曰：「垂強釗弱，何弊之承！不如速救之，以成鼎足之勢。今我引兵趨中山，趨，七喩翻；下趨同。晝多疑兵，夜多火炬，垂必懼而自救。我衝其前，釗躡其後，此天授之機，不可失也。」永不從。翟釗敗，則西燕之亡形成矣。

7 燕大赦。

8 五月，丁卯朔，日有食之。

9 六月，燕主垂軍黎陽，臨河欲濟，翟釗列兵南岸以拒之。辛亥，垂徙營就西津，去黎陽西四十里，爲牛皮船百餘艘，僞列兵仗，泝流而上。艘，蘇遭翻。上，時掌翻。釗亟引兵趣西津，趣，七喩翻。垂潛遣中壘將軍桂林王鎮等自黎陽津夜濟，營于河南，比明而營成。比，必寐翻，及也。釗聞之，亟還，攻鎮等營，垂命鎮等堅壁勿戰。釗兵往來疲暍，暍，於歇翻，傷暑也。攻營不能拔，將引去；鎮等引兵出戰，驃騎將軍農自西津濟，與鎮等夾擊，大破之。燕主垂用兵於河上者再，溫詳則引兵徑濟而取之，翟釗則張疑兵於西而潛軍東渡，亦以決勝，視敵之堅脆何如也。驃，匹妙翻。騎，奇寄翻。農，燕之驃騎大將軍，此逸「大」字。釗走還滑臺，將妻子，收遺衆，北濟河，登白鹿山，水經註：河內脩武縣北有白鹿山。憑險自守，燕兵不得進。農曰：「釗無糧，不能久居山中。」乃引兵還，留騎候之。釗果下山，還兵掩擊，盡獲其衆，釗單騎奔長子。西燕主永以釗爲車騎大將軍、兗州牧，封東郡王。歲餘，釗謀反，永殺之。

初，郝晷、崔逞及清河崔宏、新興張卓、遼東夔騰、夔，姓也。石趙之臣有夔安。陽平路纂皆仕於秦，避秦亂來奔，詔以爲冀州諸郡，各將部曲營於河南；將，卽亮翻。既而受翟氏官爵，翟氏敗，皆降於燕，降，戶江翻。燕主垂各隨其材而用之。釗所統七郡三萬餘戶，皆按堵如故。以章武王宙爲兗、豫二州刺史，鎮滑臺；徙徐州民七千餘戶于黎陽，以彭城王脫爲徐州刺史，鎮黎陽。徐州之民，蓋爲翟釗所掠者。脫，垂之弟子也。垂以崔蔭爲宙司馬。

初，陳留王紹爲鎮南將軍，太原王楷爲征西將軍，樂浪王溫爲征東將軍，樂浪，音洛琅。垂皆以蔭爲之佐。蔭才幹明敏強正，善規諫，四王皆嚴憚之；所至簡刑法，輕賦役，流民歸之，戶口滋息。

秋，七月，垂如鄴，以太原王楷爲冀州牧，右光祿大夫餘蔚爲左僕射。蔚，紆勿翻。

10 秦主登聞後秦主萇疾病，大喜，疾甚曰病。告祠世祖神主，苻堅廟號世祖。大赦，百官進位二等，秣馬厲兵，進逼安定，去城九十餘里。八月，萇疾小瘳，出拒之。登引兵出營，將逆戰，萇遣安南將軍姚熙隆別攻秦營，登懼而還。還，從宣翻，又如字。萇夜引兵旁出以躡其後，旦而候騎告曰：騎，奇寄翻。「賊諸營已空，不知所向。」登驚曰：「彼爲何人，去令我不知，來令我不覺，謂其將死，忽然復來，復，扶又翻。朕與此羌同世，何其厄哉！」苻登屢爲姚萇所挫，故有懼萇之心，蓋至於是，登氣衰矣。登遂還雍，雍，於用翻；下同。萇亦還安定。

11 三河王光遣其弟右將軍寶等攻金城王乾歸，寶及將士死者萬餘人。又遣其子虎賁中郎將纂擊南羌彭奚念，纂亦敗歸。光自將擊奚念於枹罕，克之，奚念奔甘松。甘松郡，乞伏國仁所置。及將，卽亮翻；下同。賁，音奔。枹，音膚。

12 冬，十月，辛亥，荆州刺史王忱卒。忱，是壬翻。

13 雍州刺史朱序以老病求解職；詔以太子右衞率郗恢爲雍州刺史，代序鎭襄陽。恢，曇之子也。郗曇見一百卷穆帝升平三年。率，所律翻。郗，丑之翻。曇，徒含翻。

14 巴蜀人在關中者皆叛後秦，據弘農以附秦。秦主登以竇衝爲左丞相，衝徙屯華陰。華，戶化翻。郗恢遣將軍趙睦守金墉，河南太守楊佺期帥衆軍湖城，帥，讀曰率。擊衝，走之。

15 十一月，癸酉，以黃門郎殷仲堪爲都督荆・益・寧三州諸軍事、荆州刺史，鎭江陵。仲堪雖有英譽，資望猶淺，議者不以爲允。到官，好行小惠，好，呼到翻。綱目不舉。

南郡公桓玄負其才地，以雄豪自處，負其才與其門地也。處，昌呂翻。朝廷疑而不用；年二十三，始拜太子洗馬。洗，悉薦翻。玄嘗詣琅邪王道子，值其酣醉，酣，戶甘翻。張目謂衆客曰：「桓溫晚塗欲作賊，云何？」玄伏地流汗，不能起；由是益不自安，常切齒於道子。後出補義興太守，守，式又翻。鬱鬱不得志，歎曰：「父爲九州伯，兒爲五湖長！」虞翻曰：太湖有五湖：隔湖、洮湖、射湖、貴湖及太湖爲五湖，並太湖之小支，俱連太湖，故太湖兼得五湖之名。韋昭曰：胥湖、蠡湖、洮湖、滆湖就太湖而五。酈善長謂長塘湖、射湖、貴湖、隔湖與太湖而五。吳中志謂貢湖、遊湖、胥湖、梅梁湖、金鼎湖爲五也。長，知兩翻。遂棄官歸國，玄襲封南郡公。上疏自訟曰：「先臣勤王匡復之勳，朝廷遺之，臣不復計。上，時掌翻。復，扶又翻；下同。至於先帝龍飛，陛下繼明，謂桓溫廢海西立簡文帝而帝繼統也。易曰：明兩作離，大人以繼明照四方。請問談者，誰之由邪？」疏寢不報。

玄在江陵，仲堪甚敬憚之。桓氏累世臨荆州，玄復豪橫，橫，戶孟翻。士民畏之，過於仲堪。嘗於仲堪聽事前戲馬，以矟擬仲堪。聽，讀曰廳。矟，色角翻。通俗文：長丈八者謂之矟。擬者，舉矟向之，若將刺之也。仲堪中兵參軍彭城劉邁謂玄曰：元帝謂江東置參軍十三曹，有中兵、外兵、騎兵。「馬矟有餘，精理不足。」玄不悅，仲堪爲之失色。爲，于僞翻。玄出，仲堪謂邁曰：「卿，狂人也！玄夜遣殺卿，我豈能相救邪！」使邁下都避之，都，謂建康。玄使人追之，邁僅而獲免。征虜參軍豫章胡藩過江陵，見仲堪，說之曰：說，輸芮翻。「桓玄志趣不常，每怏怏於失職，怏，於兩翻。節下崇待太過，恐非將來之計也！」仲堪不悅。藩內弟【章：十二行本「弟」下有「同郡」二字；乙十一行本同；孔本同。】羅企生爲仲堪功曹，藩退，謂企生曰：「殷侯倒戈以授人，必及於禍。君不早圖去就，後悔無及矣！」爲後桓玄殺企生、仲堪張本。企，區智翻。

16 庚寅，立皇子德文爲琅邪王，徙琅邪王道子爲會稽王。會，工外翻。

17 十二月，燕主垂還中山，以遼西王農爲都督兗、豫、荊、徐、雍五州諸軍事，鎮鄴。雍，於用翻。

18 休官權千成據顯親，自稱秦州牧。休官，雜夷部落之名。顯親縣，漢光武置，屬漢陽郡。晉改顯親爲顯新，復漢陽爲天水郡。晉書姚興載記，「權千成」作「權干城」，略陽豪族也。

19 清河人李遼上表請敕兗州脩孔子廟，孔子廟在魯。魯郡，前漢屬徐州，後漢、晉屬豫州，江表始分屬兗州。給戶灑掃。灑，所賣翻；掃，素報翻；又各如字。仍立庠序，收教學者，曰：「事有如賒而寔急者，此寔義與虛實之實同。此之謂也！」表不見省。省，悉景翻。

十八年（癸巳、三九三）

1 春，正月，燕陽平孝王柔卒。

2 權千成爲秦所逼，請降於金城王乾歸，降，戶江翻。乾歸以爲東秦州刺史、休官大都統、顯親公。

3 夏，四月，庚子，燕主垂加太子寶大單于；以安定王庫傉官偉爲太尉，單，音蟬。傉，奴沃翻。范陽王德爲司徒，太原王楷爲司空，陳留王紹爲尚書右僕射。五月，立子熙爲河間王，朗爲渤海王，鑒爲博陵王。

4 秦右丞相竇衝矜才尚人，尚人者，陵人而出其上。自請封天水王；秦主登不許。六月，衝自稱秦王，改元元光。

5 金城王乾歸立其子熾磐爲太子。熾，昌志翻。熾磐勇略明決，過於其父。

6 秋，七月，秦主登攻竇衝於野人堡，衝求救於後秦。尹緯言於後秦主萇曰：「太子仁厚之稱，緯，于貴翻。稱，尺證翻，名稱也。著於遠近，而英略未著，請使擊苻登以著之。」萇從之。太子興將兵攻胡空堡，登解衝圍以赴之。興因襲平涼，大獲而歸。苻登自大界之敗，以平涼爲根本。萇使興還鎮長安。

7 魏王珪以薛干太悉伏不送劉勃勃，事見上卷十六年。八月，襲其城，屠之，太悉伏奔秦。

8 氐帥楊佛嵩叛，奔後秦，帥，所類翻。楊佺期、趙睦追之，佺，且緣翻。九月，丙戌，敗佛嵩於潼關。後秦將姚崇救佛嵩，敗晉兵，敗，補邁翻。趙睦死。

9 冬，十月，後秦主萇疾甚，還長安。

10 燕主垂議伐西燕，諸將皆曰：「永未有釁，我連年征討，士卒疲弊，未可也。」范陽王德曰：「永既國之枝葉，又僭舉位號，惑民視聽，宜先除之，以壹民心。士卒雖疲，庸得已乎！」垂曰：「司徒意正與吾同。吾比老，叩囊底智，足以取之，比，必寐翻，及也。終不復留此賊以累子孫也。」垂不欲留慕容永以累子孫，而不知拓跋珪已窺關於代北矣。是以有國有家者，不恃無敵國外患，恃吾所以傳國承家者足以待之耳。累，力瑞翻。復，扶又翻。遂戒嚴。

十一月，垂發中山步騎七萬，遣鎮西將軍・丹楊王纘、「纘」，當作「瓚」。龍驤將軍張崇出井陘，驤，思將翻。陘，音刑。攻西燕武鄉公友于晉陽，征東將軍平規攻鎮東將軍段平于沙亭。沙亭在鄴西南。西燕主永遣其尚書令刁雲、車騎將軍慕容鍾帥衆五萬守潞川。帥，讀曰率。友，永之弟也。十二月，垂至鄴。

11 己亥，後秦主萇召太尉姚旻、僕射尹緯、姚晃、將軍姚大目、尚書狄伯支入禁中，受遺詔輔政。萇謂太子興曰：「有毀此諸公者，愼勿受之。汝撫骨肉以恩，接大臣以禮，待物以信，遇民以仁，四者不失，吾無憂矣。」姚萇所以詔其子者，勝於苻健。姚晃垂涕問取苻登之策，萇曰：「今大業垂成，興才智足辦，奚所復問！」復，扶又翻。庚子，萇卒。年六十四。興祕不發喪，以其叔父緒鎮安定，碩德鎮陰密，弟崇守長安。

或謂碩德曰：「公威名素重，部曲最強，今易世之際，必爲朝廷所疑，不如且奔秦州，碩德本起兵隴上，據冀城。觀望事勢。」碩德曰：「太子志度寬明，必無他慮。今苻登未滅而骨肉相攻，是自亡也；吾有死而已，終不爲也。」遂往見興，興優禮而遣之。興自稱大將軍，以尹緯爲長史，狄伯支爲司馬，帥衆伐秦。帥，讀曰率。

十九年（甲午、三九四）

1 春，【章：十二行本「春」下有「正月」二字；乙十一行本同；孔本同；張校同。】秦主登聞後秦主萇卒，卒，子恤翻；下同。喜曰：「姚興小兒，吾折杖笞之耳。」乃大赦，盡衆而東，輕敵者敗，宜苻登所以不亡於姚萇之時而亡於姚興之初立也。留司徒安成王廣守雍，雍，於用翻。太子崇守胡空堡；遣使拜金城王乾歸爲左丞相、河南王、領秦·梁·益·涼·沙五州牧，加九錫。使，疏吏翻；下同。

2 初，禿髮思復鞬卒，鞬，居言翻。子烏孤立。烏孤雄勇有大志，與大將紛陁謀取涼州。欲幷呂光也。將，即亮翻。紛陁曰：「公必欲得涼州，宜先務農講武，禮俊賢，修政刑，然後可也。」烏孤從之。三河王光遣使拜烏孤冠軍大將軍、河西鮮卑大都統。冠，古玩翻。烏孤與其羣下謀之曰：「可受乎？」皆曰：「吾士馬衆多，何爲屬人！」石眞若留不對。烏孤曰：「卿畏呂光邪？」石眞若留曰：「吾根本未固，小大非敵，若光致死於我，何以待之！不如受以驕之，俟釁而動，蔑不克矣。」烏孤乃受之。紛陁與石眞若留，皆能審宜應事者也。史言禿髮烏孤所以興。

紛與石眞，蓋皆夷姓。

3二月，秦主登攻屠各姚奴、帛蒲二堡，克之。二堡，在胡空堡之東。屠，直於翻。

4燕主垂留清河公會鎭鄴，發司、冀、青、兗兵，遣太原王楷出滏口，滏，音釜。遼西王農出壺關，垂自出沙庭以擊西燕，「庭」，當作「亭」；其地在鄴西南。標榜所趣，軍各就頓。分處置兵以疑敵，使不知所備。趣，七喻翻；下同。西燕主永聞之，嚴兵分道拒守，聚糧臺壁，水經註：潞縣北對故臺壁，漳水出其南，本潞子所立也。魏收地形志，襄垣郡刈陵縣，漢、晉之潞縣也，有臺壁。遣從子征東將軍小逸豆歸、時西燕之臣有二逸豆歸，故此稱小逸豆歸。從，才用翻。鎭東將軍王次多、右將軍勒馬駒帥衆萬餘人戍之。帥，讀曰率。

5夏，【章：十二行本「夏」下有「四月」二字；乙十一行本同；孔本同；張校同；退齋校同。】秦主登自六陌趣廢橋，趣，七喻翻。後秦始平太守姚詳據馬嵬堡以拒之。嵬，五回翻。太子興遣尹緯將兵救詳，將，卽亮翻。緯據廢橋以待秦。秦兵爭水，不能得，渴死者什二、三，因急攻緯。興馳遣狄伯支謂緯曰：「苻登窮寇，宜持重以挫之。」緯曰：「先帝登遐，鄭玄曰：登，上也；遐，已也。上已者，若仙去云耳。上，時掌翻。人情擾懼，今不因思奮之力以禽敵，大事去矣！」遂與秦戰，秦兵大敗。其夜，秦衆潰，登單騎奔雍，騎，奇寄翻。雍，於用翻。太子崇及安成王廣聞敗，皆棄城走；登至，無所歸，乃奔平涼，收集遺衆，入馬毛山。平涼城，在漢安定鶉陰縣界，後周始置平涼郡及縣，唐爲原州縣。赫連定之敗，魏亦據馬髦嶺以禽奚斤，蓋平涼之險要處也。

6 燕主垂頓軍鄴西南，月餘不進。西燕主永怪之，以爲太行道寬，行，戶剛翻。疑垂欲詭道取之，乃悉斂諸軍屯軹關，軹，知氏翻。杜太行口，惟留臺壁一軍。甲戌，垂引大軍出滏口，入天井關。前漢書地理志，上黨郡高都縣有天井關。蔡邕曰：太行山上有天井關，在井北，遂因名焉。余按今澤州晉城縣有太行關，關內有天井泉三所，即天井關也。五月，乙酉，燕軍至臺壁，永遣從兄太尉大逸豆歸救之，從，才用翻。平規擊破之。小逸豆歸出戰，遼西王農又擊破之，斬勒馬駒，禽王次多，遂圍臺壁。永召太行軍還，自將精兵五萬以拒之。刁雲、慕容鍾震怖，帥衆降燕，永誅其妻子。將，即亮翻。怖，普布翻。帥，讀曰率。降，戶江翻。己亥，垂陳于臺壁南，陳，讀曰陣。遣驍騎將軍慕容國伏千騎於澗下；驍，堅堯翻。騎，奇寄翻。庚子，與永合戰，垂僞退，永衆追之，行數里，國騎從澗中出，斷其後，斷，丁管翻。諸軍四面俱進，大破之，斬首八千餘級，永走歸長子。晉陽守將聞之，棄城走。丹楊王瓚等進取晉陽。瓚，藏旱翻。

7 後秦太子興始發喪，即皇帝位于槐里，興，字子略，萇之長子也。槐里縣，漢屬扶風，晉屬始平郡。宋白曰：漢槐里縣故城，在唐岐州興平縣東南七里。興既破苻登，始發喪襲位。大赦，改元皇初；遂如安定。諡後秦主萇曰武昭皇帝，廟號太祖。

8 六月，壬子，追尊會稽王太妃鄭氏曰簡文宣太后。會，工外翻。諡法：聖善周聞曰宣。羣臣謂宣太后應配食元帝，太子前率徐邈曰：晉志：惠帝建東宮，稱中衛率；泰始五年，分爲左右，各領一軍；惠帝時，愍懷太子在東宮，又加前後二率；江左省前後二率，孝武太元中又置。率，所類翻。「宣太后平素之時，不伉儷於先帝；言非正妃。伉，苦浪翻，敵也。儷，力計翻，並也。至於子孫，豈可爲祖考立配！」爲，于僞翻。國學明教東莞臧燾曰：據晉書儒林傳：元帝運鍾百六，光啓中興，雖尊儒勸學，亟降於綸言，然東序西膠，未聞於絃誦。明皇雅愛流略，簡文敦悅典墳，乃招集學徒，引奬風烈。國學明教之官，當置於明帝、簡文時也。莞，音官。「今尊號既正，則罔極之情申；別建寢廟，則嚴禰之義顯；嚴，尊也。禰，父廟也。繫子爲稱，兼明貴之所由。繫子爲稱，簡文繫之宣太后之上也。春秋傳曰：母以子貴。稱，尺證翻。一舉而允三義，不亦善乎！」乃立廟於太廟路西。

9 燕主垂進軍圍長子。西燕主永欲奔後秦，侍中蘭英曰：「昔石虎伐龍都，太祖堅守不去，事見九十六卷晉成帝咸康四年。卒成大燕之基。卒，子恤翻。今垂七十老翁，厭苦兵革，終不能頓兵連歲以攻我也；但當城守以疲之。」永從之。兵交之變，其應無窮，惟知彼知己者，乃能百戰不殆耳。慕容永欲以棘城之事自況，當時與之共守長子者，果能效死不去，若慕容皝之諸臣乎！

10 秦主登遣其子汝陰王宗爲質於河南王乾歸以請救，質，音致。進封乾歸梁王，納其妹爲梁王后；乾歸遣前軍將軍乞伏益州等帥騎一萬救之。帥，讀曰率。騎，奇寄翻。秋，七月，登引兵出迎乾歸兵，後秦主興自安定如涇陽，與登戰于山南，馬髦山南也。執登，殺之。年五十二。

悉散其部衆，使歸農業；徙陰密三萬戶於長安，以李后賜姚晃。益州等聞之，引兵還。還，從宜翻，又如字。秦太子崇奔湟中，卽帝位，改元延初；諡登曰高皇帝，廟號太宗。

11 後秦安南將軍強熙、鎮遠將軍強【章：十二行本「強」作「楊」；乙十一行本同。】多叛，推竇衝爲主。後秦主興自將討之，軍至武功，多兄子良國殺多而降，強，其兩翻。將，卽亮翻。降，戶江翻。熙奔秦州，衝奔汧川，汧川卽扶風汧縣之地。汧，苦堅翻。汧川氐仇高執送之。

12 三河王光以子覆爲都督玉門以西諸軍事、西域大都護，鎮高昌；命大臣子弟隨之。

13 八月，己巳，尊皇太妃李氏爲皇太后，居崇訓宮。

14 西燕主永困急，遣其子常山公弘等求救於雍州刺史郗恢，郗，丑之翻。幷獻玉璽一紐。璽，斯氏翻。恢上言：「垂若幷永，爲患益深，不如兩存之，可以乘機雙斃。」帝以爲然，詔青、兗二州刺史王恭、豫州刺史庾楷救之。楷，亮之孫也。庾氏爲桓溫所誅，楷復不能振，自此微矣。永恐晉兵不出，又遣其太子亮來爲質，質，音致。平規追亮及於高都，獲之。高都縣屬上黨郡，隋爲澤州丹川縣，唐爲晉城縣。永又告急於魏，魏王珪遣陳留公虔、將軍庾岳帥騎五萬東渡河，屯秀容以救之。此北秀容也，在漢定襄郡界，後魏置秀容郡秀容縣。又立秀容護軍於汾水西北六十里，徙北秀容胡人居之，此南秀容也。劉昫曰：忻州秀容縣，漢汾陽縣地，隋自秀容故城移於此，因更名。帥，讀曰率。騎，奇寄翻。虔，紇根之子也。紇根見一百四卷元年。紇，戶骨翻。晉、魏兵皆未至，大逸豆歸部將伐勤等開門内燕兵，燕人執永，斬之，并斬其公卿大將刁雲、大逸豆歸等三十餘人，將，即亮翻。得永所統八郡七萬餘戶及秦乘輿、服御、伎樂、珍寶甚衆。乘，繩證翻。燕主垂以丹楊王瓚爲幷州刺史，鎮晉陽；宜都王鳳爲雍州刺史，鎮長子。永尚書僕射昌黎屈遵、瓚，藏旱翻。雍，於用翻。屈，居勿翻。尚書陽平王德、祕書監中山李先、太子詹事渤海封則、黃門郎太山胡母亮、中書郎張騰、尚書郎燕郡公孫表皆隨才擢敍。李先、公孫表，後皆仕魏，位通顯。

九月，垂自長子如鄴。

15 冬，十月，秦主崇爲梁王乾歸所逐，奔隴西王楊定。定留司馬邵彊守秦州，帥衆二萬與崇共攻乾歸，乾歸遣涼州牧軻彈、秦州牧益州、立義將軍詰歸帥騎三萬拒之。軻彈、益州、詰歸皆乞伏氏也。涼、秦二州牧，乾歸所置，非能有其地。「軻彈」，晉書載記作「軻殫」。帥，讀曰率；下同。益州與定戰，敗於平州，載記作「平川」，當從之。軻彈、詰歸皆引退，軻彈司馬翟瑥奮劍怒曰：瑥，音溫。「主上以雄武開基，所向無敵，威振秦、蜀。將軍以宗室居元帥之任，帥，所類翻。當竭力致命以佐國家。今秦州雖敗，二軍尚全，柰何望風退衄，衄，女六翻。將何面以見主上乎！瑥雖無任，獨不能以便宜斬將軍乎！」軻彈謝曰：「向者未知衆心何如耳。果能若是，吾敢愛死！」乃帥騎進戰，益州、詰歸亦勒兵繼之，大敗定兵，敗，補邁翻。殺定及崇，斬首萬七千級。穆帝永和七年，秦王健改元即位，歷六主，四十二年而亡。乾歸於是盡有隴西之地。乞伏始得秦州。

定無子，其叔父佛狗之子盛，先守仇池，自稱征西將軍、秦州刺史、仇池公，謚定爲武王；仍遣使來稱藩。使，疏吏翻。秦太子宣奔盛，分【章：十二行本「分」上有「盛」字；乙十一行本同；孔本同。】氐、羌爲二十部護軍，各爲鎮戍，不置郡縣。

16 燕主垂東巡陽平、平原，命遼西王農濟河，與安南將軍尹國略地青、兗，農攻廩丘，國攻陽城，皆拔之。東平太守韋簡戰死，高平、泰山、琅邪諸郡皆委城奔潰，農進軍臨海，臨東海也。偏置守宰。

17 柔然曷多汗棄其父，與社崙率衆西走；柔然降魏，見上卷十六年。汗，音寒。崙，盧昆翻。魏長孫肥追之，及於上郡跋那山，斬曷多汗。社崙收其餘衆數百，奔疋候跋，疋候跋處之南鄙。處，昌呂翻。社崙襲疋候跋，殺之；疋候跋子啓跋、吳頡等皆奔魏。社崙掠五原以西諸部，走度漠北。柔然自此遂爲魏患。據載記，以社崙爲河西鮮卑，則柔然亦鮮卑種也。

18 十一月，燕遼西王農敗辟閭渾於龍水，郭緣生述征記曰：逢山在廣固南二十里，洋水歷其陰而東北流，世謂之石溝水，出委粟山北，而東注于巨洋水，謂之石溝口。然是水下流亦有時通塞，及其春夏水泛，川瀾無輟，亦或謂之龍泉水。敗，補邁翻。遂入臨淄。十二月，燕主垂召農等還。

19 秦主興遣使與燕結好，使，疏吏翻。好，呼到翻。是歲前秦滅，通鑑始書後秦爲秦。幷送太子寶之子敏於燕，燕封敏爲河東公。

20梁王乾歸自稱秦王，大赦。自此以後，史以西秦別之。

二十年（乙未、三九五）

1春，正月，燕主垂遣散騎常侍封則報聘于秦；散，悉亶翻。騎，奇寄翻。遂自平原狩于廣川、勃海、長樂而歸。漢高祖置信都郡，景帝二年，爲廣川國，明帝更名樂成，安帝改曰安平，晉改曰長樂郡，又別立廣川郡。樂，音洛。

2西秦王乾歸以太子熾磐領尚書令，熾，昌志翻。左長史邊芮爲左僕射，右長史祕宜爲右僕射，置官皆如魏武、晉文故事，然猶稱大單于、大將軍。單，音蟬。邊芮等領府佐如故。

3薛干太悉伏自長安亡歸嶺北。嶺北，謂九嵕嶺北。十八年，太悉伏奔秦。上郡以西鮮卑雜胡皆應之。

4二月，甲寅，尚書令陸納卒。

5三月，庚辰朔，日有食之。

6皇太子出就東宮，以丹楊尹王雅領少傅。時會稽王道子專權奢縱，嬖人趙牙本出倡優，少，詩照翻。會，工外翻。倡，音昌。茹千秋本錢唐捕賊吏，錢唐縣，前漢屬會稽郡，後漢屬吳郡。錢唐記曰：郡議曹華信議立此塘以防海水，始開，募能致土一斛者卽與錢一千。旬月之間，來者雲集，塘未成而不復取，於是載土石者皆委之而去，塘以之成，故名錢塘。楊正衡曰：茹，音如，又而據翻；浙間舊有此姓。皆以諂賂得進。道子以牙爲魏郡太守，千秋爲驃騎諮議參軍。驃，頻召翻，今匹妙翻。騎，奇寄翻。牙爲道子開東第，築山穿池，爲，于僞翻。功用鉅萬。帝嘗幸其第，謂道子曰：「府內乃有山，甚善；然修飾太過。」道子無以對。帝去，道子謂牙曰：「上若知山是人力所爲，爾必死矣！」牙曰：「公在，牙何敢死！」營作彌甚。千秋賣官招權，聚貨累億。博平令吳興聞人奭上疏言之，博平縣，漢屬東郡，晉屬平原郡；江左屬魏郡，與郡皆僑置。帝益惡道子，惡，烏路翻。而逼於太后，不忍廢黜。乃擢時望及所親幸王恭、郗恢、殷仲堪、王珣、王雅等，使居內外要任以防道子；道子亦引王國寶及國寶從弟琅邪內史緒以爲心腹。從，才用翻。由是朋黨競起，無復曏時友愛之驩矣；太后每和解之。中書侍郎徐邈從容言於帝曰：從，千容翻。「漢文明主，猶悔淮南；世祖聰達，負愧齊王；淮南事見十四卷漢文帝六年。齊王事見八十一卷武帝太康四年。兄弟之際，實爲深慎。會稽王雖有酣媟之累，媟，私列翻。累，力瑞翻。宜加弘貸，消散羣議；外爲國家之計，內慰太后之心。」帝納之，復委任道子如故。復，扶又翻。

7 初，楊定之死也，天水姜乳襲據上邽；夏，四月，西秦王乾歸遣乞伏益州帥騎六千討之。左僕射邊芮、民部尚書王松壽曰：「益州屢勝而驕，不可專任，必以輕敵取敗。」乾歸曰：「益州驍勇，諸將莫及，帥，讀曰率。騎，奇寄翻。驍，堅堯翻。將，即亮翻。當以重佐輔之耳。」乃以平北將軍韋虔爲長史，左禁將軍務和爲司馬。務，姓也。古有務光。至大寒嶺，大寒嶺在上邽西。益州不設部伍，聽將士遊畋縱飲，令曰：「敢言軍事者斬！」虔等諫不聽，乞逆擊，大破之。

8 魏王珪叛燕，侵逼附塞諸部。五月，甲戌，燕主垂遣太子寶、遼西王農、趙王麟帥衆八萬，自五原伐魏，范陽王德、陳留王紹別將步騎萬八千爲後繼。散騎常侍高湖諫曰：散，悉亶翻。騎，奇寄翻。「魏與燕世爲婚姻，代王什翼犍兩娶於慕容，皆早卒。哀帝隆和元年，什翼犍納女於燕，燕又以女妻之。彼有內難，燕實存之，事見一百六卷十一年及一百七卷十二年。難，乃旦翻。其施德厚矣，結好久矣。間以求馬不獲而留其弟，事見上卷十六年。好，呼到翻；下同。曲在於我，柰何遽興兵擊之！拓跋涉圭沈勇有謀，蕭子顯曰：珪，字涉圭。沈，持林翻。幼歷艱難，兵精馬強，未易輕也。皇太子富於春秋，志果氣銳，今委之專任，【章：十二行本「任」作「征」；乙十一行本同；張校同。】必小魏而易之，易，以豉翻。萬一不如所欲，傷威毀重，願陛下深圖之！」言頗激切，垂怒，免湖官。湖，泰之子也。前燕時，垂爲車騎將軍，以泰爲從事中郎。

9 六月，癸丑，燕太原元王楷卒。

10 西秦王乾歸還于西城。苑川西城也。

11 秋，七月，三河王光帥衆十萬伐西秦，帥，讀曰率。西秦左輔密貴周、左衛將軍莫者羖羝密以國爲氏。姓譜：漢有尚書密忠。據通鑑下文，則以密貴爲姓。莫者，夷複姓。勸西秦王乾歸稱藩於光，以子敕勃爲質。質，音致。光引兵還，乾歸悔之，殺周及羖羝。羖，音古。羝，音氏。

12 魏張袞聞燕軍將至，言於魏王珪曰：「燕狃於滑臺、長子之捷，滑臺事見上十七年；長子事見上年。狃，與忸同。杜預曰：忸，忕也。竭國之資力以來，有輕我之心，宜羸形以驕之，乃可克也。」羸，倫爲翻。珪從之，悉徙部落畜產，西渡河千餘里以避之。燕軍至五原，降魏別部三萬餘家，降，戶江翻。收穄田百餘萬斛，置黑城，黑城在五原河北。按魏書帝紀：登國五年，劉衞辰遣子直力鞮出稒陽塞，侵及黑城。從可知矣。進軍臨河，水經：河水自新秦中屈而南流，過五原、西安陽、成宜、宜梁、臨沃、稒陽等縣南。造船爲濟具。珪遣右司馬許謙乞師於秦。

13 秃髮烏孤擊乙弗、折掘等諸部，皆破降之，築廉川堡而都之。乙弗、折掘二部，皆在秃髮氏之西。廉川在湟中。降，戶江翻。廣武趙振，少好奇略，少，詩照翻。好，呼到翻。聞烏孤在廉川，棄家從之。烏孤喜曰：「吾得趙生，大事濟矣！」拜左司馬。三河王光封烏孤爲廣武郡公。

14 有長星見自須女，至于哭星。天文志：須女四星。須，賤妾之稱，婦職之卑者也。斗、牛、女，揚州分。虛二星、危三星，皆主死喪。哭泣、墳墓，四星，屬危之下，主死喪、哭泣，爲墳墓也。見，賢遍翻。帝心惡之，於華林園舉酒祝之曰：晉都建康，倣洛都，起華林園。惡，烏路翻。「長星，勸汝一盃酒；自古何有萬歲天子邪！」

15 八月，魏王珪治兵河南；治，直之翻。九月，進軍臨河。燕太子寶列兵將濟，暴風起，漂其船數十艘泊南岸。漂，紕招翻。艘，蘇遭翻。魏獲其甲士三百餘人，皆釋而遣之。

寶之發中山也，燕主垂已有疾，既至五原，珪使人邀中山之路，伺其使者，盡執之。伺，相吏翻。使，疏吏翻。寶等數月不聞垂起居，珪使所執使者臨河告之曰：「若父已死，何不早歸！」寶等憂恐，士卒駭動。

珪使陳留公虔將五萬騎屯河東，東平公儀將十萬騎屯河北，河水自金城過武威、天水、安定、北地郡界，率東北流，至朔方沃野縣界，始屈而東南流。虔屯河東，儀屯河北，皆河曲之地，未渡河也。北史曰：儀據朔方。將，即亮翻；下同。略陽公遵將七萬騎塞燕軍之南。遵，壽鳩之子也。壽鳩見一百四卷元年。秦主興遣楊佛嵩將兵救魏。

燕術士靳安言於太子寶曰：靳，居欣翻。「天時不利，燕必大敗，速去可免。」寶不聽。安退，告人曰：「吾輩皆當棄尸草野，不得歸矣！」

燕、魏相持積旬，趙王麟將慕輿嵩等以垂爲實死，謀作亂，奉麟爲主；事泄，嵩等皆死，寶、麟等內自疑。冬，十月，辛未，燒船夜遁。時河冰未結，寶以魏兵必不能渡，不設斥候。十一月，己卯，暴風，冰合，魏王珪引兵濟河，留輜重，重，直用翻。選精銳二萬餘騎急追之。

燕軍至參合陂，有大風，黑氣如堤，自軍後來，臨覆軍上。覆，扶又翻。沙門支曇猛支者，曇猛之俗姓。曇，徒含翻。言於寶曰：「風氣暴迅，魏兵將至之候，宜遣兵禦之。」寶以去魏軍已遠，笑而不應。曇猛固請不已，麟怒曰：「以殿下神武，師徒之盛，足以橫行沙漠，索虜何敢遠來！太元十八年，慕容麟已知拓跋珪之必爲燕患矣，今乃輕之如此，豈其心自疑而欲敗寶之師邪？其後寶不能守中山而麟亦不能自立，同歸于亂而已矣。索，昔各翻。而曇猛妄言驚衆，當斬以徇！」曇猛泣曰：「苻氏以百萬之師，敗於淮南，正由恃衆輕敵，不信天道故也！」事見一百四卷、五卷七年、八年。司徒德勸寶從曇猛言，寶乃遣麟帥騎三萬居軍後以備非常。帥，讀曰率。騎，奇寄翻；下同。麟以曇猛爲妄，縱騎遊獵，不肯設備。寶遣騎還詗魏兵，詗，古永翻，又翾正翻。騎行十餘里，即解鞍寢。

魏軍晨夜兼行，乙酉，暮，至參合陂西。燕軍在陂東，營於蟠羊山南水上。水經註：可不埿水出鴈門沃陽縣東南六十里山下，西北流注沃水，合流而東，逕參合縣南。魏王珪夜部分諸將，分，扶問翻。掩覆燕軍，士卒銜枚束馬口潛進。丙戌，日出，魏軍登山，下臨燕營；燕軍將東引，引而東行也。顧見之，士卒大驚擾亂。珪縱兵擊之，燕兵走赴水，人馬相騰躡，壓溺死者以萬數。略陽公遵以兵邀其前，燕兵四五萬人，一時放仗斂手就禽，其遺迸去者不過數千人，迸，北孟翻。太子寶等皆單騎僅免。殺燕右僕射陳留悼王紹，生禽魯陽王倭奴、倭，烏禾翻。桂林王道成、濟陰公尹國等文武將吏數千人，濟，子禮翻。兵甲糧貨以鉅萬計。道成，垂之弟子也。

魏王珪擇燕臣之有才用者代郡太守廣川賈閏、閏從弟驃騎長史昌黎太守彝、太史郎晁【章：十二行本「晁」上有「遼東」二字；乙十一行本同；孔本同；張校同。】崇等留之，晁，直遙翻。其餘欲悉給衣糧遣還，以招懷中州之人。中部大人王建曰：「燕衆強盛，今傾國而來，我幸而大捷，不如悉殺之，則其國空虛，取之爲易。易，以豉翻。且獲寇而縱之，無乃不可乎！」乃盡阬之。十二月，珪還雲中之盛樂。通鑑於惠帝元康五年，書定襄之盛樂故城，此書雲中之盛樂；蓋歷代郡縣廢徙無常，前漢成樂縣屬定襄，後漢成樂縣屬雲中。前書定襄之盛樂，此前漢之故城也；此書雲中之盛樂，此後漢之故城也。

燕太子寶恥於參合之敗，請更擊魏。司徒德言於燕主垂曰：「虜以參合之捷，有輕太子之心，宜及陛下神略以服之，不然，將爲後患。」垂乃以清河公會錄留臺事，領幽州刺史，代高陽王隆鎮龍城；以陽城王蘭汗爲北中郎將，代長樂公盛鎮薊；樂，音洛。薊，音計。命隆、盛悉引其精兵還中山，期以明年大舉擊魏。

16是歲，秦主興封其叔父緒爲晉王，碩德爲隴西王，弟崇爲齊公，顯爲常山公。

二十一年（丙申、三九六）

1春，正月，燕高陽王隆引龍城之甲入中山，軍容精整，燕人之氣稍振。漢人有言：「戰勝之威，士氣百倍；敗軍之卒，沒世不復正。」此之謂也。

2 休官權萬世帥衆降西秦。前年，乞伏乾歸稱秦王，故稱西秦以別於姚秦。帥，讀曰率。降，戶江翻。

3 燕主垂遣征東將軍平規發兵冀州。二月，規以博陵、武邑、長樂三郡兵反於魯口，其從子冀州刺史喜諫，不聽。從，才用翻。規弟海陽令翰亦起兵於遼西以應之。海陽縣自漢以來屬遼西郡。平規兄弟以燕兵敗，故叛之。垂遣鎮東將軍餘嵩擊規，嵩敗死。垂自將擊規，至魯口，規棄衆，將妻子及平喜等數十人走渡河，垂引兵還。翰引兵趣龍城，趣，七喻翻。清河公會遣東陽公根等擊翰，破之，翰走山南。白狼、徐無等山之南。

4 三月，庚子，燕主垂留范陽王德守中山，引兵密發，踰青嶺，經天門，青嶺蓋卽廣昌嶺，在代郡廣昌縣南，所謂五迴道也。其南層崖刺天，積石之峻，壁立直上，蓋卽天門也。鑿山通道，出魏不意，直指雲中。魏陳留公虔帥部落三萬餘家鎮平城；垂至獵嶺，獵嶺，在夏屋山東北，魏都平城，常獵於此。以遼西王農、高陽王隆爲前鋒以襲之。是時，燕兵新敗，皆畏魏，惟龍城兵勇鋭爭先。虔素不設備，閏月，乙卯，燕軍至平城，虔乃覺之，帥麾下出戰，敗死，燕軍盡收其部落。魏王珪震怖欲走，諸部聞虔死，皆有貳心，珪不知所適。虔勇蓋代北，既敗而死，故諸部皆貳。然天將亡燕，垂繼以殞，此固非人力所能爲也。帥，讀曰率。怖，普布翻。

垂之過參合陂也，見積骸如山，爲之設祭，爲，于僞翻。軍士皆慟哭，聲震山谷。垂慙憤嘔血，由是發疾，乘馬輿而進，頓平城西北三十里。太子寶等聞之，皆引還。燕軍叛者奔告於魏云：「垂已死，輿尸在軍。」魏王珪欲追之，聞平城已沒，乃引還陰山。魏人有言，「死諸葛走生仲達。」拓跋珪聞慕容垂之死而不敢進，亦類是耳。

垂在平城積十日，疾轉篤，乃築燕昌城而還。水經：燕昌城在平城北四十里。夏，四月，癸未，卒於上谷之沮陽，賢曰：沮陽縣故城，在今嬀州東。沮，音阻。垂年七十一。祕不發喪。丙申，至中山；戊戌，發喪，謚曰成武皇帝，廟號世祖。壬寅，太子寶卽位，寶，字道祐，垂第四子也。大赦，改元永康。

五月，辛亥，以范陽王德爲都督冀・兗・青・徐・荆・豫六州諸軍事、車騎大將軍、冀州牧，鎭鄴；遼西王農爲都督幷・雍・益・梁・秦・涼六州諸軍事、幷州牧，鎭晉陽。雍，於用翻。又以安定王庫傉官偉爲太師，傉，奴沃翻。夫餘王蔚爲太傅。餘蔚，夫餘王子也，燕王皝破夫餘得之，燕亡，入秦，秦亂，復歸燕，燕主垂封爲扶餘王。甲寅，以趙王麟領尚書左僕射，高陽王隆領右僕射，長樂公盛爲司隸校尉，宜都王鳳爲冀州刺史。

5 乙卯，以散騎常侍彭城劉該爲徐州刺史，鎭鄄城。散，悉亶翻。騎，奇寄翻。鄄，吉掾翻。

6 甲子，以望蔡公謝琰爲尚書左僕射。望蔡縣屬豫章郡。沈約曰：漢靈帝中平中，汝南上蔡民分徙此城，立縣名上蔡，晉武帝太康元年，更名。宋白曰：以上蔡人思本土，故曰望蔡。

7 初，燕主垂先段后生子令、寶，後段后生子朗、鑒，愛諸姬子麟、農、隆、柔、熙。寶初爲太子，有美稱，稱，昌孕翻，名譽也。已而荒怠，中外失望。後段后嘗言於垂曰：燕王垂初娶段氏，以可足渾后之讒而死，後即位，追尊爲后。復納段氏爲后，故史書後段后以別之。「太子遭承平之世，足爲守成之主；今國步艱難，恐非濟世之才。遼西、高陽二王，陛下之賢子，宜擇一人，付以大業。趙王麟姦詐強愎，愎，弼力翻。異日必爲國家之患，宜早圖之。」寶善事垂左右，左右多譽之，譽，音余。故垂以爲賢，謂段氏曰：「汝欲使我爲晉獻公乎！」晉獻公信驪姬之讒，殺太子申生。段氏泣而退，告其妹范陽王妃曰：「太子不才，天下所知，吾爲社稷言之，爲，于僞翻。主上乃以吾爲驪姬，何其苦哉！觀太子必喪社稷，喪，息浪翻。范陽王有非常器度，若燕祚未盡，其在王乎！」寶及麟聞而恨之。

乙丑，寶使麟謂段氏曰：「后常謂主上不能守大業，今竟能不？不，讀曰否。宜早自裁，以全段宗！」段氏怒曰：「汝兄弟不難逼殺其母，況能守先業乎！吾豈愛死，但念國亡不久耳。」遂自殺。寶議以段后謀廢適統，適，讀曰嫡。無母后之道，不宜成喪。羣臣咸以爲然。中書令眭邃颺言於朝曰：眭，息惟翻。颺，音揚。大言而疾曰颺。朝，直遙翻。「子無廢母之義，漢安思閻后親廢順帝，事見五十卷漢安帝延光三年。猶得配饗太廟，況先后曖昧之言，虛實未可知乎！」乃成喪。

8 六月，癸酉，魏王珪遣將軍王建等擊燕廣甯太守劉亢泥，斬之，廣甯縣，漢屬上谷郡，晉太康中，分置廣甯郡。亢，苦浪翻。徙其部落於平城。燕上谷太守開封公詳棄郡走。詳，虢之曾孫也。

9丁亥，魏賀太妃卒。魏王珪之母也。

10燕主寶定士族舊籍，分辨清濁，校閱戶口，罷軍營封蔭之戶，悉屬郡縣；軍營封蔭之戶，蓋諸軍庇占以爲部曲者。由是士民嗟怨，始有離心。斯事行之，未必非也；但慕容寶即位之初，國師新敗，又遭大喪，下之懷反側者多，未可遽行耳。大學曰：物有本末，事有先後，知所先後，則近道矣。

11三河王呂光即天王位，國號大涼，大赦，改元龍飛；呂光，字世明，略陽氐也，父婆樓，爲苻堅佐命。備置百官，以世子紹爲太子，封子弟爲公侯者二十人；以中書令王詳爲尚書左僕射，著作郎段業等五人爲尚書。

光遣使者拜禿髮烏孤爲征南大將軍、益州牧、左賢王。烏孤謂使者曰：「呂王諸子貪淫，光諸子見於史者，纂、弘、紹、覆。三甥暴虐，光甥石聰譖殺杜進；餘二人當考。遠近愁怨，吾安可違百姓之心，受不義之爵乎！吾當爲帝王之事耳。」乃留其鼓吹、羽儀，吹，昌瑞翻。謝而遣之。

12平規收合餘黨據高唐，高唐縣，自漢以來屬平原郡。燕主寶遣高陽王隆將兵討之；將，即亮翻。東土之民，素懷隆惠，迎候者屬路。相屬於路也。屬，之欲翻。秋，七月，隆進軍臨河，規棄高唐走。隆遣建威將軍慕容進等濟河追之，斬規於濟北。於濟，子禮翻。平喜奔彭城。

13 納故中書令王獻之女爲太子妃。獻之，羲之之子也。羲之，王導之從子。

14 魏羣臣勸魏王珪稱尊號，珪始建天子旌旗，出警入蹕，改元皇始。珪，什翼犍之嫡孫，寔之子，詳見一百四卷元年。自苻堅淮、淝之敗，至是十有四年矣，關、河之間，戎狄之長，更興迭仆，晉人視之，漠然不關乎其心。拓跋珪興而南、北之形定矣。南、北之形既定，卒之南爲北所幷。嗚呼！自隋以後，名稱揚于時者，代北之子孫十居六七矣，氏族之辨，果何益哉！參軍事上谷張恂勸珪進取中原，珪善之。

燕遼西王農悉將部曲數萬口之幷州，將，卽亮翻。之，往也。幷州素乏儲偫，偫，丈里翻。是歲早霜，民不能供其食，又遣諸部護軍分監諸胡，監，工銜翻。由是民夷俱怨，潛召魏軍。八月，己亥，魏王珪大舉伐燕，兵無內應與必勝之計，不可大舉。步騎四十餘萬，南出馬邑，踰句注，句，音鉤。旌旗二千餘里，鼓行而進。左將軍鴈門李栗將五萬騎爲前驅，別遣將軍封眞等從東道出軍都，襲燕幽州。魏書官氏志：拓跋詰汾時，餘部諸姓內入者有是賁氏，後改爲封氏。軍都縣，前漢屬上谷郡，後漢屬廣陽郡，晉屬燕國；有軍都關。賢曰：今幽州昌平縣有軍都山，在西北。

15 燕征北大將軍、幽·平二州牧、淸河公會母賤而年長，長，知兩翻。雄俊有器藝，燕主垂愛之。寶之伐魏也，垂命會攝東宮事、總錄，禮遇一如太子。總錄，謂總錄朝政也。及垂伐魏，命會鎭龍城，委以東北之任，國官府佐，皆選一時才望。垂疾篤，遺言命寶以會爲嗣；而寶愛少子濮陽公策，意不在會。長樂公盛與會同年，恥爲之下，少，詩照翻。濮，博木翻。樂，音洛。

乃與趙王麟共勸寶立策，寶從之。乙亥，立妃段氏爲皇后，策爲皇太子，會、盛皆進爵爲王。策年十一，素惷弱，惷，與戇同，陟降翻，愚也。會聞之，心慍懟。慍，於問翻。懟，直類翻。九月，章武王宙奉燕主垂及成哀段后之喪葬于龍城宣平陵，成哀后，即寶所殺後母段氏也。寶詔宙悉徙高陽王隆參佐、部曲、家屬還中山，隆去年自龍城還中山，會實代之，故令遣還其部曲參佐。會違詔，多留部曲不遣。宙年長屬尊，長，知兩翻。會每事陵侮之，見者皆知其有異志。爲寶、會父子相圖張本。

16 戊午，魏軍至陽曲，陽曲縣自漢以來屬太原郡。宋白曰：陽曲縣故城，在太原縣北四十五里，後漢末所移也。隋文帝改爲陽直，尋又改爲汾陽縣。乘西山，臨晉陽，遣騎環城大譟而去。騎，奇寄翻。環，音宦。燕遼西王農出戰，大敗，奔還晉陽，司馬慕輿嵩閉門拒之。前有慕輿嵩以謀奉趙王麟爲變而誅。此又一人。農將妻子帥數千騎東走，魏中領將軍長孫肥追之，中領將軍，魏所置，猶魏、晉之中領軍也。帥，讀曰率。及於潞川，【嚴：「川」改「州」。】獲農妻子。燕軍盡沒，農被創，獨與三騎逃歸中山。被，皮義翻。創，初良翻。

魏王珪遂取幷州。初建臺省，置刺史、太守、尚書郎以下官，悉用儒生爲之。士大夫詣軍門，無少長，皆引入存慰，使人人盡言，少，詩照翻。長，知兩翻。少有才用，咸加擢敍。史言拓跋珪所以能取中原。少，詩沼翻。己未，遣輔國將軍奚收略地汾川，「奚收」，當作「奚牧」。獲燕丹楊王買德及離石護軍高秀和。離石縣自漢以來屬西河郡，燕置護軍以統稽胡。以中書侍郎張恂等爲諸郡太守，招撫離散，勸課農桑。

燕主寶聞魏軍將至，議于東堂。中山尹苻謨曰：「今魏軍衆強，千里遠鬭，乘勝氣鋭，若縱之使入平土，不可敵也，宜杜險以拒之。」苻謨降燕見一百六卷十一年。中書令眭邃曰：「魏多騎兵，往來剽速，剽，匹妙翻。馬上齎糧，不過旬日；宜令郡縣聚民，千家爲一堡，深溝高壘，清野以待之，彼至無所掠，不過六旬，食盡自退。」尚書封懿曰：「今魏兵數十萬，天下之勍敵也，勍，渠京翻。民雖築堡，不足以自固，是聚兵及糧以資之也。且動搖民心，示之以弱，不如阻關拒戰，計之上也。」趙王麟曰：「魏今乘勝氣鋭，其鋒不可當，宜完守中山，待其弊而乘之。」於是修城積粟，爲持久之備。不據險拒戰而嬰城自守，此慕容寶所以敗也。命遼西王農出屯安喜，安喜，前漢之安險縣也，後漢章帝改曰安喜，屬中山郡。軍事動靜，悉以委麟。爲麟叛寶張本。

17 帝嗜酒，流連內殿，醒治【嚴：「治」改「日」。】既少，言昏醉之時多，醒而治事之時少也。外人罕得進見。見，賢遍翻。張貴人寵冠後宮，冠，古玩翻。後宮皆畏之。庚申，帝與後宮宴，妓樂盡侍；妓，渠綺翻。時貴人年近三十，帝戲之曰：「汝以年亦當廢矣，吾意更屬少者。」近，其靳翻。屬，之欲翻。少，詩照翻。貴人潛怒，向夕，帝醉，寢於清暑殿，清暑殿，帝所作。貴人偏飲宦者酒，散遣之，使婢以被蒙帝面，弑之，重賂左右，云「因魘暴崩」。飲，於鴆翻。魘，於琰翻。廣韻曰：睡中魘。

毛晃曰：氣窒心懼而神亂則魘。時太子闇弱，會稽王道子昏荒，會，工外翻。遂不復推問。復，扶又翻；下同。王國寶夜叩禁門，欲入爲遺詔，侍中王爽拒之曰：「大行晏駕，皇太子未至，敢入者斬！」國寶乃止。爽，恭之弟也。辛酉，太子即皇帝位，大赦。

癸亥，有司奏：會稽王道子宜進位太傅、揚州牧，假黃鉞，詔內外衆事動靜咨之。

安帝幼而不慧，杜預曰：不慧，世所謂白癡。口不能言，至於寒暑飢飽亦不能辨，飲食寢興皆非己出。母弟琅邪王德文，性恭謹，常侍左右，爲之節適，始得其宜。節適，謂事爲之節以適其口體。爲，于僞翻。

初，王國寶黨附會稽王道子，王國寶黨附道子，事始一百五卷八年。驕縱不法，屢爲御史中丞褚粲所糾。國寶起齋，侔清暑殿，孝武帝甚惡之；惡，烏路翻。國寶懼，遂更求媚於帝而疏道子，帝復寵昵之。昵，尼質翻。道子大怒，嘗於內省面責國寶，以劍擲之，舊好盡矣。好，呼到翻。及帝崩，國寶復事道子，與王緒共爲邪諂，道子更惑之，倚爲心腹，遂參管朝權，威震內外，並爲時之所疾。

王恭入赴山陵，每正色直言，道子深憚之。恭罷朝，歎曰：「榱棟雖新，朝，直遙翻；下同。榱，所追翻。秦曰屋椽，齊、魯曰桷，周曰榱。便有黍離之歎！」周大夫行役過故宗廟宮室，盡爲禾黍，故作黍離之詩。緒說國寶，說，輸芮翻。因恭入朝，勸相王伏兵殺之，國寶不許。道子欲輯和內外，乃深布腹心於恭，冀除舊惡；而恭每言及時政，輒厲聲色。道子知恭不可和協，遂有相圖之志。

或勸恭因入朝以兵誅國寶，恭以豫州刺史庾楷士馬甚盛，黨於國寶，憚之，不敢發。王珣謂恭曰：「國寶雖終爲禍亂，要之罪逆未彰，今遽先事而發，必大失朝野之望。況擁強兵竊發於京輦，誰謂非逆！國寶若遂不改，惡布天下，然後順衆心以除之，亦無憂不濟也。」恭乃止。既而謂珣曰：「比來視君一似胡廣。」謂依違於權姦之間以保祿位。比，毗至翻，近也。珣曰：「王陵廷爭，陳平慎默，但問歲晏何如耳！」謂王陵以廷爭失位，陳平以慎默終能安劉。爭，讀曰諍。

冬，十月，甲申，葬孝武帝于隆平陵。王恭還鎮，將行，謂道子曰：「主上諒闇，闇，讀如陰。冢宰之任，伊、周所難，願大王親萬幾，納直言，放鄭聲，遠佞人。」幾，與機同。遠，于願翻。國寶等愈懼。

18 魏王珪使冠軍將軍代人于栗磾、魏書官氏志：拓跋詰汾時，餘部諸姓內入者有勿忸于氏，後改爲于氏。冠，古玩翻。磾，丁奚翻。寧朔將軍公孫蘭帥步騎二萬，潛自晉陽開韓信故道。韓信自井陘伐趙之故路也。帥，讀曰率。騎，奇寄翻。己酉，珪自井陘趨中山。李先降魏，去年，李先自西燕歸燕。趨，七喻翻。降，戶江翻。珪以爲征東左長史。

19 西秦涼州牧軻彈與秦州牧益州不平，軻彈奔涼。

20 魏王珪進攻常山，拔之，獲太守苟延；自常山以東，守宰或走或降，諸郡縣皆附於魏，惟中山、鄴、信都三城爲燕守。中山，燕都，慕容德守鄴，慕容鳳守信都，皆重鎮也。爲，于僞翻。十一月，珪命東平公儀將五萬騎攻鄴，冠軍將軍王建、左將軍李栗攻信都。戊午，珪進軍中山；己未，攻之。燕高陽王隆守南郭，帥衆力戰，自旦至晡，殺傷數千人，魏兵乃退。珪謂諸將曰：「中山城固，寶必不肯出戰，急攻則傷士，久圍則費糧，不如先取鄴、信都，然後圖之。」丁卯，珪引兵而南。

章武王宙自龍城還，聞有魏寇，馳入薊，與鎮北將軍陽城王蘭乘城固守。蘭，垂之從弟也。從，才用翻。魏別將石河頭攻之，不克，魏書官氏志：拓跋詰汾時，餘部諸姓内入者有嗢石蘭氏，後爲石氏。退屯漁陽。漁陽縣，漢屬漁陽郡，晉省。

珪軍于魯口，博陵太守申永奔河南，高陽太守崔宏奔海渚。海渚，海中州也。珪素聞宏名，遣騎追求，獲之，以爲黄門侍郎，與給事黄門侍郎張袞對掌機要，創立制度。爲崔宏父子貴顯於魏張本。博陵令屈遵降魏。屈，居勿翻。降，戶江翻。珪以爲中書令，出納號令，兼總文誥。

燕范陽王德使南安王青等夜擊魏軍於鄴下，破之，魏軍退屯新城。新城，即燕主垂攻鄴所築者也。青等請追擊之，別駕韓晫曰：晫，音卓。「古人先計而後戰。魏軍不可擊者四：懸軍遠客，利在野戰，一也；深入近畿，頓兵死地，二也；前鋒既敗，後陣方固，三也；彼衆我寡，四也。官軍不宜動者三：自戰其地，一也；自戰其地者，衆易敗散。動而不勝，衆心難固，二也；城隍未修，敵來無備，三也。今魏無資糧，不如深壘固軍以老之。」德從之，召靑還。靑，詳之兄也。

十二月，魏遼西公賀賴盧帥騎二萬會東平公儀攻鄴。賴盧，訥之弟也。爲賀賴盧降慕容德張本。按魏書官氏志，內入諸姓有賀賴氏，北方有賀蘭氏，後皆爲賀氏，蓋內入者爲賀賴氏，留北方者爲賀蘭氏。「蘭」、「賴」語轉耳。又匈奴諸種亦有賀賴氏。

魏別部大人沒根有膽勇，魏王珪惡之。惡，烏路翻。沒根懼誅，己丑，將親兵數十人降燕，燕主寶以爲鎮東大將軍，封鴈門公。沒根求還襲魏，寶難與重兵，給百餘騎。沒根效其號令，夜入魏營，至中仗，珪乃覺之，狼狽驚走，沒根以所從人少，不能壞其大衆，多獲首虜而還。史言慕容寶不能因降人爲間以破魏。少，詩沼翻。壞，音怪。

21 楊盛遣使來請命；詔拜盛鎮南將軍、仇池公。盛表苻宣爲平北將軍。

22 是歲，越質詰歸帥戶二萬叛西秦降于秦，越質詰歸降西秦，見上卷十六年。帥，讀曰率；下同。秦人處之成紀，成紀縣自漢以來屬天水郡。處，昌呂翻。拜鎮西將軍、平襄公。

23 秦隴西王碩德攻姜乳於上邽，乳率衆降。秦以碩德爲秦州牧，鎮上邽；徵乳爲尚書。強熙、權千成帥衆三萬共圍上邽，碩德擊破之，熙奔仇池，遂來奔。碩德西擊千成於略陽，千成降。

24 西燕既亡，其所署河東太守柳恭等各擁兵自守。秦主興遣晉王緒攻之，恭等臨河拒守，緒不得濟。

初，永嘉之亂，汾陰薛氏聚其族黨，阻河自固，不仕劉、石。及苻氏興，乃以禮聘薛彊，拜鎮東將軍，彊引秦兵自龍門濟，魏土地記曰：梁山北有龍門山，大禹所鑿，通孟津河口，廣八十步，巖際鐫迹，遺功尚存。梁山在馮翊夏陽縣西北。遂入蒲阪，恭等皆降，興以緒爲并、冀二州牧，鎮蒲阪。

王崇武標點容肇祖聶崇岐覆校

資治通鑑卷第一百九

端明殿學士兼翰林侍讀學士朝散大夫右諫議大夫充集賢殿修撰提舉西京嵩山崇福宮上柱國河內郡開國侯食邑二千八百戶食實封六百戶賜紫金魚袋臣司馬光　奉敕編集

後學天台胡三省　音註

晉紀三十一　強圉作噩（丁酉），一年。

安皇帝甲　諱德宗，字德宗，孝武帝長子也。謚法：好和不爭曰安；又曰：生而少斷曰安。帝卽位後，桓玄篡奪，劉裕反正，南征北召〔伐〕事多，而中原亦多事。通鑑所書凡十卷，故以十干書卷數。

隆安元年（丁酉、三九七）

1春，正月，己亥朔，帝加元服，改元。以左僕射王珣爲尚書令；領軍將軍王國寶爲左僕射，領選；領選者，領吏部選。選，須戀翻。仍加後將軍、丹楊尹。會稽王道子悉以東宮兵配國寶，使領之。會，工外翻。

2燕范陽王德求救於秦，秦兵不出，鄴中恟懼。恟，許洪翻。賀賴盧自以魏王珪之舅，不受東平公儀節度，由是與儀有隙。儀司馬丁建陰與德通，從而構間之，間，古莧翻。射書入城中言其狀。射，而亦翻。甲辰，風霾，晝晦，霾，謨皆翻；風雨土曰霾。賴盧營有火，建言於儀曰：「賴盧燒營爲變矣。」儀以爲然，引兵退；賴盧聞之，亦退；建帥其衆詣德降，帥，讀曰率。降，戶江翻。且言儀師老可擊。德遣桂陽王鎮、南安王青帥騎七千追擊魏軍，大破之。師克在和，將帥不和，敗之本也。

燕主寶使左衛將軍慕輿騰攻博陵，殺魏所置守宰。

王建等攻信都，六十餘日不下，士卒多死。庚申，魏王珪自攻信都。壬戌夜，燕宜都王鳳踰城奔中山。鳳知珪至，膽破而走。癸亥，信都降魏。

3 涼王光以西秦王乾歸數反覆，謂乾歸既稱藩於光而悔之也。數，所角翻。舉兵伐之。乾歸羣下請東奔成紀以避之，成紀縣，自漢以來屬天水郡，治小坑川；唐併顯親縣入成紀縣，移成紀縣治顯親川。乾歸曰：「軍之勝敗，在於巧拙，不在衆寡。光兵雖衆而無法，其弟延勇而無謀，不足憚也。且其精兵盡在延所，延敗，光自走矣。」光軍于長最，遣太原公纂等帥步騎三萬攻金城；乾歸帥衆二萬救之，未至，纂等拔金城。光又遣其將梁恭等以甲卒萬餘出陽武下峽，陽武下峽在高平西，河水所經也。將，卽亮翻。與秦州刺史沒弈干攻其東，天水公延以枹罕之衆攻臨洮、武始、河關，皆克之。臨洮縣，漢屬隴西郡，惠帝分屬狄道郡。武始郡，故狄道縣地。河關縣，前漢屬金城郡，後漢屬隴西郡，晉屬狄道郡。枹，音膚。洮，土刀翻。乾歸使人紿延云：紿，待亥翻。「乾歸衆潰，奔成紀。」

延欲引輕騎追之，司馬耿稚諫曰：「乾歸勇略過人，安肯望風自潰！前破王廣、楊定，皆羸師以誘之。破楊定，見上卷孝武太元十九年。太元十一年，王廣爲鮮卑匹蘭所執，送於後秦；此時乾歸未統國事也。乾歸破廣當在乞伏國仁之時。稚，直利翻。羸，倫爲翻。今告者視高色動，殆必有姦，宜整陳而前，使步騎相屬，陳，讀曰陣。屬，之欲翻。俟諸軍畢集，然後擊之，無不克矣。」延不從，進，與乾歸遇，延戰死。稚與將軍姜顯收散卒，還屯枹罕。光亦引兵還姑臧。

4 禿髮烏孤自稱大都督、大將軍、大單于、西平王，單，音蟬。大赦，改元太初。治兵廣武，攻涼金城，克之。涼王光遣將軍竇苟伐之，戰于街亭，涼兵大敗。

5 燕主寶聞魏王珪攻信都，出屯深澤，深澤縣，前漢屬涿郡，後漢屬安平國，晉屬博陵郡。宋白曰：深澤縣以界內水澤深廣爲名。遣趙王麟攻楊城，郡國志：中山蒲陰縣有楊城。殺守兵三百。寶悉出珍寶及宮人募郡國羣盜以擊魏。

二月，己巳朔，珪還屯楊城。沒根兄子醜提爲并州監軍，聞其叔父降燕，懼誅，帥所部兵還國【張：「國」作「縣」。】作亂。監，工銜翻。降，戶江翻。帥，讀曰率；下同。珪欲北還，遣其國相涉延求和於燕，且請以其弟爲質。相，息亮翻。質，音致。寶聞魏有內難，不許，兵法曰：知彼知己，百戰不殆。慕容寶徒欲乘拓跋珪之有內釁而困之，而不知己之才略不足辨也。難，乃旦翻。使宂從僕射蘭眞責珪負恩，宂，而隴翻。從，才用翻。悉發其衆步卒十二萬、騎三萬七千屯於曲陽之柏肆，此趙國之下曲陽縣也。有柏肆塢，隋開皇十六年置柏肆縣，後廢入常山稾城縣。魏書帝紀作「鉅鹿之柏肆塢」。按地形志：鉅鹿郡治曲陽。營於滹沱水北以邀之。滹，音呼。沱，徒河翻。丁丑，魏軍至，營於水南。寶潛師夜濟，募勇敢萬餘人襲魏營，寶陳於營北以爲之援。陳，讀曰陣；下同。募兵因風縱火，急擊魏軍，魏軍大亂，珪驚起，棄營跣走；燕將軍乞特眞帥百餘人至其帳下，得珪衣鞾。鞾，許戈翻。既而募兵無故自驚，互相斫射，射，而亦翻。珪於營外望見之，乃擊鼓收衆，左右及中軍將士稍稍來集，多布火炬於營外，縱騎衝之。募兵大敗，敵出其不意，故走；見敵之不整，乃還戰；善用兵者固觀變而動也。還赴寶陳，寶引兵復渡水北。戊寅，魏整衆而至，與燕相持，燕軍奪氣。寶引還中山，魏兵隨而擊之，燕兵屢敗。寶懼，棄大軍，帥騎二萬奔還。時大風雪，凍死者相枕。枕，職任翻。寶恐爲魏軍所及，命士卒皆棄袍仗、兵器數十萬，寸刃不返，燕之朝臣將卒降魏及爲魏所係虜者甚衆。朝，直遥翻。將，卽亮翻。降，戶江翻。

先是，張袞嘗爲魏王珪言燕祕書監崔逞之材，據張袞傳，袞未嘗與逞相識也，聞其才而稱之。先，悉薦翻。珪得之，甚喜，以逞爲尚書，使錄三十六曹，漢光武分尚書爲六曹，置郎三十四人，並左、右丞爲三十六人。至魏，尚書郎有殿中、吏部、駕部、金部、虞曹、比部、南主客、祠部、度支、庫部、農部、水部、儀曹、三公、倉部、民曹、二千石、中兵、外兵、都兵、別兵、考功、定課，凡二十三郎。明帝青龍二年，置都官、騎兵，合二十五郎。晉武帝罷農部、定課，置直事、殿中、祠部、儀曹、吏部、三公、比部、金部、倉部、度支、都官、二千石、左民、右民、虞曹、屯田、起部、水部、左・右主客、駕部、車部、庫部、左・右中兵、左・右外兵、別兵、都兵、騎兵、左・右士、北主客、南主客、凡三十四曹。後又置運曹，凡三十五曹；置郎二十三人，更相統攝。今魏又增爲三十六曹。任以政事。

魏軍士有自柏肆亡歸者，言大軍敗散，不知王處。道過晉陽，晉陽守將封眞因起兵攻幷州刺史曲陽侯素延，素延擊斬之。

南安公順守雲中，聞之，欲自攝國事。幢將代人莫題曰：「此大事，不可輕爾，宜審待後問，不然，爲禍不細。」順乃止。順，什翼犍【章：「犍」，十二行本作「揵」；乙十一行本同；孔本同。】之孫也。幢，直江翻。將，卽亮翻。犍，居言翻。賀蘭部帥附力眷、紇鄰部帥匿物尼、紇奚部帥叱奴根皆舉兵反，紇，戶骨翻。帥，所類翻。順討之，不克。珪遣安遠將軍庾岳帥萬騎還討三部，皆平之，國人乃安。

珪欲撫慰新附，深悔參合之誅，事見上卷孝武帝太元二十年，珪以燕人懲參合之禍，苦戰不下，故深悔之。素延坐討反者殺戮過多，免官；以奚牧爲幷州刺史。牧與東秦主興書稱「頓首」，與之均禮。時乞伏氏建國隴西，號秦，故史書姚秦爲東秦以別之。興怒，以告珪，珪爲之殺牧。爲，于僞翻。

己卯夜，燕尙書郎慕輿皓謀弒燕主寶，立趙王麟；不克，斬關出奔魏，麟由是不自安。爲麟奔西山張本。

6 三月，燕以儀同三司武鄉張崇爲司空。石勒分上黨置武鄉郡及武鄉縣，唐遼州榆社縣卽其地。

7 初，燕淸河王會聞魏軍東下，表求赴難，難，乃旦翻。燕主寶許之。會初無去意，初無去龍城之意也。使征南將軍庫傉官偉、建威將軍餘崇將兵五千爲前鋒。崇，嵩之子也。餘嵩見上卷孝武帝太元二十一年。傉，奴沃翻。偉等頓盧龍近百日，遼東新昌縣有盧龍山，唐爲平州盧龍縣，慕容令所謂守肥如之險，即其地也。此遼東新昌，後人置於漢遼西郡界，非漢舊郡縣地也。近，其靳翻。無食，噉馬牛且盡；會不發。寶怒，累詔切責；會不得已，以治行簡練爲名，復留月餘。治，直之翻。復，扶又翻。時道路不通，偉欲使輕軍前行通道，偵魏強弱，且張聲勢；偵，丑鄭翻。諸將皆畏避不欲行。餘崇奮曰：「今巨寇滔天，京都危逼，京都，謂中山。匹夫猶思致命以救君父，諸君荷國寵任，而更惜生乎！荷，下可翻。若社稷傾覆，臣節不立，死有餘辱；諸君安居於此，崇請當之。」偉喜，簡給步騎五百人。崇進至漁陽，遇魏千餘騎。崇謂其衆曰：「彼衆我寡，不擊則不得免。」乃鼓譟直進，崇手殺十餘人。魏騎潰去，崇亦引還，斬首獲生，具言敵中闊狹，衆心稍振。會乃上道徐進，上，時掌翻。是月，始達薊城。薊，音計。

魏圍中山既久，城中將士皆思出戰。征北大將軍隆言於寶曰：「涉珪雖屢獲小利，然頓兵經年，涉歲爲經年。去年十一月，魏攻中山。凶勢沮屈，沮，在呂翻。士馬死傷太半，人心思歸，諸部離解，謂賀蘭、紇鄰、紇奚三部。正是可破之時也。加之舉城思奮，若因我之銳，乘彼之衰，往無不克。如其持重不決，將卒氣喪，將，即亮翻。喪，息浪翻。日益困逼，事久變生，後雖欲用之，不可得也！」寶然之。而衛大將軍麟每沮其議，麟有異志，故沮隆議。隆成列而罷者，前後數四。

寶使人請於魏王珪，欲還其弟觚，觚留燕事見一百七卷孝武太元十六年。割常山以西皆與魏以求和；常山以西，幷州之地也。珪許之；既而寶悔之。己酉，珪如盧奴，魏書地形志：中山郡治盧奴。酈道元曰：盧奴城內西北隅，有水，淵而不流，南北一百步，東西百餘步；水色正黑曰盧，不流曰奴，故城以此得名。辛亥，復圍中山。杜佑曰：後燕都中山，今博陵郡唐昌縣。唐昌本漢苦陘縣，章帝改漢昌，曹魏改魏昌，隋改隋昌，唐武德中改唐昌。復，扶又翻。燕將士數千人俱自請於寶曰：「今坐守窮城，終於困弊，臣等願得一出樂戰，士皆赴死願戰，爲樂戰也。樂，音洛。而陛下每抑之，此爲坐自摧敗也。且受圍歷時，無他奇變，徒望積久寇賊自退。今內外之勢，強弱懸絕，彼必不自退明矣，宜從衆一決。」寶許之。隆退而勒兵，召諸參佐謂之曰：「皇威不振，寇賊內侮，臣子同恥，義不顧生。今幸而破賊，吉還固善；若其不幸，亦使吾志節獲展。卿等有北見吾母者，爲吾道此情也！」隆初鎭龍城，與母俱北；及垂召隆伐魏，其母留龍城。爲，于僞翻。乃被甲上馬，詣門俟命。麟復固止寶，被，皮義翻。復，扶又翻。衆大忿恨，隆涕泣而還。還，從宣翻，又如字；下同。

是夜，麟以兵劫左衞將軍北地王精，使帥禁兵弒寶。帥，讀曰率。精以義拒之，麟怒，殺精，出奔西山，依丁零餘衆。中山西北二百里有狼山，自狼山而西，南連常山，山谷深險，漢末黑山張燕、五代孫方簡兄弟皆依阻其地。丁零餘衆，翟眞之黨也，爲燕所敗，退聚西山。西山，曲陽之西山也。於是城中人情震駭。

寶不知麟所之，之，往也。以清河王會軍在近，恐麟奪會軍，先據龍城，乃召隆及驃騎大將軍農，驃，匹妙翻。騎，奇寄翻。謀去中山，走保龍城。隆曰：「先帝櫛風沐雨以成中興之業，崩未期年而天下大壞，豈得不謂之孤負邪！今外寇方盛而内難復起，難，乃旦翻。復，扶又翻；下復朝同。骨肉乖離，百姓疑懼，誠不可以拒敵，北遷舊都，亦事之宜。然龍川地狹民貧，龍川即謂和龍之地。若以中國之意取足其中，復朝夕望有大功，此必不可。若節用愛民，務農訓兵，數年之中，公私充實，而趙、魏之間，厭苦寇暴，民思燕德，庶幾返旆，克復故業。幾，居希翻。如其未能，則憑險自固，猶足以優游養鋭耳。」寶曰：「卿言盡理，朕一從卿意耳。」隆策固善，其如運命何！兵家因敗爲成，隆之智不足以及此也。使寶始終一從隆之説，猶可以免蘭汗之禍。

遼東高撫，善卜筮，素爲隆所信厚，私謂隆曰：「殿下北行，終不能達，太妃亦不可得見。若使主上獨往，殿下潛留於此，必有大功。」隆曰：「國有大難，難，乃旦翻。主上蒙塵，且老母在北，吾得北首而死，猶無所恨。卿是何言也！」首，式救翻。乃遍召僚佐，問其去留，唯司馬魯恭、參軍成岌願從，從，才用翻。餘皆欲留，隆並聽之。

農部將谷會歸説農曰：説，輸芮翻。「城中之人，皆涉珪參合所殺者父兄子弟，泣血踊躍，欲與魏戰，而爲衞軍所抑。慕容麟爲衞大將軍，故稱之爲衞軍。今聞主上當北遷，皆曰：『得慕容氏一人奉而立之，以與魏戰，死無所恨。』大王幸而留此，以副衆望，擊退魏軍，撫寧畿甸，奉迎大駕，亦不失爲忠臣也。」農欲殺歸而惜其材力，謂之曰：「必如此以望生，不如就死！」農、隆皆號爲有智略，而所見類如此。天之廢燕，智者失其智矣。

壬子，夜，寶與太子策、遼西王農、高陽王隆、長樂王盛等萬餘騎出赴會軍，河間王熙、勃海王朗、博陵王鑒皆幼，不能出城，隆還入迎之，自爲鞁乘，鞁，平義翻。說文曰：車駕具。俱得免。燕將王【嚴：「王」改「李」。】沈等降魏。沈，持林翻。樂浪王惠、中書侍郎韓範、員外郎段宏、太史令劉起等帥工伎三百奔鄴。樂浪，音洛琅。帥，讀曰率。伎，渠綺翻。

中山城中無主，百姓惶惑，東門不閉。魏王珪欲夜入城，冠軍將軍王建志在虜掠，乃言恐士卒盜府庫物，請俟明旦，珪乃止。燕開封公詳從寶不成，【章：十二行本「成」作「及」；乙十一行本同；孔本同；張校同；退齋校同。】城中立以爲主，閉門拒守；珪盡衆攻之，連日不拔。使人登巢車，杜預曰：巢車，車上爲櫓。陸德明曰：兵車高如巢以望敵也。杜佑曰：以八輪車上樹高竿，竿上安轆轤，以繩挽板屋上竿首，以窺城中。板屋方四尺，高五尺，有十二孔，四面別布車，可進退，圜城而行，於營中遠視，如鳥之巢，亦謂之巢車。臨城諭之曰：「慕容寶已棄汝走，汝曹百姓空自取死，欲誰爲乎？」爲，于僞翻。皆曰：「羣小無知，恐復如參合之衆，復，扶又翻；下復出同。故苟延旬月之命耳。」珪顧王建而唾其面，唾，土賀翻。王建既鼓成參合之誅，又沮止珪乘夜入中山，失計者再，故唾其面。使中領將軍長孫肥、左將軍李栗將三千騎追寶至范陽，不及，破其新城戍而還。前漢志：中山國有北新城縣。郡國志：涿郡有北新城縣，晉省。水經註新城縣在武遂縣南，燕督亢之地也。

8甲寅，尊皇太后李氏爲太皇太后。戊午，立皇后王氏。

9燕主寶出中山，與趙王麟遇于⿰阝开城。考之字書，無「⿰阝开」字，有「阱」字；疾郢翻。麟不意寶至，驚駭，帥其衆奔蒲陰，蒲陰縣，屬中山郡，前漢之曲逆縣也，後漢章帝醜其名，改曰蒲陰。帥，讀曰率；下同。復出屯望都。復，扶又翻。土人頗供給之。慕容詳遣兵掩擊麟，獲其妻子，麟脱走，入山中。

甲寅，寶至薊，殿中親近散亡略盡，惟高陽王隆所領數百騎爲宿衞。清河王會帥騎卒二萬迎于薊南，寶怪會容止怏怏有恨色，恨不得爲嗣也，事見上卷孝武帝太元二十一年。怏，於兩翻。密告隆及遼西王農。農、隆俱曰：「會年少，少，詩照翻。專任方面，習驕所致，豈有他也！臣等當以禮責之。」寶雖從之，然猶詔解會兵以屬隆，隆固辭；乃減會兵分給農、隆。又遣西河公庫傉官驥帥兵三千助守中山。傉，奴沃翻。

丙辰，寶盡徙薊中府庫北趣龍城。趣，七喻翻。魏石河頭引兵追之，戊午，及寶於夏謙澤。石河頭時屯漁陽。夏謙澤在薊北二百餘里。寶不欲戰，清河王會曰：「臣撫教士卒，惟敵是求。今大駕蒙塵，人思效命，而虜敢自送，衆心忿憤。兵法曰：『歸師勿遏。』又曰：『置之死地而後生。』孫武子之言。今我皆得之，何患不克！若其捨去，賊必乘人，或生餘變。」寶乃從之。會整陳與魏兵戰，陳，讀曰陣。農、隆等將南來騎衝之，魏兵大敗，追奔百餘里，斬首數千級。隆又獨追數十里而還，謂故吏留臺治書陽璆曰：留臺治書，爲留臺治書侍御史也。燕建留臺於龍城，見一百七卷孝武太元十四年。隆時錄留臺，故璆爲故吏。璆，渠幽翻。「中山城中積兵數萬，不得展吾意，今日之捷，令人遺恨。」因慷慨流涕。

會既敗魏兵，敗，補邁翻。矜很滋甚；隆屢訓責之，會益忿恚。很，戶墾翻。恚，於避翻。會以農、隆皆嘗鎮龍城，孝武太元十年，農鎮龍城；十四年，隆代農。屬尊位重，名望素出己右，恐至龍城，權政不復在己，復，扶又翻。又知終無爲嗣之望，以寶違垂命，立策爲太子也。乃謀作亂。

幽、平【嚴：「平」改「幷」。】之兵皆懷會恩，不樂屬二王，樂，音洛。請於寶曰：「清河王勇略高世，臣等與之誓同生死，願陛下與皇太子、諸王留薊宮，臣等從王南解京師之圍，還迎大駕。」寶左右皆惡會，惡，烏路翻。言於寶曰：「清河王不得爲太子，神色甚不平。且其才武過人，善收人心；陛下若從衆請，臣恐解圍之後，必有衛輒之事。」衛靈公世子蒯聵出奔，靈公立其子輒。靈公卒，輒立，蒯聵復入，輒拒而不納。寶乃謂衆曰：「道通年少，會，字道通。少，詩照翻。才不及二王，二王，謂農、隆。豈可當專征之任！且朕方自統六師，杖會以爲羽翼，何可離左右也！」離，力智翻。衆不悅而退。

左右勸寶殺會。侍御史仇尼歸聞之，告會曰：「大王所恃者父，父已異圖；所杖者兵，兵已去手；欲於何所自容乎！不如誅二王，廢太子，大王自處東宮，處，昌呂翻。兼將相之任，將，卽亮翻。相，息亮翻。以匡復社稷，此上策也。」會猶豫未許。

寶謂農、隆曰：「觀道通志趣，必反無疑，宜早除之。」農、隆曰：「今寇敵內侮，中土紛紜，社稷之危，有如累卵。會鎮撫舊都，遠赴國難，難，乃旦翻。其威名之重，足以震動四鄰。逆狀未彰而遽殺之，豈徒傷父子之恩，亦恐大損威望。」寶曰：「會逆志已成，卿等慈恕，不忍早殺，恐一旦爲變，必先害諸父，然後及吾，至時勿悔自負也！」會聞之，益懼。

夏，四月，癸酉，寶宿廣都黃榆谷，魏收地形志：廣都縣，屬建德郡，在漢北平白狼縣界，隋省入遼西柳城縣。會遣其黨仇尼歸、吳提染干帥壯士二十餘人帥，讀曰率；下同。分道襲農、隆，殺隆於帳下；農被重創，被，皮義翻。創，初良翻。執仇尼歸，逃入山中。會以仇尼歸被執，事終顯發，乃夜詣寶曰：「農、隆謀逆，臣已除之。」寶欲討會，陽爲好言以安之曰：「吾固疑二王久矣，除之甚善。」

甲戌，旦，會立仗嚴備，乃引道。會欲棄隆喪，餘崇涕泣固請，乃聽載隨軍。農出，自歸，寶呵之曰：「何以自負邪？」寶陽責農而以前言相擿發。命執之。行十餘里，寶顧召羣臣食，且議農罪。會就坐，坐，徂臥翻。寶目衞軍將軍慕輿騰使斬會，傷其首，不能殺。會走赴其軍，勒兵攻寶。寶帥數百騎馳二百里，晡時，至龍城。會遣騎追至石城，不及。石城縣，漢屬北平郡，後魏屬建德郡，隋併入柳城縣。

乙亥，會遣仇尼歸攻龍城，寶夜遣兵襲擊，破之。會遣使請誅左右佞臣，幷求爲太子；寶不許。會盡收乘輿器服，以後宮分給將帥，乘，繩證翻。將，即亮翻。帥，所類翻。署置百官，自稱皇太子、録尚書事，引兵向龍城，以討慕輿騰爲名；丙子，頓兵城下。寶臨西門，會乘馬遥與寶語，寶責讓之。會命軍士向寶大譟以耀威，城中將士皆憤怒，向暮出戰，大破之。會兵死傷太半，走還營。侍御郎高雲夜帥敢死士百餘人襲會軍，寶之爲太子，雲以武藝給事侍東宫，拜侍御郎。會衆皆潰。會將十餘騎奔中山，開封公詳殺之。寶殺會母及其三子。

丁丑，寶大赦，凡與會同謀者，皆除罪，復舊職；論功行賞，拜將軍、封侯者數百人。遼西王農骨破見腦，寶手自裹創，創，初良翻。僅而獲濟。以農爲左僕射，尋拜司空、領尚書令。餘崇出自歸，寶嘉其忠，拜中堅將軍，使典宿衞。贈高陽王隆司徒，謚曰康。

寶以高雲爲建威將軍，封夕陽公，養以爲子。雲，高句麗之支屬也，高句麗自云高陽氏之後裔，故以高爲氏。句，如字，又音駒。麗，力知翻。燕王皝破高句麗，徙於青山，破高句麗見九十七卷成帝咸康八年。青山，遼西徒河縣之青山也。由是世爲燕臣。雲沈厚寡言，沈，持林翻。時人莫知，惟中衞將軍長樂馮跋魏收曰：漢高帝置信都郡，景帝二年，爲廣川國，明帝更名樂成國，安帝改爲安平國，晉改爲長樂郡。考之晉志，有安平而無長樂，不知何時更名也。樂，音洛。奇其志度，與之爲友。高雲、馮跋事始見於此，爲後得燕張本。跋父和，事西燕主永爲將軍，永敗，徙和龍。

10僕射王國寶、建威將軍王緒依附會稽王道子，會，工外翻。納賄窮奢，不知紀極。惡王恭、殷仲堪，惡，烏路翻。勸道子裁損其兵權；中外恟恟不安。恟，許拱翻。恭等各繕甲勒兵，表請北伐；道子疑之，詔以盛夏妨農，悉使解嚴。

恭遣使與仲堪謀討國寶等。遣使，疏吏翻。桓玄以仕不得志，欲假仲堪兵勢以作亂，玄仕不得志，事見孝武太元十七年。乃說仲堪曰：「國寶與君諸人素已爲對，事始一百七卷孝武太元十五年。對，敵也。說，輸芮翻；下同。唯患相斃之不速耳。今既執大權，與王緒相表裏，其所迴易，無不如志；孝伯居元舅之地，必未敢害之。王恭字孝伯，孝武王皇后之兄弟也。君爲先帝所拔，超居方任，人情皆以君爲雖有思致，非方伯才。亦見太元十五年。思，相吏翻。彼若發詔徵君爲中書令，用殷覬爲荊州，南蠻校尉資次可爲荊州，故云。覬，音冀。君何以處之？」處，昌呂翻。仲堪曰：「憂之久矣，計將安出？」玄曰：「孝伯疾惡深至，君宜潛與之約，興晉陽之甲以除君側之惡，春秋公羊傳曰：趙鞅興晉陽之甲，以除君側之惡。東西齊舉，江陵在西，京口在東，故曰東西齊舉也。玄雖不肖，願帥荊、楚豪傑，荷戈先驅，帥，讀曰率。荷，下可翻。此桓、文之勳也。」

仲堪心然之，乃外結雍州刺史郗恢，雍，於用翻。郗，丑之翻。內與從兄南蠻校尉覬、南郡相陳留江績謀之。從，才用翻。南蠻府，南郡相，與荊州刺史府同治江陵。覬曰：「人臣當各守職分，朝廷是非，豈藩屏之所制也！分，扶問翻。屏，必郢翻。晉陽之事，不敢預聞。」仲堪固邀之，覬怒曰：「吾進不敢同，退不敢異。」績亦極言其不可。覬恐績及禍，於坐和解之。坐，徂臥翻。績曰：「大丈夫何至以死相脅邪！江仲元行年六十，但未獲死所耳！」江績，字仲元。仲堪憚其堅正，以楊佺期代之。朝廷聞之，徵績爲御史中丞。覬遂稱散發，辭位，晉人多服寒食散，其藥毒發或致死。今千金方中有數方。散，悉亶翻。仲堪往省之，省，悉景翻。謂覬曰：「兄病殊爲可憂。」覬曰：「我病不過身死，汝病乃當滅門。宜深自愛，勿以我爲念！」郗恢亦不肯從。仲堪疑未決，會王恭使至，使，疏吏翻。仲堪許之，恭大喜。甲戌，恭上表罪狀國寶，舉兵討之。

初，孝武帝委任王珣，及帝暴崩，不及受顧命，珣一旦失勢，循默而已。循默者，循常而無一言也。丁丑，王恭表至，內外戒嚴，道子問珣曰：「二藩作逆，卿知之乎？」珣曰：「朝政得失，珣弗之預，朝，直遙翻。王、殷作難，難，乃旦翻。何由可知！」王國寶惶懼，不知所爲，遣數百人戍竹里，竹里，今建康府竹篠鎮是其地，在行宮城東北三十許里。夜遇風雨，各散歸。王緒說國寶矯相王之命召王珣、車胤殺之，以除時望，因挾君相發兵以討二藩。國寶許之。說，輸芮翻。相，息亮翻。車，尺遮翻。珣、胤至，國寶不敢害，更問計於珣。珣曰：「王、殷與卿素無深怨，所競不過勢利之間耳。」國寶曰：「將曹爽我乎？」謂珣如蔣濟說曹爽釋權，而司馬懿終族之也。事見七十五卷魏邵陵厲公嘉平元年。珣曰：「是何言歟！卿寧有爽之罪，王孝伯豈宣帝之儔邪？」又問計於胤，胤曰：「昔桓公圍壽陽，彌時乃克。見一百二卷海西公太和五年及一百三卷簡文帝咸安元年。今朝廷遣軍，恭必城守。若京口未拔而上流奄至，君將何以待之？」國寶尤懼，遂上疏解職，詣闕待罪；既而悔之，詐稱詔復其本官。道子闇懦，欲求姑息，姑，且也。息，止也。姑息，猶言且止。乃委罪國寶，遣驃騎諮議參軍譙王尚之收國寶付廷尉。洪景伯曰：諮議參軍，晉江左初置，因軍諮祭酒也，其位在諸參軍之右。驃，匹妙翻。騎，奇寄翻。尚之，恬之子也。甲申，賜國寶死，斬緒於市，遣使詣恭，深謝愆失；恭乃罷兵還京口。國寶兄侍中愷、驃騎司馬愉並請解職；道子以愷、愉與國寶異母，又素不協，皆釋不問。戊子，大赦。

殷仲堪雖許王恭，猶豫不敢下；聞國寶等死，乃始抗表舉兵，遣楊佺期屯巴陵。沈約曰：巴陵縣，晉武太康元年置，屬長沙。酈道元曰：湘水北至巴丘山入江，山在右岸，有巴陵故城，本吳之巴丘邸閣；晉立巴陵縣，後置建昌郡。道子以書止之，仲堪乃還。

會稽世子元顯，年十六，有儁才，爲侍中，說道子以王、殷終必爲患，請潛爲之備。說，輸芮翻。道子乃拜元顯征虜將軍，以其衞府及徐州文武悉配之。爲元顯討王、殷張本。

11 魏王珪以軍食不給，命東平公儀去鄴，徙屯鉅鹿，積租楊城。慕容詳出步卒六千人，伺間襲魏諸屯；伺，相吏翻。間，古莧翻。珪擊破之，斬首五千，生擒七百人，皆縱之。縱之，所以攜中山城中之人心。

12 初，張掖盧水胡沮渠羅仇，匈奴沮渠王之後也，盧水胡分居安定、張掖，史各以其所居郡繫之。

沮，子余翻。北史曰：沮渠世居張掖臨松盧水。世爲部帥。帥，所類翻。涼王光以羅仇爲尚書，從光伐西秦。及呂延敗死，羅仇弟三河太守麴粥謂羅仇曰：呂光得涼州，自號三河王，此郡蓋光置也。賢曰：三河，謂金城河、賜支河、湟河，此郡當置於漢張掖、金城郡界。「主上荒耄信讒，今軍敗將死，將，卽亮翻。正其猜忌智勇之時也。吾兄弟必不見容，與其死而無名，不若勒兵向西平，出苕藋，河西張氏置西平郡，唐爲鄯州之地。苕藋，地名，在漢張掖郡番禾縣界。藋，徒弔翻。番，如淳音盤。奮臂一呼，呼，火故翻。涼州不足定也。」羅仇曰：「誠如汝言。然吾家世以忠孝著於西土，寧使人負我，我不忍負人也。」光果聽讒，以敗軍之罪殺羅仇及麴粥。羅仇弟子蒙遜，雄傑有策略，涉獵書史，以羅仇、麴粥之喪歸葬；諸部多其族姻，會葬者凡萬餘人。蒙遜哭謂衆曰：「呂王昏荒無道，多殺不辜。吾之上世，虎視河西，蒙遜之先，世爲匈奴左沮渠。河西，匈奴左地也。世居盧水爲酋豪，其高曾皆雄健有勇名。今欲與諸部雪二父之恥，復上世之業，何如？」衆咸稱萬歲。遂結盟起兵，攻涼臨松郡，拔之，臨松郡，張天錫置，後周廢入張掖郡張掖縣。屯據金山。五代史志，張掖删丹縣有金山。沮渠蒙遜事始此。

13 司徒左長史王廞，導之孫也，廞，許金翻。以母喪居吳。王恭之討王國寶也，版廞行吳國內史，以白版授官，非朝命也。使起兵於東方。三吳皆在建康之東。廞使前吳國內史虞嘯父等入吳興、義興召募兵衆，父，音甫。赴者萬計。未幾，國寶死，幾，居豈翻。恭罷兵，符廞去職，反喪服。廞以起兵之際，誅異己者頗多，勢不得止，遂大怒，不承恭命，使其子泰將兵伐恭，牋於會稽王道子，稱恭罪惡；將，卽亮翻。會，工外翻。道子以其牋送恭。五月，恭遣司馬劉牢之帥五千人擊泰，斬之。帥，讀曰率。又與廞戰於曲阿，衆潰，廞單騎走，不知所在。騎，奇寄翻。收虞嘯父下廷尉，以其祖潭有功，虞潭有討蘇峻之功。下，遐嫁翻。免爲庶人。

14 燕庫傉官驥入中山，與開封公詳相攻。慕容寶遣驥助守中山，因與詳相攻。傉，奴沃翻。詳殺驥，盡滅庫傉官氏；又殺中山尹苻謨，夷其族。中山城無定主，民恐魏兵乘之，男女結盟，人自爲戰。使慕容農、慕容隆留中山而用之，未可知也。

甲辰，魏王珪罷中山之圍，就穀河間，督諸郡義租。甲寅，以東平公儀爲驃騎大將軍、都督中外諸軍事、兗・豫・雍・荆・徐・揚六州牧、左丞相，封衞王。驃，匹妙翻。騎，奇寄翻。雍，於用翻。

慕容詳自謂能卻魏兵，威德已振，乃卽皇帝位，改元建始，置百官。以新平公可足渾潭爲車騎大將軍、尚書令，「潭」，當作「譚」。殺拓跋觚以固衆心。觚先使燕，爲燕所留，珪之弟也。

鄴中官屬勸范陽王德稱尊號，會有自龍城來者，知燕主寶猶存，乃止。

15 涼王光遣太原公纂將兵擊沮渠蒙遜於忽谷，破之。忽谷，當在刪丹縣界。蒙遜逃入山中。蒙遜從兄男成爲涼將軍，從，才用翻。聞蒙遜起兵，亦合衆數千屯樂涫。樂涫縣，漢屬酒泉郡，後周廢入福祿縣。涫，姑歡翻，又古玩翻。酒泉太守壘澄討男成，兵敗，澄死。壘，姓；澄，名。

男成進攻建康，遣使說建康太守段業曰：說，輸芮翻。「呂氏政衰，權臣擅命，刑殺無常，人無容處。一州之地，處，昌呂翻。叛者相望，瓦解之形昭然在目，百姓嗷然無所依附。府君柰何以蓋世之才，欲立忠於垂亡之國！男成等既唱大義，欲屈府君撫臨鄙州，使塗炭之餘，蒙來蘇之惠，書曰：傒我后，后來其蘇。何如？」業不從。相持二旬，外救不至，郡人高逵、史惠等勸業從男成之請。業素與涼侍中房晷、僕射王詳不平，懼不自安，乃許之。男成等推業爲大都督、龍驤大將軍、涼州牧、建康公，驤，思將翻。改元神璽。璽，斯氏翻。以男成爲輔國將軍，委以軍國之任。蒙遜帥衆歸業，帥，讀曰率。業以蒙遜爲鎮西將軍。光命太原公纂將兵討業，不克。將，卽亮翻。

16 六月，西秦王乾歸徵北河州刺史彭奚念爲鎮衛將軍；以鎮西將軍屋弘破光爲河州牧；「屋弘」，當作「屋引」。魏書官氏志，內入諸姓有屋引氏，後改爲房氏。張駿分興晉、金城、武始、南安、永晉、大夏、武成、漢中爲河州。北河州，乞伏氏所置也，治枹罕。鎮衛將軍，劉聰所置。定州刺史翟瑥爲興晉太守，鎮枹罕。張茂分武興、金城、西平、安故爲定州。興晉郡亦張氏置。枹罕縣，漢屬金城郡，後漢屬隴西郡，後又分屬西平郡，張駿分屬晉興郡，後又分置興晉郡。瑥，音溫。枹，音膚。

17 秋，七月，慕容詳殺可足渾潭。詳嗜酒奢淫，不恤士民，刑殺無度，所誅王公以下五百餘人，羣下離心。城中飢窘，詳不聽民出采稆，稆，音呂。禾不布種而自生曰稆。死者相枕，枕，職任翻。舉城皆謀迎趙王麟。詳遣輔國將軍張驤帥五千餘人督租於常山，驤，思將翻。帥，讀曰率。麟自丁零入驤軍，潛襲中山，城門不閉，執詳，斬之。麟遂稱尊號，聽人四出采稆。人既飽，求與魏戰，麟不從，稍復窮餒。復，扶又翻。魏王珪軍魯口，遣長孫肥帥騎七千襲中山，入其郛；麟追至泒水，泒水，在中山新市縣。輿地志云：盧奴城北臨滱水，面泒河。泒，攻乎翻。爲魏所敗而還。敗，補邁翻。還，從宣翻，又如字；下同。

八月，丙寅朔，魏王珪徙軍常山之九門。常山郡有九門縣。軍中大疫，人畜多死，將士皆思歸。珪問疫於諸將，對曰：「在者纔什四、五。」珪曰：「此固天命，將若之何！四海之民，皆可爲國，在吾所以御之耳，何患無民！」羣臣乃不敢言。遣撫軍大將軍略陽公遵襲中山，入其郛而還。

18 燕以遼西王農爲都督中外諸軍事、大司馬、錄尚書事。

19 涼散騎常侍、太常西平郭黁，善天文數術，散，悉亶翻。騎，奇寄翻。黁，奴昆翻。國人信重之。會熒惑守東井，黁謂僕射王詳曰：「涼之分野，將有大兵。分，扶問翻。主上老病，太子闇弱，太原公凶悍，悍，下罕翻，又侯旰翻。一旦不諱，禍亂必起。吾二人久居內要，彼常切齒，將爲誅首矣。田胡王乞基部落最強，田胡，胡之一種也。二苑之人，多其舊衆。吾欲與公舉大事，推乞基爲主，二苑之衆，盡我有也。涼州治姑臧，有東、西苑城。得城之後，徐更議之。」詳從之。麔夜以二苑之衆燒洪範門，使詳爲内應；事泄，詳被誅。被，皮義翻。麔遂據東苑以叛。民間皆言聖人舉兵，事無不成，從之者甚衆。

涼王光召太原公纂使討麔。纂將還，諸將皆曰：「段業必躡軍後，宜潛師夜發。」纂曰：「業無雄才，憑城自守；若潛師夜去，適足張其氣勢耳。」張，知亮翻。乃遣使告業曰：「郭麔作亂，吾今還都；都謂姑臧。使，疏吏翻。卿能決者，可早出戰。」於是引還。業不敢出。

纂司馬楊統謂其從兄桓曰：從，才用翻。「郭麔舉事，必不虛發。吾欲殺纂，推兄爲主，西襲呂弘，據張掖，號令諸郡，此千載一時也。」桓怒曰：「吾爲呂氏臣，安享其祿，危不能救，豈可復增其難乎！復，扶又翻。難，乃旦翻。呂氏若亡，吾爲弘演矣！」春秋衛懿公與狄人戰于熒澤，爲狄人所殺，弘演納肝以殉之。桓女配纂，其見親異於他臣，故云然。統至番禾，遂叛歸麔。番禾縣，漢屬張掖郡，晉屬武威郡，唐天寶中，改爲天寶縣。番，音盤。弘，纂之弟也。

纂與西安太守石元良共擊麔，大破之，乃得入姑臧。麔得光孫八人於東苑，及敗而恚，恚，於避翻。悉投於鋒上，枝分節解，飲其血以盟衆，衆皆掩目。

涼人張捷、宋生等招集戎、夏三千人，反於休屠城。夏，戶雅翻。休屠縣，漢屬武威郡，因休屠王城以爲名也；晉省縣。水經註：姑臧城西有馬城，東城卽休屠縣故城也。屠，直於翻。與麔共推涼後將軍楊軌爲盟主。軌，略陽氐也。將軍程肇諫曰：「卿棄龍頭而從虵尾，非計也。」軌不從；自稱大將軍、涼州牧、西平公。

纂擊破麿將王斐于城西，麿兵勢漸衰，遣使請救于禿髮烏孤。使，疏吏翻。九月，烏孤使其弟驃騎將軍利鹿孤帥騎五千赴之。帥，讀曰率。騎，奇寄翻。

20秦太后虵氏卒。虵，以者翻，虜姓也，又食遮翻，又音他。秦主興哀毀過禮，不親庶政。羣臣請依漢、魏故事，既葬卽吉。尚書郎李嵩上疏曰：「孝治天下，先王之高事也。治，直之翻。宜遵聖性以光道訓，既葬之後，素服臨朝。」朝，直遙翻。尹緯駁曰：「嵩矯常越禮，尹緯習於聞見，反謂李嵩爲矯常越禮。嗚呼，自短喪之制行，人之不知禮也久矣！駁，北角翻。請付有司論罪。」興曰：「嵩忠臣孝子，有何罪乎！」其一從嵩議。」

21鮮卑薛勃叛秦，薛勃據貳城，爲魏所攻而降於秦。秦主興自將討之。將，卽亮翻。勃敗，奔沒弈干，沒弈干執送之。

22秦泫氏男姚買得謀弒秦主興，不克而死。泫，師古曰：工玄翻；楊正衡胡犬翻。

23秦主興入寇湖城，弘農太守陶仲山、華山太守董邁皆降之；遂至陝城，進寇上洛，拔之。置湖、陝二戍，見一百六卷孝武太元十一年。華山郡，晉分弘農之華陰、京兆之鄭、馮翊之夏陽・郃陽置。上洛縣，前漢屬弘農，後漢屬京兆；晉武帝泰始二年，分京兆南部置上洛郡。華，戶化翻。陝，失冉翻。遣姚崇寇洛陽，河南太守夏侯宗之固守金墉，崇攻之不克，乃徙流民二萬餘戶而還。武都氐屠飛、啖鐵等據方山以叛秦，據晉書載記，時飛、鐵殺隴東太守姚迴，屯據方山，則方山當在隴東郡界。祝穆曰：方山在武都郡東西四十里。興遣姚紹等討之，斬飛、鐵。興勤於政事，延納善言，京兆杜瑾等皆以論事得顯拔，天水姜龕等以儒學見尊禮，瑾，渠吝翻。龕，口含翻。給事黄門侍郎古成詵等以文章參機密。古成，姓也。詵，疎臻翻。詵剛介雅正，以風教爲己任。京兆韋高慕阮籍之爲人，居母喪，彈琴飲酒。詵聞之而泣，持劍求高，欲殺之，高懼而逃匿。

24 中山飢甚，慕容麟帥二萬餘人出據新市。新市縣，自漢以來屬中山。劉昫曰：新市，古鮮虞子國，唐爲定州新樂縣。杜佑曰：唐鎮州治眞定縣，漢新市縣故城在東北。帥，讀曰率。甲子晦，魏王珪進軍攻之。太史令鼂崇曰：「不吉。昔紂以甲子亡，謂之疾日，左傳：辰在子卯，謂之疾日。杜預註云：疾，惡也。紂以甲子喪，桀以乙卯亡，故以爲忌日。鼂，直遥翻。兵家忌之。」珪曰：「紂以甲子亡，周武不以甲子興乎？」崇無以對。冬，十月，丙寅，麟退阻泒水。泒，音觚。甲戌，珪與麟戰於義臺，大破之，據李延壽北史，義臺，塢名。魏收地形志，新市縣有義臺城。斬首九千餘級，麟與數十騎馳取妻子入西山，遂奔鄴。

甲申，魏克中山，燕公卿、尚書、將吏、士卒降者二萬餘人。將，卽亮翻。降，戶江翻。張驤、李沈先嘗降魏，復亡去，復，扶又翻。珪入城，皆赦之。得燕璽綬、圖書、府庫珍寶以萬數，璽，斯氏翻。綬，音受。班賞羣臣將士有差。追謚弟觚爲秦愍王；發慕容詳冢，斬其尸；收殺觚者高霸、程同，皆夷五族，五族，謂五服內親也。以大刃剉之。

丁亥，遣三萬騎就衞王儀，將攻鄴。

25 秦長水校尉姚珍奔西秦，西秦王乾歸以女妻之。妻，七細翻。

26 河南鮮卑吐秣等十二部大人，皆附於禿髮烏孤。此金城河南也。

27 燕人有自中山至龍城者，言拓跋涉珪衰弱，司徒德完守鄴城。會德表至，勸燕主寶南還，寶於是大簡士馬，將復取中原。遣鴻臚魯邃册拜德爲丞相、冀州牧，臚，陵如翻。南夏公侯牧守皆聽承制封拜。夏，戶雅翻。十一月，癸丑，燕大赦。十二月，調兵悉集，戒嚴在頓，調，徒弔翻。頓者，次舍之所。遣將軍啓崙南視形勢。崙，盧昆翻。

乙亥，慕容麟至鄴，復稱趙王，說范陽王德曰：「魏既克中山，將乘勝攻鄴，鄴中雖有蓄積，然城大難固，且人心恇懼，說，輸芮翻。恇，去王翻。不可守也。不如南趣滑臺，趣，七喻翻。阻河以待魏，伺舋而動，河北庶可復也。」時魯陽王和鎮滑臺，和，垂之弟子也，亦遣使迎德；德許之。使，疏吏翻。

資治通鑑卷第一百一十

端明殿學士兼翰林侍讀學士朝散大夫右諫議大夫充集賢殿修撰權判西京留司御史臺上柱國河內郡開國侯食邑一千三百户食實封四百户賜紫金魚袋臣 司馬光 奉敕編集
後學天台 胡三省 音註

晉紀三十二 著雍閹茂(即戊戌),一年。

安皇帝乙

隆安二年(戊戌、三九八)

1 春,正月,燕范陽王德自鄴帥户四萬南徙滑臺。帥,讀曰率;下同。魏衞王儀入鄴,收其倉庫,追德至河,弗及。

趙王麟上尊號於德,上,時掌翻。德用兄垂故事,稱燕王,事見一百五卷孝武太元九年。改永康三年爲元年,以統府行帝制,統府者,諸方鎮皆統於燕王府;行帝制者,稱制以行事。置百官。以趙王麟爲司空、領尚書令,慕容法爲中軍將軍,慕輿拔爲尚書左僕射,丁通爲右僕射。麟復謀反,德殺之。慕容麟背父叛兄,姦詐反覆,天下其誰能容之! 復,扶又翻。

2 庚子，魏王珪自中山南巡至高邑，得王永之子憲，喜曰：「王景略之孫也。」以爲本州中正，王猛，青州北海劇縣人。太康中，分劇屬東莞郡，晉東莞屬徐州。晉書載記以北海劇縣書之，蓋猛自占漢郡縣也。然家于魏郡而隱於華陰，由是歸秦。其子永鎮幽州，從苻丕戰死於襄陵，故憲流寓高邑。今魏以爲本州中正，則未得青、徐，蓋使之銓敍東夏人士耳。領選曹事，兼掌門下。選曹，吏部尚書之職；門下，侍中、常侍、給事黃門之職。選，須絹翻。至鄴，置行臺，鄭樵曰：行臺自魏、晉有之，晉文王討諸葛誕，散騎常侍裴秀、尚書僕射陳泰以行臺從。東海王越帥衆屯許昌，以行臺自隨。後魏謂之尚書大行臺，別置官屬。以龍驤將軍日南公和跋爲尚書，與左丞賈彝帥吏兵五千人鎮鄴。自漢光武委任尚書，事歸臺閣，謂尚書省曰尚書臺。晉惠帝西遷長安，置留臺於洛陽，主留事，於是有留臺之名。至拓跋氏置行臺，隨其所置，掌一道之事。魏書官氏志：內入諸姓有素和氏，後改爲和氏。驤，思將翻。

珪自鄴還中山，將北歸，發卒萬人治直道，治，直之翻。自望都鑿恆嶺至代五百餘里。恆嶺，恆山之嶺也，在上曲陽西北，即倒馬關路，晉書地道記謂之鴻上關。沈括曰：北岳恆山，今謂之大茂山者是也。岳祠舊在山下，石晉之後，稍遷近裏，今其地謂之神棚。今祠乃在曲陽，祠北有望岳亭，新晴氣清，則望見大茂。飛狐路在大茂之西，自銀冶寨北出倒馬關，卻自石門子、令水鋪，入缾形、梅回兩寨之間，至代州。然沈括所謂代州，乃鴈門也。自此亦可至魏之代都，但恐非直道耳。水經註：祁夷水出平舒縣東，東北流逕蘭亭南，又東北逕石門關北，舊道出中山故關也。魏土地記：代城西九里有平舒城。此則古代城也。恆，戶登翻。珪恐已既去，山東有變，復置行臺於中山，復，扶又翻。命衞王儀鎮之；以撫軍大將軍略陽公遵爲尚書左僕射，鎮勃海之合口。

右將軍尹國督租于冀州，聞珪將北還，謀襲信都；安南將軍長孫嵩執國，斬之。長，知兩翻。

3 燕啓倫還至龍城，去年寶遣啓崙南覘形勢。「倫」，當作「崙」，音盧昆翻。言中山已陷；燕主寶命罷兵。遼西王農言於寶曰：「今遷都尚新，未可南征，宜因成師襲庫莫奚，取其牛馬以充軍資，更審虛實，俟明年而議之。」寶從之。己未，北行。庚申，渡澆洛水，澆洛水，蓋卽饒樂水也。賢曰：水在今營州北。唐太宗時，奚內附，置饒樂都督府。會南燕王德遣侍郎李延詣寶，言「涉圭西上，西上，謂自中山取恆嶺而西歸雲、代也。上，時掌翻。中國空虛。」延追寶及之，寶大喜，卽日引還。

4 辛酉，魏王珪發中山，徙山東六州吏民雜夷十餘萬口以實代。此漢高帝徙關東豪傑以實關中之策也。博陵、勃海、章武羣盜並起，漢時，章武城屬勃海平舒縣界；晉武帝泰始元年，置章武國，後爲郡；隋廢，屬瀛州，入平舒縣。略陽公遵等討平之。

廣川太守賀賴盧，性豪健，廣川縣，前漢屬信都國，後漢屬清河郡，晉屬勃海郡，後分爲廣川郡。守，式又翻。恥居冀州刺史王輔之下，襲輔，殺之，驅勒守兵，掠陽平、頓丘諸郡，南渡河，奔南燕。南燕王德以賴盧爲幷州刺史，封廣甯王。

5 西秦王乾歸遣乞伏益州攻涼支陽、鸇武、允吾三城，克之；支陽、允吾，皆漢古縣，屬金城郡；

鸕武城當在二縣之間。張寔分支陽屬廣武郡；允吾蓋仍爲金城郡治所。劉昫曰：唐蘭州廣武縣，漢枝陽縣；鄯州龍支縣，漢允吾縣。允吾，音鉛牙。虜萬餘人而去。

6燕主寶還龍城宮，詔諸軍就頓，頓者，軍行頓舍之地。不聽罷散，文武將士皆以家屬隨駕。駕，謂車駕，猶漢人言乘輿也。遼西王農、長樂王盛切諫，樂，音洛。以爲兵疲力弱，魏新得志，未可與敵，宜且養兵觀釁。寶將從之，撫軍將軍慕輿騰曰：「百姓可與樂成，難與圖始。用商鞅語意。樂，音洛。今師衆已集，宜獨決聖心，乘機進取，不宜廣采異同以沮大計。」沮，在呂翻。寶乃曰：「吾計決矣，敢諫者斬！」二月，乙亥，寶出就頓，留盛統後事。己卯，燕軍發龍城，慕輿騰爲前軍，司空農爲中軍，寶爲後軍，相去各一頓，觀下文連營百里，蓋三十里爲一頓。連營百里。

壬午，寶至乙連，長上段速骨、宋赤眉等因衆心之憚征役，遂作亂。凡衞兵皆更番迭上；長上者，不番代也。唐官制，懷化執戟長上，歸德執戟長上，皆武散階，九品。長上之官尚矣。上，時掌翻。速骨等皆高陽王隆舊隊，共逼隆子高陽王崇爲主，殺樂浪威王宙、中牟熙公段誼及宗室諸王。樂浪，音洛琅。河間王熙素與崇善，崇擁佑之，故獨得免。燕主寶將十餘騎奔司空農營，農將出迎，左右抱其腰，止之曰：「宜小清澄，言衆方亂，如水之溷濁；宜少俟其定，如水之清澄，不可輕出也。不可便出。」農引刀將斫之，遂出見寶，又馳信追慕輿騰。癸未，寶、農引兵還趣大營，大營，謂寶營也。討速骨等。農營兵亦厭征役，皆棄仗走，以佚道使民，雖勞不怨；以生道殺民，雖死不怨殺者；違是，鮮有不敗者也。騰營亦潰。寶、農奔還龍城。長樂王盛聞亂，引兵出迎，寶、農僅而得免。

7 會稽王道子忌王、殷之逼，會，工外翻。以譙王尚之及弟休之有才略，引爲腹心。尚之説道子曰：「今方鎮強盛，宰相權輕，宜密樹腹心於外以自藩衛。」道子從之，以其司馬王愉爲江州刺史，都督江州及豫州之四郡軍事，用爲形援，日夜與尚之謀議，以伺四方之隙。爲庾楷説王、殷復舉兵張本。説，輸芮翻。伺，相吏翻。

8 魏王珪如繁時宮，繁時縣，屬鴈門郡，魏築宮於此。天平初，置繁時郡，隋復爲縣，唐屬代州。時，音止。給新徙民田及牛。

珪畋於白登山，酈道元曰：今平城東十七里有臺，即白登臺，臺南對岡阜，即白登山。見熊將數子，師古曰：將，謂率領也，讀如字。謂冠軍將軍于栗磾曰：冠，古玩翻。磾，丁奚翻。「卿名勇健，能搏此乎？」對曰：「獸賤人貴，若搏而不勝，豈不虛斃一壯士乎！」乃驅致珪前，盡射而獲之。射，而亦翻。珪顧謝之。

秀容川酋長爾朱羽健從珪攻晉陽、中山有功，拜散騎常侍，環其所居，割地三百里以封之。此北秀容也。爲爾朱榮亂魏張本。爾朱榮傳云：羽健之先，世爲部落酋帥，居爾朱川，因氏焉。珪初以南秀容川原衍沃，欲令居之。羽健曰：「家世奉國，給侍左右。北秀容既在刻內，差近京師，豈以沃堉更遷遠地！」珪許之。則北秀容蓋近平城也。環，音宦。酋，慈由翻。長，知兩翻。散，悉亶翻。騎，奇寄翻；下同。

柔然數侵魏邊，數，所角翻。尚書中兵郎李先請擊之；珪從之，大破柔然而還。還，從宣翻，又如字。

9 楊軌以其司馬郭緯爲西平相，帥步騎二萬北赴郭麐。禿髮烏孤遣其弟車騎將軍傉檀帥騎一萬助軌。緯，于季翻。相，息亮翻。帥，讀曰率。麐，奴昆翻。傉，奴沃翻。軌至姑臧，營于城北。

10 燕尚書頓丘王蘭汗陰與段速骨等通謀，引兵營龍城之東；城中留守兵至少，汗，音寒。少，詩沼翻。長樂王盛徙內近城之民，得丁夫萬餘，乘城以禦之。速骨等同謀纔百餘人，餘皆爲所驅脅，莫有鬬志。三月，甲午，速骨等將攻城，遼西桓烈王農恐不能守，且爲蘭汗所誘，夜，潛出赴之，冀以自全。農號爲有智略，乃欲投段速骨以自全，不知適以速死，殆天奪之鑒也。明旦，速骨等攻城，城上拒戰甚力，速骨之衆死者以百數。速骨乃將農循城，將，如字，引也，挾也。農素有忠節威名，城中之衆恃以爲強，忽見在城下，無不驚愕喪氣，喪，息浪翻。遂皆逃潰。速骨入城，縱兵殺掠，死者狼籍。寶、盛與慕輿騰、餘崇、張眞、李旱、趙恩等輕騎南走。速骨幽農於殿內。長上阿交羅，速骨之謀主也，騎，奇寄翻。上，時掌翻。以高陽王崇幼弱，更欲立農。崇親信鬷讓、出力犍等聞之，鬷，祖紅翻。春秋左氏傳有鬷蔑，晉有鬷戾。姓譜：鬷姓，古鬷夷氏之後。犍，居言翻。丁酉，殺羅及農。使速骨果立農，亦必同死於蘭汗之手，蓋事勢已去，智無所施也。速骨即爲之誅讓等。爲，于僞翻。農故吏左衞將軍宇文拔亡奔遼西。

庚子，蘭汗襲擊速骨，并其黨盡殺之。廢崇，奉太子策，承制大赦，遣使迎寶，及於薊城。使，疏吏翻。薊，音計。寶欲還，長樂王盛等皆曰：「汗之忠詐未可知，今單騎赴之，萬一汗有異志，悔之無及。不如南就范陽王，合衆以取冀州；若其不捷，收南方之衆，徐歸龍都，亦未晚也。」寶從之。龍城，燕故都，故謂之龍都。慕容盛智慮逾其父遠矣。

11 離石胡帥呼延鐵、西河胡帥張崇等不樂徙代，帥，所類翻。樂，音洛。聚衆叛魏，魏安遠將軍庾岳討平之。

12 魏王珪召衞王儀入輔，以略陽公遵代鎮中山。夏，四月，壬戌，以征虜將軍穆崇爲太尉，安南將軍長孫嵩爲司徒。

13 燕主寶從間道過鄴，間，古莧翻。鄴人請留，寶不許。南至黎陽，伏於河西，河水自遮害亭屈而東北流，過黎陽縣南，河之西岸爲黎陽界，東岸爲滑臺界。遣中黃門令趙思告北地王鍾曰：「上以二月得丞相表，寶以德爲司徒，故稱之爲丞相。即時南征，至乙連，會長上作亂，失據來此。人主所據者，勢也，衆叛親離，大勢已去，失所據矣。王亟白丞相奉迎！」鍾，德之從弟也，首勸德稱尊號，聞而惡之，執思付獄，從，才用翻。惡，烏路翻。以狀白南燕王德。德謂羣下曰：「卿等以社稷大計，勸吾攝政；吾亦以嗣帝播越，播，逋也，遷也。越，遠也，走也。民神乏主，故權順羣議以繫衆心。今天方悔禍，嗣帝得還，吾將具法駕奉迎，謝罪行闕，何如？」天子行幸所至有行宮，宮前闕門，謂之行闕。黄門侍郎張華曰：「今天下大亂，非雄才無以寧濟羣生。嗣帝闇懦，不能紹隆先統。陛下若蹈匹夫之節，捨天授之業，威權一去，身首不保，況社稷其得血食乎！」慕輿護曰：「嗣帝不達時宜，委棄國都，寶棄中山，見上卷上年。自取敗亡，不堪多難，難，乃旦翻。亦已明矣。昔蒯聵出奔，衞輒不納，春秋是之。蒯，苦怪翻。聵，五怪翻。以子拒父猶可，況以父拒子乎！德於寶爲叔父。今趙思之言，未明虚實，臣請爲陛下馳往詗之。」爲，于僞翻。詗，火迥翻，又翾正翻。候俟也。刺探也。德流涕遣之。流涕遣護，將使之殺寶也。

護帥壯士數百人帥，讀曰率；下同。隨思而北，聲言迎衞，其實圖之。寶既遣思詣鍾，於後得樵者，言德已稱制，懼而北走。護至，無所見，執思以還。還，從宣翻，又如字。德以思練習典故，欲留而用之；思曰：「犬馬猶知戀主，思雖刑臣，乞還就上。」宦者，謂之刑臣。上，謂寶也。德固留之，思怒曰：「周室東遷，晉、鄭是依。周平王東遷洛邑，晉文侯、鄭武寔定王室，故周桓公曰：「我周之東遷，晉、鄭焉依。」殿下親則叔父，位爲上公，不能帥先羣后以匡帝室，而幸本根之傾，爲趙王倫之事，事見八十九卷惠帝永寧元年。言趙王倫以宗室而簒晉，德所爲類之。倫於惠帝，叔祖也；德於寶，叔父也。帥，讀曰率。思雖不能如申包胥之存楚，吳破楚入郢，申包胥乞師於秦，遂破吳師，楚昭王復國。猶慕龔君賓不偷生於莽世也！」龔勝，字君賓，事見三十七卷王莽始建國三年。德斬之。

寶遣扶風忠公慕輿騰與長樂王盛收兵冀州，盛以騰素暴橫，爲民所怨，乃殺之。行至鉅鹿、長樂，說諸豪傑，橫，戶孟翻。樂，音洛。說，輸芮翻。皆願起兵奉寶。寶以蘭汗祀燕宗廟，所爲似順，意欲還龍城，不肯留冀州，乃北行；至建安，建安城在令支之北，乙連之南。抵民張曹家。曹素武健，請爲寶合衆；爲，于僞翻。盛亦勸寶宜且駐留，察汗情狀。寶乃遣亢從僕射李旱先往見汗，亢，而隴翻。從，才用翻。寶留頓石城。石城縣，前漢屬右北平郡，後漢、晉省縣，屬建德郡，隋、唐併入營州柳城縣界。宋白曰：石城縣取碣石立如城以名之。會汗遣左將軍蘇超奉迎，陳汗忠款。寶以汗燕王垂之舅，盛之妃父也，謂必無他，不待旱返，遂行。盛流涕固諫，寶不聽，留盛在後，盛與將軍張眞下道避匿。

丁亥，寶至索莫汗陘，索，昔各翻。汗，音寒。陘，音刑。去龍城四十里，城中皆喜。汗惶怖，欲自出請罪，怖，普布翻。兄弟共諫止之。汗乃遣弟加難帥五百騎出迎；又遣兄堤閉門止仗，禁人出入。城中皆知其將爲變，而無如之何。加難見寶於陘北，拜謁已，已者，拜謁之禮畢。從寶俱進。潁陰烈公餘崇密言於寶曰：「觀加難形色，禍變甚逼，宜留三思，柰何徑前！」寶不從。行數里，加難先執崇，崇大呼罵曰：「汝家幸緣肺附，呼，火故翻。師古曰：肺附，謂親戚也。舊解云。肺附，如肺腑之相附著。一說；肺，斫木札也。喻其輕薄附著大材也。蒙國寵榮，覆宗不足以報。今乃敢謀篡逆，此天地所不容，計旦暮卽屠滅，但恨我不得手膾汝曹耳！」膾，細切肉也。加難殺之。引寶入龍城外邸，弒之。年四十四。汗謚寶曰靈帝；殺獻哀太子策及王公卿士百餘人；自稱大都督、大將軍、大單于、昌黎王，單，音蟬。改元青龍；以堤爲太尉，加難爲車騎將軍，封河間王熙爲遼東公，如杞、宋故事。周武王封夏之後於杞，殷之後於宋。長樂王盛聞之，馳欲赴哀；張眞止之。盛曰：「我今以窮歸汗，汗性愚淺，必念婚姻，不忍殺我，旬月之間，足以展吾情志。」遂往見汗。汗妻乙氏及盛妃皆泣涕請盛於汗，盛妃復頓頭於諸兄弟。復，扶又翻。汗惻然哀之，乃舍盛於宮中，以爲侍中、左光祿大夫，親待如舊。堤、加難屢請殺盛，汗不從。堤驕很荒淫，很，戶墾翻。事汗多無禮，盛因而間之。間，古莧翻。由是汗兄弟浸相嫌忌。爲盛誅汗張本。

14 涼太原公纂將兵擊楊軌，郭麐救之，纂敗還。

15 段業使沮渠蒙遜攻西郡，郡在武威西，據嶺之要，蒙遜得之，故晉昌、敦煌皆降。沮，子余翻。執太守呂純以歸。純，光之弟子也。於是晉昌太守王德、敦煌太守趙郡孟敏皆以郡降業。敦，徒門翻。降，戶江翻。業封蒙遜爲臨池侯，以德爲酒泉太守，敏爲沙州刺史。

16 六月，丙子，魏王珪命羣臣議國號。皆曰：「周、秦以前，皆自諸侯升爲天子，因以其國爲天下號。漢氏以來，皆無尺土之資。我國家百世相承，開基代北，遂撫有方夏，據孔安國尚書註，方夏，謂四方中夏。夏，戶雅翻。今宜以代爲號。」黃門侍郎崔宏曰：「昔商人不常厥居，故兩稱殷、商，契始封於商。皇甫謐曰：今上洛商是也。契孫相土居商丘。自契至于成湯，八遷，湯始居亳，從先王居。後仲丁遷於囂，河亶甲居相，祖乙居耿。書曰：盤庚五遷，將治亳殷，從先王居。謂從帝嚳所居，居亳也。代雖舊邦，其命維新，登國之初，已更曰魏。事見一百六卷孝武太元十一年。更，工衡翻。夫魏者，大名，神州之上國也，左傳：卜偃曰：「魏，大名也。」戰國之時，魏爲大國。中國謂之神州。宜稱魏如故。」珪從之。

17 楊軌自恃其衆，欲與涼王光決戰，郭黁每以天道抑止之。言天道未利也，郭黁善數，故如此。黁，奴昆翻。涼常山公弘鎮張掖，段業使沮渠男成及王德攻之；光使太原公纂將兵迎之。將，即亮翻。楊軌曰：「呂弘精兵一萬，若與光合，則姑臧益強，不可取矣。」乃與禿髮利鹿孤共邀擊纂，纂與戰，大破之；軌奔王乞基。王乞基，田胡也。黁性褊急殘忍，不爲士民所附，褊，補典翻。聞軌敗走，降西秦；降，戶江翻。西秦王乾歸以爲建忠將軍、散騎常侍。散，悉亶翻。騎，奇寄翻。

弘引兵棄張掖東走，段業徙治張掖，治，直之翻。將追擊弘。沮渠蒙遜諫曰：「歸師勿遏，窮寇勿追，孫子之言。此兵家之戒也。」業不從，大敗而還，還，從宣翻。賴蒙遜以免。業城西安，以其將臧莫孩爲太守。業置西安郡於張掖東境。孩，河開翻。蒙遜曰：「莫孩勇而無謀，知進不知退；此乃爲之築冢，非築城也！」爲，于僞翻。冢，知隴翻。業不從，莫孩尋爲呂纂所破。

18 燕太原王奇，楷之子，蘭汗之外孫也，汗亦不殺，以爲征南將軍。得入見長樂王盛，盛潛使奇逃出起兵。奇起兵於建安，衆至數千，汗遣蘭堤討之。盛謂汗曰：「善駒小兒，未能辦此，善駒，奇小字也。豈非有假託其名欲爲內應者乎！太尉素驕，難信，不宜委以大衆。」汗以堤爲太尉，故稱之。汗然之，罷堤兵，蘇軾有言，「木必先蠹，然後蟲生之；人必先疑，然後讒入之。」蘭汗凶逆，兄弟自相嫌忌，故慕容盛得間之以奮其智，報君父之讎。更遣撫軍將軍仇尼慕將兵討奇。更，工衡翻。

於是龍城自夏不雨至于秋七月，汗日詣燕諸廟及寶神座頓首禱請，委罪於蘭加難。言弑寶者加難之罪。堤及加難聞之怒，且懼誅，乙巳，相與率所部襲仇尼慕軍，敗之。敗，補邁翻。汗大懼，遣太子穆將兵討之。將，卽亮翻。穆謂汗曰：「慕容盛我之仇讎，必與奇相表裏，此乃腹心之疾，不可養也，宜先除之。」汗欲殺盛，先引見，察之。盛妃知之，密以告盛，盛稱疾不出，蘭妃之爲，異於雍姞。雖曰婦人內夫家而外父母家，若蘭妃者，處夫妻父子之變，得其一而失其一者也。汗亦止不殺。

李旱、衞雙、劉忠、張豪、張眞，皆盛素所厚也，而穆引以爲腹心，旱、雙得出入至盛所，潛與盛結謀。丁未，穆擊堤、加難等，破之。庚戌，饗將士，汗、穆皆醉，盛夜如廁，因踰垣入于東宮，與旱等共殺穆。時軍未解嚴，皆聚在穆舍，聞盛得出，呼躍爭先，攻汗，斬之。汗子魯公和、陳公揚分屯令支、白狼，令，音鈴，又郎定翻。支，音祁。盛遣旱、眞襲誅之。堤、加難亡匿，捕得，斬之。於是內外帖然，士女相慶。宇文拔率壯士數百來赴，宇文拔自遼西來也。盛拜拔爲大宗正。

辛亥，告于太廟，令曰：「賴五祖之休，五祖，謂慕容涉歸、廆、皝、儁、垂，凡五廟。文武之力，宗廟社稷幽而復顯。不獨孤以眇眇之身免不同天之責，禮記曰：父之讎不與共戴天。凡在臣民皆得明目當世。」因大赦，改元建平。盛謙不敢稱尊號，以長樂王攝行統制。盛，字道運，寶之庶長子也。樂，音洛。諸王皆降稱公，以東陽公根爲尚書左僕射，衞倫、陽璆、魯恭、王滕【章：十二行本「滕」作「騰」；乙十一行本同。】爲尚書，璆，渠尤翻。悅眞爲侍中，陽哲爲中書監，張通爲中領軍，自餘文武各復舊位。改謚寶曰惠閔皇帝，廟號烈宗。

初，太原王奇舉兵建安，南、北之人翕然從之。南人，謂自中原來者；北人，則鮮卑也。蘭汗遣其兄子全討奇，奇擊滅之，匹馬不返，進屯乙連。盛旣誅汗，命奇罷兵。奇用丁零嚴生、烏桓王龍之謀，遂不受命，甲寅，勒兵三萬餘人進至橫溝，去龍城十里。盛出擊，大破之，執奇而還，斬其黨與百餘人，賜奇死，桓王之嗣遂絕。慕容恪封太原王，謚曰桓。楚莊王滅若敖氏而赦箴尹克黃，曰：「子文無後，何以勸善！」以慕容恪之輔成燕業，而可使之絕祀乎！羣臣固請上尊號，上，時掌翻。盛弗許。

19魏王珪遷都平城，始營宮室，建宗廟，立社稷。宗廟歲五祭，用分、至及臘。魏都平城，置代尹及司州於平城。杜佑曰：後魏都平城，今雲中郡治。雲中縣是今馬邑郡；北平城即今郡，隋爲雲內縣恆安鎮。此所謂宗廟，即代都之東廟也。

20桓玄求爲廣州，會稽王道子忌玄，會，工外翻。不欲使居荆州，因其所欲，以玄爲督交、廣二州軍事、廣州刺史；玄受命而不行。豫州刺史庾楷以道子割其四郡使王愉督之，上疏言：「江州內地，江州治尋陽，在江南，故云內地。而西府北帶寇戎，晉以京口爲北府，歷陽爲西府。豫州治歷陽，在江西，故云北帶寇戎。不應使愉分督。」朝廷不許。楷怒，遣其子鴻說王恭曰：「尚之兄弟謂譙王尚之及弟休之也。說，輸芮翻；下同。復秉機權，復，扶又翻；下同。過於國寶；欲假朝威削弱方鎮，朝，直遙翻。懲艾前事，爲禍不測，艾，倪祭翻。今及其謀議未成，宜早圖之。」恭以爲然，以告殷仲堪、桓玄。仲堪、玄許之，推恭爲盟主，刻期同趣京師。趣，七喻翻。

時內外疑阻，津邏嚴急，邏，郎佐翻，巡也。津邏者，凡江津之要皆置邏卒。仲堪以斜絹爲書，內箭簳中，簳，古旱翻。字林曰：箭笴也。合鏑漆之，鏑，箭鏃也。因庾楷以送恭。恭發書，絹文角戾，不復能辨仲堪手書，戾，曲也，乖也。斜絹無邊幅，經緯不相持，故斜角乖曲。疑楷詐爲之，且謂仲堪去年已違期不赴，事見上卷。今必不動，乃先期舉兵。先，悉薦翻。司馬劉牢之諫曰：「將軍，國之元舅；會稽王，天子叔父也。會稽王又當國秉政，曏爲將軍戮其所愛王國寶、王緒，又送王廞書，事見上卷。爲，于僞翻。其深伏將軍已多矣。頃所授任，雖未允愜，亦非大失。割庾楷四郡以配王愉，於將軍何損！晉陽之甲，豈可數興乎！」數，所角翻。恭不從，上表請討王愉、司馬尚之兄弟。

道子使人說楷曰：「昔我與卿，恩如骨肉，楷先黨於王國寶，道子亦親之。帳中之飲，結帶之言，可謂親矣。此必太元二十一年庾楷赴難時事。卿今棄舊交，結新援，忘王恭疇昔陵侮之恥乎！王恭以元舅之親，風神簡貴，志氣方嚴，視庾楷蔑如也，故道子以爲陵侮楷。若欲委體而臣之，使恭得志，必以卿爲反覆之人，安肯深相親信！首身且不可保，況富貴乎！」楷怒曰：「王恭昔赴山陵，相王憂懼無計，我知事急，尋勒兵而至，恭不敢發。事見一百八卷孝武太元二十一年。去年之事，我亦俟命而動。我事相王，無相負者。相王不能拒恭，反殺國寶及緒，自爾已來，自爾以來，猶今言自那時以來也。又爾，言如此也。誰敢復爲相王盡力者！復，扶又翻。爲，于僞翻。庾楷實不能以百口助人屠滅。」時楷已應恭檄，正徵士馬。信返，朝廷憂懼，內外戒嚴。

會稽世子元顯言於道子曰：「前不討王恭，故有今日之難。今若復從其欲，難，乃旦翻。復，扶又翻。則太宰之禍至矣。」道子時爲太宰。道子不知所爲，悉以事委元顯，日飲醇酒而已。元顯聰警，頗涉文義，志氣果銳，以安危爲己任。附會之者，謂元顯神武，有明帝之風。

殷仲堪聞恭舉兵，自以去歲後期，乃勒兵趣發。趣，讀曰促。仲堪素不習爲將，將，息亮翻。

悉以軍事委南郡相楊佺期兄弟，相，息亮翻。使佺期帥舟師五千爲前鋒，桓玄次之，仲堪帥兵二萬，相繼而下。帥，讀曰率。佺期自以其先漢太尉震至父亮，九世皆以才德著名，矜其門地，謂江左莫及。有以比王珣者，佺期猶恚恨。而時流以其晚過江，婚宦失類；佺期曾祖準，晉太常。自震至準七世，有名德。祖林，少有才望，值亂沒胡。父亮，少仕僞朝，後歸晉，比王、謝諸家爲晚。亮及佺期皆以武力爲官，又與傖荒爲婚，故云失類。時流，猶言時輩也。恚，於避翻。佺期及兄廣、弟思平、從弟孜敬皆粗獷，從，才用翻。獷，古猛翻。獷獷，不可附。每排抑之。佺期常慷慨切齒，欲因事際以逞其志，故亦贊成仲堪之謀。

八月，佺期、玄奄至湓口，湓口，湓浦口也，晉人於此築城置戍。今其地在江州德化縣西一里。湓，蒲奔翻。王愉無備，惶遽奔臨川，吳孫亮太平二年，分豫章東部都尉立臨川郡，隋、唐爲撫州。玄遣偏軍追獲之。

21燕以河間公熙爲侍中、車【嚴：「車」改「驃」。】騎大將軍、中領軍、司隸校尉，城陽公元爲衞將軍。元，寶之子也。又以劉忠爲左將軍，張豪爲後將軍，並賜姓慕容氏。李旱爲中常侍、輔國將軍，衞雙爲前將軍，張順爲鎭西將軍、昌黎尹，張眞爲右將軍；燕都龍城，以昌黎太守爲昌黎尹。皆封公。

22乙亥，燕步兵校尉馬勒【章：十二行本「勒」作「勤」；乙十一行本同。】等謀反，伏誅；事連驃騎將軍高陽公崇、崇弟東平公澄，皆賜死。驃，匹妙翻。騎，奇寄翻。

23 寧朔將軍鄧啓方、南陽太守閭丘羨將兵二萬擊南燕，燕自慕容寶之敗，北歸龍城，慕容德稱號於滑臺，故稱南燕以別之。與南燕中軍將軍法、撫軍將軍和戰於管城，魏收志，滎陽郡京縣有管城，故管叔邑也。杜預曰：在京縣東北。啓方等兵敗，單騎走免。

24 魏王珪命有司正封畿，宋白曰：魏道武都平城，東至上谷軍都關，西至河，南至中山隘門塞，北至五原，地方千里，以爲甸服。標道里，平權衡，審度量；遣使循行郡國，使，疏吏翻。行，下孟翻。舉奏守宰不法者，親考察黜陟之。

25 九月，辛卯，加會稽王道子黃鉞，以世子元顯爲征討都督；遣衛將軍王珣、右將軍謝琰將兵討王恭，譙王尚之將兵討庾楷。

26 乙未，燕以東陽公根爲尚書令，張通爲左僕射，衛倫爲右僕射；慕容豪爲幽州刺史，鎮肥如。

27 己亥，譙王尚之大破庾楷於牛渚，楷單騎奔桓玄。爲後玄殺楷張本。會稽王道子以尚之爲豫州刺史，弟恢之爲驃騎司馬、丹楊尹，允之爲吳國內史，休之爲襄城太守，元帝渡江，以丹楊春穀縣置襄城郡。各擁兵馬以爲己援。乙巳，桓玄大破官軍於白石。白石在巢縣界。水經註：柵江水導源巢湖東，左會清溪水，謂之清溪口。柵水又東，左會白石山水，水發白石山西，逕李鵲城南，西南注柵水。

玄與楊佺期進至橫江；尙之退走，恢之所領水軍皆沒。丙午，道子屯中堂，元顯守石頭；己酉，王珣守北郊，謝琰屯宣陽門以備之。宣陽門，建康城南面西頭第一門。

王恭素以才地陵物，既殺王國寶，自謂威無不行；仗劉牢之爲爪牙而但以部曲將遇之，將，卽亮翻。牢之負其才，深懷恥恨。元顯知之，遣廬江太守高素說牢之，高素亦北府將，故使說之。說，式芮翻；下可說同。使叛恭，許事成卽以恭位號授之；又以道子書遺牢之，爲陳禍福。遺，于季翻。爲，于僞翻。牢之謂其子敬宣曰：「王恭昔受先帝大恩，今爲帝舅，不能翼戴王室，數舉兵向京師，數，所角翻。吾不能審恭之志，事捷之日，必能爲天子相王之下乎？相王，謂道子也。吾欲奉國威靈，以順討逆，何如？」敬宣曰：「朝廷雖無成、康之美，亦無幽、厲之惡；而恭恃其兵威，暴蔑王室。蔑之者，視之若無也。大人親非骨肉，義非君臣，雖共事少時，意好不協，少時，言不多時也。少，詩紹翻。好，呼到翻。今日討之，於情義何有！」恭參軍何澹之知其謀，以告恭。澹，徒覽翻。

恭以澹之素與牢之有隙，不信。乃置酒請牢之，於衆中拜之爲兄，精兵堅甲，悉以配之，王恭素以部曲將遇牢之，及聞何澹之言，則拜之爲兄，此豈能得其死力邪？適足以速其背己耳。使帥帳下督顏延爲前鋒。帥，讀曰率。牢之至竹里，斬延以降；降，戶江翻。遣敬宣及其壻東莞太守高雅之還襲恭。東莞，漢舊縣；武帝泰始元年，分琅邪立東莞郡；南渡後，又置南東莞郡於晉陵界。莞，音官。

恭方出城曜兵，敬宣縱騎横擊之，騎，奇寄翻；下同。恭兵皆潰。恭將入城，雅之已閉城門。恭單騎奔曲阿，素不習馬，髀中生瘡。曲阿人殷確，恭故吏也，以船載恭，將奔桓玄，至長塘湖，長塘湖在晉陵延陵縣。杜佑曰：在潤州金壇縣。風土記：陽羨縣有洮湖，別名長塘湖。洮，余招翻。單鍔曰：長塘湖在義興西。爲人所告，獲之，送京師，斬於倪塘。倪塘在建康東北方山埭南，倪氏築塘，因以爲名。恭臨刑，猶理須鬢，神色自若，須，與鬚同。謂監刑者曰：「我闇於信人，所以至此；自悔悉以軍事委劉牢之也。監，工銜翻。原其本心，豈不忠於社稷邪！但令百世之下知有王恭耳。」并其子弟黨與皆死。以劉牢之爲都督兗、青、冀、幽、并、徐、揚州晉陵諸軍事以代恭。

俄而楊佺期、桓玄至石頭，殷仲堪至蕪湖。元顯自竹里馳還京師，遣丹楊尹王愷等發京邑士民數萬人據石頭以拒之。佺期、玄等上表理王恭，求誅劉牢之。牢之帥北府之衆馳赴京師，軍于新亭。帥，讀曰率。佺期、玄見之失色，回軍蔡洲。蔡洲，在今建康府上元縣西二十五里。朝廷未知西軍虚實，仲堪等擁衆數萬，充斥郊畿，内外憂逼。言内憂而外逼也。

左衞將軍桓脩，沖之子也，言於道子曰：「西軍可說而解也，說，輸芮翻。脩知其情矣。殷、桓之下，專恃王恭，恭既破滅，西軍沮恐。沮恐，言氣沮而心恐也。沮，在呂翻。今若以重利啗玄及佺期，啗，徒覽翻，餌也。二人必内喜；玄能制仲堪，佺期可使倒戈，取仲堪矣。」道子納之，以玄爲江州刺史；召郗恢爲尚書，以佺期代恢爲都督梁·雍·秦三州諸軍事、雍州刺史。以脩爲荆州刺史，權領左衞文武之鎭，左衞文武，左衞將軍府之僚屬及部曲也。之，往也。郗，丑之翻。雍，於用翻。又令劉牢之以千人送之。黜仲堪爲廣州刺史，遣仲堪叔父太常茂宣詔，敕仲堪回軍。

28張驤子超收合三千餘家據南皮，自號烏桓王，抄掠諸郡。張驤，烏桓種也；奉燕見一百五卷孝武帝太元九年；歸魏見上卷元年。驤，思將翻。抄，楚交翻。魏王珪命庾岳討之。

29楊軌屯廉川，收集夷、夏，衆至萬餘。夏，戶雅翻。王乞基謂軌曰：「禿髮氏才高而兵盛，且乞基之主也，不如歸之。」軌乃遣使降於西平王烏孤。降，戶江翻。軌尋爲羌酋梁飢所敗，酋，慈由翻。敗，補邁翻。西奔傉海，闞駰曰：金城臨羌縣西有卑和羌海。酈道元曰：古西零之地也。傉，音憐。襲乙弗鮮卑而據其地。烏孤謂羣臣曰：「楊軌、王乞基歸誠於我，卿等不速救，使爲羌人所覆，孤甚愧之。」平西將軍渾屯曰：渾，古有是姓。左傳鄭有渾罕，衞有渾良夫。吐谷渾氏後改爲渾姓。渾，戶昆翻。「梁飢無經遠大略，可一戰擒也。」

飢進攻西平，西平人田玄明執太守郭倖而代之，以拒飢，遣子爲質於烏孤。質，音致。烏孤欲救之，羣臣憚飢兵強，多以爲疑。左司馬趙振曰：「楊軌新敗，呂氏方強，洪池以北，未可冀也，洪池，嶺名，在涼州姑臧之南。唐涼州有洪池府。嶺南五郡，庶幾可取。嶺南，謂洪池嶺南也。五郡，謂廣武、西平、樂都、澆河、湟河也。幾，居希翻。大王若無開拓之志，振不敢言；若欲經營四方，此機不可失也。使羌得西平，華、夷震動，非我之利也。」烏孤喜曰：「吾亦欲乘時立功，安能坐守窮谷乎！」廉川在塞外，故謂之窮谷。乃謂羣臣曰：「梁飢若得西平，保據山河，不可復制。西平據湟河之要，有大、小榆谷之饒，故云然。復，扶又翻；下同。飢雖驍猛，驍，堅堯翻。軍令不整，易破也。」易，以豉翻。遂進擊飢，大破之。飢退屯龍支堡。唐鄯州有龍支縣。劉昫曰：龍支，漢允吾縣地。此時當爲西平界。烏孤進攻，拔之，飢單騎奔澆河，澆河，吐谷渾之地，呂光開以爲郡，隋、唐之廓州卽其地也。澆，堅堯翻。水洄洑曰澆。此郡蓋置於洮河洄曲處。杜佑曰：澆河城在廓州達化縣賀蘭山。劉昫曰：廓州，隋澆河郡，治廣威縣，卽後漢燒當羌之地，前涼置湟河郡，後魏置石城郡，廢帝因縣內化隆谷置化隆縣，後周置廓州，唐天寶元年，改爲廣威縣，管下有達化縣。吐渾澆河城，在縣西百二十里。杜佑曰：澆河城，吐谷渾阿豺所築。俘斬數萬。以田玄明爲西平內史。樂都太守田瑤、樂都，註已見二十六卷漢宣帝神爵元年。五代志：西平郡湟水縣，後周置樂都郡。觀此，則呂氏已置郡矣。杜佑曰：湟水一名樂都水，唐鄯州治。樂，音洛。湟河太守張裯、裯，除留翻。湟河郡蓋置於此地。澆河太守王稚皆以郡降，降，戶江翻。嶺南羌、胡數萬落皆附於烏孤。

30 西秦王乾歸遣秦州牧益州、武衞將軍慕兀、「慕兀」，晉書載記作「慕容兀」。慕兀蓋亦乞伏氏，載記誤也。冠軍將軍翟瑥帥騎二萬伐吐谷渾。冠，古玩翻。瑥，音溫。

31 冬，十月，癸酉，燕羣臣復上尊號，復，扶又翻。上，時掌翻。丙子，長樂王盛始卽皇帝位，樂，音洛。大赦，尊皇后段氏曰皇太后，太妃丁氏曰獻莊皇后。初，蘭汗之當國也，盛從燕主寶出亡，蘭妃奉事丁后愈謹。及汗誅，盛以妃當從坐，欲殺之；丁后以妃有保全之功，固爭之，得免，然終不爲后。

32 大赦。

33 殷仲堪得詔書，大怒，得黜廣州之詔書也。趣桓玄、楊佺期進軍。趣，讀曰促。玄等喜於朝命，朝，直遥翻；下同。欲受之，猶豫未決。仲堪聞之，遽自蕪湖南歸，遣使告諭蔡洲軍士曰：「汝輩不各自散歸，吾至江陵，盡誅汝餘口。」使，疏吏翻。餘口，謂蔡洲之軍所餘家口留在江陵者。佺期部將劉系帥二千人先歸。帥，讀曰率。玄等大懼，狼狽西還，還，從宣翻，又如字。追仲堪至尋陽，及之。仲堪既失職，倚玄等爲援，玄等亦資仲堪兵，雖內相疑阻，勢不得不合。乃以子弟交質，質，音致。壬午，盟于尋陽；俱不受朝命，連名上疏申理王恭，求誅劉牢之及譙王尚之，并訴仲堪無罪，獨被降黜。被，皮義翻。朝廷深憚之，內外騷然。乃復罷桓脩，復，扶又翻。以荆州還仲堪，優詔慰諭，以求和解，仲堪等乃受詔。御史中丞江績劾奏桓脩專爲身計，疑誤朝廷，謂分江、雍以授桓玄、楊佺期，自取荆州也。劾，戶概翻，又戶得翻。詔免脩官。

初，桓玄在荆州，所爲豪縱，仲堪親黨皆勸仲堪殺之，仲堪不聽。及在尋陽，資其聲地，聲，謂威聲；地，謂門地。推玄爲盟主，玄愈自矜倨。楊佺期爲人驕悍，悍，侯旰翻，又下罕翻。玄每以寒士裁之，佺期甚恨，密説仲堪以玄終爲患，請於壇所襲之。説，輸芮翻。仲堪忌佺期兄弟勇健，恐既殺玄，不可復制，復，扶又翻。苦禁之。於是各還所鎮。玄亦知佺期之謀，陰有取佺期之志，爲後玄殺殷、楊張本。乃屯於夏口，引始安太守濟陰卞範之爲長史以爲謀主。吳孫晧甘露元年，分零陵南部都尉立始安郡，屬廣州；晉成帝度屬荊州；隋、唐爲桂州之地。夏，戶雅翻。濟，子禮翻。是時，詔書獨不赦庾楷，玄以楷爲武昌太守。

初，郗恢爲朝廷拒西軍，爲，于僞翻。玄未得江州，欲奪恢雍州，雍，於用翻。以恢爲廣州。恢聞之，懼，詢於衆，衆皆曰：「楊佺期來者，誰不戮力；若桓玄來，恐難與爲敵。」桓氏世居西楚，故衆畏之。既而聞佺期代己，乃與閭丘羨謀阻兵拒之。閭丘羨時爲南陽太守，雍之部屬也。佺期聞之，聲言玄來入沔，沔，彌兖翻。以佺期爲前驅。恢衆信之，望風皆潰，恢請降。降，戶江翻。佺期入府，斬閭丘羨，放恢還都，至楊口，殷仲堪陰使人殺之，及其四子，託言羣蠻所殺。

34 西秦乞伏益州與吐谷渾王視羆戰於度周川，度周川，在臨洮塞外龍涸之西。吐，從暾入聲。谷，音浴。視羆大敗，走保白蘭山，遣子宕豈爲質於西秦以請和，宕，徒浪翻。質，音致。西秦王乾歸以宗女妻之。妻，子細翻。

35 涼建武將軍李鸞以興城降於禿髮烏孤。興城在允吾縣西南龍支堡之東。

36 十一月，以琅邪王德文爲衞將軍、開府儀同三司，征虜將軍元顯爲中領軍，領軍將軍王雅爲尚書左僕射。

37 辛亥，魏王珪命尚書吏部郎鄧淵立官制，協音律，儀曹郎清河董謐制禮儀，三公郎王德定律令，吏部、儀曹、三公郎，皆曹魏所置。太史令鼂崇考天象，鼂，直遙翻。吏部尚書崔宏總而裁之，以爲永式。淵，羌之孫也。鄧羌，苻秦之名將。

38 楊軌、王乞基帥戶數千自歸於西平王烏孤。帥，讀曰率；下同。

39 十二月，己丑，魏王珪卽皇帝位，大赦，改元天興。命朝野皆束髮加帽。朝，直遙翻；下同。說文曰：帽，小兒蠻夷蒙頭衣。晉書輿服志曰：帽，猶冠也，義取於蒙覆其首；其本纚也。古者冠無幘，冠下有纚，以繒爲之。後世施幘於冠，因復裁纚爲帽，自乘輿宴居下至庶人無爵者皆服之。江左時，野人已著帽，人士亦往往而然，但其頂圓耳，後乃高其屋云。纚，所爾翻。追尊遠祖毛以下二十七人皆爲皇帝；魏謚毛爲成皇帝。五世至推寅，南遷大澤，方千餘里，謚宣皇帝。七世至鄰始南出，居匈奴故地，謚獻皇帝。獻帝之子曰詰汾，謚聖武皇帝。謚六世祖力微曰神元皇帝，廟號始祖；祖什翼犍曰昭成皇帝，廟號高祖；父寔曰獻明皇帝。謚力微曰神元皇帝，子沙漠汗曰文皇帝，沙漠汗之子弗政曰思皇帝。弗政卒，力微之子祿官立，謚曰昭皇帝，分國爲三部，猗㐌、猗盧，沙漠汗之二子，與祿官分統三部。猗㐌西略，服屬諸國，謚曰桓皇帝。猗盧自祿官之卒，合三部爲一，又助晉國以益強，謚穆皇帝。猗盧死，祿官之子鬱律繼之，謚平文皇帝。鬱律弒，猗㐌之子賀傉立，謚惠皇帝。賀傉卒，弟紇那立，謚煬皇帝。翳魏者，鬱律之子，國人逐紇那而立之，謚烈皇帝。魏之舊俗，孟夏祀天及東廟，宗廟在東，蓋亦左祖之義。季夏帥衆卻霜於陰山，孟秋祀天於西郊。至是，始依倣古制，定郊廟朝饗禮樂，然惟孟夏祀天親行，杜佑曰：魏道武天賜二年，祀天于西郊，爲方壇，東爲二陛，土陛無等，周垣四門，各依方色爲名。置木主七於壇上，牲用白犢、黄駒、白羊各一。祭之日，帝御大駕至郊所，立青門內，近南，西面；內朝臣皆位於壇北，外朝臣及大人、方客咸位於青門外，后率六宫自黑門入，列於青門內，近北，並西面。廩犧令掌牲，陳於壇前。女巫執鼓，立於壇東，西面。帝七族子弟七子執酒在巫南，西面北上。女巫升壇搖鼓，帝拜，后肅拜，內外百官拜祀訖，乃殺牲七；執酒七人，西向，以酒洒天、神主，復拜。如此者三，禮畢而退。自是歲一祭。其餘多有司攝事。又用崔宏議，自謂黄帝之後，魏收曰：魏之先出自黄帝，黄帝子曰昌意。昌意之子受封北國，有大鮮卑山，因以爲號。其後世爲君長，統幽都之北，廣漠之野。黄帝以土德王，北俗謂土爲「托」，謂后爲「跋」，故以托跋爲氏。以土德王。徙六州二十二郡守宰、豪傑二千家于代都，東至代郡，魏都平城，以平城爲代都，依漢建國之名也。漢平城縣本屬鴈門郡，而代郡治桑乾，後漢徙高柳，晉徙平舒。魏收地形志之上谷郡，晉之代郡也，唐爲蔚州之地。魏之代都，唐爲雲州雲中縣之地。西及善無，南極陰館，善無縣，漢屬鴈門郡，後漢屬定襄郡，元魏天平二年置善無郡。班志，陰館縣屬鴈門郡，本樓煩鄉，景帝後三年置。陰館縣有累頭山，治水所出。五代史志，代州鴈門縣有纍頭山。則漢之陰館縣已併入鴈門縣矣。北盡參合，皆爲畿內，其外四方、四維置八部師【張：「師」作「帥」。】以監之。魏書作「八部帥」。八部帥勸課農耕，量校收入，以爲殿最。監，工銜翻。

40 己亥，燕幽州刺史慕容豪、尚書左僕射張通、昌黎尹張順坐謀反誅。

41初，琅邪人孫泰學妖術於錢唐杜子恭，妖，於驕翻。士民多奉之。王珣惡之，惡，烏路翻。流泰於廣州。王雅薦泰於孝武帝，云知養性之方，召還，累官至新安太守。泰知晉祚將終，因王恭之亂，以討恭爲名，收合兵衆，聚貨鉅億，億億爲鉅億。三吳之人多從之；識者皆憂其爲亂，以中領軍元顯與之善，無敢言者。會稽内史謝輶發其謀，輶，夷周翻，又音酉。己酉，會稽王道子使元顯誘而斬之，會，工外翻。誘，音酉。并其六子；兄子恩逃入海，愚民猶以泰蟬蜕不死，蟬解殼曰蜕。神仙家有尸解之説，言尸解登仙，如蟬之蜕殼也。蜕，輸芮翻，又吐外翻。就海中資給恩。恩乃聚合亡命得百餘人，以謀復讎。爲後孫恩反張本。

42西平王禿髮烏孤更稱武威王。更，工衡翻。

43是歲，楊盛遣使附魏，魏以盛爲仇池王。使，疏吏翻。

王崇武標點　容肇祖　聶崇岐覆校

資治通鑑卷第一百一十一

端明殿學士兼翰林侍讀學士朝散大夫右諫議大夫充集賢殿修撰提舉西京嵩山崇福宮上柱國河內郡開國侯食邑二千八百戶食實封六百戶賜紫金魚袋臣　司馬光　奉敕編集

後　學　天　台　胡三省　音　註

晉紀三十三起屠維大淵獻（己亥），盡上章困敦（庚子），凡二年。

安皇帝丙

隆安三年（己亥、三九九）

1春，正月，辛酉，大赦。

2戊辰，燕昌黎尹留忠謀反，誅；事連尚書令東陽公根、尚書段成，皆坐死；遣中衞將軍衞雙就誅忠弟【章：十二行本「弟」下有「幽州刺史」四字；乙十一行本同；孔本同；張校云：夾註「弟幽州刺史志於凡」八字作正文。】志於凡城。以衞將軍平原公元爲司徒、尚書令。

3庚午，魏主珪北巡，分命大將軍常山王遵等三軍從東道出長川，長川在禦夷鎮西北，大漠之東垂也。下所謂西道、中道，蓋絕漠分爲三路。鎮北將軍高涼王樂眞等七軍從西道出牛川，珪自將大軍從中道出駮髯水以襲高車。將，即亮翻。駮，北角翻。髯，而占翻。

4 壬午，燕右將軍張眞、城門校尉和翰坐謀反，誅。

5 癸未，燕大赦，改元長樂。樂，音洛。燕主盛每十日一自決獄，不加拷掠，多得其情。拷，音考。掠，音亮。史言慕容盛以聰察殺身。

6 武威王烏孤徙治樂都，治，直之翻。樂，音洛。以其弟西平公利鹿孤鎮安夷，安夷縣，漢屬金城郡，晉分屬西平郡。廣武公傉檀鎮西平，西平治樂都縣，唐鄯州之湟水縣也。傉，奴沃翻。叔父素渥鎮湟河，若留鎮澆河，從弟替引鎮嶺南，嶺南，即洪池嶺之南。洛回鎮廉川，從叔吐若留鎮浩亹；從，才用翻。浩亹在樂都之東，隋、唐併入湟水縣。浩，音誥；亹，音門。夷、夏俊傑，夏，戶雅翻。隨才授任，內居顯位，外典郡縣，咸得其宜。

烏孤謂羣臣曰：「隴右、河西，本數郡之地，漢時河西置武威、張掖、酒泉四郡；隴右置隴西、金城二郡。遭亂，分裂至十餘國，呂氏、乞伏氏、段氏最強，今欲取之，三者何先？」楊統曰：「乞伏氏本吾之部落，終當服從。乞伏與禿髮氏，皆鮮卑也。段氏書生，無能爲患，且結好於我，攻之不義。好，呼到翻。呂光衰耄，嗣子微弱，謂光以子紹爲嗣也。纂、弘雖有才而內相猜忌，若使浩亹、廉川乘虛迭出，彼必疲於奔命，不過二年，兵勞民困，則姑臧可圖也。姑臧，呂光所都。姑臧舉，則二寇不待攻而服矣。」烏孤曰：「善！」

7 二月，丁亥朔，魏軍大破高車三十餘部，獲七萬餘口，馬三十餘萬匹，牛羊百四十餘萬頭。衛王儀別將三萬騎絕漠千餘里，將，即亮翻。破其七部，獲二萬餘口，馬五萬餘匹，牛羊二萬餘頭。高車諸部大震。

8 林邑王范達陷日南、九眞，遂寇交趾，太守杜瑗擊破之。瑗，于眷翻。

9 庚戌，魏征虜將軍庾岳破張超於勃海，斬之。張超據南皮，見上卷上年。

10 段業卽涼王位，改元天璽；是爲北涼。璽，斯氏翻。以沮渠蒙遜爲尚書左丞，沮，子余翻。梁中庸爲右丞。

11 魏主珪大獵於牛川之南，以高車人爲圍，周七百餘里；因驅其禽獸，南抵平城，使高車築鹿苑，廣數十里。廣，古曠翻。三月，己未，珪還平城。

甲子，珪分尚書三十六曹及外署，凡置三百六十曹，令八部大夫主之。八部大夫，恐當作「八部大人」。魏王珪天興元年，置八部大人於皇城，四方、四維一面置一人，以擬八座，謂之八國，各有屬官，常侍、待詔直左右，出入王命。吏部尚書崔宏通署三十六曹，如令、僕統事。置五經博士，增國子太學生員合三千人。

珪問博士李先曰：「天下何物最善，可以益人神智？」對曰：「莫若書籍。」珪曰：「書籍凡有幾何，如何可集？」對曰：「自書契以來，世有滋益，以至于今，不可勝計。苟人主所好，何憂不集。」珪從之，命郡縣大索書籍，悉送平城。魏主珪之崇文如此，而魏之儒風及平涼州之後始振，蓋代北以右武爲俗，雖其君尚文，未能回也。嗚呼！平涼之後，儒風雖振，而北人胡服，至孝文遷洛之時，未盡改也。用夏變夷之難如是夫！勝，音升。好，呼到翻。索，昔客翻。

12 初，秦王登之弟廣帥衆三千依南燕王德，德以爲冠軍將軍，處之乞活堡。帥，讀曰率。冠，古玩翻。乞活堡，晉惠帝時諸賊保聚之地。處，昌呂翻。會熒惑守東井，或言秦當復興，復，扶又翻。廣乃自稱秦王，擊南燕北地王鍾，破之。是時，滑臺孤弱，德徙滑臺，事見上卷上年。土無十城，衆不過一萬，鍾既敗，附德者多去德而附廣。德乃留魯陽王和守滑臺，自帥衆討廣，斬之。帥，讀曰率；下同。

燕主寶之至黎陽也，事見上卷上年。魯陽王和長史李辯勸和納之，和不從。辯懼，故潛引晉軍至管城，事亦見上卷上年。欲因德出戰而作亂。既而德不出，辯愈不自安。及德討苻廣，辯復勸和反，復，扶又翻；下可復同。和不從，辯乃殺和，以滑臺降魏。降，下江翻。魏行臺尚書和跋在鄴，帥輕騎自鄴赴之，騎，奇寄翻。既至，辯悔之，閉門拒守。跋使尚書郎鄧暉說之，鄧暉，魏之鄴臺尚書郎也。說，輸芮翻。辯乃開門內跋，跋悉收德宮人府庫。德遣兵擊跋，跋逆擊，破之，又破德將桂陽王鎮，將，卽亮翻。俘獲千餘人。陳、潁之民多附於魏。陳、潁，陳郡、潁川也。南燕右衛將軍慕容雲斬李辯，帥將士家屬二萬餘口出滑臺赴德。帥，讀曰率。德欲攻滑臺，韓範曰：「嚮也魏爲客，吾爲主人；今也吾爲客，魏爲主人。人心危懼，不可復戰，復，扶又翻。不如先據一方，自立基本，乃圖進取。」微韓範之言，德若進攻滑臺，必至喪敗，固不待慕容超之時也。張華曰：「彭城，楚之舊都，項羽都彭城，故云然。可攻而據之。」北地王鍾等皆勸德攻滑臺。尚書潘聰曰：「滑臺四通八達之地，滑臺當河津之要，魏自北渡河而南向，晉從清水入河，秦沿渭順河而下，皆湊於滑臺。又其城旁無山陵可依，車騎、舟師皆可以騁，故謂之四通八達之地。北有魏，南有晉，西有秦，居之未嘗一日安也。彭城土曠人稀，平夷無嶮，且晉之舊鎮，未易可取。易，以豉翻。又密邇江、淮，夏秋多水，乘舟而戰者，吳之所長，我之所短也。青州沃野二千里，精兵十餘萬，左有負海之饒，右有山河之固，廣固城曹嶷所築，嶷，魚力翻。地形阻峻，足爲帝王之都。三齊英傑，思得明主以立功於世久矣。辟閭渾昔爲燕臣，孝武太元十九年，辟閭渾爲慕容農所破，遂臣於燕。今宜遣辯士馳說於前，大兵繼踵於後，若其不服，取之如拾芥耳。兼弱攻昧，取亂侮亡，自三代之時仲虺已有是言，夫子定書，弗之删也。後人泥古，專言王者之師，以仁義行之，若宋襄公可以爲鑒矣。說，輸芮翻。既得其地，然後閉關養鋭，伺隙而動，此乃陛下之關中、河内也。」用荀彧說魏武之言。伺，相吏翻。德猶豫未決。沙門竺朗素善占候，竺，朗之俗姓。德使牙門蘇撫問之，朗曰：「敬覽三策，潘尚書之議，興邦之言也。且今歲之初，彗星起奎、婁，掃虛、危；彗者，除舊布新之象，奎、婁爲魯，虛、危爲齊。晉天文志：奎、婁、胃，魯、徐州。虛、危，齊、青州。彗，祥歲翻，又旋芮翻，又徐醉翻。宜先取兗州，巡撫琅邪，至秋乃北徇齊地，此天道也。」撫又密問以年世，朗以周易筮之曰：「燕衰庚戌，年則一紀，世則及子。」其後燕亡於義熙六年，歲在上章閹茂。上章，庚也；閹茂，戌也。撫還報德，德乃引師而南，兗州北鄙諸郡縣皆降之。降，戶江翻；下同。德置守宰以撫之，禁軍士無得虜掠。百姓大悅，牛酒屬路。屬，之欲翻。

13 丙子，魏主珪遣建義將軍庾真、越騎校尉奚斤擊庫狄、宥連、侯莫陳三部，皆破之，其後庫狄、侯莫陳二姓皆貴顯，而宥連之種微矣。追奔至大峨谷，置戍而還。還，從宣翻，又如字。

14 己卯，追尊帝所生母陳夫人爲德皇太后。

15 夏，四月，鮮卑疊掘河內帥戶五千降于西秦。西秦王乾歸以河內爲疊掘都統，以宗女妻之。疊掘亦鮮卑一種也；河內其名。掘，其月翻。妻，七細翻。

16 甲午，燕大赦。

17 會稽王道子有疾，會，工外翻。且無日不醉。世子元顯知朝望去之，乃諷朝廷解道子司徒、揚州刺史。朝，直遙翻；下同。乙未，以元顯爲揚州刺史。道子醒而後知之，大怒，無如之何。元顯以廬江太守會稽張法順爲謀主，會，工外翻。多引樹親黨，朝貴皆畏事之。爲元顯、張法順俱被誅張本。

18 燕散騎常侍餘超、左將軍高和等坐謀反，誅。散，悉亶翻。騎，奇寄翻。

19 涼太子紹、太原公纂將兵伐北涼，河西四郡，張掖在北，故號北涼。將，卽亮翻。北涼王業求救於武威王烏孤，烏孤遣驃騎大將軍利鹿孤及楊軌救之。驃，匹妙翻。騎，奇寄翻。業將戰，沮渠蒙遜諫曰：「楊軌恃鮮卑之強，有窺窬之志，禿髮，本鮮卑種也。沮，子余翻。紹、纂深入，置兵死地，不可敵也。今不戰則有泰山之安，戰則有累卵之危。」業從之，按兵不戰。紹、纂引兵歸。

六月，烏孤以利鹿孤爲涼州牧，鎭西平，召車騎大將軍傉檀入錄府國事。傉，奴沃翻。

20 會稽世子元顯自以少年，不欲頓居重任；少，詩照翻。戊子，以琅邪王德文爲司徒。

21 魏前河間太守【章：十二行本「守」下有「范陽」二字；乙十一行本同；孔本同；張校同；退齋校同。】盧溥帥其部曲數千家就食漁陽，遂據有數郡。秋，七月，己未，燕主盛遣使拜溥幽州刺史。爲下魏黜張袞、襲禽盧溥張本。帥，讀曰率。使，疏吏翻。

22 辛酉，燕主盛下詔曰：「法例律，公侯有罪，得以金帛贖，戰國時，魏文侯師李悝撰次諸國法，著法經。以爲王者之政，莫急盜賊，盜賊須劾捕，故著網、捕二篇。其輕狡、越城、博戲、假借、不廉、淫侈、踰制，以爲雜律一篇。又以其律具其加減。故所著六篇，皆罪名之制也。漢蕭何條益事律興、廄、戶三篇，合爲九篇。魏陳羣等采漢律，制新律十八篇。集罪例爲刑名，冠於律首。盜律有劫略、恐猲、和賣買人，科有持質，皆非盜事，分以爲劫略律。賊律有欺謾、詐僞、踰封、矯制，囚律有詐僞、生死，令丙有詐自復免，事類衆多，分爲詐律。賊律有賊伐樹木，殺傷人畜產及諸亡印，金布律有毀傷、亡失縣官財物，分爲毀亡律。囚律有告劾、傳覆，廄律有告反、逮受，科有登聞道辭，分爲告劾律。囚律有繫囚、鞫獄、斷獄之法，興律有上獄之事，科有考事、報讞，宜別爲篇，分爲繫訊斷獄律。盜律有受所監、受財枉法，雜律有假借、不廉，令乙有呵人受錢，科有使者驗賂，其事相類，分爲請賕律。盜律有勃辱、強賊，興律有擅興傜役，具律有出賣，科有擅作脩舍事，分爲興擅律。興律有乏傜、稽留，賊律有儲峙不辦，廐律有乏軍、乏興及舊典有奉法不謹、不承用詔書，漢氏施行，不宜復以爲法，別爲之留律。秦世舊有廐置、乘傳、副車、食廚，後漢但設騎置，無車馬，而律猶著其文，則爲虛設，故除廐律，取其可用合科者爲郵驛令。告劾律上言變事、令以驚事告急與興律烽燧及科令者，以爲驚事律。盜律有還贓畀主，金布律有罰贖入責、以呈黃金爲價，科有平庸坐贓事，以爲償贓律。律之初制，無免坐之文，張湯、趙禹始作監臨部主見知故縱之例，其見知而故不舉劾，以贖論；其不見，不知者不坐，科條免坐繁多，宜總爲免例，以省科文，故更定以爲免坐律。晉初賈充定法，就漢九章增十一篇，改舊律爲刑名法例，辨囚律爲告劾、繫訊、斷獄，分盜律爲請賕、詐僞、水火、毁亡，因事類爲衞禁、違制，撰周官爲諸侯律，合二十篇。孔穎達曰：古之贖罪皆用銅，漢始改用黃金，但少其斤兩，令與金相敵。漢及後魏，贖罪皆用黃金，後魏以金難得，合金一兩，收絹十匹。今律乃復依古贖銅。此不足以懲惡而利於王府，甚無謂也。自今皆令立功以自贖，勿復輸金帛。」復，扶又翻。

23 西秦丞相南川宣公出連乞都卒。南川，地名。宣，諡也。

24 秦齊公崇、鎮東將軍楊佛嵩寇洛陽，河南太守隴西辛恭靖嬰城固守。雍州刺史楊佺期遣使求救於魏常山王遵，雍，於用翻。使，疏吏翻；下同。魏主珪以散騎侍郎西河張濟爲遵從事中郎以報之。佺期問於濟曰：「魏之伐中山，戎士幾何？」濟曰：「四十餘萬。」事見一百八卷孝武太元二十一年。佺期曰：「以魏之強，小羌不足滅也。且晉之與魏，本爲一家，謂猗盧救劉琨時也。今既結好，好，呼到翻。義無所隱。此間兵弱糧寡，洛陽之救，恃魏而已。若其保全，必有厚報；若其不守，與其使羌得之，不若使魏得之。」若楊佺期者，豈可使之扞禦封疆哉！濟還報。八月，珪遣太尉穆崇將六萬騎往救之。

25 燕遼西太守李朗在郡十年，威行境內，燕遼西郡治令支。恐燕主盛疑之，累徵不赴。以其家在龍城，未敢顯叛，陰召魏兵，許以郡降魏；降，戶江翻；下同。遣使馳詣龍城，廣張寇勢。盛曰：「此必詐也。」召使者詰問，詰，去吉翻。果無事實。盛盡滅朗族；丁酉，遣輔國將軍李旱討之。

26 初，魏奮武將軍張袞以才謀爲魏主珪所信重，委以腹心。珪問中州士人於袞，袞薦盧溥及崔逞，珪皆用之。

珪圍中山久未下，軍食乏，見一百九卷隆安元年。問計於羣臣，逞爲御史中丞，對曰：「桑椹可以佐糧；飛鴞食椹而改音，詩人所稱也。」珪雖用其言，聽民以椹當租，然以逞爲侮慢，心銜之。詩：翩彼飛鴞，集于泮林，食我桑椹，懷我好音。註云：鴞，惡聲之鳥也。鴞恆惡鳴，今食桑椹，故改其鳴，歸就我以善音。珪本北人而入中原，故銜逞以爲侮慢。秦人寇襄陽，雍州刺史郗恢以書求救於魏常山王遵曰：「賢兄虎步中原。」珪以恢無君臣之禮，命袞及逞爲復書，必貶其主。袞、逞謂帝爲貴主。珪怒曰：「命汝貶之而謂之『貴主』，何如『賢兄』也！」逞之降魏也，見一百九卷隆安元年。以天下方亂，恐無復遺種，種，章勇翻。使其妻張氏與四子留冀州，逞獨與幼子賾【嚴：「賾」改「頤」。】詣平城，賾，士革翻。所留妻子遂奔南燕。珪幷以是責逞，賜逞死。盧溥受燕爵命，侵掠魏郡縣，殺魏幽州刺史封沓干。珪謂衮所舉皆非其人，黜衮爲尚書令史。衮乃闔門不通人事，惟手校經籍，歲餘而終。

燕主寶之敗也，中書令、民部尚書封懿降於魏。珪以懿爲給事黃門侍郎、都坐大官。魏官有三都大官：都坐大官、外都大官、內都大官。坐，徂臥翻。珪問懿以燕氏舊事，懿應對疏慢，亦坐廢於家。珪蓋自疑，以爲衣冠之士慢之也。

27武威王禿髮烏孤醉，走馬傷脅而卒，遺令立長君。長，知兩翻。國人立其弟利鹿孤，諡烏孤曰武王，廟號烈祖。利鹿孤大赦，徙治西平。

28南燕王德遣使說幽州刺史辟閭渾，欲下之；晉氏南渡，僑立幽、冀、青、幷四州於江北；秦圍幽州刺史田洛于三阿，是其證也。孝武太元之季，復取齊地，徙幽、冀二州於齊，是後鎮齊者，率領青、冀二州刺史。渾領幽州刺史，蓋自北而南，未純爲晉臣，使領幽州而鎮廣固也。說，輸芮翻。渾不從；德遣北地王鍾帥步騎二萬擊之。帥，讀曰率。德進據琅邪，徐、兗之民歸附者十餘萬。德自琅邪引兵而北，以南海王法爲兗州刺史，鎮梁父。父，音甫。進攻莒城，守將任安委城走。德以潘聰爲徐州刺史，鎮莒城。莒縣，前漢屬城陽國，後漢屬琅邪，晉分屬東莞郡。將，卽亮翻。任，音壬。蘭汗之亂，燕吏部尚書封孚南奔辟閭渾，渾表爲勃海太守；及德至，孚出降，降，戶江翻；下同。德大喜曰：「孤得青州不爲喜，喜得卿耳！」遂委以機密。北地王鍾傳檄青州諸郡，諭以禍福。辟閭渾徙八千餘家入守廣固，遣司馬崔誕戍薄荀【張：「荀」作「苟」。】固，平原太守張豁戍柳泉；薄荀，蓋人姓名，遇亂聚衆保固此地，因以爲名。齊人率謂保聚之地爲固。漢書地理志：北海郡有柳泉侯國，後漢、晉省。誕、豁承檄皆降於德。渾懼，攜妻子奔魏，德遣射聲校尉劉綱追之，及於莒城，斬之。渾子道秀自詣德，請與父俱死。德曰：「父雖不忠以辟閭渾背燕爲不忠。而子能孝。」特赦之。渾參軍張瑛爲渾作檄，瑛，音英。爲，于僞翻。辭多不遜，德執而讓之。瑛神色自若，徐曰：「渾之有臣，猶韓信之有蒯通。通遇漢祖而生，事見十二卷高祖十一年。臣遭陛下而死，比之古人，竊爲不幸耳！」德殺之。遂定都廣固。

29 燕李旱行至建安，燕主盛急召之，羣臣莫測其故。九月，辛未，復遣之。李朗聞其家被誅，被，皮義翻。擁二千餘戶以自固；及聞旱還，謂有內變，不復設備，復，扶又翻。留其子養守令支，應劭曰：令，音鈴；師古曰：音郎定翻。孟康曰：支，音祇；裴松之其兒翻。自迎魏師於北平。前漢北平郡治平剛，後漢治土垠，晉治徐無，後魏治盧龍。壬子，旱襲令支，克之，遣廣威將軍孟廣平追及朗於無終，斬之。無終，春秋無終子之國，自漢以來，爲縣，屬右北平。劉昫曰：唐薊州玉田縣，漢無終縣地。

30 秦主興以災異屢見，見，賢遍翻。降號稱王，下詔令羣公、卿士、將牧、守宰各降一等；

將，卽亮翻。守，式又翻；下同。大赦，改元弘始。存問孤貧，舉拔賢俊，簡省法令，清察獄訟，守令之有政迹者賞之，貪殘者誅之，遠近肅然。

31 冬，十月，甲午，燕中衛將軍衛雙有罪，賜死。李旱還，聞雙死，懼，棄軍而亡，至板陘，陘，音刑。復還歸罪。復，扶又翻。燕主盛復其爵位，謂侍中孫勍曰：「旱爲將而棄軍，罪在不赦。勍，渠京翻。將，卽亮翻。然昔先帝蒙塵，骨肉離心，公卿失節，惟旱以宦者忠勤不懈，始終如一，事見上卷二年。故吾念其功而赦之耳。」

32 辛恭靖固守百餘日，魏救未至，秦兵拔洛陽，獲恭靖。恭靖見秦王興，不拜，曰：「吾不爲羌賊臣！」興囚之，恭靖逃歸。自淮、漢以北，諸城多請降，送任於秦。降，戶江翻。

33 魏主珪以穆崇爲豫州刺史，鎭野王。秦旣克洛陽，魏置鎭於野王，以備其渡河侵軼。

34 會稽世子元顯，性苛刻，會，工外翻。生殺任意；發東土諸郡免奴爲客者，奴戶者，有罪沒爲官奴；公卿以下至九品官及宗室、國賓、先賢之後及士人子孫占蔭以爲客戶，是謂免奴爲客。號曰樂屬，樂，徒各翻。移置京師，以充兵役，東土囂然苦之。

孫恩因民心騷動，自海島帥其黨殺上虞令，上虞縣，自漢以來屬會稽郡，西北距郡城百餘里。帥，讀曰率。遂攻會稽。會稽內史王凝之，羲之之子也，世奉天師道，天師道，卽張道陵之所傳也。會，工外翻。不出兵，亦不設備，日於道室稽顙跪呪。道室，奉道之室也。稽，音啓。官屬請出兵討恩，凝之曰：「我已請大道，借鬼兵守諸津要，各數萬，賊不足憂也。」及恩漸近，乃聽出兵，恩已至郡下。甲寅，恩陷會稽，凝之出走，恩執而殺之，并其諸子。凝之妻謝道蘊，奕之女也，聞寇至，舉措自若，命婢肩輿，抽刀出門，手殺數人，乃被執。被，皮義翻。吳國內史桓謙、臨海太守新秦王崇、晉書作「新蔡王崇」。崇，汝南王祐之曾孫，自其祖父以來，嗣新蔡國封。「秦」，當作「蔡」。義興太守魏隱皆棄郡走。於是會稽謝鍼、吳郡陸瓌、吳興丘尪、鍼，其廉翻。瓌，姑回翻。尪，烏光翻。義興許允之、臨海周胄、永嘉張永等及東陽、新安凡八郡人，一時起兵，殺長吏以應恩，旬日之中，衆數十萬。吳興太守謝邈、永嘉太守司馬逸、嘉興公顧胤、南康公謝明慧、黄門郎謝沖、張琨、中書郎孔道等皆爲恩黨所殺。邈、沖，皆安之弟子也。時三吳承平日久，民不習戰，故郡縣兵皆望風奔潰。

恩據會稽，自稱征東將軍，逼人士爲官屬，號其黨曰「長生人」，民有不與之同者，戮及嬰孩，死者什七、八。醢諸縣令以食其妻子，食，祥吏翻。不肯食者，輒支解之。支解者，隨其支節解剝，若解牛然。所過掠財物，燒邑屋，焚倉廩，刊木，堙井，孔安國曰：刊，槎其木也。堙，塞也。相帥聚於會稽，帥，讀曰率；下同。婦人有嬰兒不能去者，投於水中，曰：「賀汝先登仙堂，我當尋後就汝。」恩表會稽王道子及世子元顯之罪，請誅之。

自帝卽位以來，內外乖異，石頭以南皆爲荆、江所據，以西皆豫州所專，江水自荆、江二州界入揚州界，皆東北流；歷陽在江西，建康在江東。孫權築石頭城，蓋據江津之要衝也。京口及江北皆劉牢之及廣陵相高雅之所制，朝政所行，惟三吳而已。朝，直遥翻。及孫恩作亂，八郡皆爲恩有，八郡：會稽、臨海、永嘉、東陽、新安、吳、吳興、義興也。畿内諸縣，盜賊處處蠭起，恩黨亦有潛伏在建康者，人情危懼，常慮竊發，於是内外戒嚴。加道子黄鉞，元顯領中軍將軍，命徐州刺史謝琰兼督吳興、義興軍事以討恩；劉牢之亦發兵討恩，拜表輒行。牢之鎮京口。

35西秦以金城太守辛靜爲右丞相。

36十二月，甲午，燕燕郡太守高湖帥戶三千降魏。湖，泰之子也。爲後高歡篡魏張本。降，戶江翻。

37丙午，燕主盛封弟淵爲章武公，虔爲博陵公，子定爲遼西公。

38丁未，燕太后段氏卒，謚曰惠德皇后。

39謝琰擊斬許允之，迎魏隱還郡，進擊丘尪，破之，與劉牢之轉鬭而前，所向輒克。琰留屯烏程，烏程縣，前漢屬會稽郡，後漢屬吳郡，魏、晉以來屬吳興郡。遣司馬高素助牢之，進臨浙江。浙，之列翻。詔以牢之都督吳郡諸軍事。

初，彭城劉裕，生而母死，父翹僑居京口，家貧，將棄之。同郡劉懷敬之母，裕之從母也，生懷敬未期，走往救之，斷懷敬乳而乳之。從，才用翻。斷，丁管翻。上乳，如字；下乳，人喻翻。

及長，勇健有大志。僅識文字，以賣履爲業，好樗蒲，爲鄉閭所賤。長，知兩翻。好，呼到翻。劉牢之擊孫恩，引裕參軍事，晉、宋之制，參軍不署曹者無定員。使將數十人覘賊。遇賊數千人，即迎擊之，從者皆死，覘，丑廉翻。從，才用翻。裕墜岸下。賊臨岸欲下，裕奮長刀仰斫殺數人，乃得登岸，仍大呼逐之，呼，火故翻。賊皆走，裕所殺傷甚衆。劉敬宣怪裕久不返，引兵尋之，見裕獨驅數千人，咸共歎息。因進擊賊，大破之，斬獲千餘人。劉裕事始此。

初，恩聞八郡響應，謂其屬曰：「天下無復事矣，復，扶又翻；下同。當與諸君朝服至建康。」言欲踐位也。朝，直遙翻。既而聞牢之臨江，曰：「我割浙江以東，不失作句踐！」欲如越王句踐保有會稽也。句，音鉤。戊申，牢之引兵濟江，恩聞之曰：「孤不羞走。」江表傳：周瑜之破魏軍也，曹公曰：「孤不羞走。」故恩引以爲言。遂驅男女二十餘萬口東走，多棄寶物、子女於道，官軍競取之，恩由是得脫，復逃入海島。復，扶又翻；下同。高素破恩黨於山陰，山陰縣屬會稽郡，郡城以北皆縣界。斬恩所署吳郡太守陸瓌、瓌，工回翻。吳興太守丘尫、餘姚令吳興沈穆夫。餘姚縣屬會稽郡，在郡城東二百餘里。

東土遭亂，企望官軍之至，企，去智翻。既而牢之等縱軍士暴掠，士民失望，郡縣城中無復人跡，月餘乃稍有還者。朝廷憂恩復至，以謝琰爲會稽太守、都督五郡軍事，帥徐州文武戍海浦。五郡，會稽、臨海、東陽、永嘉、新安也。今自龕山而東至蘭風、石堰、鳴鶴、松浦、蟹浦、定海，皆海浦也。

帥，讀曰率。以元顯錄尚書事。時人謂道子爲東錄，元顯爲西錄；西府車騎填湊，東第門可張羅矣。元顯無良師友，所親信者率皆佞諛之人，或以爲一時英傑，或以爲風流名士。由是元顯日益驕侈，諷禮官立議，以己德隆望重，既錄百揆，百揆皆應盡敬。舜納于百揆。禹宅百揆。周官曰：唐、虞稽古，建官維百，内有百揆四岳，外有州牧侯伯。皆以百揆爲官名。孔安國曰：揆，度也；舜舉八凱，使揆度百事，是言以百揆名官之義也。晉人多以百揆爲百官。於是公卿以下，見元顯皆拜。時軍旅數起，國用虚竭，自司徒以下，日廩七升，而元顯聚斂不已，富踰帝室。爲元顯亡國敗家張本。數，所角翻。斂，力贍翻。

40 殷仲堪恐桓玄跋扈，乃與楊佺期結昏爲援。佺期屢欲攻玄，仲堪每抑止之。玄恐終爲殷、楊所滅，乃告執政，求廣其所統；執政亦欲交構，使之乖離，乃加玄都督荊州四郡軍事，執政，謂元顯。荆州四郡，謂長沙、衡陽、湘東、零陵也。又以玄兄偉代佺期兄廣爲南蠻校尉。佺期忿懼。楊廣欲拒桓偉，仲堪不聽，出廣爲宜都、建平二郡太守。楊孜敬先爲江夏相，夏，戶雅翻。相，息亮翻。玄以兵襲而劫之，以爲諮議參軍。

佺期勒兵建牙，聲云援洛，欲與仲堪共襲玄。仲堪雖外結佺期而内疑其心，苦止之；猶慮弗能禁，遣從弟遹屯于北境，遹，以律翻。雍州治襄陽，在江陵之北。以遏佺期。佺期既不能獨舉，又不測仲堪本意，乃解兵。

仲堪多疑少決，少，詩沼翻。諮議參軍羅企生謂其弟遵生曰：「殷侯仁而無斷，必及於難。企，去智翻。斷，丁亂翻。難，乃旦翻。吾蒙知遇，義不可去，必將死之。」

是歲，荆州大水，平地三丈，仲堪竭倉廩以賑飢民。賑，之忍翻。桓玄欲乘其虛而伐之，乃發兵西上，上，時掌翻。亦聲言救洛，與仲堪書曰：「佺期受國恩而棄山陵，宜共罪之。晉復洛陽以屬雍州統內，故玄以棄山陵罪佺期。今當入沔討除佺期，沔，彌兗翻。已頓兵江口。若見與無貳，與，許也，從也，黨也。心持兩端爲貳。可收楊廣殺之；如其不爾，便當帥兵入江。」入江，則欲攻江陵。帥，讀曰率；下同。時巴陵有積穀，玄先遣兵襲取之。梁州刺史郭銓當之官，路經夏口，夏，戶雅翻。玄詐稱朝廷遣銓爲己前鋒，乃授以江夏之衆，使督諸軍並進，密報兄偉令爲內應。偉遑遽不知所爲，遑，急也。遽，亦急也。自齎疏示仲堪。仲堪執偉爲質，質，音致。令與玄書，辭甚苦至。玄曰：「仲堪爲人無決，常懷成敗之計，爲兒子作慮，爲，于僞翻。我兄必無憂也！」

仲堪遣殷遹帥水軍七千至西江口，水經：江水東至長沙下雋縣北，湘水從南來注之。江水又東左得二夏浦。註云：夏浦，俗謂之西江口。玄使郭銓、苻宏擊之，孝武太元十年，苻宏來奔，處之江州，玄因以爲將。遹等敗走。玄頓巴陵，食其穀；仲堪遣楊廣及弟子道護等拒之，皆爲玄所敗。敗，補邁翻。江陵震駭。

城中乏食，以胡麻廩軍士。胡麻，今謂之芝麻，粒小於粟，而黑，可以爲油。九炊九曝，以爲飯，食之，使人不飢。「廩」，當作「稟」，給也。玄乘勝至零口，零口，即靈溪入江之口。去江陵二十里，仲堪急召楊佺期以自救。佺期曰：「江陵無食，何以待敵！可來見就，共守襄陽。」仲堪志在全軍保境，不欲棄州逆走，乃紿之曰：紿，待亥翻。「比來收集，已有儲矣。」比，毗至翻；近也。佺期信之，帥步騎八千，精甲耀日，至江陵，仲堪唯以飯餉其軍。佺期大怒曰：「今茲敗矣！」不見仲堪，與其兄廣共擊玄；玄畏其銳，退軍馬頭。江陵縣南有江津戍，戍南對馬頭岸。明日，佺期引兵急擊郭銓，幾獲之；幾，居依翻。會玄兵至，佺期大敗，單騎奔襄陽。仲堪出奔酇城。酇縣，即蕭何所封之邑；漢屬南陽郡，晉分屬順陽郡。酇，音贊。玄遣將軍馮該追佺期及廣，皆獲而殺之，傳首建康。佺期弟思平，從弟尚保、孜敬逃入蠻中。從，才用翻。仲堪聞佺期死，將數百人將奔長安，至冠軍城，冠軍縣，即霍去病所封之邑，屬南陽郡，其地在唐鄧州臨湍縣南界。冠，古玩翻。該追獲之，還至柞溪，水經註：柞溪水出江陵縣北，蓋諸池散流，咸所會合，積以成川；東流逕驛路水，上有大橋，仲堪縊處也；又東注船官湖。柞，子各翻，又在各翻。逼令自殺，并殺殷道護。仲堪奉天師道，禱請鬼神，不吝財賄，而嗇於周急；好爲小惠以悅人，好，呼到翻。病者自爲診脈分藥；診，止忍翻。按脈以候病爲診。爲，于僞翻。用計倚伏煩密，而短於鑒略，故至於敗。

仲堪之走也，文武無送者，惟羅企生從之。路經家門，弟遵生曰：「作如此分離，何可不一執手！」企生旋馬授手，遵生有力，因牽下之，曰：「家有老母，去將何之？」企生揮淚曰：「今日之事，我必死之；汝等奉養，企，去智翻。養，羊尚翻；下同。不失子道。一門之中，有忠與孝，亦復何恨！」復，扶又翻。遵生抱之愈急，仲堪於路待之，見企生無脫理，策馬而去。及玄至，荊州人士無不詣玄者，企生獨不往，而營理仲堪家事。或曰：「如此，禍必至矣！」企生曰：「殷侯遇我以國士，爲弟所制，不得隨之共殄醜逆，復何面目就桓求生乎！」復，扶又翻；下同。玄聞之怒，然待企生素厚，先遣人謂曰：「若謝我，當釋汝。」企生曰：「吾爲殷荊州吏，荊州敗，不能救，尚何謝爲！」玄乃收之，復遣人問企生欲何言。企生曰：「文帝殺嵇康，嵇紹爲晉忠臣，殺嵇康事見七十八卷魏元帝景元三年。嵇紹死事見八十五卷惠帝永興元年。從公乞一弟以養老母！」玄乃殺企生而赦其弟。

41 涼王光疾甚，立太子紹爲天王，自號太上皇帝；以太原公纂爲太尉，常山公弘爲司徒。謂紹曰：「今國家多難，三鄰伺隙，三鄰，謂禿髮、乞伏、段業也。難，乃旦翻。吾沒之後，使纂統六軍，弘管朝政，朝，直遙翻。汝恭己無爲，委重二兄，庶幾可濟；幾，居依翻。若內相猜忌，則蕭牆之變，旦夕至矣！」又謂纂、弘曰：「永業才非撥亂，呂紹字永業。直以立嫡有常，猥居元首。君爲元首。今外有強寇，人心未寧，汝兄弟緝睦，則祚流萬世；「緝」，當作「輯」。若內自相圖，則禍不旋踵矣！」纂、弘泣曰：「不敢。」又執纂手戒之曰：「汝性粗暴，深爲吾憂。善輔永業，勿聽讒言！」是日，光卒。年六十三。紹祕不發喪，纂排閤入哭，盡哀而出。紹懼，以位讓之，曰：「兄功高年長，長，知兩翻。宜承大統。」纂曰：「陛下國之冢嫡，臣敢奸之！」奸，音干。紹固讓，纂不許。

驃騎將軍呂超謂紹曰：「纂爲將積年，驃，匹妙翻。騎，奇寄翻。將，卽亮翻。威震內外，臨喪不哀，步高視遠，必有異志，宜早除之。」紹曰：「先帝言猶在耳，柰何棄之！吾以弱年負荷大任，荷，下可翻。方賴二兄以寧家國，縱其圖我，我視死如歸，終不忍有此意也。卿勿復言！」復，扶又翻；下同。纂見紹於湛露堂，超執刀侍側，目纂請收之，紹弗許。爲超終殺纂張本。超，光弟寶之子也。

弘密遣尚書姜紀謂纂曰：「主上闇弱，未堪多難；難，乃旦翻。兄威恩素著，宜爲社稷計，不可徇小節也。」纂於是夜帥壯士數百踰北城，攻廣夏門，弘帥東苑之衆斧洪範門。王隱晉書曰：涼州城東西三里，南北七里，本匈奴所築。及張氏之世，又增築四城，箱各千步；東城命曰講武場，北城名曰玄武圃，皆殖園果，有宮殿。廣夏門、洪範門，皆中城門也。帥，讀曰率。夏，戶雅翻。左衞將軍齊從守融明觀，觀，古玩翻。逆問之曰：「誰也？」衆曰：「太原公。」從曰：「國有大故，主上新立，太原公行不由道，夜入禁城，將爲亂邪？」因抽劍直前，斫纂中額，中，竹仲翻。纂左右禽之。纂曰：「義士也，勿殺！」紹遣虎賁中郎將呂開帥禁兵拒戰於端門，呂超帥卒二千赴之，衆素憚纂，皆不戰而潰。纂入自青角門，升謙光殿。青角門，蓋涼州中城之東門也。謙光殿，張駿所起；自以專制河右而世執臣節，雖謙而光，故以名殿。紹登紫閣自殺。呂超奔廣武。

纂憚弘兵強，以位讓弘。弘曰：「弘以紹弟也而承大統，衆心不順，是以違先帝遺命而廢之，慙負黃泉！杜預曰：地中之泉，故曰黃泉。今復踰兄而立，豈弘之本志乎！」纂乃使弘出告衆曰：「先帝臨終受詔如此。」羣臣皆曰：「苟社稷有主，誰敢違者！」纂遂卽天王位。纂字永緒，光之庶長子也。大赦，改元咸寧，諡光曰懿武皇帝，廟號太祖；諡紹曰隱王。以弘爲大都督、督中外諸軍事、大司馬、車騎大將軍、司隸校尉、錄尚書事，改封番禾郡公。番，音盤。

纂謂齊從曰：「卿前斫我，一何甚也！」從泣曰：「隱王，先帝所立；陛下雖應天順人，而微心未達，唯恐陛下不死，何謂甚也！」纂賞其忠，善遇之。

纂叔父征東將軍方鎭廣武，纂遣使謂方曰：使，疏吏翻。「超實忠臣，義勇可嘉；但不識國家大體，權變之宜。方賴其用，以濟世難，難，乃旦翻。可以此意諭之。」超上疏陳謝，纂復其爵位。爲超殺纂張本。

42 是歲，燕主盛以河間公熙爲都督中外諸軍事、尚書左僕射，領中領軍。

43 劉衞辰子文陳降魏；降，戶江翻。魏主珪妻以宗女，妻，七細翻。拜上將軍，賜姓宿氏。魏內入諸姓有宿六斤氏，改爲宿氏；蓋使文陳與之合族屬。

四年（庚子、四〇〇）

1春，正月，壬子朔，燕主盛大赦，自貶號爲庶人天王。

2魏材官將軍和跋【嚴：「跋」改「突」。】漢置材官將軍，領郡國材官士以出征，師還則省。晉、魏以後，置材官將軍，主工匠、土木之事，則漢右校令之任也。襲盧溥於遼西，戊午，克之，溥附燕，見上年。禽溥及其子煥送平城，車裂之。燕主盛遣廣威將軍孟廣平救溥不及，斬魏遼西守宰而還。

3乙亥，大赦。

4西秦王乾歸遷都苑川。乞伏氏本居苑川，乾歸遷于金城，今復都苑川。

5禿髮利鹿孤大赦，改元建和。

6高句麗王安事燕禮慢；句，如字，又音駒。麗，力知翻。二月，丙申，燕王盛自將兵三萬襲之，將，卽亮翻。以驃騎大將軍熙爲前鋒，拔新城、南蘇二城，開境七百餘里，徙五千餘戶而還。還，從宣翻，又如字。熙勇冠諸將，盛曰：「叔父雄果，有世祖之風，慕容垂廟號世祖。冠，古玩翻；下同。但弘略不如耳！」

7初，魏主珪納劉頭眷之女，寵冠後庭，生子嗣。及克中山，克中山見一百九卷隆安元年。獲燕主寶之幼女。將立皇后，用其國故事，鑄金人以卜之，劉氏所鑄不成，慕容氏成，三月，戊午，立慕容氏爲皇后。北史曰：魏故事，將立皇后，必令手鑄金人，以成者爲吉，不則不得立也。

8 桓玄既克荊、雍，雍，於用翻。表求領荊、江二州。詔以玄爲都督荊·司·雍·秦·梁·益·寧七州諸軍事、荊州刺史，以中護軍桓脩爲江州刺史。玄上疏固求江州；於是進玄督八州及揚·豫八郡諸軍事，復領江州刺史。復，扶又翻。玄輒以兄偉爲雍州刺史，朝廷不能違。又以從子振爲淮南太守。玄既督八州及揚、豫八郡，則西極岷、嶓，東盡歷陽、蕪湖，皆其統內矣。漢、晉淮南郡本治壽春，成帝時，祖約、蘇峻爲亂，胡寇又屢至，民南渡江者轉多，乃於江南僑立淮南郡，後又割丹楊之于湖爲淮南境。玄遣振守之，是逼建康之漸也。從，才用翻。

9 涼王纂以大司馬弘功高地逼，忌之；弘亦自疑，遂以東苑之兵作亂，攻纂。纂遣其將焦辨擊之，將，卽亮翻。弘衆潰，出走。纂縱兵大掠，悉以東苑婦女賞軍，弘之妻子亦在中。纂笑謂羣臣曰：「今日之戰何如？」侍中房晷對曰：「天禍涼室，憂患仍臻。先帝始崩，隱王廢黜；山陵甫訖，大司馬稱兵；京師流血，昆弟接刃。雖弘自取夷滅，亦由陛下無常棣之恩，左傳：富辰曰：「召穆公思周德之不類，糾合宗族於成周，而作詩曰：『常棣之華，鄂不韡韡。凡今之人，莫如兄弟。』其四章曰：『兄弟鬩于牆，外禦其侮。』如是，則兄弟雖有小忿，不廢懿親。」當省己責躬以謝百姓。省，悉景翻。乃更縱兵大掠，因辱士女，釁自弘起，百姓何罪！且弘妻，陛下之弟婦，弘女，陛下之姪也，柰何使無賴小人辱爲婢妾，天地神明，豈忍見此！」遂歔欷流涕。歔，音虛。欷，許既翻，又音希。纂改容謝之；召弘妻子寘於東宮，厚撫之。

弘將奔禿髮利鹿孤，道過廣武，詣呂方，方見之，大哭曰：「天下甚寬，汝何爲至此！」乃執弘送獄，纂遣力士康龍就拉殺之。拉，盧合翻。

纂立妃楊氏爲后，以后父桓爲尚書左僕射、涼都尹。涼都姑臧，改武威太守爲涼都尹。

10 辛卯，燕襄平令段登等謀反，誅。

11 涼王纂將伐武威王利鹿孤，中書令楊穎諫曰：「利鹿孤上下用命，國未有釁，不可伐也。」不從。利鹿孤使其弟傉檀拒之，傉，奴沃翻。夏，四月，傉檀敗涼兵於三堆，三堆，在浩亹河南。敗，補邁翻。斬首二千餘級。

12 初，隴西李暠好文學，有令名。暠，古老翻。好，呼到翻。嘗與郭黁及同母弟敦煌宋繇同宿，黁，奴昆翻。敦，徒門翻。黁起謂繇曰：「君當位極人臣，李君終當有國家，有騍馬生白額駒，騍馬，牝馬也。騍，音課。晉書作「騧」。此其時也。」及孟敏爲沙州刺史，以暠爲效穀令；效穀縣，自漢以來，屬敦煌郡。師古曰：本魚澤障也。桑欽說：孝武元封六年，濟南崔不意爲魚澤尉，教力田，以勤效得穀，因立爲縣名。後周併入敦煌縣。宋繇事北涼王業，爲中散常侍。以中散大夫常侍左右也。散，悉亶翻。孟敏卒，敦煌護軍馮翊郭謙、沙州治中敦煌索仙等索，昔各翻。以暠溫毅有惠政，推爲敦煌太守。敦，徒門翻。暠初難之。會宋繇自張掖告歸，謂暠曰：「段王無遠略，終必無成。兄忘郭黁之言邪？白額駒今已生矣。」暠乃從之，遣使請命於業；使，疏吏翻。業因以暠爲敦煌太守。

右衛將軍敦煌索嗣言於業曰：「李暠不可使處敦煌。」索，昔各翻。處，昌呂翻。業遂以嗣代暠爲敦煌太守，使帥五百騎之官。帥，讀曰率。嗣未至二十里，移暠迎己；未至敦煌纔二十里，移書於暠使迎己也。暠驚疑，將出迎之。效穀令張邈及宋繇止之曰：「段王闇弱，正是英豪有爲之日；將軍據一國成資，奈何拱手授人！嗣自恃本郡，謂人情附己，不意將軍猝能拒之，可一戰擒也。」暠從之。先遣繇見嗣，啗以甘言。啗，徒敢翻，又徒陷翻。繇還，謂暠曰：「嗣志驕兵弱，易取也。」易，以豉翻。暠乃遣邈、繇與其二子歆、讓逆擊嗣，嗣敗走，還張掖。暠素與嗣善，尤恨之，表業請誅嗣。沮渠男成亦惡嗣，勸業除之；業乃殺嗣，段業既失張掖，又殺索嗣以自翦其羽翼，所以終死於沮渠蒙遜之手。惡，烏路翻。遣使謝暠，進暠都督涼興以西諸軍事、鎮西將軍。段業分敦煌之涼興、烏澤，晉昌之宜禾爲涼興郡。至宇文氏，併晉之廣至、宜安、淵泉，合爲涼興縣；隋、唐瓜州之常樂縣即其地也。

13 吐谷渾視羆卒，世子樹洛干方九歲，弟烏紇堤立，妻樹洛干之母念氏，生慕璝、慕延。璝，古回翻。烏紇堤懦弱荒淫，不能治國；治，直之翻。念氏專制國事，有膽智，國人畏服之。

14 燕前將軍段璣，太后段氏之兄子也，爲段登辭所連及，五月，壬子，逃奔遼西。爲後段璣等弑盛張本。盛懲蘭汗，嚴刑以繩下，亦終於身死人手。人而不仁，疾之已甚，亂也。

15 丙寅，衞將軍東亭獻侯王珣卒。

16 己巳，魏主珪東如涿鹿，西如馬邑，觀㶟源。㶟，力水翻。

17 戊寅，燕段璣復還歸罪；復，扶又翻。燕王盛赦之，賜號曰思悔侯，使尚公主，入直殿內。

18 謝琰以資望鎮會稽，資，謂門地成資；望，謂時望。會，工外翻。不能綏懷，又不爲武備。諸將咸諫曰：「賊近在海浦，伺人形便，宜開其自新之路。」琰不從，曰：「苻堅之衆百萬，尚送死淮南；琰與謝玄同破苻堅，遂輕孫恩。孫恩小賊，敗死入海，何能復出！復，扶又翻；下同。若其果出，是天欲殺之也。」既而恩寇浹口，浹口，今在明州定海縣虎蹲山外。浹，即叶翻。杜佑曰：浹口在明州鄮縣東北七十里。入餘姚，破上虞，進及邢浦，晉書曰：邢浦去山陰北三十五里。琰遣參軍劉宣之擊破之，恩退走。少日，復寇邢浦，少，詩紹翻。復，扶又翻；下同。官軍失利，恩乘勝徑進。己卯，至會稽。琰尚未食，曰：「要當先滅此賊而後食。」因跨馬出戰，兵敗，爲帳下都督張猛所殺。吳興太守庾桓恐郡民復應恩，殺男女數千人，恩轉寇臨海。朝廷大震，遣冠軍將軍桓不才、冠，古玩翻。輔國將軍孫無終、寧朔將軍高雅之拒之。

19 秦征西大將軍隴西公碩德將兵五千【嚴：「千」改「萬」。】伐西秦，五千，恐少，當考。入自南安峽。南安峽，在唐秦州隴城縣界。德將，即亮翻。西秦王乾歸帥諸將拒之，帥，讀曰率。軍于隴西。

20 楊軌、田玄明謀殺武威王利鹿孤，利鹿孤殺之。隆安二年，楊軌降利鹿孤。

21 六月，庚辰朔，日有食之。

22以琅邪王師何澄爲尚書左僕射。晉諸王置師、友、文學各一人；初避景帝諱，改「師」爲「傅」；後以祧廟不諱，復爲「師」。澄，準之子也。何準見一百卷穆帝升平元年。

23甲子，燕大赦。

24涼王纂將襲北涼，姜紀諫曰：「盛夏農事方殷，且宜息兵。今遠出嶺西，自姑臧西北出張掖，其間有大嶺，度嶺而西，西郡當其要。禿髮氏乘虛襲京師，將若之何！」不從。進圍張掖，西掠建康。禿髮傉檀聞之，將萬騎襲姑臧，纂弟隴西公緯憑北城以自固。傉檀置酒朱明門上，鳴鐘鼓，饗將士，曜兵於青陽門，朱明門，姑臧城南門也；青陽門，東門也。傉，奴沃翻。掠八千餘戶而去。纂聞之，引兵還。

25秋，七月，壬子，太皇太后李氏崩。

26丁卯，大赦。

27西秦王乾歸使武衞將軍慕兀等屯守，秦軍樵采路絕，秦王興潛引兵救之。乾歸聞之，使慕兀帥中軍二萬屯柏楊，水經註：伯陽水出伯陽谷，在董亭東；又東有伯陽城，城南謂之伯陽川。蓋李耳西入往逕所由，故川原畎谷，往往播其名，後又訛爲柏楊。五代志：天水郡秦嶺縣，後魏置伯陽縣，隋開皇中更名秦嶺，唐併秦嶺入清水縣。帥，讀曰率；下同。鎮軍將軍羅敦帥外軍四萬屯侯辰谷，乾歸自將輕騎數千前候秦兵。將，卽亮翻。騎，奇寄翻；下同。會大風昏霧，與中軍相失，爲追騎所逼，入於外軍。

旦，與秦戰，大敗，走歸苑川，其部衆三萬六千皆降於秦。興進軍枹罕。降，戶江翻。枹，音膚。乾歸奔金城，謂諸豪帥曰：帥，所類翻。「吾不才，叨竊名號，已踰一紀，孝武太元十三年，乾歸嗣國，至是十三年。今敗散如此，無以待敵，欲西保允吾。允吾縣，漢屬金城郡，晉志省。劉昫曰：唐鄯州龍支縣，漢允吾縣。允吾，音鉛牙。若舉國而去，必不得免；卿等留此，各以其衆降秦，以全宗族，勿吾隨也。」皆曰：「死生願從陛下。」乾歸曰：「吾今將寄食於人，若天未亡我，庶幾異日克復舊業，幾，居希翻。復與卿等相見，今相隨而死，無益也。」乃大哭而別。乾歸獨引數百騎奔允吾，乞降於武威王利鹿孤，利鹿孤遣廣武公傉檀迎之，寘於晉興，張軌分西平界，置晉興郡。闞駰曰：允吾縣西四十里，有小晉興城。傉，奴沃翻。待以上賓之禮。鎭北將軍禿髮俱延言於利鹿孤曰：「乾歸本吾之屬國，因亂自尊，今勢窮歸命，非其誠款，若逃歸姚氏，必爲國患，不如徙置乙弗之間，乙弗，亦鮮卑種，居西海。北史曰：吐谷渾北有乙弗勿敵國，國有曲海，海周回千餘里，種有萬落，風俗與吐谷渾同。北史又曰：乙弗世爲吐谷渾渠帥，居靑海，號靑海王。使不得去。」利鹿孤曰：「彼窮來歸我，而逆疑其心，何以勸來者！」俱延，利鹿孤之弟也。

秦兵旣退，南羌梁戈等密招乾歸，乾歸將應之。其臣屋引阿洛以告晉興太守陰暢，暢馳白利鹿孤，利鹿孤遣其弟吐雷帥騎三千屯捫天嶺。捫天嶺，在允吾東南。乾歸懼爲利鹿孤所殺，謂其太子熾磐曰：熾，昌志翻。「吾父子居此，必不爲利鹿孤所容。今姚氏方強，吾將歸之，若盡室俱行，必爲追騎所及，吾以汝兄弟及汝母爲質，質，音致。彼必不疑，吾在長安，彼終不敢害汝也。」乃送熾磐等於西平。八月，乾歸南奔枹罕，遂降於秦。

28 丁亥，尚書右僕射王雅卒。

29 九月，癸丑，地震。

30 涼呂方降於秦，廣武民三千餘戶奔武威王利鹿孤。呂方鎮廣武，既降於秦，其民無主，故奔禿髮氏。

31 冬，十一月，高雅之與孫恩戰於餘姚，雅之敗，走山陰，死者什七、八。詔以劉牢之都督會稽等五郡，帥衆擊恩，會，工外翻。帥，讀曰率。恩走入海。牢之東屯上虞，使劉裕戍句章。句章縣，自漢以來屬會稽郡，今鄞縣以東定海、昌國，皆其地也。吳國內史袁崧【嚴：「崧」改「山松」。】築滬瀆壘以備恩。崧，喬之孫也。「袁崧」，當作「袁山松」。滬瀆，今在平江府吳縣東。陸龜蒙敍矢魚之具云：列竹於海澨曰滬。是瀆以此得名。吳都記：松江東瀉海，名曰扈瀆。輿地志曰：扈，業者濱海捕魚之名。插竹列於海中，以繩編之，向岸張兩翼，潮上卽沒，潮落卽出，魚隨海潮，礙竹不得去，名曰扈瀆。范成大吳郡志曰：列竹於海澨曰滬，吳之滬瀆是也。自滬瀆泝松江至吳郡將門，將門今訛爲匠門。袁喬，見九十七卷穆帝永和二年、三年。

32 會稽世子元顯求領徐州，詔以元顯爲開府儀同三司、都督揚·豫·徐·兗·青·幽·冀·并·荆·江·司·雍·梁·益·交·廣十六州諸軍事、領徐州刺史，雍，於用翻。封其子彥璋【嚴：「璋」改「瑋」。】爲東海王。

33 乞伏乾歸至長安，秦王興以爲都督河南諸軍事、河州刺史、歸義侯。此河南謂金城河之南。久之，乞伏熾磐欲逃詣乾歸，武威王利鹿孤追獲之。利鹿孤將殺熾磐，廣武公傉檀曰：「子而歸父，無足深責，宜宥之以示大度。」利鹿孤從之。禿髮傉檀勸其兄宥熾磐，而卒死於熾磐之手，豈非養虎自遺患乎！

34 秦王興遣晉將劉嵩等二百餘人來歸。劉嵩等蓋因洛陽陷而沒於秦。將，卽亮翻。

35 北涼晉昌太守唐瑤叛，移檄六郡，六郡，蓋敦煌、酒泉、晉昌、涼興、建康、祁連也。推李暠爲冠軍大將軍、沙州刺史、涼公、領敦煌太守。暠，古老翻。冠，古玩翻。暠赦其境內，改元庚子。北涼之地至此又分爲西涼。以瑤爲征東將軍，郭謙爲軍諮祭酒，索仙爲左長史，索，昔各翻。張邈爲右長史，尹建興爲左司馬，張體順爲右司馬。遣從事中郎宋繇東伐涼興，幷擊玉門已西諸城，皆下之。

酒泉太守王德亦叛北涼，自稱河州刺史。北涼王業使沮渠蒙遜討之。德焚城，將部曲奔唐瑤，蒙遜追至沙頭，大破之，沙頭縣本屬酒泉郡，惠帝分屬晉昌郡。沮，子余翻。將，卽亮翻。虜其妻子、部落而還。還，從宣翻，又如字。

36 十二月，戊寅，有星孛于天津。天文志：天津九星橫河中，一曰天漢，一曰天江；主四瀆津梁，所以度神通四方也。孛，蒲內翻。會稽世子元顯以星變解錄尚書事，會，工外翻。復加尚書令。復，扶又翻。吏部尚書車胤以元顯驕恣，車，尺遮翻。白會稽王道子，請禁抑之。元顯聞而未察，以問道子曰：「車武子屏人言及何事？」車胤，字武子。屏，必郢翻。道子弗答。固問之，道子怒曰：「爾欲幽我，不令我與朝士語邪！」朝，直遙翻。元顯出，謂其徒曰：「車胤間我父子。」密遣人責之。胤懼，自殺。間，古莧翻。

37 壬辰，燕主盛立燕臺，統諸部雜夷。二趙以來，皆立單于臺以統雜夷，盛仍此立之。

38 魏太史屢奏天文乖亂。魏主珪自覽占書，多云改王易政；乃下詔風勵羣下，以帝王繼統，皆有天命，不可妄干；風，讀曰諷。又數變易官名，欲以厭塞災異。數，所角翻。厭，於葉翻。塞，悉則翻。

儀曹郎董謐獻服餌僊經，珪置仙人博士，立仙坊，煮鍊百藥，封西山以供薪蒸。西山，平城西山也。毛晃曰：粗曰薪，細曰蒸。藥成，令死罪者試服之，多死，不驗，而珪猶信之，訪求不已。

珪常以燕主垂諸子分據勢要，使權柄下移，遂至敗亡，深非之。博士公孫表希旨，上韓非書，上，時掌翻。勸珪以法制御下。左將軍李粟性簡慢，「粟」，或作「栗」。常對珪舒放不肅，咳唾任情；咳，口慨翻。珪積其宿過，遂誅之，羣下震栗。史言魏主珪悖暴于治。

39 丁酉，燕王盛尊獻莊后丁氏爲皇太后；立遼西公定爲皇太子；大赦。

40是歲，南燕王德卽皇帝位于廣固，德，字玄明，皝之少子也。大赦，改元建平。更名備德，更，工衡翻。欲使吏民易避。易，以豉翻。追謚燕主暐曰幽皇帝。以北地王鍾爲司徒，慕輿拔爲司空，封孚爲左僕射，慕輿護爲右僕射。立妃段氏爲皇后。

王崇武標點　容肇祖　聶崇岐覆校

資治通鑑卷第一百一十二

端明殿學士兼翰林侍讀學士大中大夫提舉西京嵩山崇福宮上柱國河内郡開國公食邑二千二百戶食實封九百戶賜紫金魚袋臣　司馬光　奉敕編集
後　學　天　台　胡三省　音　註

晉紀三十四

起重光赤奮若（辛丑），盡玄黓攝提格（壬寅），凡二年。

安皇帝丁

隆安五年（辛丑、四〇一）

1春，正月，武威王利鹿孤欲稱帝，羣臣皆勸之。安國將軍鍮勿崙曰：安國將軍，漢獻帝以授張楊。鍮，託侯翻。崙，盧昆翻。「吾國自上世以來，被髮左衽，被，皮義翻。無冠帶之飾，逐水草遷徙，無城郭室廬，故能雄視沙漠，抗衡中夏。夏，戶雅翻。今舉大號，誠順民心。然建都立邑，難以避患，儲蓄倉庫，啓敵人心；不如處晉民於城郭，勸課農桑以供資儲，帥國人以習戰射，鄰國弱則乘之，強則避之，此久長之良策也。自漢以來，善爲夷狄謀者，莫過此策矣。處，昌呂翻。帥，讀曰率。且虛名無實，徒足爲世之質的，將安用之！」質受斧，的受矢。按詩發彼有的，毛傳云：的，質也。正義曰：毛氏於射侯之事，正鵠不明；惟猗嗟傳云：二尺曰正，亦不言正之所施。周禮鄭衆、馬融註，皆云十尺曰侯，四尺曰鵠，二尺曰正，四寸曰質；則以爲侯皆一丈，鵠及正、質於一侯之中爲此等級，則以質爲四寸也。王肅引爾雅云：射，張皮謂之侯，侯中謂之鵠，鵠中謂之正，正方二尺；正中謂之槷，槷方六寸。槷則質也。舊云方四寸，今云方六寸，爾雅說明，宜從之。肅意惟改質爲六寸，餘同鄭、馬。賈逵周禮註云：四尺曰正，正五重，鵠居其內，而方二尺。以爲正正〔衍〕大於鵠，鵠在正內，雖內外不同，亦共在一侯。鄭於周禮上下檢之，以爲大射之侯，其中制皮爲鵠，賓射之侯，其中采畫爲正，正大如鵠，皆居侯中三分之一。其燕射則射獸侯，侯中畫爲獸形，即鄉射記所謂熊侯白質之類。射義云：孔子曰：循聲而發；發而不失正鵠者，其惟賢者乎！詩云：發彼有的，以祈爾爵。既言正鵠，卽引此的。則詩人之意以的爲正鵠之謂也。司裘註說皮侯之狀云：以虎、熊、豹、麋之皮飾其側，又方制之以爲質，謂之鵠。是鄭意以侯中所射之處爲質也。此毛傳唯言的質也。利鹿孤曰：「安國之言是也。」乃更稱河西王，更，工衡翻。王武威則一郡而已，王河西則欲兼漢四郡之地，此利鹿孤之志也。以廣武公傉檀爲都督中外諸軍事、涼州牧、錄尚書事。傉，奴沃翻。

[2] 二月，丙子，孫恩出浹口，浹，卽叶翻。攻句章，不能拔。劉牢之擊之，恩復走入海。復，扶又翻。

[3] 秦王興使乞伏乾歸還鎮苑川，盡以其故部衆配之。爲乞伏氏復強張本。

[4] 涼王纂嗜酒好獵，好，呼到翻。太常楊穎諫曰：「陛下應天受命，當以道守之。今疆宇日蹙，崎嶇二嶺之間，姑臧南有洪池嶺，西有丹嶺，一作「删丹嶺」。陛下不兢兢夕惕以恢弘先業，而沈

湎遊畋，沈，持林翻。不以國家爲事，臣竊危之。」纂遜辭謝之，然猶不悛。

番禾太守呂超擅擊鮮卑思盤，番禾縣，漢屬張掖郡，後漢、晉省。番，音盤。此郡蓋呂氏置。劉昫曰：「唐涼州天寶縣，漢番禾縣地。」悛，七緣翻。番，音盤。思盤遣其弟乞珍訴於纂，纂命超及思盤皆入朝。朝，直遙翻。超懼，至姑臧，深自結於殿中監杜尚。纂見超，責之曰：「卿恃兄弟桓桓，孔安國曰：桓桓，武貌。乃敢欺吾，今人謂相陵爲相欺。要當斬卿，天下乃定！」超頓首謝。纂本以恐愒超，愒，許葛翻。實無意殺之。因引超、思盤及羣臣同宴於內殿。超兄中領軍隆數勸纂酒，數，所角翻。纂醉，乘步輓車，步輓車不用牛馬若羊等，令人步而輓之。魏書禮志：步輓車，天子小駕，亦爲副乘。將超等游禁中。將，如字。至琨華堂東閤，車不得過，纂親將竇川、駱騰倚劍於壁，推車過閤。將，即亮翻。推，吐雷翻。超取劍擊纂，纂下車禽超，超刺纂洞胸；刺，七亦翻。川、騰與超格戰，超殺之。纂后楊氏命禁兵討超；杜尚止之，超之結尚也，蓋有密約。皆捨仗不戰。將軍魏益多入，取纂首，楊氏曰：「人已死，如土石，無所復知，何忍復殘其形骸乎！」復，扶又翻。益多罵之，遂取纂首以徇曰：「纂違先帝之命，殺太子而自立，事見上卷三年。荒淫暴虐。番禾太守超順人心而除之，以安宗廟，凡我士庶，同茲休慶！」

纂叔父巴西公佗、佗，徒河翻。弟隴西公緯皆在北城。緯，于貴翻。或說緯曰：「超爲逆亂，公以介弟之親，杜預曰：介，大也。說，輸芮翻；下同。仗大義而討之，姜紀、焦辨在南城，楊桓、田誠在東苑，皆吾黨也，何患不濟！」緯嚴兵欲與佗共擊超。佗妻梁氏止之曰：「緯、超俱兄弟之子，何爲舍超助緯，自爲禍首乎！」舍，讀曰捨。佗乃謂緯曰：「超舉事已成，據武庫，擁精兵，圖之甚難；且吾老矣，無能爲也。」超弟邈有寵於緯，說緯曰：「纂賊殺兄弟，謂殺紹又殺弘也。說，輸芮翻。隆、超順人心而討之，正欲尊立明公耳。方今明公先帝之長子，當主社稷，人無異望，夫復何疑！」長，知兩翻。復，扶又翻。緯信之，乃與隆、超結盟，單馬入城；超執而殺之。讓位於隆，隆有難色。超曰：「今如乘龍上天，豈可中下！」隆遂卽天王位，隆，字永基，光弟寶之子也。大赦，改元神鼎。超先於番禾得小鼎，以爲神瑞，故以紀元。尊母衞氏爲太后，妻楊氏爲后；以超爲都督中外諸軍事、輔國大將軍、錄尚書事，封安定公；謚纂曰靈帝。

纂后楊氏將出宮，超恐其挾珍寶，命索之。索，山客翻。楊氏曰：「爾兄弟不義，手刃相屠，我旦夕死人，安用寶爲！」超又問玉璽所在。璽，斯氏翻。楊氏曰：「已毁之矣。」后有美色，超將納之，謂其父右僕射桓曰：「后若自殺，禍及卿宗！」桓以告楊氏。楊氏曰：「大人賣女與氏以圖富貴，一之謂甚，其可再乎！」引左傳之言。遂自殺，謚曰穆后。桓奔河西王利鹿孤，利鹿孤以爲左司馬。

5 三月，孫恩北趣海鹽，海鹽縣本武原鄉，秦以爲海鹽縣，漢屬會稽郡，後漢、晉屬吳郡，今在秀州東南八十里。趣，七喻翻。劉裕隨而拒之，築城於海鹽故治。恩日來攻城，裕屢擊破之，斬其將姚盛。城中兵少不敵，將，即亮翻。少，詩沼翻。裕夜偃旗匿衆，明晨開門，使羸疾數人登城。羸，倫爲翻。賊遥問劉裕所在。曰：「夜已走矣。」賊信之，爭入城。裕奮擊，大破之。恩知城不可拔，乃進向滬瀆，裕復棄城追之。滬，音戶。復，扶又翻。

海鹽令鮑陋遣子嗣之帥吳兵一千，請爲前驅。帥，讀曰率。裕曰：「賊兵甚精，吳人不習戰，若前驅失利，必敗我軍，敗，補邁翻。可在後爲聲勢。」嗣之不從。裕乃多伏旗鼓。前驅既交，諸伏皆出，裕舉旗鳴鼓，賊以爲四面有軍，乃退。嗣之追之，戰沒。裕且戰且退，所領死傷且盡，至向戰處，令左右脫取死人衣以示閒暇。閒，讀曰閑。賊疑之，不敢逼。裕大呼更戰，呼，火故翻。賊懼而退，裕乃引歸。

6 河西王利鹿孤伐涼，與涼王隆戰，大破之，徙二千餘戶而歸。

7 夏，四月，辛卯，魏人罷鄴行臺，魏置鄴行臺，見一百一十卷隆安二年。以所統六郡置相州，以庾岳爲刺史。魏相州統魏郡、陽平、廣平、汲郡、頓丘、清河六郡。杜佑曰：後魏置相州於鄴，取河亶甲居相以名州。

8 乞伏乾歸至苑川，以邊芮爲長史，王松壽爲司馬，公卿、將帥皆降爲僚佐、偏裨。將，即亮翻。帥，所類翻。

9 北涼王業憚沮渠蒙遜勇略，欲遠之，沮，子余翻。遠，于願翻。蒙遜亦深自晦匿。業以門下侍郎馬權代蒙遜爲張掖太守；守，式又翻。權素豪儁，爲業所親重，常輕侮蒙遜。蒙遜譖之於業曰：「天下不足慮，惟當憂馬權耳。」業遂殺權。以余觀之，索嗣、馬權皆庸夫耳，恃倚世資而使氣，無能爲也。

蒙遜謂沮渠男成曰：「段公無鑒斷之才，鑒，明也；斷，決也。斷，丁亂翻。非撥亂之主，曏所憚者惟索嗣、馬權，今皆已死，索嗣死見上卷四年。蒙遜欲除之以奉兄，何如？」男成曰：「業本孤客，爲吾家所立，恃吾兄弟猶魚之有水。夫人親信我而圖之，不祥。」蒙遜乃求爲西安太守，業喜其出外，許之。

蒙遜與男成約同祭蘭門山，而陰使司馬許咸告業曰：「男成欲以取假日爲亂，假，居訝翻，休假也。若求祭蘭門山，臣言驗矣。」至期，果然。業收男成賜死。男成曰：「蒙遜先與臣謀反，臣以兄弟之故，隱而不言。今以臣在，恐部衆不從，故約臣祭山而反誣臣，其意欲王之殺臣也。乞詐言臣死，暴臣罪惡，蒙遜必反，臣然後奉王命而討之，無不克矣。」業不聽，殺之。蒙遜泣告衆曰：「男成忠於段王，而段王無故枉殺之，諸君能爲報仇乎？爲，于僞翻。且始者共立段王，欲以安衆耳；今州土紛亂，非段王所能濟也。」男成素得衆心，衆皆憤泣爭奮，比至氐池，氐池縣，漢屬張掖郡，晉省，其地屬唐甘州張掖縣界。比，必寐翻，及也。氐，丁尼翻，又音低。

衆逾一萬；鎮軍將軍臧莫孩率所部降之，孩，河開翻。降，戶江翻；下同。羌、胡多起兵應蒙遜者。蒙遜進逼【章：甲十一行本「逼」作「壁」；乙十一行本同；孔本同；張校同。】侯塢。

業先疑右將軍田昂，囚之；至是召昂，謝而赦之，使與武衛將軍梁中庸共討蒙遜。別將王豐孫言於業曰：將，卽亮翻。「西平諸田，世有反者，昂貌恭而心險，不可信也。」業曰：「吾疑之久矣；但非昂無可以討蒙遜者。」昂至侯塢，率騎五百降於蒙遜，業軍遂潰，中庸亦詣蒙遜降。危疑反側之時，用言爲難，而用人爲尤難，當此之際，非有明略雄斷不能濟也。

五月，蒙遜至張掖，田昂兄子承愛斬關內之，業左右皆散。蒙遜至，業謂蒙遜曰：「孤孑然一己，爲君家所推，願匄餘命，匄，古泰翻，乞也。使得東還與妻子相見。」蒙遜斬之。北涼段業四年而亡。

業，儒素長者，長，知兩翻。無他權略，威禁不行，羣下擅命，尤信卜筮、巫覡，覡，刑狄翻。故至於敗。

沮渠男成之弟富占、將軍俱傫帥戶五百降于河西王利鹿孤。傫，石子之子也。傫，倫追翻。俱石子見一百六卷孝武太元十年。帥，讀曰率；下同。

10 孫恩陷滬瀆，殺吳國內史袁崧，死者四千人。「崧」，當作「山松」。

11 涼王隆多殺豪望以立威名，內外囂然，人不自保。魏安人焦朗魏安縣在武威昌松縣界，蓋曹遣使說秦隴西公碩德曰：「呂氏自武皇棄世，呂光僞諡懿武皇帝。說，輸芮翻。兄弟相攻，政綱不立，競爲威虐，百姓饑饉，死者過半。今乘其篡奪之際，取之易於返掌，易，以豉翻。「返」，當作「反」。不可失也。」碩德言於秦王興，帥步騎六萬伐涼，乞伏乾歸帥騎七千從之。

12 六月，甲戌，孫恩浮海奄至丹徒，丹徒縣，古朱方也，後曰谷陽，秦改曰丹徒，漢屬會稽郡，後漢屬吳郡，晉屬晉陵郡。地理志曰：秦時，望氣者云其地有天子氣，始皇使赭衣三千人鑿城敗其勢，改曰丹徒。戰士十餘萬，樓船千餘艘，艘，蘇遭翻。建康震駭。乙亥，內外戒嚴，百官入居省內；冠軍將軍高素等守石頭，冠，古玩翻。輔國將軍劉襲柵斷淮口，秦淮入江之口也。斷，丁管翻。丹陽尹司馬恢之戍南岸，冠軍將軍桓謙等備白石，左衛將軍王嘏等屯中堂，徵豫州刺史譙王尚之入衛京師。

劉牢之自山陰引兵邀擊恩，未至而恩已過，乃使劉裕自海鹽入援。裕兵不滿千人，倍道兼行，與恩俱至丹徒。裕衆既少，少，詩紹翻。加以涉遠疲勞，而丹徒守軍莫有鬬志。恩帥衆鼓譟，登蒜山，蒜山，今在鎮江府城西三里，山上多蒜，故名。蒜，蘇貫翻。居民皆荷擔而立。荷，下可翻。擔，都濫翻。裕帥所領奔擊，大破之，帥，讀曰率；下同。投崖赴水【章：甲十一行本「水」下有「死」字；乙十一行本同；孔本同；張校同。】者甚衆，恩狼狽僅得還船。然恩猶恃其衆，尋復整兵徑向京師。復，扶又翻；下同。後將軍元顯帥兵拒戰，頻不利。會稽王道子無他謀略，唯日禱蔣侯廟。蔣侯廟在蔣山，在今建康府上元縣東北十八里。漢末，秣陵尉蔣子文討賊，戰死山下，吳孫權爲立廟，江東朝野禱之，率有靈應。恩來漸近，百姓恟懼。恟，許拱翻。譙王尚之帥精銳馳至，徑屯積弩堂。恩樓船高大，泝風不得疾行，數日乃至白石。恩本以諸軍分散，欲掩不備；既而知尚之在建康，復聞劉牢之已還，至新洲，新洲在京口西大江中，意即今之珠金沙是也。復，扶又翻。不敢進而去，浮海北走郁洲。水經註曰：東海朐縣東北海中有大洲，謂之郁洲，山海經所謂「郁山在海中」者也。恩別將攻陷廣陵，殺三千人。寧朔將軍高雅之擊恩於郁洲，爲恩所執。寧朔將軍蓋晉置。

桓玄厲兵訓卒，常伺朝廷之隙，伺，相吏翻。聞孫恩逼京師，建牙聚衆，上疏請討之。元顯大懼。會恩退，元顯以詔書止之，玄乃解嚴。

13 梁中庸等共推沮渠蒙遜爲大都督、大將軍、涼州牧、張掖公，赦其境內，改元永安。蒙遜署從兄伏奴爲張掖太守、和平侯，弟挐爲建忠將軍、都谷侯，從，才用翻。挐，女余翻。田昂爲西郡太守，臧莫孩爲輔國將軍，房晷、梁中庸爲左右長史，張騭、謝正禮爲左右司馬；騭，之日翻。擢任賢才，文武咸悅。

14 河西王利鹿孤命羣臣極言得失。西曹從事史暠曰：暠，古老翻。「陛下命將出征，將，即亮翻；下同。往無不捷；然不以綏寧爲先，唯以徙民爲務；民安土重遷，故多離叛，此所以斬將拔城而地不加廣也。」利鹿孤善之。

15 秋，七月，魏兗州刺史長孫肥魏未得兗州也，使肥以兗州刺史南略地耳。將步騎二萬南徇許昌，東至彭城，將軍劉該降之。將步，卽亮翻。騎，奇寄翻。降，戶江翻；下同。

16 秦隴西公碩德自金城濟河，直趣廣武，河西王利鹿孤攝廣武守軍以避之。趣，七喻翻。攝，收也。秦軍至姑臧，涼王隆遣輔國大將軍超、龍驤將軍邈等逆戰，驤，思將翻。碩德大破之，生禽邈，俘斬萬計。隆嬰城固守，巴西公佗帥東苑之衆二萬五千降於秦。帥，讀曰率。西涼公暠、河西王利鹿孤、沮渠蒙遜各遣使奉表入貢於秦。暠，古老翻。使，疏吏翻。沮，子余翻。

初，涼將姜紀降於河西王利鹿孤，廣武公傉檀與論兵略，甚愛重之，傉，奴沃翻。坐則連席，出則同車，每談論，以夜繼晝。利鹿孤謂傉檀曰：「姜紀信有美才，然視候非常，必不久留於此，不如殺之。紀若入秦，必爲人患。」傉檀曰：「臣以布衣之交待紀，紀必不相負也。」八月，紀將數十騎奔秦軍，禿髮兄弟皆推傉檀之明略，余究觀傉檀始末，未敢許也。又究觀姜紀自涼入秦始末，則紀蓋反覆詭譎之士，而傉檀愛重之，則傉檀蓋以才辨爲諸兄所重，而智略不能濟，此其所以亡國也。說碩德曰：「呂隆孤城無援，明公以大軍臨之，其勢必請降；然彼徒文降而已，未肯遂服也。請給紀步騎三千，與王松忽因焦朗、華純之衆，王松忽，秦將也；焦朗、華純皆涼人。說，輸芮翻。華，戶化翻。伺其釁隙，隆不足取也。不然，今禿髮在南，兵強國富，若兼姑臧而據之，威勢益盛，沮渠蒙遜、李暠不能抗也，必將歸之，如此，則爲國家之大敵矣。」碩德乃表紀爲武威太守，配兵二千，屯據晏然。班固地理志，武威休屠縣，王莽改曰晏然，後復曰休屠。永寧中，張軌於姑臧西北置武興郡，晏然縣屬焉。

秦王興聞楊桓之賢而徵之，利鹿孤不敢留。史言諸涼畏秦之強。

17 詔以劉裕爲下邳太守，討孫恩於郁洲，累戰，大破之。恩由是衰弱，復緣海南走，復，扶又翻。裕亦隨而邀擊之。

18 燕王盛懲其父寶以懦弱失國，務峻威刑，又自矜聽察，多所猜忌，羣臣有纖介之嫌，皆先事誅之，先，悉薦翻。由是宗親、勳舊，人不自保。丁亥，左將軍慕容國與殿上【嚴：「上」改「中」。】將軍秦輿、段讚謀帥禁兵襲盛，殿上將軍蓋慕容所置，緣晉之殿中將軍而名官也。帥，讀曰率。事發，死者五百餘人。壬辰夜，前將軍段璣與秦輿之子興、段讚之子泰潛於禁中鼓譟大呼；呼，火故翻。盛聞變，帥左右出戰，帥，讀曰率。賊衆逃潰。璣被創，創，初良翻。匿廂屋間。俄有一賊從闇中擊盛，盛被傷，輦升前殿，申約禁衛，事定而卒。年二十九。慕容盛臨變而整，此其雄略亦有過人者；然以猜忌好殺致斃，則天下之人固非一人可舞其智略而盡殺也。

中壘將軍慕容拔、冗從僕射郭仲白太后丁氏，以爲國家多難，宜立長君。冗，而隴翻。從，才用翻。難，乃旦翻。長，知兩翻。時衆望在盛弟司徒、尚書令、平原公元，而河間公熙素得幸於丁氏，丁氏乃廢太子定，密迎熙入宮。明旦，羣臣入朝，朝，直遙翻。始知有變，因上表勸進於熙。熙以讓元，元不敢當。癸巳，熙即天王位，熙，字道文，垂之少子也。捕獲段璣等，皆夷三族。甲午，大赦。丙申，平原公元以嫌賜死。閏月，辛酉，葬盛於興平陵，謚曰昭武皇帝，廟號中宗。丁氏送葬未還，中領軍慕容提、步軍校尉張佛等謀立故太子定，事覺，伏誅，定亦賜死。燕立定爲太子，見上卷四年。丙寅，大赦，改元光始。

19 秦隴西公碩德圍姑臧累月，東方之人在城中者多謀外叛，魏益多復誘扇之，復，扶又翻，下復生同。欲殺涼王隆及安定公超，事發，坐死者三百餘家。碩德撫納夷、夏，分置守宰，夏，戶雅翻。守，式又翻。節食聚粟，爲持久之計。

涼之羣臣請與秦連和，隆不許。安定公超曰：「今資儲內竭，上下嗷嗷，雖使張、陳復生，亦無以爲策。張良、陳平，智謀之士，故稱之。陛下當思權變屈伸，何愛尺書、單使爲卑辭以退敵！使，疏吏翻。敵去之後，脩德政以息民，若卜世未窮，何憂舊業之不復！周成王定鼎于郟鄏，卜世三十，卜年七百。若天命去矣，亦可以保全宗族。不然，坐守困窮，終將何如？」隆乃從之，九月，遣使請降於秦。降，戶江翻；下同。考異曰：姚興載記，姚平伐魏與姚碩德伐呂隆同時。魏書，天興五年五月姚平來侵。晉元興元年，秦弘始四年也。晉帝紀、晉春秋皆云「隆安五年降秦」。十六國西秦春秋云：「太初十四年、五月，乾歸隨姚碩德伐涼。」南涼春秋云：「建和二年，七月，姚碩德伐呂隆，孤攝廣武守軍以避之。」皆隆安五年也。按秦小國，既與魏相持，豈暇更興兵伐涼！蓋載記之誤也。今以晉帝紀、晉春秋、十六國西秦、南涼春秋爲據。碩德表隆爲鎮西大將軍、涼州刺史、建康公。隆遣子弟及文武舊臣慕容筑、楊穎等五十餘家入質于長安。慕容筑，燕宗室也。苻堅滅燕，其宗室悉補邊郡，故筑留河西。筑，張六翻。質，音致；下爲質同。碩德軍令嚴整，秋毫不犯，祭先賢，禮名士，西土悅之。

沮渠蒙遜所部酒泉、涼寧二郡叛降於西涼，酒泉郡治福祿縣。魏收地形志，涼寧郡領園池、貢澤二縣。又聞呂隆降秦，大懼，遣其弟建忠將軍挐、牧府長史張潛蒙遜自稱涼州牧，置牧府長史。挐，女居翻。見碩德於姑臧，請帥其衆東遷。帥，讀曰率。碩德喜，拜潛張掖太守，挐建康太守。潛勸蒙遜東遷。挐私謂蒙遜曰：「姑臧未拔，呂氏猶存，碩德糧盡將還，不能久也，何爲自棄土宇，受制於人乎！」臧莫孩亦以爲然。孩，何開翻。

蒙遜遣子奚念爲質於河西王利鹿孤，蒙遜既不東遷，故納質於利鹿孤以求援。利鹿孤不受，曰：「奚念年少，可遣挐也。」少，詩照翻。冬，十月，蒙遜復遣使上疏於利鹿孤曰：「臣前遣奚念具披誠款，而聖旨未昭，復徵弟挐。復，扶又翻。臣竊以爲，苟有誠信，則子不爲輕，若其不信，則弟不爲重。今寇難未夷，難，乃旦翻。不獲奉詔，願陛下亮之。」利鹿孤怒，遣張松侯俱延、興城侯文支將騎一萬襲蒙遜，至萬歲臨松，晉書地理志，酒泉郡有延壽縣，當是後改爲萬歲。張天錫置臨松郡。五代志曰：臨松縣有臨松山，後周省入張掖縣。宋白曰：隋煬帝併萬歲入删丹縣，屬張掖郡。將，即亮翻。騎，奇寄翻。執蒙遜從弟鄯善苟子，從，才用翻；下同。鄯，時戰翻。康曰：鄯善，複姓，其先西域人，以國爲姓，苟子其名。余據紀文，以鄯善苟子爲蒙遜從弟，則鄯善非姓也明矣。虜其民六千餘戶。蒙遜從叔孔遮入朝于利鹿孤，朝，直遙翻。許以挐爲質，利鹿孤乃歸其所掠，召俱延等還。文支，利鹿孤之弟也。

20南燕主備德宴羣臣於延賢堂，備德，本名德，既據齊地，增上一字，名備德。酒酣，謂羣臣曰：「朕可方自古何等主？」青州刺史鞠仲曰：「陛下中興聖主，少康、光武之儔。」少，詩照翻。備德顧左右賜仲帛千匹；仲以所賜多，辭之。備德曰：「卿知調朕，朕不知調卿邪！」調，徒了翻，又如字，調戲也。卿所對非實，故朕亦以虛言賞卿耳。」韓範進曰：「天子無戲言，今日之論，君臣俱失。」備德大悅，賜範絹五十匹。

備德母及兄納皆在長安，備德遣平原人杜弘往訪之。弘曰：「臣至長安，若不奉太后動止，當西如張掖，德仕秦爲張掖太守，其兄納因家于張掖，故弘欲往張掖訪之。以死爲効。臣父雄年踰六十，乞本縣之祿以申烏鳥之情。」慈烏反哺，故云然。李密陳情表曰：「烏鳥私情，願乞終養。」中書令張華曰：「杜弘未行而求祿，要君之罪大矣。」要音邀。備德曰：「弘爲君迎母，爲父求祿，爲，于僞翻。忠孝備矣，何罪之有！」以雄爲平原令。弘至張掖，爲盜所殺。

21十一月，劉裕追孫恩至滬瀆、海鹽，又破之，滬，音扈。俘斬以萬數，恩遂自浹口遠竄入海。浹，音接。

22十二月，辛亥，魏主珪遣常山王遵、定陵公和跋帥衆五萬襲沒弈干於高平。高平，漢屬安定，魏收志屬涇州新平郡。又原州有高平郡；酈道元云：高平川西南去安定三百四十里。帥，讀曰率。

23乙卯，魏虎威將軍宿沓干伐燕，攻令支；令，音鈴，又郎定翻。支，音祁，又音祇。乙丑，燕中領軍宇文拔救之；壬午，宿沓干拔令支而戍之。

24呂超攻姜紀不克，遂攻焦朗。姜紀時據晏然，焦朗據魏安。朗遣其弟子嵩爲質於河西王利鹿孤以請迎，利鹿孤遣車騎將軍傉檀赴之；比至，超已退，質，音致。比，必寐翻。朗閉門拒之。傉檀怒，將攻之。鎮北將軍俱延諫曰：「安土重遷，人之常情。朗孤城無食，今年不降，降，戶江翻。後年自服，何必多殺士卒以攻之！若其不捷，彼必去從他國；棄州境士民以資鄰敵，非計也，不如以善言諭之。」傉檀乃與朗連和，遂曜兵姑臧，壁於胡阬。胡阬在姑臧西。

傉檀知呂超必來斫營，畜火以待之。超夜遣中壘將軍王集帥精兵二千斫傉檀營，帥，讀曰率；下同。傉檀徐嚴不起。集入壘中，內外皆舉火，光照如晝，縱兵擊之，斬集及甲首三百餘級。呂隆懼，僞與傉檀通好，好，呼到翻。請於苑內結盟。傉檀遣俱延入盟，俱延疑其有伏，毀苑牆而入；超伏兵擊之，俱延失馬步走，淩江將軍郭祖力戰拒之，俱延乃得免。傉檀怒，攻其昌松太守孟禕於顯美。昌松、顯美，漢、晉皆爲縣，屬武威郡。呂光改昌松爲東張掖郡，尋復爲昌松郡。五代志，後周廢顯美入姑臧。禕，許韋翻。隆遣廣武將軍荀【嚴：「荀」改「苟」。】安國、寧遠將軍石可帥騎五百救之；安國等憚傉檀之強，遁還。

25 桓玄表其兄偉爲江州刺史，鎮夏口；夏，戶雅翻。司馬刁暢爲輔國將軍、督八郡軍事，鎮襄陽；遣其將皇甫敷、馮該戍湓口。移沮、漳蠻二千戶于江南，左傳曰：江、漢、沮、漳，楚之望也。水經：沮水出漢中房陵，東南過臨沮界，又東過枝江縣，南入于江。漳水出臨沮縣東荊山，南至枝江縣北入于沮。二水上下皆蠻所居也。沮，子余翻。漳，諸良翻。立武寧郡；更招集流民，立綏安郡。綏安郡，治長寧縣，隋省長寧入長林。詔徵廣州刺史刁逵、豫章太守郭昶之，昶，丑兩翻。玄皆留不遣。

玄自謂有晉國三分之二，數使人上己符端，數，所角翻。上，時掌翻。欲以惑衆；又致牋於會稽王道子曰：「賊造近郊，以風不得進，以雨不致火，食盡故去耳，非力屈也。會，工外翻。造，七到翻。謂孫恩也。昔國寶死後，王恭不乘此威入統朝政，朝，直遥翻；下在朝同。足見其心非侮於明公也，而謂之不忠。今之貴要腹心，有時流淸望者誰乎？豈可云無佳勝？直是不能信之耳！江東人士，其名位通顯於時者，率謂之佳勝、名勝。爾來一朝一夕，遂成今日之禍。爾來，猶言如此以來也。在朝君子皆畏禍不言，玄忝任在遠，是以披寫事實。」元顯見之，大懼。

張法順謂元顯曰：「桓玄承藉世資，素有豪氣，既并殷、楊，專有荊楚；殷、楊，謂殷仲堪、楊佺期也。并殷、楊事見上卷隆安三年。第下之所控引止三吳耳。第，府第也；第下，猶言門下、閤下之類。孫恩爲亂，東土塗地，公私困竭，玄必乘此縱其姦兇，竊用憂之。」元顯曰：「爲之柰何？」法順曰：「玄始得荆州，人情未附，方務綏撫，未暇他圖。若乘此際使劉牢之爲前鋒，而第下以大軍繼進，玄可取也。」元顯以爲然。會武昌太守庾楷以玄與朝廷構怨，恐事不成，禍及於己，庾楷歸桓玄，見一百十卷隆安二年。密使人自結於元顯，云「玄大失人情，衆不爲用，若朝廷遣軍，己當爲內應。」元顯大喜，遣張法順至京口，謀於劉牢之；牢之以爲難。法順還，謂元顯曰：「觀牢之言色，必貳於我，不如召入殺之；不爾，敗人大事。」敗，必邁翻。元顯不從。於是大治水軍，徵兵裝艦，以謀討玄。治，直之翻。艦，戶黯翻。

元興元年（壬寅、四○二）

1春，正月，庚午朔，是年三月，元顯敗，復隆安年號，桓玄尋改曰大亨，玄篡，又改曰永始。元興之元改於是年正月，通鑑自是年迄義熙初元，皆不改元興之元，不與桓玄之篡，撥亂世返之正也。下詔罪狀桓玄，以尚書令元顯爲驃騎大將軍、征討大都督、都督十八州諸軍事、加黄鉞，時晉之境內有揚、徐、南徐、兖、南兖、豫、南豫、青、冀、司、荆、江、雍、梁、益、寧、交、廣十八州而已，元顯盡督之，使其果能誅桓玄，亦必凌上而篡奪之。驃，匹妙翻。騎，奇寄翻。又以鎮北將軍劉牢之爲前鋒都督，前將軍譙王尚之爲後部，因大赦，改元，內外戒嚴；加會稽王道子太傅。會，工外翻。

元顯欲盡誅諸桓。中護軍桓脩，驃騎長史王誕之甥也，誕有寵於元顯，因陳脩等與玄志趣不同，元顯乃止。誕，導之曾孫也。

張法順言於元顯曰：「桓謙兄弟每爲上流耳目，宜斬之以杜姦謀。且事之濟不，繫在前軍，不，讀曰否。而牢之反覆，萬一有變，則禍敗立至，可令牢之殺謙兄弟以示無貳心，若不受命，當逆爲之所。」逆爲之所，及禍患未來而先爲之圖，欲殺牢之也。元顯曰：「今非牢之，無以敵玄；且始事而誅大將，將，卽亮翻。人情不安。」再三不可。法順與元顯言之再三，終以爲不可也。又以桓氏世爲荆土所附，桓沖特有遺惠，而謙，沖之子也，乃自驃騎司馬除都督荆・益・寧・梁四州諸軍事、荆州刺史，欲以結西人之心。

2 丁丑，燕慕容拔攻魏令支戍，克之，宿沓干走，執魏遼西太守那頡。那，諸何翻，姓也。魏書官氏志內入諸姓有那氏。頡，胡結翻。燕以拔爲幽州刺史，鎭令支，以中堅將軍遼西陽豪爲本郡太守。丁亥，以章武公淵爲尙書令，博陵公虔爲尙書左僕射，尙書王騰爲右僕射。

3 戊子，魏材官將軍和突攻黜弗、素古延等諸部，破之。初，魏主珪遣北部大人賀狄干獻馬千匹求婚於秦，秦王興聞珪已立慕容后，立慕容后事見上卷隆安四年。止狄干而絕其婚；沒弈干、黜弗、素古延，皆秦之屬國也，而魏攻之，由是秦、魏有隙。庚寅，珪大閱士馬，命并州諸郡積穀於平陽之乾壁以備秦。魏收地形志，平陽禽昌縣，漢、晉之北屈也，有乾城。隋并禽昌入襄陵。又據姚興載記，乾壁卽乾城。柔然社崙方睦於秦，遣將救黜弗、素古延；崙，盧昆翻。將，卽亮翻。辛卯，和突逆擊，大破之，社崙帥其部落遠遁漠北，奪高車之地而居之。帥，讀曰率。斛律部帥倍侯利擊社崙，大爲所敗，帥，所類翻。敗，補邁翻。倍侯利奔魏。社崙於是西北擊匈奴遺種日拔也鷄，【嚴：「鷄」改「稽」。】大破之，種，章勇翻。遂吞併諸部，士馬繁盛，雄於北方。其地西至焉耆，東接朝鮮，朝，音潮，鮮，音仙。南臨大漠，旁側小國皆羈屬焉；自號豆代可汗。魏收書作「丘豆代」，魏言駕馭開張也。汗，音寒。杜佑曰：可汗之號起於柔然社崙，猶言皇帝也。而拓跋氏之先，通鑑皆書可汗，又在社崙之前。始立約束，以千人爲軍，軍有將；百人爲幢，幢有帥。軍將、幢帥，皆魏制，社崙蓋效而立之。將，卽亮翻。幢，宅江翻。帥，所類翻。攻戰先登者賜以虜獲，畏懦者以石擊其首而殺之。柔然爲魏患自此始。

4 禿髮傉檀克顯美，執孟禕而責之，以其不早降。禿髮傉檀自去年攻顯美，至是乃克。禕曰：「禕受呂氏厚恩，分符守土；若明公大軍甫至，望旗歸附，恐獲罪於執事矣。」傉檀釋而禮之，徙二千餘戶而歸，以禕爲左司馬。禕辭曰：「呂氏將亡，聖朝必取河右，朝，直遥翻。人無愚智皆知之。但禕爲人守城不能全，復忝顯任，於心竊所未安。爲，于僞翻。復，扶又翻。若蒙明公之惠，使得就戮姑臧，死且不朽。」傉檀義而歸之。

5 東土遭孫恩之亂，因以饑饉，漕運不繼。桓玄禁斷江路，【章：甲十一行本「路」下有「商旅俱絕」四字；乙十一行本同；孔本同；張校同；退齋校同。】斷，讀曰短。公私匱乏，以粰、橡給士卒。粰，房尤翻。博雅曰：粰，粰粇，饊也；又曰：鬻也。又粰，穀皮也，皆同。橡，似兩翻。說文曰：栩實也。玄謂朝廷方多憂虞，必未暇討己，可以蓄力觀釁。及大軍將發，從兄太傅長史石生密以書報之；從，才用翻。玄大驚，欲完聚江陵。長史卞範之曰：「明公英威振於遠近，元顯口尚乳臭，劉牢之大失物情，若兵臨近畿，示以禍福，土崩之勢可翹足而待，何有延敵入境，自取窮蹙者乎！」玄從之，留桓偉守江陵，抗表傳檄，罪狀元顯，舉兵東下。檄至，元顯大懼。二月，丙午，帝餞元顯於西池；元顯下船而不發。元顯內畏桓玄，故下船而不發。

6 癸丑，魏常山王遵等至高平，去年十二月，魏遣遵等襲高平，至是而至。沒弈干棄其部衆，帥數千騎與劉勃勃奔秦州。秦州治上邽。帥，讀曰率。騎，奇寄翻。魏軍追至瓦亭，不及而還，盡獲其府庫蓄積，馬四萬餘匹，雜畜九萬餘口，畜，許救翻。徙其民於代都，魏以平城爲代都。餘種分迸。種，章勇翻。迸，北孟翻。平陽太守貳塵復侵秦河東，姓譜：春秋貳、軫二國，後皆爲氏。貳塵之貳，則虜姓也。復，扶又翻。長安大震，關中諸城晝閉，秦人簡兵訓卒以謀伐魏。

7 秦王興立子泓爲太子，大赦。泓孝友寬和，喜文學，喜，許記翻。善談詠，而懦弱多病；興欲以爲嗣，而狐疑不決，久乃立之。爲姚泓以懦弱亡秦張本。

8 姑臧大饑，米斗直錢五千，人相食，餓死者十餘萬口。城門晝閉，樵采路絕，民請出城爲胡虜奴婢者，日有數百，呂隆惡其沮動衆心，惡，烏路翻。沮，在呂翻。盡阬之，積尸盈路。沮渠蒙遜引兵攻姑臧，沮，子余翻。隆遣使求救於河西王利鹿孤。利鹿孤遣廣武公傉檀帥騎一萬救之；使，疏吏翻。傉，奴沃翻。帥，讀曰率。騎，奇寄翻。未至，隆擊破蒙遜軍。蒙遜請與隆盟，留穀萬餘斛遺之而還。遺，于季翻。傉檀至昌松，聞蒙遜已退，乃徙涼澤段冢民五百餘戶而還。涼澤卽禹貢之豬野澤也，在武威縣東，亦曰休屠澤。還，從宣翻。

中散騎常侍張融言於利鹿孤曰：散，悉亶翻。騎，奇寄翻。「焦朗兄弟據魏安，潛通姚氏，數爲反覆，數，所角翻。今不取，後必爲朝廷憂。」利鹿孤遣傉檀討之，朗面縛出降，焦朗以魏安招秦軍，事見去年五月。降，戶江翻；下同。傉檀送于西平，徙其民於樂都。樂，音洛。

9 桓玄發江陵，慮事不捷，常爲西還之計；及過尋陽，不見官軍，意甚喜，將士之氣亦振。史言桓玄畏怯，劉牢之等不能仗順取之。將，卽亮翻；下同。

庾楷謀泄，玄囚之。

丁巳，詔遣齊王柔之以騶虞幡宣告荆、江二州，使罷兵；騶，則尤翻。玄前鋒殺之。柔之，宗之子也。孝武太元十年，以柔之襲封齊王，紹攸、冏之祀；宗封南頓王。

丁卯，玄至姑孰，使其將馮該等攻歷陽，豫州刺史治歷陽。襄城太守司馬休之嬰城固守。玄軍斷洞浦，洞浦卽洞口，魏曹休破呂範處。斷，丁管翻。焚豫州舟艦。艦，戶黯翻。豫州刺史譙王尚之帥步卒九千陣於浦上，帥，讀曰率。遣武都太守楊秋屯橫江，秋降于玄軍。尚之衆潰，逃于涂中，玄捕獲之。涂，與滁同。司馬休之出戰而敗，棄城走。

劉牢之素惡驃騎大將軍元顯，惡，烏路翻。恐桓玄既滅，元顯益驕恣，又恐己功名愈盛，不爲元顯所容；且自恃材武，擁強兵，欲假玄以除執政，復伺玄之隙而自取之，復，扶又翻。伺，相吏翻。故不肯討玄。元顯日夜昏酣，以牢之爲前鋒，牢之驟詣門，不得見，及帝出餞元顯，遇之公坐而已。坐，徂臥翻。

牢之軍溧洲，溧，音栗。溧水出溧陽縣，在建康東南；元顯遣牢之西上擊桓玄，非其路也。晉書劉牢之傳作「洌洲」。又，桓沖發建康，謝安送至溧洲。宋武陵王討元凶劭，四月戊午至南州；辛酉次溧洲；丙寅次江寧。今舟行自采石東下，未至三山，江中有洌山，卽洌洲也。洌、溧聲相近，故又爲溧洲。張舜民曰：過三山十餘里至溧洲，自溧洲過白土磯入慈湖夾。舜民郴行錄言泝流之先後水程也。參軍劉裕請擊玄，牢之不許。玄使牢之族舅何穆說牢之曰：「自古戴震主之威，挾不賞之功而能自全者，誰邪？越之文種，秦之白起，漢之韓信，皆事明主，爲之盡力，說，輸芮翻。爲，于僞翻。功成之日，猶不免誅夷，況爲凶愚者之用乎！君如今日戰勝則傾宗，戰敗則覆族，欲以此安歸乎！不若翻然改圖，則可以長保富貴矣。古人射鉤、斬袪，猶不害爲輔佐，齊桓公與子糾爭國，管仲射桓公中帶鉤；子糾死，桓公釋管仲之囚而以爲相。晉獻公使寺人披伐公子重耳於蒲城，重耳踰垣而走，披斬其袪；重耳反國，披屨納忠。射，而亦翻。況玄與君無宿昔之怨乎！」時譙王尚之已敗，人情愈恐；牢之頗納穆言，與玄交通。東海中尉東海何無忌，牢之之甥也，與劉裕極諫，不聽。其子驃騎從事中郎敬宣諫曰：「今國家衰危，天下之重在大人與玄。玄藉父、叔之資，玄父溫，叔沖。據有全楚，割晉國三分之二，一朝縱之使陵朝廷，玄威望既成，恐難圖也，董卓之變，將在今矣。」董卓事見五十九卷漢靈帝中平六年、獻帝初平元年。牢之怒曰：「吾豈不知！今日取玄如反覆手耳；但平玄之後，令我柰驃騎何！」元顯爲驃騎將軍，故稱之。三月，乙巳朔，牢之遣敬宣詣玄請降。降，戶江翻。玄陰欲誅牢之，乃與敬宣宴飲，陳名書畫共觀之，以安悅其意；敬宣不之覺，玄佐吏莫不相視而笑。玄版敬宣爲諮議參軍。未有朝命，以版授之也。

元顯將發，聞玄已至新亭，棄船，退屯國子學，辛未，陳於宣陽門外。軍中相驚，言玄已至南桁，陳，讀曰陣。南桁，即朱雀桁，在臺城南。桁，戶剛翻。元顯引兵欲還宮。玄遣人拔刀隨後大呼曰：「放仗！」軍人皆崩潰，呼，火故翻。元顯乘馬走入東府，唯張法順一騎隨之。騎，奇寄翻。元顯問計於道子，道子但對之涕泣。玄遣太傅從事中郎毛泰收元顯送新亭，縛於舫前而數之；數，所具翻。舫，甫曠翻。元顯曰：「爲王誕、張法順所誤耳。」

壬申，復隆安年號。帝遣侍中勞玄於安樂渚。勞，力到翻。樂，音洛。玄入京師，稱詔解嚴，以玄總百揆，都督中外諸軍事、丞相、錄尚書事、揚州牧、領徐・荆・江三州刺史，假黃鉞。是時晉土全有荆、江、揚三州，徐州率多僑郡，而京口則重鎮也，玄悉領之，全有晉國矣；且將奪劉牢之之兵，故領徐州以制之。玄以桓偉爲荆州刺史，桓謙爲尚書左僕射，桓脩爲徐、兗二州刺史，桓石生爲江州刺史，卞範之爲丹楊尹。卞範之爲玄長史，謀主也。丹楊，京邑，故使爲尹。

初，玄之舉兵，侍中王謐奉詔詣玄，玄親禮之。及玄輔政，以謐爲中書令。謐，導之孫也。新安太守殷仲文，覬之弟也，殷覬見一百九卷隆安元年。覬，音冀。玄姊爲仲文妻。仲文聞玄克京師，棄郡投玄，玄以爲諮議參軍。劉邁往見玄，玄曰：「汝不畏死，而敢來邪？」邁曰：「射鉤斬袪，并邁爲三。」玄悅，以爲參軍。邁折玄事見一百八卷孝武太元十七年。

癸酉，有司奏會稽王道子酣縱不孝，當棄市，會，工外翻。詔徙安成郡；吳孫晧寶鼎二年，分豫章、長沙、廬陵立安成郡，唐吉州安福縣及袁州諸縣，皆其地也。劉昫曰：安福縣，吳安成郡治。斬元顯及東海王彥璋，彥璋，元顯之子，隆安初，使繼東海王後。譙王尚之、庾楷、張法順、毛泰等於建康市。桓脩爲王誕固請，長【章：甲十一行本「長」作「得」；乙十一行本同；孔本同；退齋校同。】流嶺南。爲，于僞翻。

玄以劉牢之爲會稽內史。牢之曰：「始爾，便奪我兵，禍其至矣。」劉敬宣請歸諭牢之使受命，玄遣之。敬宣勸牢之襲玄，牢之猶豫不決，移屯班瀆，班瀆在新洲西南。私告劉裕曰：「今當北就高雅之於廣陵，舉兵以匡社稷，卿能從我去乎？」裕曰：「將軍以勁卒數萬，望風降服，彼新得志，威震天下，朝野人情皆已去矣，降，戶江翻。朝，直遙翻。廣陵豈可得至邪！裕當反服還京口耳。」反服，謂反初服也。離騷曰：退將脩吾初服。此言釋戎服而服常服。何無忌謂裕曰：「我將何之？」裕曰：「吾觀鎮北必不免，牢之以討孫恩功進號鎮北將軍。卿可隨我還京口。桓玄若守臣節，當與卿事之；不然，當與卿圖之。」此時劉裕已有誅玄之心。於是牢之大集僚佐，議據江北以討玄。參軍劉襲曰：「事之不可者莫大於反。將軍往年反王兗州，王兗州，謂王恭。近日反司馬郎君，司馬郎君，謂元顯。今復反桓公，復，扶又翻；下復推同。一人三反，何以自立！」語畢，趨出，佐吏多散走。牢之懼，使敬宣之京口迎家，失期不至。牢之以爲事已泄，爲玄所殺，乃帥部曲北走，帥，讀曰率。至新洲，縊而死。敬宣至，不暇哭，卽渡江奔廣陵。將吏共殯斂牢之，將，卽亮翻。斂，力贍翻。以其喪歸丹徒。玄令斲棺斬首，暴尸於市。暴，步卜翻，又如字。

10 大赦，改元大亨。

11 桓玄讓丞相、荊·江·徐三州，玄既以其兄弟領荊、江、徐三州，且已得建康，握朝權，不復以丞相爲重，故悉讓之。改授太尉、都督中外諸軍事、揚州牧、領豫州刺史，總百揆；以琅邪王德文爲太宰。

12 司馬休之、劉敬宣、高雅之俱奔洛陽，各以子弟爲質於秦以求救。質，音致。秦王興與之符信，使於關中【章：甲十一行本「中」作「東」；乙十一行本同；孔本同；張校同。】募兵，得數千人，復還屯彭城間。

13 孫恩寇臨海，臨海太守辛景擊破之，恩所虜三吳男女，死亡殆盡。恩恐爲官軍所獲，乃赴海死，其黨及妓妾從死者以百數，妓，渠綺翻。從，才用翻。謂之「水仙」。餘衆數千人復推恩妹夫盧循爲主。復，扶又翻。循，諶之曾孫也。盧諶，盧志之子，初從劉琨，琨死，仕於段氏，段遼敗，仕趙。諶，氏壬翻。神采清秀，雅有材藝。少時，少，詩照翻。沙門惠遠嘗謂之曰：「君雖體涉風素，而志存不軌，如何？」太尉玄欲撫安東土，乃以循爲永嘉太守。明帝太寧元年，分臨海立永嘉郡，今之溫州。循雖受命，而寇暴不已。盧循事始此。

14 甲戌，燕大赦。

15 河西王禿髮利鹿孤寢疾，遺令以國事授弟傉檀。初，禿髮思復鞬愛重傉檀，傉，奴沃翻。鞬，居言翻。謂諸子曰：「傉檀器識，非汝曹所及也。」故諸兄不以傳子而傳於弟。吳壽夢以少子季札爲賢，故其諸子兄弟相傳，欲以次傳國於季札，而季札終於不受。禿髮烏孤、利鹿孤致國於傉檀，猶吳志也，豈知國亡於傉檀之手哉！利鹿孤在位，垂拱而已，垂拱，謂垂衣拱手無所爲也。軍國大事皆委於傉檀。利鹿孤卒，傉檀襲位，更稱涼王，自此史稱禿髮氏爲南涼。改元弘昌，遷于樂都。樂，音洛。諡利鹿孤曰康王。

16 夏，四月，太尉玄出屯姑孰，辭錄尚書事，詔許之；而大政皆就諮焉，小事則決於尚書令桓謙及卞範之。

自隆安以來，中外之人厭於禍亂。及玄初至，黜姦佞，擢儁賢，京師欣然，冀得少安。

少，詩沼翻。既而玄奢豪縱逸，政令無常，朋黨互起，陵侮朝廷，裁損乘輿供奉之具，帝幾不免飢寒，乘，繩證翻。幾，居希翻。由是衆心失望。三吳大饑，戶口減半，會稽減什三、四，會，工外翻。臨海、永嘉殆盡，富室皆衣羅紈，懷金玉，閉門相守餓死。此固上之人失政所致，而人消物盡，亦天地之大數也。「周餘黎民，靡有孑遺」；以此觀之，容有是事。衣，於既翻。

17乞伏熾磐自西平逃歸苑川，乞伏乾歸送熾磐於西平，見上卷隆安四年。南涼王傉檀歸其妻子。乞伏乾歸使熾磐入朝于秦，朝，直遙翻。秦主興以熾磐爲興晉太守。

18五月，盧循自臨海入東陽，太尉玄遣撫軍中兵參軍劉裕將兵擊之，將，即亮翻；下同。循敗，走永嘉。走，音奏。

19高句麗攻宿軍，宿軍城在龍城東北。句，如字，又音駒。麗，力知翻。燕平州刺史慕容歸棄城走。北燕平州刺史治宿軍。

20秦主興大發諸軍，遣義陽公平、尚書右僕射狄伯支等將步騎四萬伐魏，興自將大軍繼之，以尚書令姚晃輔太子泓守長安，沒弈干權鎮上邽，廣陵公欽權鎮洛陽。平攻魏乾壁六十餘日，拔之。秋，七月，魏主珪遣毗陵王順及豫州刺史長孫肥將六萬騎爲前鋒，自將大軍繼發以擊之。

21八月，太尉玄諷朝廷以玄平元顯功封豫章公，平殷、楊功封桂陽公，并本封南郡如故。

玄以豫章封其子昇，桂陽封其兄子俊。

22 魏主珪至永安，永安本漢彘縣，屬河東郡，順帝改曰永安；晉屬平陽郡；隋、唐晉州之霍邑縣本永安縣也。酈道元曰：永安，故霍伯之都也，縣有霍太山。秦義陽公平遣驍將帥精騎二百覘魏軍，驍，堅堯翻。將，卽亮翻。騎，奇寄翻。覘，丑廉翻，又丑豔翻。長孫肥逆擊，盡擒之。平退走，珪追之，乙巳，及於柴壁；平嬰城固守，魏軍圍之。秦王興將兵四萬七千救之，將據天渡運糧以餽平。柴壁在汾東，天渡蓋汾津之名，在汾水西岸。魏博士李先曰：「兵法：高者爲敵所棲，深者爲敵所囚。今秦皆犯之，宜及興未至，遣奇兵先據天渡，柴壁可不戰而取也。」珪命增築重圍，重，直龍翻；下同。內以防平之出，外以拒興之入。廣武將軍安同曰：「汾東有蒙坑，東西三百餘里，蹊徑不通。興來，必從汾西直臨柴壁，如此，虜聲勢相接，重圍雖固，不能制也；不如爲浮梁，渡汾西，築圍以拒之，虜至，無所施其智力矣。」珪從之。興至蒲阪，阪，音反。憚魏之強，久乃進兵。甲子，珪帥步騎三萬逆擊興於蒙阬之南，帥，讀曰率；下同。斬首千餘級，興退走四十餘里，平亦不敢出。珪乃分兵四據險要，使秦兵不得近柴壁。近，其靳翻。興屯汾西，憑壑爲壘，束柏材從汾上流縱之，欲以毀浮梁，魏人皆鉤取以爲薪蒸。粗曰薪，細曰蒸。

冬，十月，平糧竭矢盡，夜，悉衆突西南圍求出；興列兵汾西，舉烽鼓譟爲應。興欲平力戰突免，平望興攻圍引接，但叫呼相和，和，戶臥翻。莫敢逼圍。平不得出，計窮，乃帥麾下赴水死，諸將多從平赴水；珪使善游者鉤捕之，無得免者。執狄伯支及越騎校尉唐小方等四十餘人，餘衆二萬餘人皆斂手就禽。興坐視其窮，力不能救，舉軍慟哭，聲震山谷。數遣使求和於魏，數，所角翻。珪不許，乘勝進攻蒲阪，秦晉公緒固守不戰。會柔然謀伐魏，珪聞之，戊申，引兵還。還，從宣翻，又如字。

或告太史令鼂崇及弟黃門侍郎懿潛召秦兵，珪至晉陽，賜崇、懿死。鼂，直遙翻。

23 秦徙河西豪右萬餘戶于長安。

24 太尉玄殺吳興太守高素、將軍竺謙之及謙之從兄朗之、劉襲幷襲弟季武，皆劉牢之之北府舊將也。從，才用翻。將，卽亮翻。襲兄冀州刺史軌邀司馬休之、劉敬宣、高雅之等共據山陽，沈約曰：山陽，本射陽縣境地名，義熙土斷，始分廣陵郡立山陽郡及山陽縣。唐楚州卽其地。欲起兵攻玄，不克而走。將軍袁虔之、劉壽、高長慶、郭恭等皆往從之，將奔魏；至陳留南，分爲二輩：軌、休之、敬宣奔南燕，虔之、壽、長慶、恭奔秦。

魏主珪初聞休之等當來，大喜。後怪其不至，令兗州求訪，隆安五年，魏以長孫肥爲兗州刺史，南徇地，然未能有兗州也。獲其從者，問其故，皆曰：「魏朝威聲遠被，從，才用翻。被，皮義翻。朝，直遙翻。是以休之等咸欲歸附；既而聞崔逞被殺，崔逞死見上卷三年。故奔二國。」珪深悔之，自是士人有過，頗見優容。

25 南涼王傉檀攻呂隆於姑臧。

26 燕王熙納故中山尹苻謨二女，燕王寶即位之初，苻謨爲中山尹。長曰娀娥，爲貴人，長，知兩翻。娀，音戎。幼曰訓英，爲貴嬪，貴嬪尤有寵。丁太后怨恚，恚，於避翻。與兄子尚書信謀廢熙立章武公淵；事覺，熙逼丁太后令自殺，葬以后禮，謚曰獻幽皇后。丁太后素與熙通，事見上年。

十一月，戊辰，殺淵及信。

辛未，熙畋于北原，龍城北原也。石城令高和石城縣，漢屬北平郡，燕屬建德郡。高和本爲石城令，時以大喪會于龍城耳。與尚方兵於後作亂，殺司隸校尉張顯，入掠宫殿，取庫兵，脅營署，閉門乘城。熙馳還，城上人皆投仗開門，盡誅反者，唯和走免。甲戌，大赦。

27 魏以庾岳爲司空。

28 十二月，辛亥，魏主珪還雲中。

柔然可汗社崙聞珪伐秦，自參合陂侵魏，至豺山，豺山在善無縣北，魏天興六年，築宫於此。崙，盧昆翻。及善無北澤，魏常山王遵以萬騎追之，不及而還。

29 太尉玄使御史杜林防衛會稽文孝王道子至安成，會，工外翻。林承玄旨，酖道子，殺之。

30 沮渠蒙遜所署西郡太守梁中庸叛，奔西涼。蒙遜聞之，笑曰：「吾待中庸，恩如骨肉，而中庸不我信，但自負耳，孤豈在此一人邪！」乃盡歸其孥。

西涼公暠問中庸曰：「我何如索嗣？」中庸曰：「未可量也。」暠曰：「嗣才度若敵我者，我何能於千里之外以長繩絞其頸邪？」索嗣死見上卷四年。孥音奴。暠，古老翻。索，昔各翻。量，音良。中庸曰：「智有短長，命有成敗。殿下之與索嗣，得失之理，臣實未之能詳。若以身死爲負，計行爲勝，則公孫瓚豈賢於劉虞邪？」公孫瓚、劉虞事見六十卷漢獻帝初平四年。暠默然。

31 袁虔之等至長安，秦王興問曰：「桓玄才略何如其父？卒能成功乎？」卒，子恤翻。虔之曰：「玄乘晉室衰亂，盜據宰衡，猜忌安忍，刑賞不公，以臣觀之，不如其父遠矣。玄今已執大柄，其勢必將篡逆，正可爲他人驅除耳。」興善之，以虔之爲廣州刺史。秦以廣州授袁虔之，示以名位寵授之耳。

32 是歲，秦王興立昭儀張氏爲皇后，封子懿、弼、洸、宣、諶、愔、璞、質、逵、裕、國兒皆爲公，洸，古黃翻。諶，氏壬翻。愔，於今翻。遣使拜禿髮傉檀爲車騎將軍、廣武公，沮渠蒙遜爲鎮西將軍、沙州刺史、西海侯，李暠爲安西將軍、高昌侯。

秦鎮遠將軍趙曜帥衆二萬西屯金城，建節將軍王松怱帥騎助呂隆守姑臧。松怱至魏安，傉檀弟文眞擊而虜之。傉檀大怒，送松怱還長安，深自陳謝。史言河、湟諸國皆畏姚秦之強。

聶崇岐標點王崇武覆校

資治通鑑卷第一百一十三

端明殿學士兼翰林侍讀學士朝散大夫右諫議大夫充集賢殿修撰提舉西京嵩山崇福宮上柱國河内郡開國侯食邑二千八百户食實封六百户賜紫金魚袋臣司馬光　奉敕編集
後　學　天　台　胡三省　音　註

晉紀三十五 起昭陽單閼（癸卯），盡閼逢執徐（甲辰），凡二年。

安皇帝戊

元興二年（癸卯、四〇三）

1春，正月，盧循使司馬徐道覆寇東陽；二月，辛丑，建武將軍劉裕擊破之。道覆，循之姊夫也。

2乙卯，以太尉玄爲大將軍。大將軍，自漢以來，職名崇重，居其位者皆擅朝權。晉初，以司馬孚爲太尉，奏以大將軍位太尉下，後復舊，在三司上。

3丁巳，玄殺冀州刺史孫無終。孫無終亦北府舊將也。

4玄上表請帥諸軍掃平關、洛，既而諷朝廷下詔不許，上，時掌翻。帥，讀曰率。朝，直遥翻。乃云：「奉詔故止。」玄初欲飭裝，先命作輕舸，載服玩、書畫。舸，加我翻，大舡也。方言：南楚江湖謂之舸。畫與畫同。或問其故。玄曰：「兵凶戰危，脫有意外，當使輕而易運。」衆皆笑之。桓玄意態終始如此耳。時人誤以爲雄豪而憚之，故每遇輒敗。崢嶸洲之戰，劉道規等知其爲人而徑突之，一敗而不能復振矣。易，以豉翻。

5 夏，四月，癸巳朔，日有食之。

6 南燕主備德故吏趙融自長安來，始得母兄凶問，備德號慟吐血，號，戶刀翻。吐，土故翻。因而寢疾。

司隸校尉慕容達謀反，遣牙門皇璆攻端門，璆，渠尤翻。殿中帥侯赤眉開門應之；殿中帥猶晉之殿中三部督也。帥，所類翻。中黃門孫進扶備德踰城匿於進舍。段宏等聞宮中有變，勒兵屯四門。廣固城四門也。備德入宮，誅赤眉等；達出奔魏。

備德優遷徙之民，使之長復不役；復，方目翻，復除也。民緣此迭相蔭冒，或百室合戶，或千丁共籍，以避課役。尚書韓諄請加隱覈，合，音閤。諄，竹角翻。隱，度也。覈，實也。隱覈，度其實也。備德從之，使諄巡行郡縣，行，下孟翻。得蔭戶五萬八千。

7 泰山賊王始聚衆數萬，自稱太平皇帝，署置公卿；南燕桂林王鎮討禽之。臨刑，或問其父及兄弟安在。始曰：「太上皇蒙塵于外，征東、征西爲亂兵所害。」其妻怒之曰：「君正坐此口，柰何尚爾！」始曰：「皇后不知，自古豈有不亡之國！朕則崩矣，終不改號！」史言王始僭舉大號，至敗亡而不悔。

8 五月，燕王熙作龍騰苑，方十餘里，役徒二萬人；築景雲山於苑內，基廣五百步，峯高十七丈。廣，古曠翻。高，古號翻。

9 秋，七月，戊子，魏主珪北巡，作離宮於豺山。

平原太守和跋奢豪喜名，喜，許記翻。珪惡而殺之，惡，烏路翻。使其弟毗等就與訣。跋曰：「灅北土瘠，可遷水南，勉爲生計。」灅，力水翻。且使之背己，背，蒲妹翻。曰：「汝何忍視吾之死也！」毗等諭其意，詐稱使者，逃入秦。珪怒，滅其家。中壘將軍鄧淵從弟尚書暉與跋善，從，才用翻。或譖諸珪曰：「毗之出亡，暉實送之。」珪疑淵知其謀，賜淵死。

10 南涼王傉檀及沮渠蒙遜互出兵攻呂隆，傉，奴沃翻。沮，子余翻。隆患之。秦之謀臣言於秦王興曰：「隆藉先世之資，專制河外，今雖飢窘，尚能自支，窘，渠隕翻。若將來豐贍，終不爲吾有。涼州險絕，土田饒沃，不如因其危而取之。」興乃遣使徵呂超入侍。使，疏吏翻。隆念姑臧終無以自存，乃因超請迎于秦。興遣尚書左僕射齊難、鎮西將軍姚詰、左賢王乞伏乾歸、鎮遠將軍趙曜帥步騎四萬迎隆于河西，詰，去吉翻。帥，讀曰率。騎，奇寄翻。南涼王傉檀攝昌松、魏安二戍以避之。攝，收也。傉，奴沃翻。八月，齊難等至姑臧，隆素車白馬迎于道旁。

隆勸難擊沮渠蒙遜，沮，子余翻。蒙遜使臧莫孩拒之，敗其前軍。孩，何開翻。敗，補邁翻。難乃與蒙遜結盟；蒙遜遣弟挐入貢于秦。挐，女居翻。難以司馬王尚行涼州刺史，配兵三千鎮姑臧，以將軍閻松爲倉松太守，倉松，卽漢昌松縣。郭將爲番禾太守，番，音盤。分戍二城，徙隆宗族、僚屬及民萬戶于長安。載記曰：自光至隆十三載而滅。興以隆爲散騎常侍，散，悉亶翻。騎，奇寄翻。超爲安定太守，自餘文武隨才擢敍。

初，郭黁常言「代呂者王」，故其起兵，先推王詳，後推王乞基；事見一百九卷元年。黁，奴昆翻。及隆東遷，王尚卒代之。黁從乞伏乾歸降秦，卒，子恤翻。降，戶江翻。以爲滅秦者晉也，遂來奔，秦人追得，殺之。郭黁自信其術，幸亂以徼福，而卒以殺身，足以明天道之難知矣。

沮渠蒙遜伯父中田護軍親信、臨松太守孔篤，皆驕恣爲民患，據晉書蒙遜載記，中田護軍蓋呂光所置，鎮臨松。蒙遜曰：「亂吾法者，二伯父也。」皆逼之使自殺。

秦遣使者梁構至張掖，蒙遜問曰：「禿髮傉檀爲公而身爲侯，何也？」秦封傉檀爲廣武公，封蒙遜爲西海侯，事見上卷上年。構曰：「傉檀凶狡，款誠未著，故朝廷以重爵虛名羈縻之。將軍忠貫白日，當入贊帝室，豈可以不信相待也！聖朝爵必稱功，朝，直遙翻。稱，尺證翻。如尹緯、姚晃，佐命之臣，齊難、徐洛，一時猛將，爵皆不過侯伯，緯，于貴翻。將，卽亮翻。將軍何以先之乎！先，悉薦翻。昔竇融殷勤固讓，不欲居舊臣之右，事見四十三卷漢光武建武十三年。不意將軍忽有此問！」蒙遜曰：「朝廷何不卽封張掖而更遠封西海邪？」構曰：「張掖，將軍已自有之，所以遠授西海者，欲廣大將軍之國耳。」蒙遜悅，乃受命。

11 荆州刺史桓偉卒，大將軍玄以桓脩代之。從事中郎曹靖之說玄曰：說，輸芮翻。「謙、脩兄弟專據內外，權勢太重。」玄乃以南郡相桓石康爲荆州刺史。石康，豁之子也。桓豁，溫之次弟。

12 劉裕破盧循於永嘉，追至晉安，武帝太康三年，分建安立晉安郡，今泉州南安縣卽其地。宋白曰：東晉南渡，衣冠士族多萃此地以求安堵，因立晉安郡，隋爲泉州。屢破之，循浮海南走。

何無忌潛詣裕，勸裕於山陰起兵討桓玄。裕謀於土豪孔靖，靖曰：「山陰去都道遠，舉事難成；且玄未篡位，不如待其已篡，於京口圖之。」裕從之。靖，愉之孫也。孔愉歷事元、明、成三帝。

13 九月，魏主珪如南平城，愍帝建興元年，代公猗盧城盛樂以爲北都，脩故平城以爲南都。更南百里，於灅水之陽黃瓜堆築新平城，所謂南平城也；唐朔州西南有新城，卽其地。規度灅南，自灅水南抵夏屋山，皆灅南地也。度，徒洛翻。灅，力水翻。將建新都。

14 侍中殷仲文、散騎常侍卞範之勸大將軍玄早受禪，陰撰九錫文及册命。散，悉亶翻。騎，奇寄翻。禪，時戰翻。撰，士免翻。以桓謙爲侍中、開府、錄尚書事，王謐爲中書監、領司徒，桓胤爲中書令，加桓脩撫軍大將軍。胤，沖之孫也。丙子，册命玄爲相國，總百揆，封十郡，爲楚王，加九錫，楚國置丞相以下官。

桓謙私問彭城内史劉裕曰：「楚王勳德隆重，朝廷之情，咸謂宜有揖讓，卿以爲何如？」裕曰：「楚王，宣武之子，桓溫，謚曰宣武。勳德蓋世，晉室微弱，民望久移，乘運禪代，有何不可？」謙喜曰：「卿謂之可即可耳。」劉裕一世之雄，桓謙問之以決可否，裕詭辭以順其意，故喜。

新野人庾仄，殷仲堪之黨也，新野縣，漢屬南陽郡，晉武帝太康中，分屬義陽郡，惠帝又分立新野郡。仄，阻力翻，從「厂」，不從「广」。聞桓偉死，石康未至，乃起兵襲雍州刺史馮該於襄陽，走之。雍，於用翻。仄有衆七千，設壇，祭七廟，云「欲討桓玄」，江陵震動。石康至州，發兵攻襄陽，仄敗，奔秦。

高雅之表南燕主備德，請伐桓玄曰：「縱未能廓清吴、會，亦可收江北之地。」中書侍郎韓範亦上疏曰：「今晉室衰亂，江、淮南北，户口無幾，戎馬單弱。重以桓玄悖逆，重，直用翻。悖，蒲内翻，又蒲沒翻。上下離心；以陛下神武，發步騎一萬臨之，彼必土崩瓦解，兵不留行矣。得而有之，秦、魏不足敵也；拓地定功，正在今日。失時不取，彼之豪傑誅滅桓玄，更脩德政，豈惟建康不可得，江北亦無望矣。」備德曰：「朕以舊邦覆沒，欲先定中原，乃平蕩荆、揚，故未南征耳。其令公卿議之。」因講武城西，步卒三十七萬人，騎五萬三千匹，車萬七千乘。乘，繩證翻。公卿皆以爲玄新得志，未可圖，乃止。慕容德取青州，至是纔五年耳，有衆如此，不能乘時而用之，自審其才不足以辨桓玄也。

16冬，十月，楚王玄上表請歸藩，使帝作手詔固留之。又詐言錢塘臨平湖開，臨平湖草常蓁塞，開則天下太平。江州甘露降，使百僚集賀，用爲己受命之符。又以前世皆有隱士，恥於己時獨無，求得西朝隱士安定皇甫謐六世孫希之，晉氏東遷，以洛陽爲西朝。皇甫謐在魏、晉之間徵辟不行，自號玄晏先生。朝，直遥翻。給其資用，使隱居山林；徵爲著作郎，使希之固辭不就，然後下詔旌禮，號曰高士。時人謂之「充隱」。實非隱者而以之備數，故謂之充隱。又欲廢錢用穀、帛及復肉刑，制作紛紜，志無一定，變更回復，更，工衡翻。卒無所施行。性復貪鄙，人士有法書、好畫卒，子恤翻。性復，扶又翻。法書，謂如史籀、程邈、李斯、張芝、師宜、梁鵠、衛瓘、索靖、鍾繇諸人眞蹟，各有家法者。畫，與畫同。及佳園宅，必假蒱博而取之；尤愛珠玉，未嘗離手。離，力智翻。史言桓玄志度凡近。

17乙卯，魏主珪立其子嗣爲齊王，加位相國；紹爲清河王，加征南大將軍；熙爲陽平王；曜爲河南王。

18丁巳，魏將軍伊謂帥騎二萬襲高車餘種袁紇、烏頻；十一月，庚午，大破之。帥，讀曰率。騎，奇寄翻。種，章勇翻。紇，戶骨翻。

19 詔楚王玄行天子禮樂，妃爲王后，世子爲太子。丁丑，卞範之爲禪詔，禪，時戰翻；下同。使臨川王寶逼帝書之。寶，晞之曾孫也。武陵王晞死於桓溫廢立之際。庚辰，帝臨軒，遣兼太保、領司徒王謐奉璽綬，禪位于楚；璽，斯氏翻。綬音受。壬午，帝出居永安宮；癸未，遷太廟神主于琅邪國，永嘉之亂，琅邪國人隨元帝過江者千餘戶，太興三年，立懷德縣。丹楊雖有琅邪相而無其地。成帝咸康元年，桓溫領琅邪太守，鎮江乘之蒲洲金城，求割江乘縣境立郡，始有實土。穆章何皇后及琅邪王德文皆徙居司徒府。百官詣姑孰勸進。十二月，庚寅朔，玄築壇於九井山北，九域志，太平州有九井山。今太平州，古姑孰之地也。蕪湖縣南有溪，猶曰姑孰溪。北征記云：九井山在丹楊南。壬辰，卽皇帝位。册文多非薄晉室，或諫之，玄曰：「揖讓之文，正可陳之於下民耳，豈可欺上帝乎！」大赦，改元永始；以南康之平固縣武帝太康三年，以廬陵南部都尉立南康郡。平固，吳所置平陽縣也，太康元年，更名平固。九域志，虔州贛縣有平固鎭。封帝爲平固王，降何后爲零陵縣君，琅邪王德文爲石陽縣公，武陵王遵爲彭澤縣侯；追尊父溫爲宣武皇帝，廟號太祖，南康公主爲宣皇后，封子昇爲豫章王；以會稽內史王愉爲尚書僕射，愉子相國左長史綏爲中書令。綏，桓氏之甥也。戊戌，玄入建康宮，登御坐而牀忽陷，坐，讀曰座。羣下失色。殷仲文曰：「將由聖德深厚，地不能載。」玄大悅。梁王珍之國臣孔樸奉珍之奔壽陽。珍之，晞之曾孫也。晞子逢出繼梁國，珍之之祖也。

20戊申，燕王熙尊燕主垂之貴嬪段氏爲皇太后。段氏，熙之慈母也。己酉，立苻貴嬪爲皇后，嬪，毗賓翻。大赦。

21辛亥，桓玄遷帝於尋陽。尋陽郡時治柴桑。

22燕以衞尉悅眞爲靑州刺史，鎭新城；光祿大夫衞駒爲幷州刺史，鎭凡城。

23癸丑，納桓溫神主于太廟。桓玄臨聽訟觀閱囚徒，洛都華林園北有聽訟觀，本平望觀也。魏明帝以刑獄天下大命也，每斷大獄，常幸觀聽之，大和三年，更名聽訟觀。建康倣洛都之制，亦置之。觀，古玩翻。罪無輕重，多得原放；有干輿乞者，時或卹之。其好行小惠如此。干，犯也；干輿，行犯乘輿也。乞者，丐衣食之物。好，呼到翻。

24是歲，魏主珪始命有司制冠服，以品秩爲差；然法度草創，多不稽古。

三年（甲辰、四〇四）

1春，正月，桓玄立其妻劉氏爲皇后。劉氏，喬之曾孫也。劉喬見八十六卷惠帝永興二年。玄以其祖彝以上名位不顯，不復追尊立廟。復，扶又翻。散騎常侍徐廣曰：「『敬其父則子悅，』孝經載孔子之言。請依故事立七廟。」玄曰：「禮，太祖東向，左昭右穆。禮，天子七廟，太祖正東向之位，左三昭，右三穆。決疑要錄曰：父南面，故曰昭；昭，明也。子北面，故曰穆；穆，順也。昭本如字，爲漢諱昭，改音韶。或云，晉文帝名昭，改音韶。晉立七廟，宣帝不得正東向之位，何足法也！」祕書監卞承之謂廣曰：「若宗廟之祭果不及祖，有以知楚德之不長矣。」廣，邈之弟也。徐邈以文學爲孝武所親信。

玄自卽位，心常不自安。二月，己丑朔，夜，濤水入石頭，流殺人甚多，讙譁震天。讙，許元翻。玄聞之懼，曰：「奴輩作矣！」

玄性苛細，好自矜伐。好，呼到翻；下性好同。主者奏事，或一字不體，謂字之上下偏傍不合體也。或片辭之謬，必加糾擿，以示聰明。擿，他狄翻。尚書答詔誤書「春蒐」爲「春菟」，菟，同都翻。自左丞王納之以下，凡所關署，關，通也。皆被降黜。被，皮義翻。或手注直官，直官，入直者也。或自用令史，令史，尚書令僕所署用。詔令紛紜，有司奉答不暇；而紀綱不治，奏案停積，不能知也。又性好遊畋，或一日數出。數，所角翻。遷居東宮，更繕宮室，更，工衡翻。土木並興，督迫嚴促，朝野騷然，思亂者衆。

玄遣使加益州刺史毛璩散騎常侍、左將軍。璩執留玄使，不受其命。璩，寶之孫也。使，疏吏翻。散，悉亶翻。騎，奇寄翻。璩，強魚翻。玄以桓希爲梁州刺史，分命諸將戍三巴以備之。三巴，巴郡、巴東、巴西也。杜佑曰：渝州古巴國，謂之三巴，以閬、白二水東南流，曲折三迴，如「巴」字也。璩傳檄遠近，列玄罪狀，遣巴東太守柳約之、建平太守羅述、征虜司馬甄季之擊破希等，甄，之人翻。仍帥衆進屯白帝。史言劉裕未起，毛璩已仗義舉兵討玄。帥，讀曰率。

劉裕從徐、兗二州刺史、安成王桓脩入朝。朝，直遙翻。玄謂王謐曰：「裕風骨不常，蓋人傑也。」每遊集，必引接殷勤，贈賜甚厚。玄后劉氏，有智鑒，謂玄曰：「劉裕龍行虎步，視瞻不凡，恐終不爲人下，不如早除之。」玄曰：「我方平蕩中原，非裕莫可用者；俟關、河平定，然後別議之耳。」

玄以桓弘爲青州刺史，鎮廣陵；刁逵爲豫州刺史，鎮歷陽。弘，脩之弟；逵，彝之子也。刁彝見一百三卷簡文帝咸安二年。

劉裕與何無忌同舟還京口，密謀興復晉室。劉邁弟毅家於京口，亦與無忌謀討玄。無忌曰：「桓氏強盛，其可圖乎？」毅曰：「天下自有強弱；苟爲失道，雖強易弱，易，以豉翻。正患事主難得耳。」謂舉大事難得一人爲主。無忌曰：「天下草澤之中非無英雄也。」毅曰：「所見唯有劉下邳。」裕先領下邳太守，故稱之。無忌笑而不答，還以告裕，遂與毅定謀。

初，太原王元德及弟仲德爲苻氏起兵攻燕主垂，不克，來奔，王叡，字元德；王懿，字仲德；名犯宣、元二帝諱，故以字行。仲德爲燕所敗，渡河依段遼，自遼所來奔。爲，于僞翻。朝廷以元德爲弘農太守。仲德見桓玄稱帝，謂人曰：「自古革命誠非一族，然今之起者恐不足以成大事。」

平昌孟昶爲青州主簿，平昌縣，漢屬城陽國，魏文帝分城陽立平昌郡，後省。晉惠帝又立平昌郡。其地今屬密州安丘縣界。昶，丑兩翻。桓弘使昶至建康，玄見而悅之，謂劉邁曰：「素士中得一尚書郎，起於白屋者謂之素士。卿與其州里，寧相識否？」孟昶，平昌人。平昌郡屬青州。劉邁，彭城沛人。彭城屬徐州。蓋二人並僑居京口，故謂之同州里。邁素與昶不善，對曰：「臣在京口，不聞昶有異能，唯聞父子紛紛更相贈詩耳。」更，工衡翻。玄笑而止。昶聞而恨之。既還京口，裕謂昶曰：「草間當有英雄起，卿頗聞乎？」昶曰：「今日英雄有誰，正當是卿耳！」

於是裕、毅、無忌、元德、仲德、昶及裕弟道規、任城魏詠之、任城縣，前漢屬東平國，後漢章帝元和元年分東平爲任城國，而任城縣屬焉；晉氏南渡，省任城郡爲任城縣，屬高平郡。任，音壬。高平檀憑之、琅邪諸葛長民、河內太守隴西辛扈興、振威將軍東莞童厚之，莞，音官。相與合謀起兵。道規爲桓弘中兵參軍，裕使毅就道規及昶於江北，共殺弘，據廣陵；長民爲刁逵參軍，使長民殺逵，據歷陽；元德、扈興、厚之在建康，使之聚衆攻玄爲內應，刻期齊發。

孟昶妻周氏富於財，昶謂之曰：「劉邁毀我於桓公，使我一生淪陷，我決當作賊。卿幸早離絕，脫得富貴，相迎不晚也。」周氏曰：「君父母在堂，欲建非常之謀，豈婦人所能諫！事之不成，當於奚官中奉養大家，奚，如字，又胡禮翻。周禮註曰：古者從坐，男女沒入縣官爲奴，其少才智以爲奚。今之侍史、官婢，或曰奚官女。此言事若敗，沒爲官婢，當於奚官中養姑。晉志：奚官令，屬少府。晉宋間子婦稱其姑曰「大家」，考南史孝義孫棘傳可見。義無歸志也。」昶悵然，久之而起。悵，丑亮翻。悵然，失志貌。周氏追昶坐，曰：「觀君舉措，非謀及婦人者，不過欲得財物耳。」因指懷中兒示之曰：「此而可賣，亦當不惜，」遂傾貲以給之。昶弟顗妻，周氏之從妹也，顗，魚豈翻。從，才用翻。周氏給之曰：「昨夜夢殊不祥，給，待亥翻。門内絳色物宜悉取以爲厭勝。」厭，於涉翻，又於檢翻。妹信而與之，遂盡縫以爲軍士袍。

何無忌夜於屏風裏草檄文，其母，劉牢之姊也，登橙密窺之，橙，都鄧翻，床屬。泣曰：「吾不及東海呂母明矣。呂母事見三十八卷王莽天鳳四年。汝能如此，吾復何恨！」問所與同謀者。曰：「劉裕。」母尤喜，因爲言玄必敗、舉事必成之理以勸之。復，扶又翻。爲，于僞翻。

乙卯，裕託以遊獵，與無忌收合徒衆，得百餘人。丙辰，詰旦，京口城開，無忌著傳詔服，詰，去吉翻。著，側略翻。著傳詔之服，因自稱敕使。稱敕使，居前，使，疏吏翻。徒衆隨之齊入，即斬桓脩以徇。脩司馬刁弘帥文武佐吏來赴，帥，讀曰率。裕登城，謂之曰：城，謂京口之金城。「郭江州已奉乘輿返正於尋陽，郭江州，謂郭昶之也。時帝在尋陽，裕詭言以誑弘等。乘，繩證翻。我等並被密詔，誅除逆黨，被，皮義翻。今日賊玄之首已當梟於大航矣。梟，堅堯翻。說文曰：日至，捕梟磔之，以頭掛木上；今謂掛首爲梟。諸君非大晉之臣乎，今來欲何爲！」弘等信之，收衆而退。

裕問無忌曰：「今急須一府主簿，何由得之？」無忌曰：「無過劉道民。」道民者，東莞劉穆之也。晉陵有南東莞郡，故穆之居京口。莞，音官。裕曰：「吾亦識之。」即馳信召焉。時穆之聞京口讙噪聲，讙，許元翻。「噪」當作「譟」。晨起，出陌頭，屬與信會。信，使也。屬，之欲翻。使，疏吏翻。穆之直視不言者久之，直視，注目直視不他屬。既而返室，壞布裳爲袴，袴，脛衣也。晉志曰：袴褶之制，未詳所起，近世以爲戎服。壞，音怪。往見裕。裕曰：「始舉大義，方造艱難，言造事之初，事事艱難也。須一軍吏甚急，卿謂誰堪其選？」穆之曰：「貴府始建，軍吏實須其才，倉猝之際，略當無見踰者。」裕笑曰：「卿能自屈，吾事濟矣。」卽於坐署主簿。坐，讀曰座。

孟昶勸桓弘其日出獵，天未明，開門出獵人；昶與劉毅、劉道規帥壯士數十人直入，帥，讀曰率；下同。弘方噉粥，卽斬之，因收衆濟江。噉，徒濫翻。裕使毅誅刁弘。

先是，裕遣同謀周安穆入建康報劉邁，先，悉薦翻。邁雖酬許，意甚惶懼；安穆慮事泄，乃馳歸。玄以邁爲竟陵太守，邁欲亟之郡，是夜，玄與邁書曰：「北府人情云何？卿近見劉裕何所道？」邁謂玄已知其謀，晨起，白之。玄大驚，封邁爲重安侯。重，直龍翻。既而嫌邁不執安穆，使得逃去，乃殺之，悉誅元德、扈興、厚之等。

衆推劉裕爲盟主，總督徐州事，以孟昶爲長史，守京口，檀憑之爲司馬。彭城人應募者，裕悉使郡主簿劉鍾統之。丁巳，裕帥二州之衆千七百人，二州，兗、徐也。軍于竹里，移檄遠近，聲言益州刺史毛璩已定荊楚，江州刺史郭昶之奉迎主上返正於尋陽，鎭北參軍王元德等並帥部曲保據石頭，揚武將軍諸葛長民已據歷陽。

玄移還上宮，玄始遷東宮，今以裕起，移還上宮。召侍官皆入止省中；侍官，自侍中下至黄、散之屬。

加揚州刺史新野王桓謙征討都督，以殷仲文代桓脩爲徐、兖二州刺史。謙等請亟遣兵擊裕。玄曰：「彼兵鋭甚，計出萬死，若有蹉跌，蹉，七何翻。跌，徒結翻。則彼氣成而吾事去矣；不如屯大衆於覆舟山以待之。成帝咸康八年，於覆舟山南立北郊；山蓋在建康城北也，形如覆舟，故名。彼空行二百里，無所得，鋭氣已挫，忽見大軍，必驚愕；我按兵堅陣，勿與交鋒，彼求戰不得，自然散走，此策之上也。」謙等固請擊之，乃遣頓丘太守吳甫之、右衛將軍皇甫敷相繼北上。自建康趣京口爲北上。上，時掌翻。

玄憂懼特甚。或曰：「裕等烏合微弱，勢必無成，陛下何慮之深？」玄曰：「劉裕足爲一世之雄；劉毅家無檐石之儲，檐，與儋同，下〔都〕濫翻，言一儋、二石也。儲無儋石，家貧之至也。楊雄家無儋石之儲，應劭註曰：齊人名小罌爲儋石，受二斛。晉灼曰：石，斗石也。前書音義曰：儋，言一斗之儲。方言曰：儋，罌也，齊東北海岱之間謂之儋。余據今江淮人謂一石爲一擔。樗蒲一擲百萬；何無忌酷似其舅；共舉大事，何謂無成！」

2 南涼王傉檀畏秦之強，乃去年號，傉，奴沃翻。元興元年，傉檀改元弘昌。去，羌呂翻。罷尚書丞郎官，遣參軍關尚使于秦。使，疏吏翻。秦王興曰：「車騎獻款稱藩，而擅興兵造大城，豈爲臣之道乎？」興拜傉檀爲車騎將軍，故稱之。尚曰：「王公設險以守其國，易坎卦彖辭。先王之制也。車騎僻在遐藩，密邇勍寇，勍，渠京翻。蓋爲國家重門之防；重，直龍翻。不圖陛下忽以爲嫌。」興善之。傉檀求領涼州，興不許。

3 初，袁眞殺朱憲，見一百二卷海西公太和五年。憲弟綽逃奔桓溫。溫克壽陽，綽輒發眞棺，戮其尸。溫怒，將殺之，桓沖請而免之。綽事沖如父，沖薨，綽嘔血而卒。卒，子恤翻。劉裕克京口，以綽子齡石爲建武參軍。裕本爲建武將軍，以齡石參軍事。三月，戊午朔，裕軍與吳甫之遇於江乘。江乘，漢舊縣，屬丹楊郡。成帝咸康元年，桓溫領琅邪太守，鎭江乘之蒲洲，奏割丹楊之江乘立南琅邪郡，江乘縣屬焉。將戰，齡石言於裕曰：「齡石世受桓氏厚恩，不欲以兵刃相向，乞在軍後。」裕義而許之。甫之，玄驍將也，驍，堅堯翻。將，卽亮翻。其兵甚銳。裕手執長刀，大呼以衝之，衆皆披靡，呼，火故翻。披，普彼翻。卽斬甫之，進至羅落橋。羅落橋在江乘縣南，蓋緣水設羅落，因以爲名。皇甫敷帥數千人逆戰，帥，讀曰率。寧遠將軍檀憑之敗死。裕進戰彌厲，敷圍之數重，裕倚大樹挺戰。重，直龍翻。挺戰，挺身獨戰也。挺，他鼎翻，直也。敷曰：「汝欲作何死！」拔戟將刺之，裕瞋目叱之，敷辟易。刺，七亦翻。瞋，七人翻。辟，讀曰闢。易，如字。裕黨俄至，射敷中額而踣，射，而亦翻。中，竹仲翻。踣，蒲北翻。裕援刀直進。援，于元翻。敷曰：「君有天命，以子孫爲託。」裕斬之，厚撫其孤。裕以檀憑之所領兵配參軍檀祇。祇，憑之之從子也。從，才用翻。

玄聞二將死，大懼，召諸道術人推算及爲厭勝。將，卽亮翻。厭，於叶翻，又一琰翻。問羣臣曰：「朕其敗乎？」吏部郎曹靖之對曰：「民怨神怒，臣實懼焉。」玄曰：「民或可怨，神何爲怒？」對曰：「晉氏宗廟，飄泊江濱，謂遷晉宗廟主於琅邪國，尋又隨帝上尋陽也。大楚之祭，上不及祖，謂止祭桓溫於太廟。此其所以怒也。」玄曰：「卿何不諫？」對曰：「輦上君子皆以爲堯、舜之世，臣何敢言！」玄默然。使桓謙及游擊將軍何澹之屯東陵，游擊將軍，漢雜號將軍也，魏置爲中軍，及晉，以領、護、左右衛、驍騎、游擊爲六軍。建康之西有西陵，其東有東陵，東陵在覆舟山東北。澹，徒覽翻。侍中、後將軍卞範之屯覆舟山西，衆合二萬。

己未，裕軍食畢，悉棄其餘糧，進至覆舟山東，使羸弱登山，張旗幟爲疑兵，羸，倫爲翻。幟，昌志翻。數道並前，布滿山谷。玄偵候者還，云「裕軍四塞，偵，丑鄭翻。塞，悉則翻。不知多少。」玄益憂恐，遣武衛將軍庾賾之帥精卒副援諸軍。魏文帝踐阼，置領軍將軍，主五校、中壘、武衛等三營，後遂各置將軍。賾，士革翻。謙等士卒多北府人，素畏伏裕，莫有鬬志。裕與劉毅等分爲數隊，進突謙陳；裕以身先之，陳，讀曰陣。先，悉薦翻。將士皆殊死戰，無不一當百，呼聲動天地。時東北風急，因縱火焚之，煙炎熛天，呼，火故翻。炎，讀曰焱。熛，必遙翻。鼓譟之音震動京邑，謙等諸軍大潰。

玄時雖遣軍拒裕，而走意已決，潛使領軍將軍殷仲文具舟於石頭；聞謙等敗，帥親信數千人，聲言赴戰，帥，讀曰率；下同。遂將其子昇、兄子濬出南掖門。遇前相國參軍胡藩，執馬鞚諫曰：「今羽林射手猶有八百，皆是義故，西人受累世之恩，鞚，音控，馬勒也。桓氏世居荆楚，西人皆其義舊，此蓋從玄東下，玄既篡，因以爲羽林。不驅令一戰，一旦捨此，欲安之乎！」玄不對，但舉策指天；玄舉策指天，亦項羽所謂天之亡我之意。因鞭馬而走，西趨石頭，與仲文等浮江南走。經日不食，左右進粗飯，趨，七喻翻。粗，與麁同。玄咽不能下，昇抱其胸而撫之，玄悲不自勝。咽，於甸翻。勝，音升。

裕入建康，王仲德抱元德子方回出候裕，裕於馬上抱方回與仲德對哭；追贈元德給事中，以仲德爲中兵參軍。裕止桓謙故營，遣劉鍾據東府。庚申，裕屯石頭城，立留臺百官，焚桓溫神主於宣陽門外，造晉新主，納于太廟。桓玄初篡，遷七廟神主于琅邪國，既而遷帝於尋陽，宗廟主祏皆隨帝西上，故權造新主。遣諸將追玄，尚書王嘏帥百官奉迎乘輿，乘，繩證翻。誅玄宗族在建康者。裕使臧熹入宮，收圖書、器物，封閉府庫；有金飾樂器，裕問熹：「卿得無欲此乎？」熹正色曰：「皇上幽逼，播越非所，將軍首建大義，劬勞王家，雖復不肖，實無情於樂。」復，扶又翻。裕笑曰：「聊以戲卿耳。」熹，燾之弟也。劉裕娶于臧氏。

壬戌，玄司徒王謐與衆議推裕領揚州，裕固辭。乃以謐爲侍中、領司徒、揚州刺史、錄尚書事，謐推裕爲使持節、都督揚·徐·兗·豫·青·冀·幽·并八州諸軍事、徐州刺史，使，疏吏翻。劉毅爲青州刺史，何無忌爲琅邪內史，孟昶爲丹楊尹，劉道規爲義昌太守。宋永初郡國志，安豐有義昌縣。蓋晉末嘗立郡，宋初廢爲縣也。裕取義昌美名，使道規領太守。

裕始至建康，諸大處分皆委於劉穆之，處，昌呂翻。分，扶問翻。倉猝立定，無不允愜。愜，苦叶翻。裕遂託以腹心，動止諮焉；穆之亦竭節盡誠，無所遺隱。時晉政寬弛，綱紀不立，豪族陵縱，小民窮蹙，重以司馬元顯政令違舛，重，直用翻。桓玄雖欲釐整，而科條繁密，衆莫之從。穆之斟酌時宜，隨方矯正；揉曲爲矯。言隨事矯揉使歸於正。裕以身範物，先以威禁；內外百官皆肅然奉職，不盈旬日，風俗頓改。史言劉裕有撥亂反正之才。

初，諸葛長民至豫州，失期，不得發。刁逵執長民，檻車送桓玄。至當利而玄敗，當利，浦名。送人共破檻出長民，還趣歷陽。趣，七喻翻。逵棄城走，爲其下所執，斬於石頭，子姪無少長皆死，少，詩照翻。長，知兩翻。唯赦其季弟給事中騁。逵故吏匿其弟子雍送洛陽，刁雍後自秦入魏。雍，於容翻。秦王興以爲太子中庶子。裕以魏詠之爲豫州刺史，鎮歷陽，諸葛長民爲宣城內史。

初，裕名微位薄，輕狡無行，盛流皆不與相知，行，下孟翻。盛流，謂當時貴盛之流。惟王謐獨奇貴之，謂裕曰：「卿當爲一代英雄。」裕嘗與刁逵樗蒱，不時輸直，樗蒱不勝而不即納其所負之直，此亦博徒輕狡之常態。逵縛之馬枊。枊，魚浪翻，繫馬柱也，又五剛翻。謐見之，責逵而釋之，代之還直。由是裕深憾逵而德謐。

蕭方等曰：蕭方等，梁元帝之嫡長子，撰三十國春秋。夫蛟龍潛伏，魚蝦褻之。是以漢高赦雍齒，魏武免梁鵠，雍齒事見十一卷漢高帝十一年。漢靈帝時，梁鵠爲選部尚書，魏武欲爲洛陽令，鵠以爲北部尉。董卓之亂，鵠奔劉表。魏武破荆州，鵠懼而自縛詣門，使在祕書，以勤書自効。雍，於用翻。安可以布衣之嫌而成萬乘之隙也！乘，繩證翻。今王謐爲公，刁逵亡族，醻恩報怨，何其狹哉！

4 尚書左僕射王愉及子荆州刺史綏謀襲裕，事泄，族誅；綏弟子慧龍爲僧彬所匿，得免。慧龍後遂逃奔秦，又自秦奔魏。

5 魏以中土蕭條，詔縣戶不滿百者罷之。

6 丁卯，劉裕還鎮東府。

7 桓玄至尋陽，郭昶之給其器用、兵力。辛未，玄逼帝西上，上，時掌翻。劉毅帥何無忌、劉道規等諸軍追之。帥，讀曰率。玄留龍驤將軍何澹之、前將軍郭銓與郭昶之守湓口。驤，思將翻。澹，徒覽翻。昶，丑兩翻。湓，蒲奔翻。玄於道自作起居注，杜佑通典曰：周官有左右史，蓋今起居注之本。動則左史書之，言則右史書之；左史記言，右史記事。漢武帝有禁中起居注，後漢馬皇后撰明帝起居注，則漢起居注似在宮中，爲女史之任，其後起居皆近侍之臣錄記也。歷代有其職而無其官，後魏始置起居令史，每行幸宴會，則在御左右記錄帝言；後又別置脩起居注。敍討劉裕事，自謂經略舉無遺策，諸軍違節度，以致奔敗。專覃思著述，覃，深也，廣也。思，相吏翻。不暇與羣下議時事。起居注既成，宣示遠近。

8丙戌，劉裕稱受帝密詔，以武陵王遵承制總百官行事，加侍中、大將軍，因大赦，惟桓玄一族不宥。

9劉敬宣、高雅之結青州大姓及鮮卑豪帥謀殺南燕王備德，帥，所類翻。推司馬休之爲主。備德以劉軌爲司空，甚寵信之。雅之欲邀軌同謀，敬宣曰：「劉公衰老，有安齊之志，不可告也。」雅之卒告之，卒，子恤翻。軌不從。謀頗泄，敬宣等南走，南燕人收軌，殺之，追及雅之，又殺之。敬宣、休之至淮、泗間，聞桓玄敗，遂來歸，敬宣等奔南燕事見上卷元興元年。劉裕以敬宣爲晉陵太守。

10南燕主備德聞桓玄敗，命北地王鍾等將兵欲取江南，會備德有疾而止。昔魯莊公伐齊，納子糾，小白自莒先入，所以有乾時之敗。當此之時，建康已定，使慕容鍾等之師果進，劉裕固有以待之矣。將，卽亮翻。

11夏，四月，己丑，武陵王遵入居東宮，內外畢敬；遷除百官稱制書，教稱令書。以司馬休之監荆・益・梁・寧・秦・雍六州諸軍事、領荆州刺史。劉毅等之兵既進，故預以休之鎭南蕃。監，工銜翻。雍，於用翻。

庚寅，桓玄挾帝至江陵，桓石康納之。玄更署置百官，以卞範之爲尚書僕射。自以奔敗之後，恐威令不行，乃更增峻刑罰，衆益離怨。殷仲文諫，玄怒曰：「今以諸將失律，天文不利，故還都舊楚；而羣小紛紛，妄興異議，方當糾之以猛，未可施之以寬也。」荆、江諸郡聞玄播越，有上表奔問起居者，玄皆不受，更令所在賀遷新都。唐人所謂「難將一人手，掩盡天下目」，桓玄是也。

初，王謐爲玄佐命元臣，玄之受禪，禪，時戰翻。謐手解帝璽綬；璽，斯氏翻。綬，音受。及玄敗，衆謂謐宜誅，劉裕特保全之。劉毅嘗因朝會，問謐璽綬所在。璽，斯氏翻。綬，音受。朝，直遙翻。謐内不自安，逃奔曲阿。劉昫曰：唐潤州丹楊縣，古曲阿縣地。裕牋白武陵王，迎還復位。

12 桓玄兄子歆引氐帥楊秋寇歷陽，帥，所類翻。魏詠之帥諸葛長民、劉敬宣、劉鍾共擊破之，帥，讀曰率；下同。斬楊秋於練固。練固在歷陽西北。

玄使武衛將軍庾稚祖、江夏太守桓道恭帥數千人就何澹之等共守溢口。何無忌、劉道規至桑落洲，桑落洲在湓城東北大江中。杜佑曰：桑落洲在江州都昌縣，漢之彭澤縣也。庚戌，澹之等引舟師逆戰。澹之常所乘舫，舫，甫妄翻，方舟也。羽儀旗幟甚盛。幟，昌志翻。無忌曰：「賊帥必不居此，帥，所類翻。欲詐我耳，宜亟攻之。」衆曰：「澹之不在其中，得之無益。」無忌曰：「今衆寡不敵，戰無全勝，澹之既不居此舫，戰士必弱，我以勁兵攻之，必得之，得之，則彼勢沮而我氣倍，因而薄之，破賊必矣。」沮，在呂翻。道規曰：「善！」遂往攻而得之，因傳呼曰：「已得何澹之矣！」澹之軍中驚擾，無忌之衆亦以爲然，乘勝進攻澹之等，大破之。無忌等克湓口，進據尋陽，遣使奉送宗廟主祏還京師。祏，音石；廟中藏木主石室也。既克尋陽，宗廟主祏乃得還。加劉裕都督江州諸軍事。

桑落之戰，胡藩所乘艦爲官軍所燒，藩全鎧入水，潛行三十許步，乃得登岸。艦，戶黯翻。鎧，苦亥翻。時江陵路已絕，官軍既克尋陽，故江陵之路絕。乃還豫章。劉裕素聞藩爲人忠直，引參領軍軍事。

13 桓玄收集荆州兵，曾未三旬，有衆二萬，樓船、器械甚盛。甲寅，玄復帥諸軍挾帝東下，以苻宏領梁州刺史，爲前鋒；又使散騎常侍徐放先行，說劉裕等曰：「若能旋軍散甲，當與之更始，各授位任，令不失分。」復，扶又翻。說，輸芮翻。更，工衡翻。分，扶問翻。

劉裕以諸葛長民都督淮北諸軍事，鎮山陽；以劉敬宣爲江州刺史。

14 柔然可汗社崙從弟悅代大那謀殺社崙，崙，盧昆翻。從，才用翻。那，與那同；奴何翻。不克，奔魏。

15 燕王熙於龍騰苑起逍遙宮，連房數百，鑿曲光海，盛夏，士卒不得休息，暍死者太半。去年熙起龍騰苑。暍，於歇翻。傷暑也。

16 西涼世子譚卒。

17 劉毅、何無忌、劉道規、下邳太守平昌孟懷玉帥衆自尋陽西上，帥，讀曰率。上，時掌翻。五月，癸酉，與桓玄遇於崢嶸洲。水經註：江水東過武口，又東，右得李姥浦，北對崢嶸洲，劉毅破桓玄處。在今黃州、壽昌軍之間。杜佑曰：崢嶸洲在鄂州武昌縣。崢，仕耕翻。嶸，戶萌翻。毅等兵不滿萬人，而玄戰士數萬，衆憚之，欲退還尋陽。道規曰：「不可！彼衆我寡，強弱異勢，今若畏懦不進，必爲所乘，雖至尋陽，豈能自固！玄雖竊名雄豪，內實恇怯；恇，曲陽翻，亦怯也。加之已經奔敗，衆無固心。決機兩陣，將雄者克，將，卽亮翻。不在衆也。」因麾衆先進，毅等從之。玄常漾舸於舫側以備敗走，舸，古我翻。由是衆莫有鬭心。毅等乘風縱火，盡銳爭先，玄衆大潰，燒輜重夜遁。重，直用翻。郭銓詣毅降。

玄故將劉統、馮稚等聚黨四百人襲破尋陽城。降，戶江翻。將，卽亮翻。毅遣建威將軍劉懷肅討平之。懷肅，懷敬之弟也。劉懷敬見一百一十一卷隆安三年。

玄挾帝單舸西走，留永安何皇后及王皇后於巴陵。永安何皇后，穆帝章皇后也。王皇后，帝之后也。殷仲文時在玄艦，求出別船收集散卒，因叛玄，奉二后奔夏口，夏，戶雅翻。遂還建康。

己卯，玄與帝入江陵。馮該勸使更下戰，玄不從；欲奔漢中就桓希，桓希時爲梁州刺史。而人情乖沮，號令不行。沮，在呂翻。庚辰，夜中，處分欲發，處，昌呂翻。分，扶問翻。城內已亂，乃與親近腹心百餘人乘馬出城西走。至城門，左右於闇中斫玄，不中，不中，竹仲翻。其徒更相殺害，更，工衡翻。前後交橫。玄僅得至船，左右分散，惟卞範之在側。

辛巳，荆州別駕王康產奉帝入南郡府舍，太守王騰之帥文武爲侍衞。帥，讀曰率；下同。寧州刺史毛璠，璠，音繁。璩之弟也，卒於官。璩使其兄孫祐之及參軍費恬帥數百人送璠喪歸江陵，費，扶沸翻。玄將之漢中；屯騎校尉毛脩之，璩之弟子也，誘玄入蜀，玄從之。誘，音酉。

壬午，遇玄於枚回洲。水經註：江水逕江陵縣南，有洲曰枚回洲。祐之、恬迎擊玄，矢下如雨，玄嬖人丁仙期、萬蓋等以身蔽玄，皆死。嬖，卑義翻；又博計翻。益州督護漢嘉馮遷抽刀，前欲擊玄，玄拔頭上玉導與之，魏、晉以來，冠幘有簪，有導，至尊以玉爲之。導，引也，所以引髮入冠幘之內也。曰：「汝何人，敢殺天子！」遷曰：「我殺天子之賊耳！」遂斬之，又斬桓石康、桓濬、庾賾【章：甲十一行本「賾」作「頤」；乙十一行本同；退齋校同。】賾，士革翻。之，執桓昇送江陵，斬於市。乘輿返正於江陵，以毛脩之爲驍騎將軍。乘，繩證翻。驍，堅堯翻。騎，奇寄翻。

甲申，大赦，諸以畏逼從逆者一無所問。

戊寅，奉神主于太廟。納尋陽所奉送宗廟主祏也。

劉毅等傳送玄首，梟于大桁。傳，株戀翻。梟，堅堯翻。

毅等既戰勝，以爲大事已定，不急追躡，又遇風，船未能進，玄死幾一旬，幾，居希翻，又音祈。諸軍猶未至。時桓謙匿於沮中，沿沮水上下爲沮中，臨沮、上黃二縣皆其地也。沮，子余翻。揚武將軍桓振匿於華容浦，華容縣自漢以來屬南郡。水經註：江水左迤爲中夏口，右則中郎浦出焉。華容縣今在監利縣界。晉書振傳曰：匿於華容之涌中。左傳：閻敖游涌而逸。杜預註云：涌水在南郡華容縣。涌，音勇。玄故將王稚徽戍巴陵，遣人報振云：「桓歆已克京邑，馮稚復克尋陽，將，卽亮翻。復，扶又翻；下復陷同。劉毅諸軍並中路敗退。」振大喜，聚黨得二百人，襲江陵，桓謙亦聚衆應之。閏月，己丑，復陷江陵，殺王康產、王騰之。振見帝於行宮，躍馬奮戈，直至階下，問桓昇所在。聞其已死，瞋目謂帝曰：瞋，七人翻。「臣門戶何負國家，而屠滅若是！」琅邪王德文下牀謂曰：「此豈我兄弟意邪！」振欲殺帝，謙苦禁之，乃下馬，斂容致拜而出。壬辰，振爲玄舉哀，立喪庭，謚曰武悼皇帝。爲，于僞翻。

癸巳，謙等帥羣臣奉璽綬於帝曰：帥，讀曰率。「主上法堯禪舜，今楚祚不終，百姓之心復歸於晉矣。」以琅邪王德文領徐州刺史，振爲都督八郡諸軍事、荊州刺史，謙復爲侍中、衞將軍，加江、豫二州刺史，帝侍御左右，皆振之腹心。

振少薄行，玄不以子姪齒之。行，下孟翻。以年敍長幼爲齒，又，齒，列也。言不使預子姪之列。至是，歎曰：「公昔不早用我，遂致此敗。若使公在，我爲前鋒，天下不足定也。今獨作此，安歸乎？」遂縱意酒色，肆行誅殺。謙勸振引兵下戰，己守江陵，振素輕謙，不從其言。

劉毅至巴陵，誅王稚徽。何無忌、劉道規進攻桓謙於馬頭，馬頭岸在大江南岸，北對江津口。桓蔚於龍泉，水經註：靈溪之東有龍陂，廣員二百餘步，水至淵深，有龍見于其中，故曰龍陂。皆破之。蔚，祕之子也。桓祕見一百三卷孝武寧康元年。

無忌欲乘勝直趣江陵，趣，七喩翻。道規曰：「兵法屈申有時，不可苟進。諸桓世居西楚，羣小皆爲竭力；振勇冠三軍，爲，于僞翻。冠，古玩翻。難與爭鋒。且可息兵養鋭，徐以計策縻之，不憂不克。」無忌不從。振逆戰於靈溪，水經註：江水自江陵縣南，東逕燕尾洲，北合靈溪水。江、溪之會有靈溪戍，背阿面江，西帶靈溪。馮該以兵會之，無忌等大敗，死者千餘人。退還尋陽，與劉毅等上牋請罪。上，時掌翻。劉裕以毅節度諸軍，免其青州刺史。桓振以桓蔚爲雍州刺史，鎭襄陽。雍，於用翻。

柳約之、羅述、甄季之聞桓玄死，自白帝進軍至枝江，枝江縣自漢以來屬南郡，我朝省爲鎭，屬松滋縣。甄，之人翻。聞何無忌等敗於靈溪，亦引兵退。俄而述、季之皆病，約之詣桓振僞降，欲謀襲振，事泄，振殺之。約之司馬時延祖、時，姓也。涪陵太守文處茂收其餘衆，保涪陵。處，昌呂翻。涪，音浮。

六月，毛璩遣將攻漢中，斬桓希，璩自領梁州。

18 秋，七月，戊申，永安皇后何氏崩。

19 燕苻昭儀有疾，龍城人王榮自言能療之。昭儀卒，卒，子恤翻。燕王熙立榮於公車門，支解而焚之。

20 八月，癸酉，葬穆章皇后于永平陵。

21 魏置六謁官，準古六卿。

22 九月，刁騁謀反，伏誅，刁氏遂亡。刁逵之誅，惟赦騁，而雍得逃走投北；騁又誅，則江南之刁氏亡矣。刁氏素富，奴客縱橫，橫，戶孟翻。專固山澤，爲京口之患。劉裕散其資蓄，令民稱力而取之，稱，尺證翻。彌日不盡；時州郡饑弊，民賴之以濟。

23 乞伏乾歸及楊盛戰于竹嶺，上邽西南有南山、竹嶺。爲盛所敗。敗，補邁翻。

24 西涼公暠立子歆爲世子。暠，古老翻。

25 魏主珪臨昭陽殿改補百官，引朝臣文武，親加銓擇，隨才授任。朝，直遙翻。列爵四等：王封大郡，公封小郡，侯封大縣，伯封小縣。其品第一至第四，舊臣有功無爵者追封之，宗室疏遠及異姓襲封者降爵有差。又置散官五等，其品第五至第九；散，悉亶翻。文官造士才能秀異、武官堪爲將帥者，其品亦比第五至第九；將，即亮翻。帥，所類翻。百官有闕，則取於其中以補之。其官名多不用漢、魏之舊，倣上古龍官、鳥官，左傳：郯子曰：昔太皥氏以龍紀，故爲龍師而龍名。我高祖少皥摯之立也，鳳鳥適至，故爲鳥師而鳥名：鳳鳥氏，曆正也；玄鳥氏，司分者也；伯趙氏，司至者也；青鳥氏，司啓者也；丹鳥氏，司閉者也；祝鳩氏，司徒也；鴡鳩氏，司馬也；鳲鳩氏，司空也；爽鳩氏，司寇也；鶻鳩氏，司事也；五鳩，鳩民者也。五雉爲五工正，九扈爲九農正。杜預註曰：太皥氏有龍瑞，故以龍名官。應劭曰：以龍紀其官長：春官爲青龍，夏官爲赤龍，秋官爲白龍，冬官爲黑龍，中官爲黃龍。張晏曰：庖犧將興，神龍負圖而至，因以名官與師也。謂諸曹之使爲鳬鴨，魏書官氏志作「諸曹走使」。取其飛之迅疾也；謂候官伺察者爲白鷺，取其延頸遠望也；餘皆類此。

26 盧循寇南海，攻番禺。番，音潘。禺，音愚。廣州刺史濮陽吳隱之拒守百餘日，濮，博木翻。冬，十月，壬戌，循夜襲城而陷之，燒府舍、民室俱盡，執吳隱之。循自稱平南將軍，攝廣州事，聚燒骨爲共冢，葬於洲上，得髑髏三萬餘枚。髑，徒谷翻。髏，郎侯翻。說文曰：髑髏，頂也。又使徐道覆攻始興，吳孫晧甘露元年，分桂陽南部都尉立始興郡，唐爲韶州。執始興相阮腆之。相，息亮翻。腆，他典翻。

27 劉裕領青州刺史。劉毅免青州，裕自領之。

劉敬宣在尋陽，聚糧繕船，未嘗無備，故何無忌等雖敗退，賴以復振。復，扶又翻；下復自同。桓玄兄子亮自稱江州刺史，寇豫章，敬宣擊破之。

劉毅、何無忌、劉道規復自尋陽西上，至夏口。夏，戶雅翻。桓振遣鎮東將軍馮該守東岸，揚武將軍孟山圖據魯山城，輔國將軍桓仙客守偃月壘，衆合萬人，水陸相援。毅攻魯山城，道規攻偃月壘，無忌遏中流，自辰至午，二城俱潰，漢水與江會于魯山西南，漢水之左有郤月城，亦曰偃月壘，故曲陵縣也，後更爲沙羨縣治。生禽山圖、仙客，該走石城。走，音奏。竟陵縣，古石城戍也。郢州圖經曰：子城三面墉基皆天造，正西絕壁下臨漢江。石城之名蓋本於此。

28 辛巳，魏大赦，改元天賜。築西宮。十一月，魏主珪如西宮，命宗室置宗師，八國置大師、小師，州郡亦各置師，以辨宗黨，舉才行，如魏、晉中正之職。魏書官氏志曰：以八國姓族難分，故國立大師、小師，令辨其宗黨，品舉人才。自八國以外，郡各立師，職分如八國，比今之中正也。宗室立宗師，亦如州郡八國之職。行，下孟翻。

29 燕王熙與苻后遊畋，北登白鹿山，東踰青嶺，水經註：大遼水東南過遼東郡房縣西，又右會白狼水，水出右北平白狼縣東南，北屈，逕白鹿山西，卽白狼山也。青嶺卽青陘，在龍城東南四百餘里。魏收地形志，建德郡石城縣有白鹿山祠。南臨滄海而還，滄海在遼西郡海陽縣南。還，從宣翻，又如字。士卒爲虎狼所殺及凍死者五千餘人。

30 十二月，劉毅等進克巴陵。毅號令嚴整，所過百姓安悅。劉裕復以毅爲兗州刺史。桓振以桓放之爲益州刺史，屯西陵；文處茂擊破之，放之走還江陵。

31 高句麗侵燕。句，如字，又音駒。麗，力知翻。

32 戊辰，魏主珪如豺山宮。

33 是歲，晉民避亂，襁負之淮北者道路相屬。襁，居兩翻。屬，之欲翻。

聶崇岐標點王崇武覆校

資治通鑑卷第一百一十四

端明殿學士兼翰林侍讀學士太中大夫提舉西京嵩山崇福宮上柱國河内郡開國公食邑二千二百戶食實封九百戶賜紫金魚袋臣　司馬光　奉敕編集

後學　天台　胡三省　音註

晉紀三十六

起旃蒙大荒落（乙巳），盡著雍涒灘（戊申），凡四年。

安皇帝己

義熙元年（乙巳、四〇五）

1 春，正月，南陽太守扶風魯宗之起兵襲襄陽，桓蔚走江陵。蔚，紆勿翻。己丑，劉毅等諸軍至馬頭。桓振挾帝出屯江津，江津戍在江陵，南臨江滸。荊州記曰：江陵縣東三里有津鄉。水經註：江陵城南有馬牧城。此洲始自枚回下迄于此，長七十餘里，洲上有奉城，江津長所治。遣使求割江、荊二州，奉送天子；毅等不許。辛卯，宗之擊破振將溫楷于柞溪，水經註：柞溪水出江陵縣北，蓋諸池散流，咸所會合，積以成川，東流逕魯宗之壘南，又東注船官湖。將，卽亮翻。柞，才各翻，又音作。進屯紀南。郡國志：江陵縣北十餘里有紀南城。振留桓謙、馮該守江陵，引兵與宗之戰，大破之。劉毅等擊破馮該於豫章口，水經註：江水過江陵而東，得豫章口，夏水所通也；西北有豫章岡，蓋因岡而得名。其地去江陵城二十里。桓謙棄城走。毅等入江陵，執卞範之等，斬之。桓振還，望見火起，知城已陷，其衆皆潰，振逃于涢川。水經註：涢水出漢南陽郡蔡陽縣東南大洪山，東南流，過隨縣西，又南過江夏安陸縣西，又東南入于夏。涢，音云。

乙未，詔大處分悉委冠軍將軍劉毅。處，昌呂翻。分，扶問翻。冠，古玩翻。

戊戌，大赦，改元，惟桓氏不原；以桓沖忠於王室，特宥其孫胤。以魯宗之爲雍州刺史，毛璩爲征西將軍、都督益·梁·秦·涼·寧五州諸軍事，璩弟瑾爲梁、秦二州刺史，瑗爲寧州刺史。雍，於用翻。璩，求於翻。瑾，渠吝翻。瑗，于眷翻。劉懷肅追斬馮該於石城，桓謙、桓怡、桓蔚、桓謐、何澹之、溫楷皆奔秦。蔚，紆勿翻。澹，徒覽翻。怡，弘之弟也。桓弘死見上卷上年。

2 燕王熙伐高句麗。句，如字，又音駒。麗，力知翻。戊申，攻遼東；城且陷，熙命將士：「毋得先登，俟剗平其城，朕與皇后乘輦而入。」剗，楚限翻。由是城中得嚴備，不克而還。後齊高緯之攻晉州，亦若是矣。還，從宣翻，又如字。

秦王興以鳩摩羅什爲國師，奉之如神，親帥羣臣及沙門聽羅什講佛經，帥，讀曰率；下同。又命羅什翻譯西域經、論三百餘卷，古之譯者傳四夷之言；今羅什翻夷言爲華言，故曰譯。大營塔寺，沙門坐禪者常以千數。禪，靜也，寂也。傳燈錄曰：禪有五：有凡夫禪，有外道禪，有小乘禪，有大乘禪，有最上乘禪。禪，時連翻。公卿以下皆奉佛，由是州郡化之，事佛者十室而九。

3乞伏乾歸擊吐谷渾大孩，大破之，俘萬餘口而還；大孩走死胡園。晉書吐谷渾傳：吐谷渾王烏紇堤，一名大孩。「胡園」作「胡國」。孩，何開翻。視羆世子樹洛干帥其餘衆數千家奔莫何川，莫何川在西傾山東北。西傾，亦名彊臺山。帥，讀曰率。自稱車騎大將軍、大單于、吐谷渾王。騎，奇寄翻。單，音蟬。樹洛干輕傜薄賦，信賞必罰，吐谷渾復興，復，扶又翻。沙、漒諸戎皆附之。段國曰：澆河郡西南一百七十里有黃沙，南北一百二十里，東西七十里，西極大楊川，望之若人委糒糠於地，不生草木，蕩然黃沙，周迴數百里。洮水出彊臺山東北，逕吐谷渾中。自洮、彊南北三百里中，地草皆是龍鬚，而無樵柴，謂之彊川。彊，渠良翻。

4西涼公暠自稱大將軍、大都督、領秦·涼二州牧，暠，古老翻。大赦，改元建初，遣舍人黃始梁興間行奉表詣建康。間，古莧翻。

5二月，丁巳，留臺備法駕迎帝於江陵，劉毅、劉道規留屯夏口，夏，戶雅翻。何無忌奉帝東還。

6初，毛璩聞桓振陷江陵，帥衆三萬順流東下，將討之，使其弟西夷校尉瑾、蜀郡太守瑗出外水，璩，求於翻。瑾，渠吝翻。瑗，于眷翻。蜀有內水、外水。內水，涪水也；外水，即蜀江發源於岷山者。參軍巴西譙縱、侯暉出涪水。蜀人不樂遠征，暉至五城水口，涪，音浮。樂，音洛。水經註：涪水自南安郡南流，其枝流西逕廣漢五城縣爲五城水，又西至成都入于江。又曰：江水東絕綿、洛，逕五城界至廣都北岸，南入于江，謂之五城水口，斯爲北江。沈約宋志：五城縣屬廣漢郡，晉武帝咸寧四年立。華陽國志云：漢時立倉，發五縣人，尉部主之，晉因立五城縣，在五城山。按五代志，蜀郡玄武縣，舊曰伍城。玄武縣，唐屬梓州。與巴西陽昧謀作亂。昧，莫葛翻。縱爲人和謹，蜀人愛之，暉、昧共逼縱爲主。縱不可，走投于水；引出，以兵逼縱登輿。縱又投地，叩頭固辭，暉縛縱於輿。還，襲毛瑾於涪城，殺之，涪，音浮。推縱爲梁、秦二州刺史。璩至略城，據晉書毛璩傳，略城去成都四百里。聞變，奔還成都，遣參軍王瓊將兵討之，將，卽亮翻。爲縱弟明子所敗，敗，補邁翻。死者什八九。益州營戶李騰開城納縱兵，民有流離逃叛分配軍營者爲營戶。殺璩及弟瑗，滅其家。縱稱成都王，以從弟洪爲益州刺史，以明子爲巴州刺史，屯白帝。於是蜀大亂，漢中空虛，氐王楊盛遣其兄子平南將軍撫據之。

7 癸亥，魏主珪還自豺山，罷尚書三十六曹。魏三十六曹始見於一百九卷隆安元年。

8 三月，桓振自鄖城襲江陵，杜預曰：江夏雲杜縣東南有鄖城，古鄖子之國。鄖，音云。振先逃于涓川，鄖城蓋在涓川也。涓，音云。荆州刺史司馬休之戰敗，奔襄陽，振自稱荆州刺史。建威將軍劉懷肅自雲杜引兵馳赴，與振戰於沙橋；沙橋在江陵城北。劉毅遣廣武將軍唐興助之，臨陳斬振，陳，讀曰陣。復取江陵。復，扶又翻；下復詣、尋復、復說同。

甲午，帝至建康。乙未，百官詣闕請罪，詔令復職。尚書殷仲文以朝廷音樂未備，言於劉裕，請治之。治，直之翻。裕曰：「今日不暇給，且性所不解。」解，戶買翻，曉也；下同。仲文曰：「好之自解。」裕曰：「正以解則好之，故不習耳。」英雄之言，政自度越常流；世之嗜音者，可以自省矣。好，呼到翻。

庚子，以琅邪王德文爲大司馬，武陵王遵爲太保，劉裕爲侍中、車騎將軍、都督中外諸軍事，徐、青二州刺史如故，劉毅爲左將軍，何無忌爲右將軍、督豫州·揚州五郡軍事、豫州刺史，劉道規爲輔國將軍、督淮北諸軍事、幷州刺史，魏詠之爲征虜將軍、吳國內史。裕固讓不受；加錄尚書事，又不受，屢請歸藩。歸藩，歸京口也。詔百官敦勸，帝親幸其第；裕惶懼，復詣闕陳請，乃聽歸藩。以魏詠之爲荆州刺史，代司馬休之。

初，劉毅嘗爲劉敬宣寧朔參軍，劉敬宣爲寧朔將軍，毅爲參軍。時人或以雄傑許之。敬宣曰：「夫非常之才自有調度，調，徒弔翻。豈得便謂此君爲人豪邪！此君之性，外寬而內忌，自伐而尚人，若一旦遭遇，亦當以陵上取禍耳。」敬宣之論毅，其知之固審矣，然幾以此掇禍；聖人包周身之防，正爲是耳。毅聞而恨之。及敬宣爲江州，辭以無功，不宜授任先於毅等，先，悉薦翻。裕不許。毅使人言於裕曰：「劉敬宣不豫建義。猛將勞臣，方須敍報，將，卽亮翻。如敬宣之比，宜令在後。若使君不忘平生，裕參劉牢之軍事，牢之父子雅敬待之，故云然。正可爲員外常侍耳。員外散騎常侍，魏末置。聞已授郡，實爲過優；敬宣自北來歸，裕以爲晉陵太守。尋復爲江州，尤用駭惋。」惋，烏貫翻。敬宣愈不自安，自表解職，乃召還爲宣城內史。

9 夏，四月，劉裕旋鎮京口，改授都督荆、司等十六州諸軍事，加領兗州刺史。

10 盧循遣使貢獻。使，疏吏翻。時朝廷新定，未暇征討；壬申，以循爲廣州刺史，徐道覆爲始興相。循遺劉裕益智粽，遺，于季翻。本草曰：益智子生崑崙國，今嶺南州郡往往有之。顧微交州記曰：益智葉如蘘荷，莖如竹箭，子從心出，一枝有十子，子肉白滑，四破去之，密煮爲粽，味辛。粽，作弄翻，角黍也。裕報以續命湯。循以益智調裕，裕以續命報之，此雖淺陋，亦兵機也。

循以前琅邪內史王誕爲平南長史。誕說循曰：「誕本非戎旅，在此無用；說，輸芮翻。王氏，江南衣冠稱首，故云本非戎旅。素爲劉鎮軍所厚，若得北歸，必蒙寄任，公私際會，仰答厚恩。」循甚然之。劉裕與循書，令遣吳隱之還，循不從。誕復說循曰：復，扶又翻。「將軍今留吳公，公私非計。孫伯符豈不欲留華子魚邪？但以一境不容二君耳。」於是循遣隱之與誕俱還。元興元年，桓玄流王誕於嶺南。二年，盧循破廣州，虜吳隱之，誕并沒於循所。漢獻帝建安四年，華歆以豫章歸孫策；策死，曹操表召歆，孫權遣還許。華，戶化翻。

11 初，南燕主備德仕秦爲張掖太守，事見一百二卷海西公太和五年。其兄納與母公孫氏居于張掖。備德之從秦王堅寇淮南也，寇淮南見一百五卷孝武帝太元八年。留金刀與其母別。備德與燕王垂舉兵於山東，張掖太守苻昌收納及備德諸子，皆誅之，公孫氏以老獲免，納妻段氏方娠，未決。獄掾呼延平，備德之故吏也，掾，于絹翻。竊以公孫氏及段氏逃于羌中。段氏生子超，十歲而公孫氏病，臨卒，以金刀授超曰：「汝得東歸，當以此刀還汝叔也。」呼延平又以超母子奔涼。及呂隆降秦，超隨涼州民徙長安。秦徙涼州民事見上卷元興二年。平卒，段氏爲超娶其女爲婦。

超恐爲秦人所錄，爲，于僞翻。錄，采也，收也。爲所收采，則不得歸南燕矣。乃陽狂行乞；秦人賤之，惟東平公紹見而異之，言於秦王興曰：「慕容超姿幹瓌偉，瓌，公回翻。殆非眞狂，願微加官爵以縻之。」興召見，與語，超故爲謬對，或問而不答。興謂紹曰：「諺云『妍皮不裹癡骨』，徒妄語耳。」乃罷遣之。

備德聞納有遺腹子在秦，遣濟陰人吳辯往視之，濟，子禮翻。辯因鄉人宗正謙賣卜在長安，以告超。宗正，以官爲氏。超不敢告其母妻，潛與謙變姓名逃歸南燕。行至梁父，父，音甫。鎭南長史悅壽以告兗州刺史慕容法。南燕以法爲兗州刺史，鎭梁父。法曰：「昔漢有卜者詐稱衞太子，見二十三卷漢昭帝始元五年。今安知非此類也！」不禮之。超由是與法有隙。爲超立、法謀反張本。

備德聞超至，大喜，遣騎三百迎之。騎，奇寄翻；下同。超至廣固，以金刀獻於備德；備德慟哭，悲不自勝。勝，音升。封超爲北海王，拜侍中、驃騎大將軍、司隸校尉、驃，匹妙翻。開府，妙選時賢，爲之僚佐。備德無子，欲以超爲嗣。超入則侍奉盡歡，出則傾身下士，下，戶嫁翻。由是內外譽望翕然歸之。

12 五月，桂陽太守章武王秀義陽王望子河間王洪生子威，徙封章武，傳至孫，無嗣，河間王欽以子範之繼之。秀，範之子也。及益州刺史司馬軌之謀反，伏誅。秀妻，桓振之妹也，故自疑而反。

13 桓玄餘黨桓亮、苻宏等擁衆寇亂郡縣者以十數，劉毅、劉道規、檀祗等分兵討滅之，荆、湘、江、豫皆平。詔以毅爲都督淮南等五郡軍事、豫州刺史，淮南、廬江、歷陽、晉熙、安豐，凡五郡。何無忌爲都督江東五郡軍事、會稽內史。會，工外翻。

14 北青州刺史劉該反，引魏爲援，隆安五年，劉該固嘗降魏矣。沈約曰：江左青州治廣陵。清河、陽平二郡太守孫全聚衆應之。六月，魏豫州刺史索度眞、大將斛斯蘭斛斯，亦虜姓也。寇徐州，圍彭城。劉裕遣其弟南彭城內史道憐、東海太守孟龍符將兵救之，將，卽亮翻。斬該及全，魏兵敗走。龍符，懷玉之弟也。

15 秦隴西公碩德伐仇池，屢破楊盛兵；將軍斂俱攻漢中，斂，羌之種姓；俱，其名。拔成固，徙流民三千餘家於關中。秋，七月，楊盛請降於秦。降，戶江翻。秦以盛爲都督益·寧二州諸軍事、征南大將軍、益州牧。

16 劉裕遣使求和於秦，使，疏吏翻。且求南鄉等諸郡，秦王興許之。羣臣咸以爲不可，興曰：「天下之善一也。劉裕拔起細微，能誅討桓玄，興復晉室，內釐庶政，外脩封疆，吾何惜數郡，不以成其美乎！」遂割南鄉、順陽、新野、舞陰等十二郡歸于晉。隆安二年，淮、漢以北多降於秦，此十二郡蓋皆在漢北。漢建安中，割南陽右壤爲南鄉郡；晉立順陽郡，以南鄉爲縣，蓋其後復分立郡也。按晉南鄉郡，秦漢陰縣及酇縣之地，今爲光化軍。舞陰縣屬南陽郡，未知立郡之始。

八月，燕遼西太守邵顏有罪，亡命爲盜；九月，中常侍郭仲討斬之。

17 汝水竭，「汝」當作「女」。郭緣生述征記：齊桓公冢在齊城南二十里，冢東有女水。或曰：齊桓公女冢在其上，故以名水。女水導川東北流，甚有神焉；化隆則水生，政薄則津竭。地理志：菑頭山，女水所出，東北至臨菑入鉅淀。鉅淀卽漢鉅定地。晉書地理志：女水出齊國東安平縣東北。南燕主備德惡之，惡，烏路翻。俄而寢疾；北海王超請禱之，備德曰：「人主之命，短長在天，非汝水所能制也。」固請，不許。

戊午，備德引見羣臣于東陽殿，見，賢遍翻。議立超爲太子。俄而地震，百官驚恐，備德亦不自安，還宮。是夜，疾篤，瞑不能言。段后大呼曰：「今召中書作詔立超，可乎？」呼，火故翻。備德開目頷之。乃立超爲皇太子，大赦。備德尋卒。年七十。爲十餘棺，夜，分出四門，潛瘞山谷。瘞，一計翻。

己未，超卽皇帝位，超，字祖明，德兄北海王納之子。大赦，改元太上。尊段后爲皇太后。以北地王鍾都督中外諸軍、錄尚書事，慕容法爲征南大將軍、都督徐・兖・揚・南兖四州諸軍事，加慕容鎮開府儀同三司，以尚書令封孚爲太尉，麴「麴」，當作「鞠」。仲爲司空，封嵩爲尚書左僕射。癸亥，虛葬備德於東陽陵，謚曰獻武皇帝，廟號世宗。

超引所親公孫五樓爲腹心。備德故大臣北地王鍾、段宏等皆不自安，求補外職。超以鍾爲青州牧，宏爲徐州刺史。公孫五樓爲武衛將軍，領屯騎校尉，內參政事。封孚諫曰：「臣聞親不處外，羈不處內。左傳申無宇諫楚靈王曰：親不在外，羈不在內。處，昌呂翻。鍾，國之宗臣，社稷所賴；宏，外戚懿望，百姓具瞻；正應參翼百揆，不宜遠鎮外方。今鍾等出藩，五樓內輔，臣竊未安。」超不從。鍾、宏心皆不平，相謂曰：「黃犬之皮，恐終補狐裘也。」史記：騶忌相齊，淳于髡謂之曰：「狐裘雖弊，不可補以黃狗之皮。」騶忌曰：「謹受令，請謹擇君子，毋雜小人其間。」五樓聞而恨之。

18 魏詠之卒，江陵令羅脩謀舉兵襲江陵，奉王慧龍爲主。劉裕以并州刺史劉道規爲都督荆・寧等六州諸軍事、荆州刺史。脩不果發，奉慧龍奔秦。慧龍得免，見上卷元興三年。

19 乞伏乾歸伐仇池，爲楊盛所敗。敗，補邁翻。

西涼公暠與長史張邈謀徙都酒泉以逼沮渠蒙遜；沮，子余翻。以張體順爲建康太守，鎮樂涫，漢志，樂涫縣屬酒泉郡；張氏分爲建康郡。涫，音官。以宋繇爲敦煌護軍，與其子敦煌太守讓鎮敦煌，遂遷于酒泉。李暠遷酒泉欲以逼沮渠蒙遜，安知反爲蒙遜所逼邪！敦，徒門翻。暠手令戒諸子，以爲：「從政者當審慎賞罰，勿任愛憎，近忠正，遠佞諛，近，其靳翻。遠，于願翻。勿使左右竊弄威福。毀譽之來，當研覈眞僞；聽訟折獄，必和顏任理，愼勿逆詐億必，朱子曰：逆，未至而迎之也。詐，謂人欺己也。億，未見而意之也。必，期必也。譽，音余。輕加聲色。務廣咨詢，勿自專用。吾莅事五年，雖未能息民，然含垢匿瑕，朝爲寇讎，夕委心膂，粗無負於新舊，粗，坐五翻。事任公平，坦然無纇，纇，盧對翻。絲節也，疵也。初不容懷，有所損益。計近則如不足，經遠乃爲有餘，庶亦無愧前人也。」

20 十二月，燕王熙襲契丹。契丹本東胡種，其先爲匈奴所破，保鮮卑山。魏青龍中，部酋軻比能桀驁，爲幽州刺史王雄所殺，部衆遂微，逃潢水之南，黃龍之北，後自號曰契丹，種類繁盛。契，欺訖翻。程大昌曰：契丹之契，讀如喫。

二年（丙午、四〇六）

1 春，正月，甲申，魏主珪如豺山宮。諸州置三刺史，郡置三太守，縣置三令長；刺史、令長各之州縣。長，知兩翻。之，往也。太守雖置而未臨民、功臣爲州者皆徵還京師，以爵歸第。

2 益州刺史司馬榮期擊譙明子于白帝，破之。

3 燕王熙至陘北，陘北，冷陘山之北也。陘，音刑。畏契丹之衆，欲還；苻后不聽；戊申，遂棄輜重，重，直用翻。輕兵襲高句麗。

4南燕主超猜虐日甚，政出權倖，盤于遊畋，盤，樂也，言樂于田獵遊逸。封孚、韓諱屢諫不聽。丁度曰：諱，竹角翻。超嘗臨軒問孚曰：「朕可方前世何主？」對曰：「桀、紂。」超慙怒，孚徐步而出，不爲改容。爲，于僞翻。鞠仲謂孚曰：「與天子言，何得如是！宜還謝。」孚曰：「行年七十，惟求死所耳！」竟不謝。超以其時望，優容之。

5桓玄之亂，河間王曇之子國璠、叔璠奔南燕，河間王顒死，無後，元帝以彭城王植子融爲顒嗣。薨，又無子，帝復尋以彭城王釋子欽爲融嗣。欽薨，曇之嗣；曇之薨，國鎮嗣。國璠蓋國鎮兄弟。劉裕興復，篡意未彰，國璠宜如劉敬宣輩南歸可也。乃攻擾晉邊者，欽孫秀嗣封章武，國璠從兄弟也，秀以桓振妹壻謀反誅，故國璠兄弟不敢南歸耳，豈知裕之必篡哉！曇，徒含翻。璠，孚袁翻。二月，甲戌，國璠等攻陷弋陽。

6燕軍行三千餘里，士馬疲凍，死者屬路，屬，之欲翻。攻高句麗木底城，不克而還。木底城在南蘇之東，唐置木底州。句，如字，又音駒。麗，力知翻。夕陽公雲傷於矢，且畏燕王熙之虐，遂以疾去官。爲後燕人弒熙立雲張本。

7三月，庚子，魏主珪還平城；夏，四月，庚申，復如豺山宮；復，扶又翻。甲午，【嚴：「午」改「子」。】還平城。

8柔然社崙侵魏邊。崙，盧昆翻。

9 五月，燕主寶之子博陵公虔、上黨公昭，皆以嫌疑賜死。

10 六月，秦隴西公碩德自上邽入朝，秦王興爲之大赦；爲，于僞翻。及歸，送之至雍，乃還。雍，於用翻。興事晉公緒及碩德皆如家人禮，車馬、服玩，先奉二叔而自服其次，國家大政，皆咨而後行。

11 禿髮傉檀伐沮渠蒙遜，傉，奴沃翻。沮，子余翻。蒙遜嬰城固守。傉檀至赤泉而還，赤泉在張掖氏池縣北。獻馬三千匹、羊三萬口于秦。秦王興以爲忠，以傉檀爲都督河右諸軍事、車騎大將軍、涼州刺史，鎮姑臧，徵王尚還長安。涼州人申屠英等遣主簿胡威詣長安請留尚，興弗許。威見興，流涕言曰：「臣州奉戴王化，於兹五年，隆安五年九月呂隆降秦，至是猶未五期。土宇僻遠，威靈不接，士民嘗膽抆血，共守孤城；抆，武粉翻，又文運翻，拭也。仰恃陛下聖德，俯杖良牧仁政，克自保全，以至今日。陛下柰何乃以臣等貿馬三千匹、羊三萬口；貿，音茂，易也，市賣也。賤人貴畜，畜，許又翻。無乃不可！若軍國須馬，直煩尚書一符，臣州三千餘戶，各輸一馬，朝下夕辦，何難之有！昔漢武傾天下之資力，開拓河西，以斷匈奴右臂。今陛下無故棄五郡之地忠良華族，以資暴虜，斷，丁管翻。此五郡，謂漢所開武威、張掖、敦煌、酒泉、金城。豈惟臣州士民墜於塗炭，恐方爲聖朝旰食之憂。」旰，古案翻。興悔之，使西平人車普馳止王尚，又遣使諭傉檀。會傉檀已帥步騎三萬軍于五澗，五澗，在姑臧南。車，尺遮翻。使，疏吏翻。帥，讀曰卒。普先以狀告之；傉檀遽逼遣王尚；尚出自清陽門，傉檀入自涼風門。「清陽」當作「青陽」，涼風門，姑臧城南門也。

別駕宗敞送尚還長安，宗，姓也。漢有南陽宗資。傉檀謂敞曰：「吾得涼州三千餘家，情之所寄，唯卿一人，柰何捨我去乎！」敞曰：「今送舊君，所以忠於殿下也。」傉檀曰：「吾新牧貴州，懷遠安邇之略如何？」敞曰：「涼土雖弊，形勝之地。殿下惠撫其民，收其賢俊以建功名，其何求不獲！」因薦本州文武名士十餘人；傉檀嘉納之。王尚至長安，興以爲尚書。

傉檀燕羣臣於宣德堂，仰視歎曰：「古人有言：『作者不居，居者不作。』信矣。」武威孟禕曰：「昔張文王始爲此堂，於今百年，十有二主矣，張駿卒，私謚曰文王。張氏自駿至重華、曜靈、祚、玄靚、天錫凡六主，梁熙、呂光、呂紹、呂纂、呂隆、王尚又六主，通十二主。禕，許韋翻。惟履信思順者可以久處。」處，昌呂翻。傉檀善之。

12 魏主珪規度平城，度，徒洛翻。欲擬鄴、洛、長安，脩廣宮室。以濟陽太守莫題有巧思，惠帝分陳留爲濟陽國，後因以爲郡。濟，子禮翻。思，相吏翻。召見，與之商功。題久侍稍怠，珪怒，賜死。此莫題非高邑公莫題。莫含見八十九卷愍帝建興三年。於是發八部五百里內男丁築灅南宮，魏先有八部大人，既得中原，建平城爲代都，分布八部於畿內。灅，力水翻。闕門高十餘丈，高，居傲翻。穿溝池，廣苑囿，規立外城，方二十里，分置市里，三十日罷。

13 秋，七月，魏太尉宜都丁公穆崇薨。周公謚法：述義不克曰丁。

14 八月，禿髮傉檀以興城侯文支鎮姑臧，自還樂都；樂，音洛。雖受秦爵命，然其車服禮儀，皆如王者。

15 甲辰，魏主珪如豺山宮，遂之石漠。自陰山以北皆大漠，有白漠、黑漠、石漠；白、黑二漠以其色爲名，石漠蓋其地皆石。據北史，石漠在漢定襄郡武要縣西北塞外。九月，度漠北；癸巳，南還長川。水經註：長川城在柔玄鎮西。

劉裕聞譙縱反，遣龍驤將軍毛脩之將兵與司馬榮期、文處茂、時延祖共討之。處，昌呂翻。脩之至宕渠，宕渠縣，漢屬巴郡，劉蜀分屬巴西郡，惠帝復分巴西置宕渠郡。按五代志，果州南充縣舊置宕渠郡，合州石鏡縣亦置宕渠郡，皆當自白帝上成都之路。宕，徒浪翻。榮期爲其參軍楊承祖所殺，承祖自稱巴州刺史，脩之退還白帝。

16 禿髮傉檀求好於西涼，好，呼到翻。西涼公暠許之。沮渠蒙遜襲酒泉，至安珍。安珍卽漢酒泉郡安彌縣也，後人從省書之，以「彌」爲「弥」；傳寫之訛，又以「弥」爲「珍」。暠戰敗城守，蒙遜引還。

17 南燕公孫五樓欲擅朝權，朝，直遙翻。譖北地王鍾於南燕主超，請誅之。南燕主備德之卒也，卒，子恤翻。慕容法不奔喪，超遣使讓之；使，疏吏翻。法懼，遂與鍾及段宏謀反。超聞之，徵鍾；鍾稱疾不至，超收其黨侍中慕容統等，殺之。征南司馬卜珍告左僕射封嵩數與法往來，疑有姦，超收嵩下廷尉。太后懼，泣告超曰：「嵩數遣黃門令牟常說吾云：『帝非太后所生，恐依永康故事。』數，所角翻。說，輸芮翻。下，遐稼翻。燕主寶永康元年逼殺其母段氏，事見一百八卷孝武帝太元二十一年。我婦人識淺，恐帝見殺，卽以語法，法爲謀見誤，知復何言。」語，牛倨翻。復，扶又翻。超乃車裂嵩。西中郎將封融奔魏。

超遣慕容鎮攻青州，慕容昱攻徐州，右僕射濟陽王凝及韓範攻兗州。南燕青州刺史鎮東萊，徐州刺史鎮莒城，兗州刺史鎮梁父。濟，子禮翻。昱拔莒城，段宏奔魏。封融與羣盜襲石塞城，殺鎮西大將軍餘鬱，國中振恐。濟陽王凝謀殺韓範，襲廣固，範知之，勒兵攻凝，凝奔梁父；範幷將其衆，攻梁父，克之。父，音甫。法出奔魏，凝出奔秦。慕容鎮克青州，鍾殺其妻子，爲地道以出，與高都公始皆奔秦。秦以鍾爲始平太守，凝爲侍中。

南燕主超好變更舊制，朝野多不悅；又欲復肉刑，增置烹轘之法，好，呼到翻。更，工衡翻。轘，戶慣翻，車裂也。衆議不合而止。

冬，十月，封孚卒。慕容超之立，雖非少主，乃國疑而大臣未附之時，超不能推心和輯，使之阻兵，以至於奔亡，超誰與立哉！雖劉裕之兵未至，固知其必滅矣。

18 尙書論建義功，奏封劉裕豫章郡公，劉毅南平郡公，何無忌安成【章：甲十一行本「成」作

「城」；乙十一行本同；孔本同。】郡公，自餘封賞有差。

19 梁州刺史劉稚反，劉毅遣將討禽之。將，卽亮翻。

20 庚申，魏主珪還平城。

21 乙亥，以左將軍孔安國爲尚書左僕射。

22 十一月，禿髮傉檀遷于姑臧。

23 乞伏乾歸入朝于秦。朝，直遙翻。

24 十二月，以何無忌爲都督荆・江・豫三州八郡軍事、江州刺史。八郡，蓋荆州之武昌，江州之尋陽、豫章、廬陵、臨川、鄱陽、南康，豫州之晉熙。

25 是歲，桓石綏與司馬國璠、陳襲聚衆胡桃山爲寇，胡桃山當在歷陽郡界。璠，孚袁翻。劉毅遣司馬劉懷肅討破之。石綏，石生之弟也。

三年（丁未、四〇七）

1 春，正月，辛丑朔，燕大赦，改元建始。

2 秦王興以乞伏乾歸寖強難制，留爲主客尚書，漢成帝置四曹尚書，其四曰主客，主外國夷狄事。以其世子熾磐行西夷校尉，監其部衆。是後秦政漸衰，熾磐日以盛，而乾歸亦不可得而留矣。熾，昌志翻。校，戶教翻。監，工銜翻。

3 二月，己酉，劉裕詣建康，固辭新所除官，欲詣廷尉；詔從其所守，裕乃還丹徒。

4 魏主珪立其子脩爲河間王，處文爲長樂王，處，昌呂翻。樂，音洛。連爲廣平王，黎爲京兆王。

5 殷仲文素有才望，自謂宜當朝政，悒悒不得志；悒悒，憂悒不自安之意。仲文黨於桓玄，以才望希進而不得進，故不自安也。朝，直遙翻。出爲東陽太守，尤不樂。樂，音洛。何無忌素慕其名；東陽，無忌所統，無忌都督浙江東五郡，東陽其一也。仲文許便道脩謁，無忌喜，欽遲之。遲，直吏翻，待也；後企遲同。而仲文失志恍惚，遂不過府；府，謂督府，何無忌治所也。恍，呼廣翻。惚，音忽。無忌以爲薄己，大怒。會南燕入寇，無忌言於劉裕曰：「桓胤、殷仲文乃腹心之疾，北虜不足憂也。」閏月，劉裕府將駱冰謀作亂，將，即亮翻。事覺，裕斬之。因言冰與仲文、桓石松、曹靖之、卞承之、劉延祖潛相連結，謀立桓胤爲主，皆族誅之。

6 燕王熙爲其后苻氏起承華殿，爲，于僞翻。負土於北門，土與穀同價。宿軍典軍杜靜載棺詣闕極諫，熙斬之。北燕營州刺史鎮宿軍。

苻氏嘗季夏思凍魚，煎魚爲凍，今人多能之；季夏六月暑盛，則不能凍。仲冬須生地黃，本草曰：地黃葉如甘露子，花如脂麻花，但有細斑點，北人謂之牛嬭子；二月、八月，採根陰乾；解諸熱，破血，通利月水。熙下有司切責不得而斬之。下，遐稼翻。

夏，四月，癸丑，苻氏卒，熙哭之懣絕，久而復蘇；懣，音悶。喪之如父母，服斬衰，食粥。喪，息郎翻。衰，倉回翻。命百官於宮內設位而哭，使人按檢哭者，無淚則罪之，羣臣皆含辛以爲淚。高陽王妃張氏，熙之嫂也，高陽王隆之妃也。美而有巧思，思，相吏翻。熙欲以爲殉，乃毀其襚韡中得弊氈，襚，音遂，送終曰襚。韡，許加翻。遂賜死。右僕射韋璆等皆恐爲殉，沐浴俟命。公卿以下至兵民，戶率營陵，費殫府藏。璆，渠尤翻。藏，徂浪翻。陵周圍數里，熙謂監作者曰：「善爲之，朕將繼往。」觀熙此言，死期將至。監，工銜翻。

丁酉，燕太后段氏去尊號，出居外宮。去，羌呂翻。段氏，熙之慈母也，見上卷元興二年。

7 氐王楊盛以平北將軍苻宣爲梁州督護，將兵入漢中，將，卽亮翻。秦梁州別駕呂瑩等起兵應之；呂瑩蓋爲秦之梁州別駕，以後面秦王興遣南梁州刺史王敏敕譙縱觀之可見。刺史王敏攻之。瑩等求援於盛，盛遣軍臨濜口，敏退屯武興。水經：沔水東逕白馬戍南，濜水入焉。註云：濜水北發武都氐中，南逕張魯城東，又南過陽平關西而南入于沔，謂之濜口，有濜口城。郡國縣道記：梁州西縣本名白馬城，又曰濜口城。劉蜀置武興督於漢中沔陽縣，隋、唐爲興州，今沔州城古武興城也。濜，徐刃翻。盛復通於晉，孝武太元十九年，楊盛來稱藩；其所以不與晉通者，以桓玄之亂也。復，扶又翻。晉以盛爲都督隴右諸軍事、征西大將軍、開府儀同三司，盛因以宣行梁州刺史。通鑑以晉紀年，則以盛爲都督之上不必書晉，「晉」字當作「詔」字。

五月，丙【章甲十一行本「丙」作「壬」；乙十一行本同；孔本同；熊校同。】戌，燕尚書郎苻進謀反，誅。進，定之子也。孝武太元十一年苻定降燕，見一百六卷。

8 魏主珪北巡至濡源。濡，乃官翻。

9 魏常山王遵以罪賜死。

10 初，魏主珪滅劉衛辰，其子勃勃奔秦，見一百卷孝武太元十六年。秦高平公沒弈干以女妻之。妻，七細翻。勃勃魁岸，美容儀，性辯慧，秦王興見而奇之，與論軍國大事，寵遇踰於勳舊。興弟邕諫曰：「勃勃不可近也。」近，其靳翻。興曰：「勃勃有濟世之才，吾方與之平天下，柰何逆忌之！」乃以爲安遠將軍，使助沒弈干鎮高平，以三城、朔方雜夷魏收地形志，偏城郡廣武縣有三城。唐延州豐林縣，古廣武縣地。及衛辰部衆三萬配之，使伺魏間隙。間，古莧翻。邕固爭以爲不可。興曰：「卿何以知其爲人？」邕曰：「勃勃奉上慢，御衆殘，貪猾不仁，輕爲去就；寵之踰分，分，扶問翻。恐終爲邊患。」興乃止；久之，竟以勃勃爲安北將軍、五原公，配以三交五部鮮卑及雜虜二萬餘落，鎮朔方。爲勃勃病秦，興悔不用邕言張本。

魏主珪歸所虜秦將唐小方于秦。將，卽亮翻。秦王興請歸賀狄干，仍送良馬千匹以贖狄伯支，珪許之。秦留賀狄干見一百十二卷元興元年。狄伯支、唐小方被禽亦見是年。

勃勃聞秦復與魏通而怒，復，扶又翻。乃謀叛秦。楚白公勝所以作亂於楚者，其事正如此。柔然可汗社崙獻馬八千匹于秦，至大城，大城縣前漢屬西河郡，後漢屬朔方郡，魏、晉省。崙，盧昆翻。勃勃掠取之，悉集其衆三萬餘人僞畋於高平川，因襲殺沒弈干而并其衆。

勃勃自謂夏后氏之苗裔，史記及漢書皆云匈奴夏后氏苗裔淳維之後，勃勃，匈奴餘種，故云然。夏，戶雅翻；下同。六月，自稱大夏天王、大單于，晉書曰：勃勃，字屈孑，匈奴右賢王去卑之後，劉元海之族，劉武之曾孫，劉衞辰之子。劉武，卽劉虎，晉書避唐國諱，改虎爲武。單，音蟬。大赦，改元龍升，置百官。以其兄右地代爲丞相，封代公；力俟提爲大將軍，封魏公；叱干阿利爲御史大夫，封梁公；弟阿利羅引爲司隸校尉，若門爲尚書令，叱以鞬爲左僕射，鞬，居言翻。乙斗爲右僕射。

賀狄干久在長安，常幽閉，因習讀經史，舉止如儒者。及還，魏主珪見其言語衣服皆類秦人，以爲慕而效之，怒，并其弟歸殺之。

11秦王興以太子泓錄尚書事。

12秋，七月，戊戌朔，日有食之。

13汝南王遵之坐事死。遵之，亮之五世孫也。汝南王亮死於楚王瑋之難。

14癸亥，燕王熙葬其后苻氏于徽平陵，喪車高大，毀北門而出，熙被髮徒跣，步從二十餘里。被，皮義翻。從，才用翻。甲子，大赦。

初，中衞將軍馮跋及弟侍御郎素弗皆得罪於熙，熙欲殺之，跋亡【章：甲十一行本「亡」上有

「兄弟」二字；乙十一行本同；孔本同；張校同。】命山澤。熙賦役繁數，民不堪命；數，所角翻。跋、素弗與其從弟萬【張：「萬」作「万」。】泥謀曰：「吾輩還首無路，還首，自歸請罪也。首，式救翻。不若因民之怨，共舉大事，可以建公侯之業；事之不捷，死未晚也。」遂相與乘車，使婦人御，潛入龍城，匿於北部司馬孫護之家。及熙出送葬，跋等與左衛將軍張興及苻進餘黨作亂。跋素與慕容雲善，乃推雲爲主。雲以疾辭，雲稱疾見上年。跋曰：「河間淫虐，人神共怒，此天亡之時也。公，高氏名家，何能爲人養子，爲養子事見一百九卷隆安元年。而棄難得之運乎？」扶之而出。跋弟乳陳等帥衆攻弘光門，帥，讀曰率。鼓噪而進，禁衞皆散走；遂入宮授甲，閉門拒守。中黄門趙洛生走告于熙，熙曰：「鼠盜何能爲！朕當還誅之。」乃置后柩於南苑，柩，巨救翻。收髮貫甲，馳還赴難。難，乃旦翻。夜，至龍城，攻北門，不克，宿於門外。乙丑，雲即天王位，雲，字子雨，祖父高和，句麗之支庶，慕容寶養以爲子。大赦，改元正始。

熙退入龍騰苑，尚方兵褚頭踰城從熙，稱營兵同心效順，唯俟軍至。熙聞之，驚走而出，左右莫敢迫。熙從溝下潛遁，良久，左右怪其不還，相與尋之，唯得衣冠，不知所適。中領軍慕容拔謂中常侍郭仲曰：「大事垂捷，而帝無故自驚，深可怪也。然城內企遲，遲，直利翻，待也。至必成功，不可稽留。吾當先往趣城，趣，七喻翻。卿留待帝，得帝，速來；若帝未還，吾得如意安撫城中，徐迎未晚。」乃分將壯士二千餘人登北城。將士謂熙至，皆投仗請降。將，即亮翻。降，戶江翻。既而熙久不至，拔兵無後繼，衆心疑懼，復下城赴苑，復，扶又翻；下復貳、可復同。遂皆潰去。拔爲城中人所殺。丙寅，熙微服匿於林中，爲人所執，送於雲，雲數而殺之，年二十三。史言慕容熙淫虐，天奪其魄，身死國滅。載記曰：自垂至熙四世，凡二十四年而滅。數，所具翻。并其諸子。雲復姓高氏。

幽州刺史上庸公懿以令支降魏，令，音鈴，又郎定翻。支，音祁。魏以懿爲平州牧、昌黎王。懿，評之孫也。前燕之亡，慕容評之罪也。

15 魏主珪自濡源西如參合陂，濡，乃官翻。乃還平城。

16 秃髮傉檀復貳於秦，傉，奴沃翻。復，扶又翻；下同。遣使邀乞伏熾磐，熾磐斬其使送長安。爲秦襲傉檀張本。使，疏吏翻；下同。熾，昌志翻。

17 南燕主超母妻猶在秦，超遣御史中丞封愷使於秦以請之。秦王興曰：「昔苻氏之敗，太樂諸伎悉入于燕。長安之陷，太樂諸伎入于西燕；西燕之亡，慕容垂收以歸于中山；中山之陷，相率奔鄴，由是南燕得之。伎，渠綺翻。燕今稱藩，送伎或送吳口千人，所請乃可得也。」超與羣臣議之，左僕射段暉曰：「陛下嗣守社稷，不宜以私親之故遂降尊號；且太樂先代遺音，不可與也，不如掠吳口與之。」尚書張華曰：「侵掠鄰國，兵連禍結，此既能往，彼亦能來，非國家之福也。陛下慈親在人掌握，豈可靳惜虛名，不爲之降屈乎！靳，居焮翻。爲，于僞翻。中書令韓範嘗與秦王俱爲苻氏太子舍人，若使之往，必得如志。」超從之，乃使韓範聘于秦，稱藩奉表。

慕容凝言於興曰：「燕王得其母妻，不可復臣，宜先使送伎。」興乃謂範曰：「朕歸燕王家屬必矣；然今天時尚熱，當俟秋涼。」八月，秦使員外散騎常侍韋宗聘於燕。超與羣臣議見宗之禮，張華曰：「陛下前既奉表，今宜北面受詔。」封逞曰：「大燕七聖重光，自廆、皝、儁、暐至垂、德、超凡七主。重，直龍翻。奈何一旦爲豎子屈節！」超曰：「吾爲太后屈，願諸君勿復言！」爲，于僞翻。復，扶又翻。遂北面受詔。

18 毛脩之與漢嘉太守馮遷合兵擊楊承祖，斬之。脩之欲進討譙縱，益州刺史鮑陋不可。脩之上表言：「人之所以重生，實有生理可保。臣之情地，生塗已竭；謂其父瑾、伯璩舉家爲蜀人所滅，脩之欲致死復讎，不復求生路也。所以借命朝露者，朝露易晞，言不久生也。庶憑天威誅夷讎逆。今屢有可乘之機，而陋每違期不赴；臣雖効死寇庭，而救援理絕，將何以濟！」劉裕乃表襄城太守劉敬宣帥衆五千伐蜀，晉氏南渡，置襄城郡於江南，仍領繁昌等縣。孝武罷襄城郡爲繁昌縣，屬淮南僑郡，今太平州繁昌縣卽其地。繁昌本漢潁川郡屬縣，因僑立而是縣之名遂移於江南。此襄城蓋敬宣以舊郡僑領太守也。帥，讀曰率。以劉道規爲征蜀都督。

19 魏主珪如豺山宮。侯官告：「司空庾岳，服飾鮮麗，行止風采，擬則人君。」侯官見上卷元興三年。珪收岳，殺之。

20 北燕王雲以馮跋爲都督中外諸軍事、開府儀同三司、錄尚書事，馮萬泥爲尚書令，馮素弗爲昌黎尹，馮弘爲征東大將，孫護爲尚書左僕射，張興爲輔國大將軍。弘，跋之弟也。

21 九月，譙縱稱藩於秦。

22 禿髮傉檀將五萬餘人伐沮渠蒙遜，傉，奴沃翻。將，即亮翻。沮，子余翻。蒙遜與戰於均石，大破之。均石在張掖之東，西陝之西，蓋西郡界。蒙遜進攻西郡太守楊統於日勒，降之。日勒縣，漢屬張掖郡，後分置西郡，治日勒。賢曰：日勒故城，在今甘州刪丹縣東南。

23 冬十月，秦河州刺史彭奚念叛，降於禿髮傉檀，秦以乞伏熾盤行河州刺史。熾，昌志翻。

24 南燕主超使左僕射張華、給事中宗正元獻太樂伎一百二十人於秦，秦王興乃還超母妻，厚其資禮而遣之，超親帥六宮迎於馬耳關。伎，渠綺翻。帥，讀曰率。據水經，濟南臺縣有馬耳山關，盧水出焉。魏收地形志，泰山郡臺縣有馬耳山。

25 夏王勃勃破鮮卑薛千等三部，「薛千」，晉書載記作「薛千」，蜀本作「薛干」。降其衆以萬數，降，戶江翻。進攻秦三城已北諸戍，斬秦將楊丕、姚石生等。諸將皆曰：「陛下欲經營關中，宜先固根本，使人心有所憑係。高平山川險固，土田饒沃，可以定都。」勃勃曰：「卿知其一，未知其二。吾大業草創，士衆未多；姚興亦一時之雄，諸將用命，關中未可圖也。我今專固一城，彼必并力於我，衆非其敵，亡可立待。不如以驍騎風馳，將，即亮翻。驍，堅堯翻。騎，奇寄翻。出其不意，救前則擊後，救後則擊前，使彼疲於奔命，我則游食自若。不及十年，嶺北、河東盡爲我有。待興既死，嗣子闇弱，徐取長安，在吾計中矣。」於是侵掠嶺北，嶺北諸城門不晝啓。興乃歎曰：「吾不用黄兒之言，以至於此！」黄兒，興弟邕小字也。

勃勃求婚於禿髮傉檀，傉檀不許。十一月，勃勃帥騎二萬擊傉檀，至于支陽，枝陽縣，漢屬金城郡，晉張寔分屬廣武郡。劉昫曰：唐蘭州廣武縣，漢枝陽縣。杜佑曰：唐會州會寧縣，漢枝陽縣。殺傷萬餘人，驅掠二萬七千餘口、牛馬羊數十萬而還。還，從宣翻，又如字。傉檀帥衆追之，帥，讀曰率。焦朗曰：「勃勃天姿雄健，御軍嚴整，未可輕也。不如從溫圍北渡，趣萬斛堆，溫圍，水名。水經：河水北過武威媼圍縣東北。溫圍其卽漢之媼圍縣歟？趣，七喻翻。阻水結營，扼其咽喉，咽，音煙。百戰百勝之術也。」傉檀將賀連怒曰：「勃勃敗亡之餘，烏合之衆，柰何避之，示之以弱！宜急追之！」傉檀從之。勃勃於陽武下峽鑿凌埋車以塞路，凌，力證翻，冰也，又閭承翻。鑿冰塞路，置兵死地，使人自爲戰。塞，悉則翻。勒兵逆擊傉檀，大破之，追奔八十餘里，殺傷萬計，名臣勇將死者什六七。將，卽亮翻。傉檀與數騎奔南山，漢書地理志：武威郡蒼松縣有南山、松陝。余謂此南山自羌中連延西平、金城之界，東出秦、雍，至于終南，皆此山也。傉檀所奔，枝陽之南山也。幾爲追騎所得。幾，居希翻。騎，奇寄翻。勃勃積尸而封之，號曰髑髏臺。髑，徒谷翻。髏，音婁。勃勃又敗秦將張佛生於青石原，敗，補邁翻。後漢書西羌傳：安定有青石岸。安定，唐之涇州；涇州有青石嶺。俘斬五千餘人。

傉檀懼外寇之逼，徙三百里內民皆入姑臧；國人駭怨，屠各成七兒因之作亂，屠，直於翻。一夕聚衆至數千人。殿中都尉張猛大言於衆曰：「主上陽武之敗，蓋恃衆故也，責躬悔過，何損於明，而諸君遽從此小人爲不義之事！殿中兵今至，禍在目前矣！」衆聞之，皆散；七兒奔晏然，追斬之。軍諮祭酒梁裒、輔國司馬邊憲等謀反，傉檀皆殺之。自是之後，秃髮氏之勢日以衰矣。

26 魏主珪還平城。

27 十二月，戊子，武岡文恭侯王謐薨。謚法：既過能改曰恭。

28 是歲，西涼公暠以前表未報，前奉表見上元年。暠，古老翻。復遣沙門法泉間行奉表詣建康。復，扶又翻。間，古莧翻。

四年（戊申、四〇八）

1 春，正月，甲辰，以琅邪王德文領司徒。

劉毅等不欲劉裕入輔政，議以中領軍謝混爲揚州刺史；王謐薨，揚州刺史缺官，故議用其人。或欲令裕於丹徒領揚州，以內事付孟昶。昶，丑兩翻。遣尚書右丞皮沈以二議諮裕，皮，姓也。沈，持林翻。沈先見裕記室錄事參軍劉穆之，具道朝議。朝，直遙翻。穆之僞起如廁，密疏白裕曰：「皮沈之言不可從。」裕既見沈，且令出外，呼穆之問之。穆之曰：「晉朝失政日久，朝，直遙翻；下同。天命已移。公興復皇祚，勳高位重，今日形勢，豈得居謙，遂爲守藩之將耶！將，即亮翻。劉、孟諸公，與公俱起布衣，共立大義以取富貴，事有先後，故一時相推，非爲委體心服，宿定臣主之分也；分，扶問翻。力敵勢均，終相呑噬。後果如穆之之言。揚州根本所係，不可假人。前者以授王謐，事出權道；見上卷元興三年。今若復以他授，復，扶又翻；下而復同。便應受制於人。一失權柄，無由可得，將來之危，難可熟念。今朝議如此，宜相酬答，必云在我，措辭又難，唯應云：『神州治本，宰輔崇要，治，直吏翻。此事既大，非可懸論，便暫入朝，共盡同異。』公至京邑，彼必不敢越公更授餘人明矣。」裕從之。朝廷乃徵裕爲侍中、車騎將軍、開府儀同三司、揚州刺史、錄尚書事，徐、兗二州刺史如故。騎，奇寄翻。裕表解兗州，以諸葛長民爲青州刺史，鎭丹徒，劉道憐爲幷州刺史，戍石頭。

2 庚申，武陵忠敬王遵薨。

3 魏主珪如豺山宮，遂至寧川。寧川即後漢上谷郡之寧縣也，前漢曰寧縣。地理志曰：于延水出代郡且如縣塞外，東至寧入沽。水經註曰：于延水逕罡城南，又東左與寧川水合，水出小寧縣西北，東南流注于延水，又東逕小寧縣故城南，地理志寧縣也。師古曰：且，子如翻。

4 南燕主超尊其母段氏爲皇太后，妻呼延氏爲皇后。超祀南郊，有獸如鼠而赤，大如馬，來至壇側。須臾，大風晝晦，羽儀帷幄皆毀裂。賈公彥曰：在旁曰帷，四合象宮室曰幄。超懼，以問太史令成公綏，對曰：「陛下信用姦佞，誅戮賢良，賦斂繁多，事役殷重之所致也。」斂，力贍翻。超乃大赦，黜公孫五樓等，俄而復用之。復，扶又翻。

5 北燕王雲立妻李氏爲皇后，子彭城爲太子。

三月，庚申，葬燕王熙及苻后于徽平陵，謚熙曰昭文皇帝。

高句麗遣使聘北燕，且敍宗族，雲本高句麗支屬，詳見一百九卷隆安元年。使，疏吏翻。北燕王雲遣侍御史李拔報之。

6 夏，四月，尚書左僕射孔安國卒；甲午，以吏部尚書孟昶代之。昶，丑兩翻。

7 北燕大赦。

8 五月，北燕以尚書令馮萬泥爲幽、冀二州牧，鎭肥如；中軍將軍馮乳陳爲并州牧，鎭白狼；前漢右北平郡有白狼縣。師古曰：有白狼山，故以名縣。後漢、晉省縣。魏收地形志曰：世祖太平眞君八年置建德郡，治白狼城。其地屬唐營州柳城縣界。撫軍大將軍馮素弗爲司隸校尉，司隸校尉務銀提爲尚書令。

9 譙縱遣使稱藩於秦，使，疏吏翻。又與盧循潛通。縱上表請桓謙於秦，欲與之共擊劉裕。秦王興以問謙，謙曰：「臣之累世，著恩荆、楚，若得因巴、蜀之資，順流東下，士民必翕然嚮應。」興曰：「小水不容巨魚，若縱之才力自足辦事，亦不假君以爲鱗翼。宜自求多福。」遂遺之。謙至成都，虛懷引士；縱疑之，置於龍格，使人守之。龍格蓋即今成都府廣都縣龍爪灘之地。謙泣謂諸弟曰：「姚主之言神矣！」

10 秦主興以禿髮傉檀外內多難，時傉檀軍諮祭酒梁裒、輔國司馬邊憲等謀反，傉檀悉誅之。晉書載記曰：傉檀外有陽武之敗，內有邊梁之亂。難，乃旦翻。欲因而取之，使尚書郎韋宗往覘之。覘，丑廉翻，又丑豔翻。傉檀與宗論當世大略，縱橫無窮。縱，子容翻。宗退，歎曰：「奇才英器，不必華夏，夏，戶雅翻。明智敏識，不必讀書，吾乃今知九州之外，五經之表，復自有人也。」傉檀之才辨，內足以欺其父兄，外足以欺敵人之覘國者，而卒以敗亡者，輕用兵也。揆之於古，蓋智伯瑤之流，而才識又不及焉。復，扶又翻。歸，言於興曰：「涼州雖弊，傉檀權譎過人，未可圖也。」譎，古穴翻。興曰：「劉勃勃以烏合之衆猶能破之，況我舉天下之兵以加之乎！」宗曰：「不然。形移勢變，返覆萬端，蜀本作「返復」，當從之。陵人者易敗，易，以豉翻。戒懼者難攻。傉檀之所以敗於勃勃者，輕之也。今我以大軍臨之，彼必懼而求全。臣竊觀羣臣才略，無傉檀之比者，雖以天威臨之，亦未敢保其必勝也。」興不聽，使其子中軍將軍廣平公弼、後軍將軍斂成、鎮遠將軍乞伏乾歸帥步騎三萬襲傉檀，左僕射齊難帥騎二萬討勃勃。帥，讀曰率；下同。吏部尚書尹昭諫曰：「傉檀恃其險遠，故敢違慢；不若詔沮渠蒙遜及李暠討之，使自相困斃，不必煩中國之兵也。」亦不聽。

興遺傉檀書曰：遺，于季翻。「今遣齊難討勃勃，恐其西逸，故令弼等於河西邀之。」傉檀以爲然，遂不設備。弼濟自金城，自金城濟河也。姜紀言於弼曰：「今王師聲言討勃勃，傉檀猶豫，守備未嚴，願給輕騎五千，騎，奇寄翻。掩其城門，則山澤之民皆爲吾有，孤城無援，可坐克也。」弼不從，進至漠口，漠口在昌松郡界，謂之昌松漠口。魏收地形志，昌松郡有漠口縣。昌松太守蘇霸閉城拒之。弼遣人諭之使降，霸曰：「汝棄信誓而伐與國，吾有死而已，何降之有！」降，戶江翻。弼進攻，斬之，長驅至姑臧。傉檀嬰城固守，出奇兵擊弼，破之，弼退據西苑。城中人王鍾等謀爲內應，事泄，傉檀欲誅首謀者而赦其餘。前軍將軍伊力延侯曰：「今強寇在外，而姦人竊發於內，危孰甚焉，不悉阬之，何以懲後！」傉檀從之，殺五千餘人。命郡縣悉散牛羊於野，斂成縱兵鈔掠；鈔，楚交翻。傉檀遣鎮北大將軍俱延、鎮軍將軍敬歸等擊之，秦兵大敗，斬首七千餘級。傉檀散牛羊以餌敵，而斂成掠之，宜其敗也。姚弼固壘不出，傉檀攻之，未克。

秋，七月，興遣衞大將軍常山公顯帥騎二萬爲諸軍後繼，至高平，聞弼敗，倍道赴之。顯遣善射者孟欽等五人挑戰於涼風門，挑，徒了翻。弦未及發，傉檀材官將軍宋益等迎擊，斬之。顯乃委罪斂成，遣使謝傉檀，慰撫河外，引兵還。傉檀遣使者徐宿詣秦謝罪。使，疏吏翻。

夏王勃勃聞秦兵且至，退保河曲。河曲在朔方東北；黃河千里一曲。齊難以勃勃既遠，縱兵野掠；勃勃潛師襲之，俘斬七千餘人。難引兵退走，勃勃追至木城，禽之，虜其將士萬三千人。於是嶺北夷、夏附於勃勃者以萬數，夏，戶雅翻。勃勃皆置守宰以撫之。姚弼之敗，禿髮未能爲秦患也。齊難之敗，則赫連之患熾矣。

11 司馬叔璠自蕃城寇鄒山，璠，孚袁翻。蕃，音皮，又音反，讀曰翻。魯郡太守徐邕棄城走，車騎長史劉鍾擊卻之。

12 北燕王雲封慕容歸爲遼東公，使主燕祀。

13 劉敬宣既入峽，所謂三峽也。遣巴東太守溫祚以二千人出外水，自帥益州刺史鮑陋、輔國將軍文處茂、龍驤將軍時延祖由墊江轉戰而前。帥，讀曰率。處，昌呂翻。驤，思將翻。此由內水而進也。墊，音疊。譙縱求救於秦，秦王興遣平西將軍姚賞、南梁州刺史王敏將兵二萬赴之。敬宣軍至黃虎，去成都五百里。黃虎近涪城。縱輔國將軍譙道福悉衆拒嶮，相持六十餘日，敬宣不得進；食盡，軍中疾疫，死者太半，乃引軍還。還，從宣翻，又如字。敬宣坐免官，削封三分之一，荆州刺史劉道規以督統降號建威將軍。春秋責帥之義也；道規時爲征蜀都督。九月，劉裕以敬宣失利，請遜位，詔降爲中軍將軍，開府如故。劉毅欲以重法繩敬宣，裕保護之；何無忌謂毅曰：「柰何以私憾傷至公！」私憾見上元年。毅乃止。

14乞伏熾磐以秦政浸衰，且畏秦之攻襲，熾，昌志翻。冬，十月，招結諸部二萬餘人築城于嵻崀山而據之。丁度曰：嵻崀山在西羌。予據乞伏氏據苑川，其地西至枹罕，東極隴坻，北限赫連，南界吐谷渾。嵻崀山當在苑川西南。宋朝西境盡秦、渭，嵻崀山始在西羌中。嵻，丘岡翻。崀，盧當翻。

15十一月，禿髮傉檀復稱涼王，大赦，改元嘉平，置百官。立夫人折掘氏爲王后，世子武臺爲太子，錄尙書事。武臺，本名虎臺，唐人作晉書，避唐祖諱，改「虎」爲「武」，通鑑因之。左長史趙鼂、右長史郭倖爲尙書左、右僕射，鼂，古朝字，音直遙翻。昌松侯俱延爲太尉。

16南燕汝水竭；「汝」，當作「女」。河凍皆合，而澠水不冰。水經註：澠水出營城東，西北流入時水。營城卽臨淄城。時水通有澠水之名，亦謂之時澠水。時水東北入淄水，淄水又東北合濁水，濁水東北流逕廣固城西，濁水亦或通名之爲澠水。昔趙攻廣固，望氣者以爲澠水帶城非可攻拔，若塞五龍口，城必當陷，指是水也。澠，神陵翻。南燕主超惡之，問於李宣，對曰：「澠水無冰，良由逼帶京城，近日月也。」惡，烏路翻。近，其靳翻。超大悅，賜朝服一具。朝，直遙翻。

17十二月，乞伏熾磐攻彭奚念於枹罕，爲奚念所敗而還。枹，音膚。敗，補邁翻。還，從宣翻，又如字。

18是歲，魏主珪殺高邑公莫題。初，拓跋窟咄之伐珪也，見一百六卷孝武太元十一年。題以珪年少，少，詩照翻。潛以箭遺窟咄曰：「三歲犢豈能勝重載邪！」遺，于季翻。勝，音升。載，才再翻。

珪心銜之。至是，或告題居處倨傲，擬則人主者，珪使人以箭示題而謂之曰：「三歲犢果如何？」題父子對泣；詰朝，收斬之。處，昌呂翻。詰，去吉翻。

聶崇岐標點王崇武覆校

資治通鑑卷第一百一十五

端明殿學士兼翰林侍讀學士朝散大夫右諫議大夫充集賢殿修撰權判西京留司御史臺上柱國河内郡開國侯食邑一千三百户食實封四百户賜紫金魚袋臣　司馬光　奉敕編集
後　學　天　台　胡三省　音　註

晉紀三十七起屠維作噩（己酉），盡上章閹茂（庚戌），凡二年。

安皇帝庚

義熙五年（己酉、四〇九）

1春，正月，庚寅朔，南燕主超朝會羣臣，歎太樂不備，三年，超獻太樂伎于秦，故歎其不備。朝，直遥翻。議掠晉人以補伎。伎，渠綺翻。領軍將軍韓諄曰：丁度曰：諄，竹角翻。「先帝以舊京傾覆，戢翼三齊。中山陷，慕容德棄鄴，保滑臺；既而復失滑臺，乃東取齊地而據之。事並見前。戢，疾立翻。陛下不養士息民，以伺魏釁，恢復先業，而更侵掠南鄰以廣讎敵，可乎！」超曰：「我計已定，不與卿言。」史言慕容超愎諫致寇而亡。伺，相吏翻。

2辛卯，大赦。

3 庚戌，以劉毅爲衛將軍、開府儀同三司。毅愛才好士，好，呼到翻。當世名流莫不輻湊，獨揚州主簿吳郡張邵不往。或問之，邵曰：「主公命世人傑，何煩多問！」劉裕領揚州，故稱之爲主公。

4 秦王興遣其弟平北將軍沖、征虜將軍狄伯支等帥騎四萬，帥，讀曰率。騎，奇寄翻。擊夏王勃勃。沖至嶺北，謀還襲長安，伯支不從而止，因酖殺伯支以滅口。

5 秦王興遣使册拜譙縱爲大都督、相國、蜀王，加九錫，承制封拜，悉如王者之儀。

6 二月，南燕將慕容興宗、斛穀提、公孫歸等帥騎寇宿豫，拔之，宿豫城在淮北，帝置宿豫郡及宿豫縣；唐代宗諱豫，改爲宿遷縣，屬徐州。宋白曰：宿豫城在下邳東南百八十里，蓋本宋人遷宿處也，宋滅，爲邑；漢爲仇猶縣，屬臨淮郡；晉安帝立宿豫縣，唐改宿遷縣。將，卽亮翻。大掠而去，簡男女二千五百付太樂教之。歸，五樓之兄也。是時，五樓爲侍中、尚書、領左衛將軍，專總朝政，朝，直遥翻。宗親並居顯要，王公内外無不憚之。南燕主超論宿豫之功，封斛穀提等並爲郡、縣公。桂林王【嚴：「林」改「陽」。】鎮諫曰：「此數人者，勤民頓兵，頓，讀曰鈍。爲國結怨，爲，于僞翻。何功而封？」超怒，不答。尚書都令史王儼諂事五樓，漢尚書有令史十八人，後增爲二十一人，其後員數愈增，置都令史以總之。比歲屢遷，官至左丞。比，毗至翻。禮記：比年入學。註：每歲也。漢書，比年，頻年也。國人爲之語曰：「欲得侯，事五樓。」超又遣公孫歸等寇濟南，俘男女千餘人而去。此濟南郡亦是僑置於淮北。濟，子禮翻。自彭城以南，民皆堡聚以自固。詔并州刺史劉道憐鎮淮陰以備之。

7乞伏熾磐入見秦太原公懿於上邽，熾，昌志翻。彭奚念乘虛伐之。熾磐聞之，怒，不告懿而歸，擊奚念，破之，遂圍枹罕。乞伏乾歸從秦王興如平涼；熾磐克枹罕，彭奚念據枹罕。枹，音膚。遣人告乾歸，乾歸逃還苑川。乾歸爲秦所留，見上卷三年。

馮翊人劉厥聚衆數千，據萬年作亂，秦王興在平涼，故厥乘間作亂。秦太子泓遣鎮軍將軍彭白狼帥東宮禁兵討之，斬厥，赦其餘黨。諸將請露布，表言廣其首級。帥，讀曰率。將，卽亮翻。泓不許，曰：「主上委吾後事，不能式遏寇逆，當責躬請罪，尚敢矜誕自爲功乎！」姚泓優游文義，自儒者觀之，似得子道，然非撥亂才也。

秦王興自平涼如朝那，聞姚沖之謀，謂欲還襲長安也。賜沖死。

8三月，劉裕抗表伐南燕，朝議皆以爲不可，朝，直遙翻。惟左僕射孟昶、車騎司馬謝裕、參軍臧熹以爲必克，勸裕行。裕以昶監中軍留府事。監中軍將軍留府事也。昶，丑兩翻。監，古銜翻。謝裕，安之兄孫也。

初，苻氏之敗也，王猛之孫鎮惡來奔，以爲臨澧令。武帝太康四年立臨澧縣，屬天門郡，隋、唐併入澧州澧陽縣。澧，音禮。鎮惡騎乘非長，關弓甚弱，關，讀曰彎。而有謀略，善果斷，喜論軍國大事。或薦鎮惡於劉裕，裕與語，說之，斷，丁亂翻。喜，許記翻。說，讀曰悅。因留宿；明旦，謂參佐曰：「吾聞將門有將，將，卽亮翻。鎮惡信然。」卽以爲中軍參軍。

9 恆山崩。恆，戶鄧翻。

10 夏，四月，乞伏乾歸如枹罕，留世子熾磐鎮之，收其衆得二萬，徙都度堅山。度堅山，乞伏之先司繁所居也。

11 雷震魏天安殿東序；魏主珪惡之，命左校以衝車攻東、西序，皆毁之。初，珪服寒食散，晉人多服寒食散，今千金方中有數万。蘇軾曰：世有食鍾乳、烏喙而縱酒色以求長年者，蓋始於何晏。晏少而富貴，故服寒食散以濟其欲。凡服之者，疽背、嘔血相踵也。久之，藥發，性多躁擾，忿怒無常，至是寖劇。躁，則到翻。又災異數見，見，賢遍翻。占者多言當有急變生肘腋。腋，音亦。珪憂懣不安，懣，音悶，又音滿。或數日不食，或達旦不寐，追計平生成敗得失，獨語不止。疑羣臣左右皆不可信，每百官奏事至前，追記其舊惡，輒殺之；其餘或顏色變動，或鼻息不調，氣一出一入謂之息。或步趨失節，或言辭差繆，皆以爲懷惡在心，發形於外，往往手擊殺之，史言魏主珪死期將至。死者皆陳天安殿前。朝廷人不自保，百官苟免，莫相督攝，盜賊公行，里巷之間，人爲希少。爲，于僞翻。少，詩沼翻。珪亦知之，曰：「朕故縱之使然，待過災年，更當淸治之耳。」治，直之翻。是時，羣臣畏罪，多不敢求親近；近，其靳翻。唯著作郎崔浩恭勤不懈，或終日不歸。

浩，吏部尚書宏之子也。宏未嘗忤旨，亦不諂諛，故宏父子獨不被譴。懈，居隘翻。忤，五故翻。被，皮義翻。

12夏王勃勃率騎二萬攻秦，騎，奇寄翻。掠取平涼雜胡七千餘戶，進屯依力川。魏收地形志：平涼城在漢安定鶉陰界，唐爲原州之地。依力川又當在其東南。

13己巳，劉裕發建康，帥舟師自淮入泗。帥，讀曰率。五月，至下邳，留船艦、輜重，艦，戶黯翻。重，直用翻。步進至琅邪，所過皆築城，留兵守之。慮南燕以奇兵斷其後也。或謂裕曰：「燕人若塞大峴之險，水經註：沭水出琅邪東莞縣西北山，東南流，右合峴水。水北出大峴山，今有大峴關。魏收志，齊郡盤陽縣有大峴山。五代志，臨朐縣有大峴山。杜佑曰：大峴在沂州沂水縣北。塞，悉則翻。峴，戶典翻。或堅壁清野，大軍深入，不唯無功，將不能自歸，柰何？」裕曰：「吾慮之熟矣，鮮卑貪婪，婪，盧含翻。不知遠計，進利虜獲，退惜禾苗，謂我孤軍遠入，不能持久；不過進據臨朐，魏收志曰：臨朐即漢之朐縣也，屬東海郡；晉曰臨朐，屬東莞郡。宋白曰：因臨朐山而名。朐，音劬。退守廣固，必不能守險清野，敢爲諸君保之。」爲，于僞翻。

南燕主超聞有晉師，引羣臣會議。征虜將軍公孫五樓曰：「吳兵輕果，利在速戰，不可爭鋒；宜據大峴，使不得入，曠日延時，沮其銳氣，沮，在呂翻。然後徐簡精騎二千，循海而南，絕其糧道，別敕段暉帥兖州之衆，緣山東下，南燕兖州治梁父；緣梁父之山而東下也。騎，奇寄翻。

帥，讀曰率。腹背擊之，此上策也。各命守宰依險自固，校其資儲之外，餘悉焚蕩，芟除禾苗，芟，所銜翻；下同。使敵無所資，彼僑軍無食，僑，渠嬌翻。求戰不得，旬月之間，可以坐制，此中策也。縱賊入峴，出城逆戰，此下策也。」超曰：「今歲星居齊，以天道推之，不戰自克。客主勢殊，以人事言之，彼遠來疲弊，勢不能久。吾據五州之地，南燕以并州牧鎮陰平，幽州刺史鎮發干，徐州刺史鎮莒城，兗州刺史鎮梁父，青州刺史鎮東萊，所謂五州也。擁富庶之民，鐵騎萬羣，麥禾布野，柰何芟苗徙民，先自蹙弱乎！不如縱使入峴，以精騎蹂之，何憂不克。」蹂，人九翻。輔國將軍廣寧王賀賴盧苦諫不從，退謂五樓曰：「必若此，亡無日矣！」太尉桂林王鎮曰：「陛下必以騎兵利平地者，宜出峴逆戰，戰而不勝，猶可退守；不宜縱敵入峴，自棄險固也。」超不從。鎮出，謂韓諄曰：丁度曰：諄，竹角翻。「主上既不能逆戰卻敵，又不肯徙民淸野，延敵入腹，坐待攻圍，酷似劉璋矣。劉璋事見六十七卷漢獻帝建安十八年。今年國滅，吾必死之。卿中華之士，復爲文身矣。」古者東南之民斷髮文身，故鎮云然。超聞之，大怒，收鎮下獄。下，戶稼翻。乃攝莒、梁父二戍，父，音甫。修城隍，簡士馬，以待之。

劉裕過大峴，燕兵不出。裕舉手指天，喜形于色。左右曰：「公未見敵而先喜，何也？」裕曰：「兵已過險，士有必死之志；謂已得過大峴之險。餘糧棲畝，人無匱乏之憂。謂燕人不芟除禾苗。虜已入吾掌中矣。」六月，己巳，裕至東莞。莞，音官。超先遣公孫五樓、賀賴盧及左將軍段暉等將步騎五萬屯臨朐；朐，音劬。聞晉兵入峴，自將步騎四萬往就之，使五樓帥騎進據巨蔑水。巨蔑水，國語謂之具水，袁宏謂之巨昧水，水經謂之巨洋水。水出朱虛縣太山北，過其縣西，又北過臨朐縣東。上下沿水，悉是劉裕伐廣固營壘所在。前鋒孟龍符與戰，破之，五樓退走。裕以車四千乘爲左右翼，乘，繩證翻。方軌徐進，與燕兵戰於臨朐南，日向昃，日過中爲向昃。昃，阻力翻。勝負猶未決。參軍胡藩言於裕曰：「燕悉兵出戰，臨朐城中留守必寡，願以奇兵從間道取其城，此韓信所以破趙也。」間，古莧翻。韓信事見九卷漢高帝三年。裕遣藩及諮議參軍檀韶、建威將軍河內向彌潛師出燕兵之後，攻臨朐，聲言輕兵自海道至矣。向彌擐甲先登，遂克之。向，式亮翻。擐，音宦。超大驚，單騎就段暉於城南。超自臨朐城中出城南就暉。裕因縱兵奮擊，燕衆大敗，斬段暉等大將十餘人，超遁還廣固，獲其玉璽、輦及豹尾。服虔曰：大駕屬車八十一乘，作三行，尚書、御史乘之，最後一乘，懸豹尾，豹尾以前皆爲省中。晉志：法駕屬車三十六乘，最後車懸豹尾。璽，斯氏翻。裕乘勝逐北至廣固；丙子，克其大城。超收衆入保小城。裕築長圍守之，圍高三丈，穿塹三重；高，古號翻。重，直龍翻；塹，七豔翻。撫納降附，采拔賢俊，華、夷大悅。於是因齊地糧儲，悉停江、淮漕運。

超遣尚書郎張綱乞師於秦，赦桂林王鎮，以爲錄尚書、都督中外諸軍事，引見，謝之，且問計焉。鎮曰：「百姓之心，係於一人。今陛下親董六師，奔敗而還，還，從宣翻，又如字。羣臣離心，士民喪氣。聞秦人自有內患，謂秦內有赫連之患也。喪，息浪翻。恐不暇分兵救人。散卒還者尚有數萬，宜悉出金帛以餌之，更決一戰。若天命助我，必能破敵；如其不然，死亦爲美，比於閉門待盡，不猶愈乎！」司徒樂浪王惠曰：「不然。樂浪，音洛琅。晉兵乘勝，氣勢百倍，我以敗軍之卒當之，不亦難乎！秦雖與勃勃相持，不足爲患；且與我分據中原，勢如脣齒，安得不來相救！但不遣大臣則不能得重兵。尚書令韓範爲燕、秦所重，事見上卷三年。宜遣乞師。」超從之。

秋，七月，加劉裕北青、冀二州刺史。晉氏南渡，立南青、冀二州於淮南，北青、冀二州於齊地。

南燕尚書略陽垣尊及弟京兆太守苗踰城來降，裕以爲行參軍。垣氏子孫後遂爲南國邊將，著功名。尊、苗皆超所委任以爲腹心者也。

或謂裕曰：「張綱有巧思，思，相吏翻。若得綱使爲攻具，廣固必可拔也。」會綱自長安還，太山太守申宣執之，送於裕。裕升綱於樓車，杜預曰：樓車，車上望櫓。使周城呼曰：呼，火故翻。「劉勃勃大破秦軍，無兵相救。」城中莫不失色。江南每發兵及遣使者至廣固，裕輒潛遣兵夜迎之，明日，張旗鳴鼓而至，董卓之入洛，計亦出此。北方之民執兵負糧歸裕者，日以千數，圍城益急。張華、封愷皆爲裕所獲。超請割大峴以南地爲藩臣，裕不許。

秦王興遣使謂裕曰：「慕容氏相與鄰好，好，呼到翻。今晉攻之急，秦已遣鐵騎十萬屯洛陽；晉軍不還，當長驅而進。」裕呼秦使者謂曰：「語汝姚興：使，疏吏翻；下同。語，牛倨翻；下相語同。我克燕之後，息兵三年，當取關、洛；今能自送，便可速來！」劉穆之聞有秦使，馳入見裕，而秦使者已去。裕以所言告穆之。穆之尤之尤，怪也，過也。曰：「常日事無大小，必賜預謀，此宜善詳，善，謂善爲之辭；詳，謂審諦也。云何遽爾答之！此語不足以威敵，適足以怒之。若廣固未下，羌寇奄至，不審何以待之？」裕笑曰：「此是兵機，非卿所解，解，戶買翻，曉也。故不相語耳。語，牛倨翻。夫兵貴神速，彼若審能赴救，必畏我知，寧容先遣信命，逆設此言！是自張大之辭也。晉師不出，爲日久矣。羌見伐齊，殆將內懼，自保不暇，何能救人邪！」

14 乞伏乾歸復即秦王位，復，扶又翻。大赦，改元更始，更，工衡翻。公卿以下皆復本位。乾歸降公卿將帥爲僚佐偏裨，見一百十二卷隆安五年。

15 慕容氏在魏者百餘家，謀逃去，魏主珪盡殺之。

16 初，魏太尉穆崇與衞王儀伏甲謀弒魏主珪，不果；珪惜崇、儀之功，祕而不問。及珪有疾，殺【章：甲十一行本「殺」上有「多」字；乙十一行本同；孔本同；張校同。】大臣。儀自疑而出亡，追獲之。八月，賜儀死。

17 封融詣劉裕降。封融奔魏，見上卷二年。魏殺慕容氏，故融歸裕。降，戶江翻。

18 九月，加劉裕太尉；裕固辭。

19 秦王興自將擊夏王勃勃，至貳城，貳城，貳縣城也，在杏城西北、平涼東南。遣安遠將軍姚詳等分督租運。勃勃乘虛奄至，興懼，欲輕騎就詳等。騎，奇寄翻。右僕射韋華曰：「若鑾輿一動，衆心駭懼，必不戰自潰，詳營亦未必可至也。」興與勃勃戰，秦兵大敗，將軍姚榆生爲勃勃所禽，左將軍姚文崇【章：甲十一行本「崇」作「宗」；乙十一行本同；孔本同；張校同。】等力戰，勃勃乃退，興還長安。勃勃復攻秦敕奇堡、黄石固、魏收地形志：原州長城郡有黄石縣。五代志，西魏改黄石爲長城；隋開皇初，廢郡爲縣，大業初，改長城縣爲百泉縣。復，扶又翻。我羅城，皆拔之，徙七千餘家於大城，以其丞相右地代領幽州牧以鎮之。

初，興遣衞將軍姚強帥步騎一萬隨韓範往就姚紹於洛陽，幷兵以救南燕，帥，讀曰率。騎，奇寄翻。及爲勃勃所敗，敗，補邁翻。追強兵還長安。韓範歎曰：「天滅燕矣！」南燕尚書張俊自長安還，降於劉裕，降，戶江翻；下同。因說裕曰：說，輸芮翻。「燕人所恃者，謂韓範必能致秦師也，今得範以示之，燕必降矣。」裕乃表範爲散騎常侍，散，悉亶翻。騎，奇寄翻。且以書招之。長水校尉王蒲勸範奔秦，範曰：「劉裕起布衣，滅桓玄，復晉室，今興師伐燕，所向崩潰，此殆天授，非人力也。燕亡，則秦爲之次矣，吾不可以再辱。」遂降於裕。漢李陵降匈奴，霍光、上官桀使其故人任立政招之使歸，陵曰：「大丈夫不能再辱。」裕將範循城，城中人情離沮。將，如字，引也。沮，在呂翻。或勸燕主超誅範家。超以範弟諱盡忠無貳，并範家赦之。

冬，十月，段宏自魏奔于裕。宏奔魏見上卷三年。

張綱爲裕造攻具，盡諸奇巧；超怒，縣其母於城上，支解之。爲，于僞翻。縣，讀曰懸。

20 西秦王乾歸立夫人邊氏爲皇【章：甲十一行本「皇」作「王」；乙十一行本同；孔本同；張校同。】后，世子熾磐爲太子，仍命熾磐都督中外諸軍、錄尚書事。熾，昌志翻。以屋引破光爲河州刺史，鎮枹罕；枹，音膚。以南安焦遺爲太子太師，與參軍國大謀。乾歸曰：「焦生非特名儒，乃王佐之才也。」謂熾磐曰：「汝事之當如事吾。」熾磐拜遺於床下。遺子華至孝，乾歸欲以女妻之。妻，七細翻。辭曰：「凡娶妻者，欲與之共事二親也。今以王姬之貴，周，姬姓也，故王女謂之王姬，後世因而稱之，凡王者之女皆謂之王姬。下嫁蓬茅之士，誠非其匹，臣懼其闕於中饋，易家人之六二曰：在中饋。言以陰應陽，居中得正，盡婦人之義，職乎中饋，巽順而已。饋，食也。非所願也。」乾歸曰：「卿之所行，古人之事，孤女不足以強卿。」乃以爲尚書民部郎。魏尚書郎有民曹，晉初分置左民、右民，江左以後，省右民郎，有左民郎。民部郎至是始見于通鑑。強，其兩翻。

21 北燕王雲自以無功德而居大位，內懷危懼，常畜養壯士以爲腹心、爪牙。畜，吁玉翻。寵臣離班、桃仁專典禁衛，離、桃，皆姓也；班、仁，其名。賞賜以巨萬計，衣食起居皆與之同，而班、仁志願無厭，厭，於鹽翻。猶有怨憾。戊辰，雲臨東堂，班、仁懷劍執帋而入，帋，與紙同，通俗書也。稱有所啓。班抽劍擊雲，雲以几扞之，仁從旁擊雲，弑之。高雲以勇力發身，叨居君位，自謂非壯士以爲翼衞不足以防其身，豈知小人之難養也。是以古之綴衣虎賁，左右攜僕，必用吉士，其慮患誠深遠也。雲得燕見上卷三年。

馮跋升洪光門以觀變，帳下督張泰、李桑言於跋曰：「此豎勢何所至，請爲公斬之！」爲，于僞翻。乃奮劍而下，桑斬班于西門，泰殺仁于庭中。衆推跋爲主，跋以讓其弟范陽公素弗，素弗不可。跋乃卽天王位於昌黎，載記：馮跋，字文起，長樂信都人，其先畢萬之後也；萬之子孫有食采馮鄉者，因氏焉。大赦，詔曰：「陳氏代姜，不改齊國，周師尙父始封於齊，姜姓也。戰國時，齊太公田和，陳敬仲之後也，篡姜氏之後而取其國，仍號曰齊。宜卽國號曰燕。」改元太平，諡雲曰惠懿皇帝。跋尊母張氏爲太后，立妻孫氏爲王后，子永爲太子，以范陽公素弗爲車騎大將軍、錄尙書事，孫護爲尙書令，張興爲左僕射，汲郡公弘爲右僕射，廣川公萬泥爲幽、平二州牧，上谷公乳陳爲幷、靑二州牧。素弗少豪俠放蕩，少，詩照翻。俠，戶頰翻。蕩，徒浪翻。嘗請婚於尙書左丞韓業，業拒之。及爲宰輔，待業尤厚；好申拔舊門，好，呼到翻。謙恭儉約，以身帥下，帥，讀曰率。百僚憚之，論者美其有宰相之度。溫公作通鑑，雖相小國者，苟有片善，必因舊史而表章之，以言爲輔之難。

22 魏主珪將立齊王嗣爲太子；魏故事，凡立嗣子輒先殺其母，乃賜嗣母劉貴人死。珪召嗣諭之曰：「漢武帝殺鉤弋夫人，以防母后豫政，外家爲亂也。事見二十二卷漢武帝後元元年。汝當繼統，吾故遠迹古人，蜀本作「故吾」。爲國家長久之計耳。」嗣性孝，哀泣不自勝。珪怒之。嗣還舍，日夜號泣，勝，音升。號，戶高翻。珪知而復召之。復，扶又翻。左右曰：「上怒甚，入將不測，不如且避之，俟上怒解而入。」嗣乃逃匿於外，惟帳下代人車路頭、車焜氏，拓跋氏之疏屬也，至後魏孝文改爲車氏。京兆王洛兒二人隨之。

初，珪如賀蘭部，見獻明賀太后之妹美，珪父寔，魏昭成帝什翼犍之嫡子也，先昭成而薨，追謚獻明皇帝。賀太后從夫謚。言於賀太后，請納之。賀太后曰：「不可。是過美，必有不善。左傳：晉叔向欲娶於申公巫臣氏，其母止之曰：「甚美必有甚惡。」此語類之。且已有夫，不可奪也。」珪密令人殺其夫而納之，生清河王紹。紹兇很無賴，好輕遊里巷，劫剝行人以爲樂。很，戶墾翻。好，呼到翻。樂，音洛。珪怒之，嘗倒懸井中，垂死，乃出之。齊王嗣屢誨責之，紹由是與嗣不協。

戊辰，珪譴責賀夫人，譴，去戰翻。囚，將殺之，會日暮，未決。夫人密使告紹曰：「汝何以救我？」左右以珪殘忍，人人危懼。紹年十六，夜，與帳下及宦者宮人數人通謀，踰垣入宮，至天安殿。左右呼曰：「賊至！」呼，火故翻。珪驚起，求弓刀不獲，遂弒之。年三十九。明元帝永興二年，上謚曰宣武皇帝，廟號烈祖；泰常五年，改謚道武。

己巳，宮門至日中不開。紹稱詔，集百官於端門前，宮門正南門曰端門。北面立。句斷。紹從門扉間扉，門扇也。謂百官曰：「我有叔父，亦有兄，公卿欲從誰？」衆愕然失色，莫有對者。良久，南平公長孫嵩曰：「從王。」長，知兩翻。衆乃知宮車晏駕，而不測其故，莫敢出聲，唯陰平公烈大哭而去。烈，儀之弟也。魏之克燕，儀有功焉；是年八月賜死。於是朝野恟恟，人懷異志。朝，直遥翻。恟，許拱翻。肥如侯賀護舉烽於安陽城北，安陽城，卽漢代郡之東安陽縣城也。魏收地形志：永熙中，置高柳郡，治安陽。賀蘭部人皆赴之，其餘諸部亦各屯聚。紹聞人情不安，大出布帛賜王公以下，崔宏獨不受。史言崔宏有識。

齊王嗣聞變，乃自外還，晝伏匿山中，夜宿王洛兒家。洛兒鄰人李道潛奉給嗣，民間頗知之，喜而相告；紹聞之，收道，斬之。紹募人求訪嗣，欲殺之。獵郎叔孫俊拓跋氏起於代北，俗尚獵，故置獵郎，以豪望子弟有材勇者爲之，亦漢期門郎、羽林郎之類也。魏書官氏志：天賜元年置散騎郎、獵郎、諸省令史、省事、典籤等。後魏孝文以獻帝叔父之後乙旃氏爲叔孫氏。與宗室疏屬拓跋磨渾磨渾，元城侯屈之子也。自云知嗣所在，紹使帳下二人與之偕往；俊、磨渾得出，卽執帳下詣嗣，斬之。俊，建之子也。王洛兒爲嗣往來平城，通問大臣，爲，于僞翻。夜，告安遠將軍安同等。衆聞之，翕然響應，爭出奉迎。嗣至城西，衞士執紹送之。嗣殺紹及其母賀氏，并誅紹帳下及宦官宮人爲內應者十餘人；其先犯乘輿者，羣臣臠食之。乘，繩證翻。

壬申，嗣卽皇帝位，嗣，道武皇帝之長子也。蕭子顯曰：嗣，字木末。大赦，改元永興。追尊劉貴人曰宣穆皇后；公卿先罷歸第不預朝政者，悉召用之。朝，直遥翻。詔長孫嵩與北新侯安同、山陽侯奚斤、後魏孝文以獻帝第三兄之後爲達奚氏，尋又改爲奚氏。白馬侯崔宏、元城侯拓跋屈等八人坐止車門右，臣子至宮門皆下車而入，故謂之止車門。共聽朝政，時人謂之八公。屈，磨渾之父也。嗣以尚書燕鳳逮事什翼犍什翼犍爲代王，以鳳爲左長史。犍，居言翻。使與都坐大官封懿等魏謂尚書都省爲尚書都坐。都坐大官蓋尚書長官也。坐，徂卧翻。入侍講論，出議政事。以王洛兒、車路頭爲散騎常侍，叔孫俊爲衞將軍。散，悉亶翻。騎，奇寄翻。拓跋磨渾爲尚書，皆賜爵郡、縣公。嗣問舊臣爲先帝所親信者爲誰。王洛兒言李先。先，慕容永之謀主也，永滅，徙中山，魏伐燕，先歸魏，道武親信之。嗣召問先：「卿以何才何功爲先帝所知？」對曰：「臣不才無功，但以忠直爲先帝所知耳。」詔以先爲安東將軍，常宿於內，以備顧問。

朱提王悅，虔之子也，拓跋虔見一百八卷孝武太元二十一年。朱提，音銖時。有罪，自疑懼。閏十一月，丁亥，悅懷匕首入侍，將作亂。叔孫俊覺其舉止有異，引手掣之，索懷中，得匕首，掣，昌列翻。索，山客翻。遂殺之。

23 十二月，乙巳，太白犯虛、危。虛二星，危三星。晉天文志：自須女八度至危十五度爲玄枵，齊之分野，屬青州。南燕靈臺令張光勸南燕主超出降，降，戶江翻；下同。超手殺之。

24 柔然侵魏。

六年（庚戌、四一〇）

1春，正月，甲寅朔，南燕主超登天門，天門，廣固内城南門也。朝羣臣於城上。朝，直遥翻。乙卯，超與寵姬魏夫人登城，見晉兵之盛，握手對泣。韓諄諫曰：諄，竹角翻。「陛下遭堙厄之運，正當努力自強以壯士民之志，而更爲兒女子泣邪！」爲，于僞翻；下爲民同。超拭目謝之。尚書令董詵勸超降，超怒，囚之。詵，疏臻翻。

2魏長孫嵩將兵伐柔然。

3魏主嗣以郡縣豪右多爲民患，悉以優詔徵之。民戀土不樂内徙，樂，音洛。長吏逼遣之，於是無賴少年逃亡相聚，長，知兩翻。少，詩照翻。所在寇盜羣起。嗣引八公議之曰：「朕欲爲民除蠹，而守宰不能綏撫，使之紛亂。今犯者旣衆，不可盡誅，吾欲大赦以安之，何如？」元城侯屈曰：「民逃亡爲盜，不罪而赦之，是爲上者反求於下也，不如誅其首惡，赦其餘黨。」崔宏曰：「聖王之御民，務在安之而已，不與之較勝負也。夫赦雖非正，可以行權。屈欲先誅後赦，要爲兩不能去，兩不能去，言先不能去誅，後又不能去赦也。去，羌呂翻。曷若一赦而遂定乎！赦而不從，誅未晚也。」嗣從之。二月，癸未朔，遣將軍于栗磾將騎一萬討不從命者，所向皆平。史言魏有謀臣，所以靖亂。磾，丁奚翻。將，卽亮翻。騎，奇寄翻；下同。

4南燕賀賴盧、公孫五樓爲地道出擊晉兵，不能卻。城久閉，城中男女病腳弱者太半，出降者相繼。降，戶江翻。超輦而登城，尚書悅壽說超曰：說，輸芮翻。「今天助寇爲虐，戰士凋瘁，瘁，秦醉翻。獨守窮城，絕望外援，天時人事亦可知矣。苟曆數有終，堯、舜避位，陛下豈可不思變通之計乎！」超歎曰：「廢興，命也。吾寧奮劍而死，不能銜璧而生！」

丁亥，劉裕悉衆攻城。或曰：「今日往亡，不利行師。」曆書二月以驚蟄後十四日爲往亡日。裕曰：「我往彼亡，何爲不利！」四面急攻之。悅壽開門納晉師，超與左右數十騎踰城突圍出走，追獲之。裕數以不降之罪，數，所具翻。降，戶江翻。超神色自若，一無所言，惟以母託劉敬宣而已。敬宣先嘗奔燕，故超以母託之。夫孝莫大於寧親，超以母之故，屈節事秦，竭聲伎以奉之，既又掠取晉人以足聲伎，由是致寇，至於母子並爲俘虜，乃更欲以託劉敬宣，何庸淺也！

裕忿廣固久不下，欲盡阬之，以妻女賞將士。韓範諫曰：「晉室南遷，中原鼎沸，士民無援，強則附之，既爲君臣，必須爲之盡力。爲，于僞翻。彼皆衣冠舊族，先帝遺民；今王師弔伐而盡阬之，使安所歸乎！竊恐西北之人無復來蘇之望矣。」湯征諸侯，東面而征西夷怨，南面而征北狄怨，曰：「奚爲後我？」攸徂之民，室家胥慶，曰：「徯我后，后來其蘇。」裕改容謝之，然猶斬王公以下三千人，沒入家口萬餘，夷其城隍，送超詣建康，斬之。隆安二年，慕容德建國，號南燕，二主，十三年而亡。

臣光曰：晉自濟江以來，威靈不競，戎狄橫騖，虎噬中原。劉裕始以王師翦平東夏，鶩，音務。夏，戶雅翻。不於此際旌禮賢俊，慰撫疲民，宣愷悌之風，滌殘穢之政，使羣士嚮風，遺黎企踵，而更恣行屠戮以快忿心；迹其施設，曾苻、姚之不如，宜其不能蕩壹四海，成美大之業，豈非雖有智勇而無仁義使之然哉！

初，徐道覆聞劉裕北伐，勸盧循乘虛襲建康，循不從。道覆自至番禺番禺，音潘愚。說循曰：「本住嶺外，說，輸芮翻。交、廣之地在五嶺之外。豈以理極於此，傳之子孫邪？正以劉裕難與爲敵故也。今裕頓兵堅城之下，未有還期，我以此思歸死士孫泰徒黨本三吳之人，孫恩所掠者又三吳人也，久在海中，故皆懷土思歸。掩擊何、劉之徒，如反掌耳。何、劉，謂何無忌、劉毅也。不乘此機而苟求一日之安，朝廷常以君爲腹心之疾；若裕平齊之後，息甲歲餘，以璽書徵君，裕自將屯豫章，遣諸將帥銳師過嶺，璽，斯氏翻。將，卽亮翻。帥，讀曰率；下同。雖復以將軍之神武，恐必不能當也。復，扶又翻。今日之機，萬不可失。若先克建康，傾其根蔕，裕雖南還，無能爲也。君若不同，便當帥始興之衆直指尋陽。」元興三年，循使道覆攻陷始興，因使守之。循甚不樂此舉，而無以奪其計，乃從之。樂，音洛。

初，道覆使人伐船材於南康山，南康山，南康縣之山也。吳立安南縣於漢豫章梅嶺，武帝太康元年更名南康。所謂梅嶺，今大庾嶺是也。南康山，卽大庾諸山，皆在今南安軍界。至始興，賤賣之，自南康西至始興四百里。居人爭市之，船材大積而人不疑，至是，悉取以裝艦，艦，戶黯翻。旬日而辦。循自始興寇長沙，道覆寇南康、廬陵、豫章，諸守相皆委任奔走。守，式又翻。相，息亮翻。道覆順流而下，順贛石之流而下。舟械甚盛。時克燕之問未至，朝廷急徵劉裕。裕方議留鎮下邳，經營司、雍，雍，於用翻。會得詔書，乃以韓範爲都督八郡軍事、燕郡太守，青州舊督齊、濟南、樂安、城陽、東萊、長廣、平昌、高密八郡；而所謂燕郡者，蓋南燕於廣固置燕都尹而今改爲燕郡太守耳。封融爲勃海太守，檀韶爲琅邪太守；戊申，引兵還。韶，祗之兄也。久之，劉穆之稱範、融謀反，皆殺之。二人燕之舊臣，穆之恐其爲變，故殺之。

6 安成忠肅公何無忌自尋陽引兵拒盧循。諡法：危身奉上曰忠；剛德克就曰肅。長史鄧潛之諫曰：「國家安危，在此一舉。聞循兵艦大盛，勢居上流，宜決南塘，守二城以待之，贛水出漢豫章南壄縣聶都山；漢南壄，晉南康之地也。贛水至南昌縣，歷南塘；南塘在徐孺子宅西。二城，謂豫章、尋陽也。水經註曰：豫章城東大湖，十里二百二十六步，北與城齊，南緣迴折至南塘，本通贛江，增減與江水同。漢永元中，太守張躬築塘以通南路，兼遏此水。若決南塘，則盧循之舟兵無所用，可以堅守而待其敝。彼必不敢捨我遠下。蓄力養銳，俟其疲老，然後擊之，此萬全之策也。今決成敗於一戰，萬一失利，悔將無及。」參軍殷闡曰：「循所將之衆皆三吳舊賊，百戰餘勇，始興溪子，拳捷善鬭，未易輕也。始興溪子，謂徐道覆所統始興兵也。詩云：無拳無勇。毛傳曰：拳，力也。將，卽亮翻。易，以豉翻。將軍宜留屯豫章，徵兵屬城，兵至合戰，未爲晚也；若以此衆輕進，殆必有悔。」無忌不聽。三月，壬申，與徐道覆遇於豫章，賊令強弩數百登西岸小山邀射之。射，而亦翻。會西風暴急，飄無忌所乘小艦向東岸。賊乘風以大艦逼之，衆遂奔潰。無忌厲聲曰：「取我蘇武節來！」節至，執以督戰。賊衆雲集，無忌辭色無撓，撓，奴教翻。握節而死。於是中外震駭，朝議欲奉乘輿北走，就劉裕；朝，直遥翻。乘，繩證翻。既而知賊未至，乃止。

7 西秦王乾歸攻秦金城郡，拔之。

8 夏王勃勃遣尚書胡金纂攻平涼，秦王興救平涼，擊金纂，殺之。勃勃又遣兄子左將軍羅提攻拔定陽，魏收地形志，敷城郡有定陽縣；在今鄜州鄜城縣界。阬將士四千餘人。秦將曹熾、曹雲、王肆佛等各將數千戶內徙，將，即亮翻。興處之湟山及陳倉。據載記，湟山，澤名。處，昌呂翻。勃勃寇隴右，破白崖堡，遂趣清水，清水縣，前漢屬天水郡，後漢省，晉分屬略陽郡。元豐九域志：清水縣在秦州東九十里，有白沙鎮，縣西又有白石堡。趣，七喻翻。略陽太守姚壽都棄城走，勃勃徙其民萬六千戶於大城。興自安定追之，至壽渠川，不及而還。

9 初，南涼王傉檀遣左將軍枯木等伐沮渠蒙遜，掠臨松千餘戶而還。張天錫分張掖置臨松郡。五代志：甘州張掖縣，後周併臨松入焉。傉，奴沃翻。沮，子余翻。還，從宣翻，又如字；下同。蒙遜伐南涼，至顯美，徙數千戶而去。顯美縣，前漢屬張掖郡，後漢、晉屬武威郡。五代志：後周廢顯美入姑臧縣。南涼太尉俱延復伐蒙遜，大敗而歸。復，扶又翻。是月，傉檀自將五萬騎伐蒙遜。將，即亮翻。

戰于窮泉，傉檀大敗，單馬奔還。蒙遜乘勝進圍姑臧，姑臧人懲王鍾之誅，皆驚潰，王鍾誅見上卷四年。夷、夏萬餘戶降于蒙遜。夏，戶雅翻。降，戶江翻；下同。傉檀懼，遣司隸校尉敬歸及子佗爲質於蒙遜以請和，何承天姓苑：敬姓，黃帝孫敬康之後；風俗通：陳敬仲之後。質，音致。蒙遜許之；歸至胡阬，逃還，佗爲追兵所執，蒙遜徙其衆八千餘戶而去。右衛將軍折掘奇鎮據石驢山以叛。石驢山在姑臧西南長寧川西北，屬晉昌郡界。張寔討曹祛於晉昌，自姑臧西踰石驢，據長寧。折，而設翻。掘，其月翻。傉檀畏蒙遜之逼，且懼嶺南爲奇鎮所據，乃遷于樂都，樂，音洛。留大司農成公緒守姑臧。傉檀纔出城，魏安人侯諶等晉書載記作「焦諶、王侯等」。諶，氏壬翻。閉門作亂，收合三千餘家，據南城，推焦朗爲大都督、龍驤大將軍，諶自稱涼州刺史，降于蒙遜。傉檀自據姑臧之後，與四鄰交兵，所遇輒敗，不惟失姑臧，亦不能保樂都矣。詩曰：「毋田甫田，維莠驕驕。毋思遠人，勞心忉忉。」正謂此也。

10 劉裕至下邳，以船載輜重，重，直用翻。自帥精銳步歸。帥，讀曰率。至山陽，聞何無忌敗死，慮京邑失守，卷甲兼行，卷，讀曰捲。與數十人至淮上，李延壽南史作「江上」，當從之，蓋裕至山陽則已渡淮也。問行人以朝廷消息。行人曰：「賊尚未至，劉公若還，便無所憂。」裕大喜。將濟江，風急，衆咸難之。裕曰：「若天命助國，風當自息；若其不然，覆溺何害！」溺，奴狄翻。即命登舟，舟移而風止。過江，至京口，衆乃大安。夏，四月，癸未，裕至建康。以江州覆沒，表送章綬，詔不許。綬，音受。

青州刺史諸葛長民、兗州刺史劉藩、幷州刺史劉道憐各將兵入衞建康。青州、兗州、幷州，時皆僑在江、淮間。將，即亮翻；下同。藩，豫州刺史毅之從弟也。從，才用翻。毅聞盧循入寇，將拒之而疾作；既瘳，將行。劉裕遺毅書曰：「吾往習擊妖賊，孫泰以左道惑衆，孫恩、盧循皆其黨也，故謂之妖賊。遺，于季翻。妖，於嬌翻。曉其變態。賊新獲姦利，其鋒不可輕。今脩船垂畢，當與弟同舉。克平之日，上流之任，皆以相委。」又遣劉藩往，諭止之。毅怒，謂藩曰：「往以一時之功相推耳，汝便謂我眞不及劉裕邪！」投書於地，帥舟師二萬發姑孰。毅時以豫州刺史鎭姑孰。帥，讀曰率。

循之初入寇也，使徐道覆向尋陽，循自將攻湘中諸郡。湘中諸郡，漢長沙、零、桂之地。荆州刺史劉道規遣軍逆戰，敗於長沙。循進至巴陵，將向江陵。徐道覆聞毅將至，馳使報循曰：使，疏吏翻。「毅兵甚盛，成敗之事，係之於此，宜并力摧之；若此克捷，江陵不足憂也。」循即日發巴陵，與道覆合兵而下。五月，戊午，毅與循戰于桑落洲，毅兵大敗，棄船，以數百人步走，餘衆皆爲循所虜，所棄輜重山積。重，直用翻。

初，循至尋陽，聞裕已還，猶不信；既破毅，乃得審問，審者，悉其實也；問，音問也。與其黨相視失色。循欲退還尋陽，攻取江陵，據二州以抗朝廷。二州，謂荆、江也。道覆謂宜乘勝徑進，固爭之。循猶豫累日，乃從之。

己未，大赦。裕募人爲兵，賞之同京口赴義之科。裕起兵於京口以討桓玄，赴義之人酬賞重於當時。發民治石頭城。治，直之翻。議者謂宜分兵守諸津要，裕曰：「賊衆我寡，若分兵屯守，則測人虛實；且一處失利，則沮三軍之心。沮，在呂翻。今聚衆石頭，隨宜應赴，既令彼無以測多少，少，詩沼翻。又於衆力不分。若徒旅轉集，徐更論之耳。」

朝廷聞劉毅敗，人情恟懼。時北師始還，將士多創病，恟，許拱翻。創，初良翻。建康戰士不盈數千。循既克二鎮，二鎮，謂江、豫也。戰士十餘萬，舟車百里不絕，樓船高十二丈，高，古號翻。敗還者爭言其強盛。孟昶、諸葛長民欲奉乘輿過江，裕不聽。時江西、江北皆無城池可倚。昶、長民欲奉天子過江，不過東走廣陵，西據歷陽耳。昶，丑兩翻。初，何無忌、劉毅之南討也，昶策其必敗，已而果然。至是，又謂裕必不能抗循，衆頗信之，惟龍驤將軍東海虞丘進廷折昶等，以爲不然。驤，思將翻。虞丘，複姓，史記楚相有虞丘子。折，之舌翻。中兵參軍王仲德言於裕曰：「明公命世作輔，新建大功，威震六合，魏尚書曹有中兵郎，諸公府征鎮亦因而置中兵參軍。新建大功，謂滅燕也。妖賊乘虛入寇，既聞凱還，自當奔潰。若先自遁逃，則勢同匹夫，匹夫號令，何以威物！此謀若立，請從此辭。」裕甚悅。昶固請不已，裕曰：「今重鎮外傾，強寇內逼，人情危駭，莫有固志；若一旦遷動，便自土崩瓦解，江北亦豈可得至！設令得至，不過延日月耳。今兵士雖少，少，詩沼翻；下同。自足一戰。若其克濟，則臣主同休；苟厄運必至，我當橫尸廟門，遂其由來以身許國之志，不能竄伏草間苟求存活也。我計決矣，卿勿復言！」昶恚其言不行，恚，於避翻。且以爲必敗，因請死。裕怒曰：「卿且申一戰，申，重也。死復何晚！」復，扶又翻。昶知裕終不用其言，乃抗表自陳曰：「臣裕北討，衆並不同，唯臣贊裕行計，事見上年。致使強賊乘間，社稷危逼，臣之罪也。間，古莧翻。謹引咎以謝天下。」封表畢，仰藥而死。

乙丑，盧循至淮口，秦淮入江之口也。中外戒嚴。琅邪王德文都督宮城諸軍事，屯中堂皇，堂無四壁曰皇。劉裕屯石頭，諸將各有屯守。裕子義隆始四歲，裕使諮議參軍劉粹輔之，鎮京口。粹，毅之族弟也。

裕見民臨水望賊，怪之，以問參軍張劭，劭曰：「若節鉞未反，民奔散之不暇，亦何能觀望！今當無復恐耳。」復，扶又翻。裕謂將佐曰：「賊若於新亭直進，其鋒不可當，宜且迴避，勝負之事未可量也；量，音良。若迴泊西岸，西岸，卽蔡洲。此成禽耳。」

徐道覆請於新亭至白石焚舟而上，上，時掌翻。數道攻裕。循欲以萬全爲計，謂道覆曰：「大軍未至，孟昶便望風自裁；以大勢言之，自當計日潰亂。今決勝負於一朝，乾沒求利，乾，音干。既非必克之道，且殺傷士卒，不如按兵待之。」道覆以循多疑少決，乃歎曰：

「我終爲盧公所誤，事必無成；使我得爲英雄驅馳，天下不足定也。」爲，于僞翻。裕登石頭城望循軍，初見引向新亭，顧左右失色；既而迴泊蔡洲，乃悅。蔡洲在石頭西岸，今建康府上元縣西二十五里有蔡洲。於是衆軍轉集。裕恐循侵軼，軼，徒結翻。用虞丘進計，伐樹柵石頭淮口，脩治越城，築查浦、藥園、廷尉三壘，查浦在大江南岸，近秦淮口。藥園，蓋種芍藥之所。廷尉寺舍所在，因以爲地名。查，莊加翻。據晉書帝紀，三壘皆在淮口。皆以兵守之。劉毅經涉蠻、晉，西陽上下羣蠻所居之地，謂之蠻；其爲王民應租稅征役者，謂之晉。僅能自免，從者飢疲，死亡什七八。從，才用翻。丙寅，至建康，待罪。裕慰勉之，使知中外留事。知都督中外諸軍府留事也。毅乞自貶，詔降爲後將軍。

11 魏長孫嵩至漠北而還，還，從宣翻，又如字；下同。柔然追圍之於牛川。壬申，魏主嗣北擊柔然。柔然可汗社崘聞之，遁走，道死；崘，盧昆翻。其子度拔尚幼，部衆立社崘弟斛律，號藹豆【章：甲十一行本「豆」作「苦」；乙十一行本同；孔本同；退齋校同。】蓋可汗。可，讀從刊入聲；汗，音寒。嗣引兵還參合陂。

12 盧循伏兵南岸，南岸，卽秦淮口南岸。使老弱乘舟向白石，聲言悉衆自白石步上。上，時掌翻。劉裕留參軍沈林子、徐赤特戍南岸，斷查浦，斷，丁管翻。戒令堅守勿動；裕及劉毅、諸葛長民北出拒之。林子曰：「妖賊此言，未必有實，宜深爲之防。」裕曰：「石頭城險，且淮柵甚固，留卿在後，足以守之。」林子，穆夫之子也。沈穆夫，吳興武康人。隆安三年，孫恩寇會稽，三吳響應。穆夫在會稽，恩以爲餘姚令，恩爲劉牢之所破，并殺穆夫。

庚辰，盧循焚查浦，進至張侯橋。徐赤特將擊之，林子曰：「賊聲往白石而屢來挑戰，挑，徒了翻。其情可知。吾衆寡不敵，不如守險以待大軍。」赤特不從，遂出戰；伏兵發，赤特大敗，單舸奔淮北。秦淮北岸也。林子及將軍劉鍾據柵力戰，朱齡石救之，賊乃退。循引精兵大上，至丹陽郡。丹陽郡，丹陽尹治所也。上，時掌翻。裕帥諸軍馳還石頭，帥，讀曰率。斬徐赤特，解甲久之，乃出陳於南塘。南塘，秦淮南岸也。陳，讀曰陣。

13 六月，以劉裕爲太尉、中書監，加黃鉞；裕受黃鉞，餘固辭。以車騎中軍司馬庾悅爲江州刺史。悅，準之子也。劉裕爲車騎將軍，以劉敬宣征蜀失利，乞降號中軍將軍，故車騎、中軍二府共一司馬。庾準，庾亮之孫也。

14 司馬國璠及弟叔璠、叔道奔秦。璠，孚袁翻。秦王興曰：「劉裕方誅桓玄，輔晉室，卿何爲來？」對曰：「裕削弱王室，臣宗族有自脩立者，裕輒除之；方爲國患，甚於桓玄耳。」興以國璠爲揚州刺史，叔道爲交【嚴：「交」改「兗」。】州刺史。

15 盧循寇掠諸縣無所得，謂徐道覆曰：「師老矣，不如還尋陽，并力取荆州，據天下三分之二，徐更與建康爭衡耳。」秋，七月，庚申，循自蔡洲南還尋陽，留其黨范崇民將五千人據南陵。南陵在宣城郡宣城縣西，梁置南陵郡及南陵縣，蓋漢丹陽郡石城縣之界也，今爲池州貴池縣地。循慮兵有利鈍，欲南歸番禺，故使崇民守之以固彭蠡湖口。宋白曰：柵江口對岸卽舊南陵縣地，今爲繁昌縣。甲子，裕使輔國將軍王仲德、廣川太守劉鍾、河間內史蘭陵蒯恩、中軍諮議參軍孟懷玉等帥衆追循。帥，讀曰率。

16 乙丑，魏主嗣還平城。

17 西秦王乾歸討越質屈機等十餘部，越質，鮮卑種也；其酋曰叱黎。叱黎之子曰詰歸，孝武太元十六年降於乾歸，二十一年叛降秦。屈機卽詰歸也，語稍訛耳。降其衆二萬五千，降，戶江翻。徙於苑川。八月，乾歸復都苑川。乞伏氏本都度堅山，乾歸強盛，始都苑川。既爲秦所破而降於秦，秦使鎮苑川，復叛，恐爲秦所襲，還保度堅山。今部衆浸盛，不畏秦，復都苑川。

18 沮渠蒙遜伐西涼，敗西涼世子歆于馬廟，古者祭馬祖，後世因立廟以祭之，故名其地爲馬廟。禽其將朱元虎而還。涼公暠以銀二千斤、金二千兩贖元虎；蒙遜歸之，遂與暠結盟而還。將，子亮翻。暠，古老翻。

19 劉裕還東府，盧循退，裕乃還東府。大治水軍，治，直之翻。遣建威將軍會稽孫處、振武將軍沈田子帥衆三千自海道襲番禺。會，工外翻。處，昌呂翻。帥，讀曰率。番禺，音潘愚。田子，林子之兄也。衆皆以爲「海道艱遠，必至爲難，且分撤見力，見，賢遍翻；下同。非目前之急。」裕不從，敕處曰：「大軍十二月之交必破妖虜，卿至時，先傾其巢窟，使彼走無所歸也。」

20 譙縱遣侍中譙良等入見於秦，請兵以伐晉。見，賢遍翻。縱以桓謙爲荆州刺史，譙道福爲梁州刺史，帥衆二萬寇荆州；秦王興遣前將軍苟林帥騎兵會之。

江陵自盧循東下，不得建康之問，問，音問也。羣盜互起。荆州刺史劉道規遣司馬王鎮之帥天門太守檀道濟、吳孫休永安六年分武陵立天門郡。充縣有松梁山，山有石，石開處數十丈，其高，以弩仰射不至，其上名天門，因以名郡。輿地志：澧州石門縣，古天門郡。帥，讀曰率；下同。廣武將軍彭城到彥之入援建康。道濟，祗之弟也。

鎮之至尋陽，爲苟林所破。盧循聞之，以林爲南蠻校尉，分兵配之，使乘勝伐江陵，聲言徐道覆已克建康。桓謙於道召募義舊，桓氏世居荆楚，舊恩所結，義不相忘，謂之義舊。民投之者二萬人。謙屯枝江，枝江縣自漢以來屬南郡，春秋之羅國也。江水於縣西別出爲沱，而東復合於江，故曰枝江。我朝熙寧六年，省枝江爲鎮，入松滋縣。林屯江津，二寇交逼，江陵士民多懷異心。道規乃會將士告之曰：「桓謙今在近道，聞諸長者頗有去就之計，長，知兩翻。吾東來文武足以濟事；東來文武，謂道規從行將佐兵士也。若欲去者，本不相禁。」因夜開城門，達曉不閉。衆咸憚服，莫有去者。

雍州刺史魯宗之帥衆數千自襄陽赴江陵。雍，於用翻。或謂宗之情未可測，道規單馬迎之，宗之感悅。道規使宗之居守，守，式又翻。委以腹心，自帥諸軍攻謙。諸將佐皆曰：「今遠出討謙，其勝難必。苟林近在江津，伺人動靜，伺，相吏翻。若來攻城，宗之未必能固；脫有蹉跌，蹉，倉何翻。跌，徒結翻。大事去矣。」道規曰：「苟林愚懦，無他奇計，以吾去未遠，必不敢向城。吾今取謙，往至便克；沈疑之間，已自還返。沈，持林翻，沈吟不決也。還，音旋。謙敗則林破膽，豈暇得來！且宗之獨守，何爲不支數日！」乃馳往攻謙，水陸齊進。謙等大陳舟師，兼以步騎，戰於枝江。檀道濟先進陷陳，陷陳，讀曰陣。謙等大敗。謙單舸奔苟林，道規追斬之。還，至涌口，水經註：涌水自夏水南通於江，謂之涌口。春秋左氏傳所謂閻敖游涌而逸者也，在江陵城東。杜預曰：涌水在南郡華容縣。涌，音勇。討林，林走，道規遣諮議參軍臨淮劉遵帥衆追之。初，謙至枝江，江陵士民皆與謙書，言城內虛實，欲爲內應；至是檢得之，道規悉焚不視，衆於是大安。

21 江州刺史庾悅以鄱陽太守虞丘進爲前驅，屢破盧循兵，進據豫章，絕循糧道。九月，劉遵斬苟林于巴陵。桓石綏因循入寇，起兵洛口，水經註：漢水過魏興安陽縣，又東至灙城南，與洛谷水合，水北出洛谷，谷北通長安，其水南流注漢水，所謂洛口也。自號荆州刺史，徵陽令王天恩自號梁州刺史，「徵陽」，當作「微陽」。晉地理志：微陽縣屬上庸郡。沈約曰：魏立建始縣，晉武帝改曰微陽。周武王之伐紂，庸、蜀、羌、髳、微、盧、彭、濮八國從之。竊意微陽縣蓋因古微國而得名，而史無其據。襲據西城。梁州刺史傅韶遣其子魏興太守弘之討石綏等，皆斬之，桓氏遂滅。韶，暢之孫也。

22 西秦王乾歸攻秦略陽、南安、隴西諸郡，皆克之，徙民二萬五千戶於苑川及枹罕。枹，音膚。

23 甲寅，葬魏主珪於盛樂金陵，諡曰宣武，廟號烈祖。宋高祖永初元年，魏改諡珪曰道武皇帝。

24 劉毅固求追討盧循，長史王誕密言於劉裕曰：「毅既喪敗，不宜復使立功。」喪，息浪翻。復，扶又翻；下無復同。裕從之。冬，十月，裕帥兗州刺史劉藩、寧朔將軍檀韶、冠軍將軍劉敬宣等南擊盧循，帥，讀曰率；下同。冠，古玩翻。以劉毅監太尉留府，後事皆委焉。監，工銜翻。癸巳，裕發建康。

25 徐道覆率衆三萬趣江陵，奄至破冢。破冢在江津之東。趣，七喻翻。時魯宗之已還襄陽，追召不及，人情大震。或傳循已平京邑，遣道覆來爲刺史，江、漢士民感劉道規焚書之恩，無復貳志。復，扶又翻。道規使劉遵別爲遊軍，自拒道覆於豫章口，前驅失利；遵自外橫擊，大破之，斬首萬餘級，赴水死者殆盡，道覆單舸走還湓口。湓，蒲奔翻。初，道規使遵爲遊軍，衆咸以爲強敵在前，唯患衆少，不應分割見力，置無用之地。見，賢遍翻。及破道覆，卒得遊軍之力，卒，子恤翻。衆心乃服。

26鮮卑僕渾、羌句豈、輸報、鄧若等帥戶二萬降于西秦。鮮卑有僕渾部；句豈、輸報、鄧若則羌種也。句，古侯翻。

27王仲德等聞劉裕大軍且至，進攻范崇民於南陵；崇民戰艦夾屯西【章：甲十一行本「西」作「兩」；乙十一行本同；孔本同；張校同。】岸。艦，戶黯翻。十一月，劉鍾自行覘賊，覘，丑廉翻，又丑豔翻。天霧，賊鉤得其舸。鍾因帥左右攻艦戶，艦戶，今舟人謂之馬門。賊遽閉戶拒之，鍾乃徐還，與仲德共攻崇民，崇民走。崇民走，則裕可徑進，循失湖口之險。

28癸丑，益州刺史鮑陋卒。譙道福陷巴東，殺守將溫祚、時延祖。溫祚本巴東太守。時延祖自劉敬宣、黃虎之退皆屯巴東。將，卽亮翻。

29盧循兵守廣州者不以海道爲虞。庚戌，孫處乘海奄至，會大霧，四面攻之，卽日拔其城。處撫其舊民，戮循親黨，勒兵謹守，分遣沈田子等擊嶺表諸郡。

30劉裕軍雷池。盧循揚聲不攻雷池，當乘流徑下；裕知其欲戰，十二月，己卯，進軍大雷。杜佑曰：晉大雷戍，舒州望江縣是，今皖口之西有雷江口，卽其地。宋書志云：望江縣西岸有大雷江，自尋陽柴桑沿流三百里入江，卽望江縣。庚辰，盧循、徐道覆帥衆數萬塞江而下，塞，悉則翻。前後莫見舳艫之際。舳，音逐；艫，音盧。裕悉出輕艦，帥衆軍齊力擊之；又分步騎屯於西岸，先備火具。裕以勁弩射循軍，射，而亦翻。因風水之勢以蹙之。循艦悉泊西岸，岸上軍投火焚之，烟炎漲天；烟，與煙同。炎，讀曰餤。循兵大敗，走還尋陽。將趣豫章，趣，七喻翻。乃悉力柵斷左里；左里以其地在章江之左，故名。杜佑曰：左里即江州尋陽縣彭蠡湖口。斷，丁管翻。丙申，裕軍至左里，不得進。裕麾兵將戰，所執麾竿折，幡沈于水，衆並怪懼。裕笑曰：「往年覆舟之戰，謂討桓玄與桓謙等戰時也。折，而設翻。沈，持林翻。幡竿亦折，今者復然，復，扶又翻。賊必破矣。」即攻柵而進，循兵雖殊死戰，弗能禁。循單舸走，舸，古我翻。所殺及投水死者凡萬餘人。納其降附，宥其逼略，降，戶江翻。遣劉藩、孟懷玉輕軍追之。循收散卒，尚有數千人，徑還番禺；番禺，音潘愚。道覆走保始興。裕版建威將軍褚裕之行廣州刺史。裕之，裒之曾孫也。褚裒，崇德太后之父。裒，蒲侯翻。裕還建康。劉毅惡劉穆之，每從容與裕言穆之權太重，惡，烏路翻。從，千容翻。裕益親任之。

31 燕廣川公萬泥、上谷公乳陳，自以宗室，有大功，慕容熙之死，萬泥、乳陳皆有功。謂當入爲公輔。燕王跋以二藩任重，久而弗徵，跋以萬泥爲幽、平二州牧，鎮肥如；乳陳爲并、青二州牧，鎮白狼。二人皆怨。是歲，乳陳密遣人告萬泥曰：「乳陳有至謀，願與叔父圖之。」萬泥遂奔白狼，與乳陳俱叛，跋遣汲郡公弘與張興將步騎二萬討之。弘先遣使諭以禍福；萬泥欲降，乳陳不可。將，即亮翻。騎，奇寄翻。使，疏吏翻。降，戶江翻；下同。興謂弘曰：「賊明日出戰，今夜必來驚我營，宜爲之備。」弘乃密令人課草十束，畜火伏兵以待之。是夜，乳陳果遣壯士千餘人來斫營，衆火俱起，伏兵邀擊，俘斬無遺。萬泥、乳陳懼而出降，弘皆斬之。跋以范陽公素弗爲大司馬，改封遼西公；弘爲驃騎大將軍，改封中山公。驃，匹妙翻。騎，奇寄翻。

聶崇岐標點王崇武覆校

資治通鑑卷第一百一十六

端明殿學士兼翰林侍讀學士朝散大夫右諫議大夫充集賢殿修撰權判西京留司御史臺上柱國河内郡開國侯食邑一千三百户食實封四百户賜紫金魚袋臣　司馬光　奉敕編集

後　學　天　台　胡三省　音　註

晉紀三十八　起重光大淵獻（辛亥），盡閼逢攝提格（甲寅），凡四年。

安皇帝辛

義熙七年（辛亥、四一一）

1 春，正月，己未，劉裕還建康。

2 秦廣平公弼有寵於秦王興，爲雍州刺史，鎮安定。姚秦分嶺北五郡置雍州刺史，鎮安定。雍，於用翻。姜紀諂附於弼，勸弼結興左右以求入朝。興徵弼爲尚書令、侍中、大將軍。弼遂傾身結納朝士，朝，直遥翻。收采名勢，以傾東宫；國人惡之。惡，烏路翻。會興以西北多叛亂，欲命重將鎮撫之；將，卽亮翻；下待將同。隴東太守郭播請使弼出鎮；魏收地形志有隴東郡，領涇陽、祖厲、撫夷三縣，不載立郡之始，蓋苻、姚所置也。西魏置隴東於汧源，唐之隴州是也。興不從，以太常索稜爲太尉、領隴西內史，使招撫西秦。爲索稜降西秦張本。索，昔各翻。西秦王乾歸遣使送所掠守宰，謝罪請降。謂去年克南安、略陽、隴西諸郡所得守宰也。使，疏吏翻。降，戶江翻。興遣鴻臚拜乾歸都督隴西・嶺北・【章：甲十一行本「北」下有「匈奴」二字；乙十一行本同；孔本同；張校同。】雜胡諸軍事、征西大將軍、河州牧、單于、河南王，太子熾磐爲鎮西將軍、左賢王、平昌公。臚，陵如翻。單，音蟬。熾，昌志翻。

興命羣臣搜舉賢才。右僕射梁喜曰：「臣累受詔而未得其人，可謂世之乏才。」興曰：「自古帝王之興，未嘗取相於昔人，相，息亮翻。待將於將來，隨時任才，皆能致治。將，即亮翻。治，直吏翻。卿自識拔不明，豈得遠誣四海乎？」羣臣咸悅。姚興之折梁喜誠是矣，羣臣體興之意而明揚仄陋者誰乎？此所謂好虛名而無實用者也。

3 秦姚詳屯杏城，爲夏王勃勃所逼，夏，戶雅翻。南奔大蘇；勃勃遣平東將軍鹿弈干追斬之，盡俘其衆。勃勃南攻安定，破尚書楊佛嵩于青石北原，降其衆四萬五千；降，戶江翻。進攻東鄉，下之，徙三千餘戶于貳城。秦鎮北參軍王買德奔夏，夏王勃勃問以滅秦之策，買德曰：「秦德雖衰，藩鎮猶固，願且蓄力以待之。」勃勃以買德爲軍師中郎將。買德遂爲夏之謀臣。秦王興遣衞大將軍常山公顯迎姚詳，弗及，遂屯杏城。

4 劉藩帥孟懷玉等諸將追盧循至嶺表，帥，讀曰率。二月，壬午，懷玉克始興，斬徐道覆。

5河南王乾歸徙鮮卑僕渾部三千餘戶于度堅城，僕渾降乾歸見上卷上年。度堅城即乞伏先所都度堅山城也。以子敕勃爲秦興太守以鎮之。乞伏乾歸本建國號曰秦，故置秦興郡于度堅山。

6焦朗猶據姑臧，朗據姑臧見上卷上年。沮渠蒙遜攻拔其城，沮，子余翻。執朗而宥之；以其弟挐爲秦州刺史，鎮姑臧。挐，女居翻。遂伐南涼，圍樂都，樂，音洛。三旬不克；南涼王傉檀以子安周爲質，乃還。質，音致。

7吐谷渾樹洛干伐南涼，敗南涼太子虎臺。敗，補邁翻。

8南涼王傉檀欲復伐沮渠蒙遜，邯川護軍孟愷諫曰：復，扶又翻。水經：河水自西平郡東流，逕澆河郡故城北，又東逕石城南，又東逕邯川城南。劉昫曰：廓州化隆縣東，古邯川地。杜佑曰：後漢和帝時，侯霸置東、西邯屯田五部。邯，水名也，分流左右，在寧塞郡。據唐志，寧塞本澆河郡，唐玄宗天寶中更名；今之廓州。「蒙遜新并姑臧，凶勢方盛，不可攻也。」傉檀不從，五道俱進，至番禾、苕藋，番，音盤。藋，徒弔翻。掠五千餘戶而還。還，從宣翻，又如字；下同。將軍屈右曰：「今既獲利，宜倍道旋師，早度險阨。蒙遜善用兵，若輕軍猝至，大敵外逼，徙戶內叛，此危道也。」衞尉伊力延曰：「彼步我騎，騎，奇寄翻。勢不相及。今倍道而歸則示弱，且捐棄資財，非計也。」俄而昏霧風雨，蒙遜兵大至，傉檀敗走。蒙遜進圍樂都，傉檀嬰城固守，以子染干爲質以請和，質，音致。蒙遜乃還。

9 三月，劉裕始受太尉、中書監，加太尉見上卷五年。加中書監見六年。以劉穆之爲太尉司馬，陳郡殷景仁爲行參軍。行參軍，未得與參軍事班也，註已見前。裕問穆之曰：「孟昶參佐誰堪入我府者？」穆之舉前建威中兵參軍謝晦。晦，安兄據之曾孫也，孟昶爲建威將軍，辟晦爲中兵參軍。裕卽命爲參軍。裕嘗訊囚，其旦，刑獄參軍有疾，以晦代之；於車中一覽訊牒，催促便下，遐稼翻。相府多事，相，息亮翻。獄繫殷積，晦隨問酬辨，曾無違謬；裕由是奇之，卽日署刑獄賊曹。刑獄蓋分民曹、賊曹，賊曹掌盜賊事。宋志，諸府參軍有長流賊曹、刑獄賊曹、城局賊曹；刑獄無民曹。謝晦爲參軍，未掌曹職，今乃升署。晦美風姿，善言笑，博贍多通，贍，時豔翻。裕深加賞愛。

10 盧循行收兵至番禺，遂圍之，孫處拒守二十餘日。番禺，音潘愚。處，昌呂翻。沈田子言於劉藩曰：「番禺城雖險固，本賊之巢穴；今循圍之，或有內變。且孫季高衆力寡弱，孫處，字季高。不能持久，若使賊還據廣州，凶勢復振矣。」復，扶又翻。夏，四月，田子引兵救番禺，擊循，破之，所殺萬餘人。循走，田子與處共追之，又破循於蒼梧、鬱林、寧浦。蒼梧、鬱林，漢古郡。寧浦郡，吳分合浦郡立。蒼梧，唐之鬱州；鬱林，唐之鬱林州；寧浦，唐之橫州。會處病，不能進，循奔交州。

初，九眞太守李遜作亂，九眞，漢古郡，唐之愛州。交州刺史交趾杜瑗討斬之。瑗卒，瑗，于眷翻。卒，子恤翻。朝廷以其子慧度爲交州刺史。詔書未至，循襲破合浦，合浦，漢古郡，唐之廉州。

徑向交州；慧度帥州府文武拒循於石碕，破之。碕，渠羈翻。岸曲曰碕。帥，讀曰率。循餘衆猶三千人，李遜餘黨李脫等結集俚獠五千餘人以應循。俚，音里。獠，魯皓翻。庚子，循晨至龍編南津；交趾郡龍編縣，州郡皆治焉。水經註：漢建安二十三年，立州之始，蛟龍蟠編於水南北二津，故改龍淵曰龍編。余據二漢志皆作「龍編」，無亦師古、章懷避唐諱，因亦改「淵」爲「編」乎！慧度悉散家財以賞軍士，與循合戰，擲雉尾炬焚其艦，雉尾炬，束草之一頭，施鐵鏃，草尾則散開如雉尾然，爇火以投敵。艦，戶黯翻。以步兵夾岸射之，射，而亦翻。循衆艦俱然，兵衆大潰。循知不免，先鴆妻子，召妓妾問曰：妓，渠綺翻。「誰能從我死者？」多云：「雀鼠貪生，就死實難。」或云：「官尚當死，某豈願生！」乃悉殺諸辭死者，因自投于水。慧度取其尸斬之，并其父子及李脫等，函七首送建康。

11 初，劉毅在京口，貧困，與知識射於東堂。庾悅爲司徒右長史，後至，奪其射堂；衆人皆避之，毅獨不去。悅廚饌甚盛，不以及毅；毅從悅求子鵝炙，饌，雛戀翻，又雛晥翻。炙，之夜翻。子鵝爲炙尤肥美。悅怒不與，毅由是銜之。至是，毅求兼督江州，詔許之。因奏稱：「江州內地，以治民爲職，治，直之翻。不當置軍府彫耗民力，宜罷軍府移鎮豫章；而尋陽接蠻，可卽州府千兵以助郡戍。」於是解悅都督、將軍官，以刺史鎮豫章。毅以親將趙恢領千兵守尋陽；悅府文武三千悉入毅府，符攝嚴峻。符攝，符下江州追攝之也。悅忿懼，至豫章，疽發背卒。

疽，千余翻。卒，子恤翻。

12 河南王乾歸徙羌句豈等部衆五千餘戶于疊蘭城句豈降乾歸見上卷上年。疊蘭城在大夏西南，嵻崀東北。以兄子阿柴爲興國太守以鎮之；漢末，興國氐王阿貴據興國城，在略陽郡界，乞伏因其地名置郡。五月，復以子木弈干爲武威太守，鎮嵻崀城。嵻崀城，四年，乞伏熾磐所築。復，扶又翻。

13 丁卯，魏主嗣謁金陵，山陽侯奚斤居守。守，式又翻。昌黎王慕容伯兒謀反；己巳，奚斤幷其黨收斬之。

14 秋，七月，燕王跋以太子永領大單于，置四輔。太子領大單于始於劉漢，時置左、右輔而已，跋增置前輔、後輔。單，音蟬。

柔然可汗斛律遣使獻馬三千匹於跋，可，從刊入聲。汗，音寒。使，疏吏翻。求娶跋女樂浪公主；樂浪，音洛琅。跋命羣臣議之。遼西公素弗曰：「前世皆以宗女妻六夷，宜許以妃嬪之女，嬪，毗賓翻。樂浪公主不宜下降非類。」跋曰：「朕方崇信殊俗，柰何欺之！」乃以樂浪公主妻之。妻，七細翻。

跋勤於政事，勸課農桑，省傜役，薄賦斂；斂，力贍翻。每遣守宰，必親引見，見，賢遍翻。問爲政之要，以觀其能。燕人悅之。

15 河南王乾歸遣平昌公熾磐及中軍將軍審虔伐南涼。審虔，乾歸之子也。八月，熾磐兵濟河，此濟金城河也。熾，昌志翻。南涼王傉檀遣太子虎臺逆戰於嶺南；傉，奴沃翻。南涼兵敗，虜牛馬十餘萬而還。還，從宣翻，又如字；下同。

16 沮渠蒙遜帥輕騎襲西涼，帥，讀曰率。騎，奇寄翻。西涼公暠曰：「兵有不戰而敗敵者，暠，古老翻。敗，補邁翻。挫其銳也。蒙遜新與吾盟，事見上卷上年。而遽來襲我，我閉門不與戰，待其銳氣竭而擊之，蔑不克矣。」頃之，蒙遜糧盡而歸，暠遣世子歆帥騎七千邀擊之，蒙遜大敗，獲其將沮渠百年。

17 河南王乾歸攻秦略陽太守姚龍於柏陽堡，克之；冬十一月，進攻南平太守王憬於水洛城，水經註：水洛亭在隴山之西，漢略陽縣界。鄭戩曰：水洛城西占隴坻通秦州往來路，隴之二水環城西流，繞帶渭河，川平土沃，廣數百里。元豐九域志：德順軍西南一百里有水洛城，仁宗朝鄭戩使劉滬所築也。憬，居永翻。又克之，徙民三千餘戶於譚郊。譚郊在治城西北。遣乞伏審虔帥衆二萬城譚郊。帥，讀曰率。十二月，西羌彭利髮襲據枹罕，枹，音膚。自稱大將軍、河州牧，乾歸討之，不克。

18 是歲，并州刺史劉道憐爲北徐州刺史，移鎮彭城。

八年（壬子、四一二）

1 春，正月，河南王乾歸復討彭利髮，復，扶又翻。至奴葵谷。利髮棄衆南走，乾歸遣振威將軍乞伏公府追至清水，斬之，收羌戶一萬三千，以乞伏審虔爲河州刺史鎮枹罕而還。

2 二月，丙子，以吳興太守孔靖爲尙書右僕射。

3 河南王乾歸徙都譚郊，命平昌公熾磐鎮苑川。乾歸擊吐谷渾阿若干於赤水，降之。五代志：隋大業五年平吐谷渾，置河源郡於古赤水城，蓋近積石山。魏收地形志：臨洮郡有赤水縣。水經註：赤水城亦曰臨洮東城。降，戶江翻。

4 夏，四月，劉道規以疾求歸，許之。道規在荊州累年，元年，道規刺荊州。秋毫無犯。及歸，府庫帷幕，儼然若舊。隨身甲士二人遷席於舟中，道規刑之於市。

以後將軍豫州刺史劉毅爲衞將軍、都督荊·寧·秦·雍四州諸軍事、荊州刺史。雍，於用翻。毅謂左衞將軍劉敬宣曰：「吾忝西任，欲屈卿爲長史南蠻，爲南蠻校尉府長史也。豈有見輔意乎？」敬宣懼，以告太尉裕，裕笑曰：「但令老兄平安，必無過慮。」

毅性剛愎，愎，弼力翻。自謂建義之功與裕相埒，埒，龍輟翻，等也。深自矜伐，雖權事推裕而心不服；觀去年答弟藩之言可知已。及居方岳，常怏怏不得志。怏，於兩翻。裕每柔而順之，毅驕縱滋甚，嘗云：「恨不遇劉、項，與之爭中原！」及敗於桑落，事見上卷六年。知物情已去，彌復憤激。復，扶又翻。裕素不學，而毅頗涉文雅，故朝士有清望者多歸之，朝，直遙翻。與尙書僕射謝混、丹楊尹郗僧施深相憑結。僧施，超之從子也。郗，丑之翻。郗超黨於桓溫，僧施黨於劉毅，超僅免而僧施及禍矣。從，才用翻。毅旣據上流，陰有圖裕之志，求兼督交、廣二州，裕許之。

毅又奏以郗僧施爲南蠻校尉後軍司馬，毛脩之爲南郡太守，裕亦許之，以劉穆之代僧施爲丹楊尹。毅表求至京口辭墓，裕往會之於倪塘。寧遠將軍胡藩言於裕曰：「公謂劉衞軍終能爲公下乎？」毅爲衞將軍，故稱之。裕默然，久之，曰：「卿謂何如？」藩曰：「連百萬之衆，攻必取，戰必克，毅以此服公；至於涉獵傳記，師古曰：涉，若涉水；獵，若獵獸；言歷覽之，不專精也。傳，直戀翻。一談一詠，自許以爲雄豪；以是搢紳白面之士輻湊歸之。恐終不爲公下，不如因會取之。」裕曰：「吾與毅俱有克復之功，其過未彰，不可自相圖也。」裕雖以是言答藩，陰有以處毅者矣。

乞伏熾磐攻南涼三河太守吳陰于白土，克之，以乞伏出累代之。水經：河水過邯川城南，又東逕臨津城北、白土城南。闞駰十三州志曰：左南津西六十里，有白土城，在大河之北，爲緣河濟渡之地。累，力追翻。魏收曰：白土縣，漢屬上郡，晉屬金城郡，後魏屬新平郡。余謂後魏新平之白土乃漢上郡之白土，晉金城之白土乃左南西之白土，各是一處。五代志：邠州新平縣，舊曰白土，此漢上郡及後魏之白土也。南涼之白土當在唐鄯州界。

六月，乞伏公府弒河南王乾歸，公府，國仁之子也，以不得立，故行弒逆。幷殺其諸子十餘人，走保大夏。夏，戶雅翻；下同。平昌公熾磐遣其弟廣武將軍智達、揚武將軍木弈干帥騎三千討之；以其弟曇達爲鎭京【嚴：「京」改「東」。】將軍，鎭譚郊，乞伏都譚郊，自謂爲京師，故置鎭京將軍以鎭之。帥，讀曰率。騎，奇寄翻；下同。曇，徒含翻。驍騎將軍婁機鎭苑川。驍，堅堯翻。熾磐帥文武及民二萬餘戶遷于枹罕。

秦人多勸秦王興乘亂取熾磐，興曰：「伐人喪，非禮也。」夏王勃勃欲攻熾磐，軍師中郎將王買德諫曰：「熾磐，吾之與國，今遭喪亂，喪，息郎翻。吾不能恤，又恃衆力而伐之，匹夫猶且恥爲，況萬乘乎！」乘，繩證翻。勃勃乃止。

6閏月，庚子，南郡烈武公劉道規卒。

7秋，七月，己巳朔，魏主嗣東巡，置四廂大將、十二小將；以山陽侯斤、元城侯屈行左、右丞相。奚斤封山陽侯，拓跋屈封元城侯。庚寅，嗣至濡源，濡，乃官翻。巡西北諸部落。

8乞伏智達等擊破乞伏公府於大夏。公府奔疊蘭城，就其弟阿柴；智達等攻拔之，斬阿柴父子五人。公府奔嵻㟂南山，嵻，音康。㟂，音郎。追獲之，并其四子，轘之於譚郊。轘，音宦。

八月，乞伏熾磐自稱大將軍、河南王，熾磐，乾歸長子。大赦，改元永康；葬乾歸於枹罕，枹，音膚。謚曰武元，廟號高祖。

9皇后王氏崩。

10庚戌，魏主嗣還平城。出巡而還也。

11九月，河南王熾磐以尚書令武始翟勍爲相國，勍，渠京翻。侍中、太子詹事趙景爲御史大夫，罷尚書令、僕、尚書六卿、侍中等官。

12 癸酉，葬僖皇后于休平陵。

13 劉毅至江陵，多變易守宰，輒割豫州文武、江州兵力萬餘人以自隨。會毅疾篤，郗僧施等恐毅死，其黨危，乃勸毅請從弟兗州刺史藩以自副，從，才用翻；下同。太尉裕僞許之。藩自廣陵入朝，朝，直遙翻。己卯，裕以詔書罪狀毅，云與藩及謝混共謀不軌，收藩及混賜死。

初，混與劉毅款昵，昵，尼質翻。混從兄澹常以爲憂，澹，徒覽翻。漸與之疏；謂弟璞及從子瞻曰：「益壽此性，終當破家。」益壽，混小字也。澹，安之孫也。

庚辰，詔大赦，以前會稽内史司馬休之爲都督荆·雍·梁·秦·寧·益六州諸軍事、荆州刺史；雍，於用翻。北徐州刺史劉道憐爲兗·青二州刺史，鎮京口。北徐州刺史治彭城。使道憐鎮京口，以爲建康北藩之重。使豫州刺史諸葛長民監太尉留府事。監，工銜翻。裕疑長民難獨任，乃加劉穆之建武將軍，置佐吏，配給資力以防之。是時裕已有殺長民之心矣。

壬午，裕帥諸軍發建康，參軍王鎮惡請給百舸爲前驅。帥，讀曰率。舸，古我翻。丙申，至姑孰，以鎮惡爲振武將軍，與龍驤將軍蒯恩將百舸前發，驤，思將翻。蒯，苦怪翻。將，卽亮翻。裕戒之曰：「若賊可擊，擊之；不可者，燒其船艦，艦，戶黯翻。留屯水際以待我。」於是鎮惡晝夜兼行，揚聲言劉兗州上。上，時掌翻；下步上、藩上同。

冬，十月，己未，鎮惡至豫章口，去江陵城二十里，捨船步上。蒯恩軍居前，鎮惡次之。

舸留一二人，對舸岸上立六七旗，旗下置鼓，語所留人：語，牛倨翻；下同。「計我將至城，便鼓嚴，令若後有大軍狀。」鼓嚴，擂鼓也。又分遣人燒江津船艦。鎭惡徑前襲城，語前軍士：告語在前軍士也。「有問者，但云劉兗州至。」津戍及民間皆晏然不疑。未至城五、六里，逢毅要將朱顯之要將者，所親之將，掌兵要者。欲出江津，問：「劉兗州何在？」軍士曰：「在後。」顯之至軍後不見藩，而見軍人擔彭排戰具，彭排，即今之旁排，所以扞鋒矢。孫愐曰：櫓，彭排。釋名曰：彭排，軍器也。彭，旁也，在旁排敵禦攻也。望江津船艦已被燒，鼓嚴之聲甚盛，知非藩上，上，時掌翻。便躍馬馳去告毅，行令閉諸城門。鎭惡亦馳進，門未及下關，軍人因得入城。衞軍長史謝純入參承毅，僚佐省府公謂之參承。出聞兵至，左右欲引車歸。純叱之曰：「我，人吏也，言爲人之吏。逃將安之！」馳還入府。純，安兄據之孫也。鎭惡與城內兵鬭，且攻其金城，凡城內牙城，晉、宋時謂之金城。自食時至中晡，日加申爲晡。中晡，正申時也。申末爲下晡。城內人敗散。鎭惡穴其金城而入，遣人以詔及赦文并裕手書示毅，毅皆燒不視，與司馬毛脩之等督士卒力戰。城內人猶未信裕自來，軍士從毅自東來者，與臺軍多中表親戚，且鬭且語，知裕自來，人情離駭。逮夜，聽事前兵皆散，斬毅勇將趙蔡，將，卽亮翻。毅左右兵猶閉東西閤拒戰。鎭惡慮閤中自相傷犯，乃引軍出圍金城，開其南面。毅慮南有伏兵，夜半，帥左右三百許人帥，讀曰率。開北門突出。毛脩之謂謝純曰：「君但隨僕去。」純不從，爲人所殺。

毅夜投牛牧佛寺。牛牧寺在江陵城北二十里。初，桓蔚之敗也，事見一百一十四卷元年。蔚，紆勿翻。走投牛牧寺僧昌，昌保藏之，毅殺昌。至是，寺僧拒之曰：「昔亡師容桓蔚，爲劉衛軍所殺，今實不敢容異人。」毅歎曰：「爲法自弊，一至於此！」史記商君得罪於秦，亡至關下，欲舍。客舍人不知其是商君也，曰：「商君之法，舍人無驗者坐之。」商君歎曰：「嗟乎！爲法自敝，一至此哉！」遂縊而死。明日，居人以告，乃斬首於市，幷子姪皆伏誅。毅兄模奔襄陽，魯宗之斬送之。

初，毅季父鎮之閒居京口，不應辟召，常謂毅及藩曰：「汝輩才器，足以得志，但恐不久耳。我不就爾求財位，亦不同爾受罪累。」累，力瑞翻。每見毅、藩導從到門，輒詬之。從，才用翻。詬，許候翻，又古侯翻，罵也。毅甚敬畏，未至宅數百步，悉屏儀衛，屏，必郢翻。與白衣數人俱進。及毅死，太尉裕奏徵鎮之爲散騎常侍、光祿大夫，散，悉亶翻。騎，奇寄翻。固辭不至。

14仇池公楊盛叛秦，義熙元年，盛降秦，今復叛。侵擾祁山；秦王興遣建威將軍趙琨爲前鋒，立節將軍姚伯壽繼之，前將軍姚恢出鷲峽，鷲，音就。秦州刺史姚嵩出羊頭峽，右衛將軍胡翼度出汧城，以討盛。汧，苦堅翻。興自雍赴之，雍，於用翻。與諸將會于隴口。隴道之口也。將，即亮翻。

天水太守王松怱言於嵩曰：「先帝神略無方，徐洛生以英武佐命，再入仇池，無功而還；姚萇再攻仇池，當考。非楊氏智勇能全也，直地勢險固耳。今以趙琨之衆，使君之威，準之先朝，實未見成功。使君具悉形便，何不表聞！」嵩不從。盛帥衆與琨相持，伯壽畏懦不進，琨衆寡不敵，爲盛所敗。帥，讀曰率；下同。敗，補邁翻。興斬伯壽而還。

興以楊佛嵩爲雍州刺史，帥嶺北見兵以擊夏。秦雍州統嶺北五郡，治安定。見，賢遍翻。行數日，興謂羣臣曰：「佛嵩每見敵，勇不自制，吾常節其兵不過五千人。今所將既多，遇敵必敗，行已遠，追之無及，將若之何？」佛嵩與夏王勃勃戰，果敗，爲勃勃所執，絕亢而死。亢，與吭同，居郎翻。

15 秦立昭儀齊氏爲后。

16 沮渠蒙遜遷于姑臧。

17 十一月，己卯，太尉裕至江陵，殺郗僧施。初，毛脩之雖爲劉毅僚佐，素自結於裕，故裕特宥之。賜王鎭惡爵漢壽子。裕問毅府諮議參軍申永曰：「今日何施而可？」永曰：「除其宿釁，倍其惠澤，貫敍門次，魏、晉以來，率以門地高下爲用人之次第；貫敍者，以次敍之，若穿錢貫然也。顯擢才能，如此而已。」裕納之，下書寬租省調，調，徒弔翻。節役原刑，禮辟名士，荆人悅之。

18 諸葛長民驕縱貪侈，所爲多不法，爲百姓患，常懼太尉裕按之。及劉毅被誅，長民謂所親曰：「『昔年醢彭越，今年殺韓信。』漢薛公之言。被，皮義翻。禍其至矣！」乃屏人問劉穆之曰：屏，必郢翻；下同。「悠悠之言，皆云太尉與我不平，何以至此？」穆之曰：「公泝流遠征，以老母稚子委節下；若一豪不盡，稚，直利翻。豪，古毫字通。豈容如此邪！」長民意乃小安。

長民弟輔國大將軍黎民說長民曰：說，輸芮翻。「劉氏之亡，亦諸葛氏之懼也，宜因裕未還而圖之。」長民猶豫未發，既而歎曰：「貧賤常思富貴，富貴必履危機。今日欲爲丹徒布衣，豈可得邪！」長民，琅邪陽都人，僑居丹徒。因遣冀州刺史劉敬宣書曰：「盤龍狠戾專恣，自取夷滅。遺，于季翻。劉毅，小字盤龍。異端將盡，世路方夷，富貴之事，相與共之。」敬宣報曰：「下官自義熙以來，忝三州、七郡，敬宣自北還，拜晉陵太守，遷江州，鎮尋陽，兼領郡事，徵拜宣城內史，領襄城太守，遷鎮蠻護軍，安豐太守，梁國內史，又遷青州刺史，尋改冀州。常懼福過災生，思避盈居損。富貴之旨，非所敢當。」且使以書呈裕，裕曰：「阿壽故爲不負我也。」敬宣，字萬壽，故裕稱之曰阿壽。

劉穆之憂長民爲變，屏人問太尉行參軍東海何承天曰：「公今行濟否？」承天曰：「荆州不憂不時判，判，決也。別有一慮耳。公昔年自左里還入石頭，甚脫爾；謂破盧循還時也。脫爾，謂輕脫而還，不爲嚴備也。今還，宜加重慎。」穆之曰：「非君，不聞此言。」

裕在江陵，輔國將軍王誕白裕求先下，裕曰：「諸葛長民似有自疑心，卿詎宜便去！」誕曰：「長民知我蒙公垂盼，今輕身單下，必當以爲無虞，乃可以少安其意耳。」裕笑曰：「卿勇過賁、育矣。」盼，匹莧翻。少，詩沼翻。賁，音奔。乃聽先還。

19 沮渠蒙遜即河西王位，沮渠蒙遜，臨松盧水胡人也，其先世爲匈奴左沮渠，遂以官爲氏。大赦，改元玄始，置官僚如涼王光爲三河王故事。呂光稱三河王，見一百七卷孝武太元十四年。

20 太尉裕謀伐蜀，擇元帥而難其人。帥，所類翻。以西陽太守朱齡石既有武幹，又練吏職，欲用之。衆皆以爲齡石資名尙輕，難當重任；裕不從。十二月，以齡石爲益州刺史，帥寧朔將軍臧熹、河間太守蒯恩、下邳太守劉鍾等伐蜀，帥，讀曰率。分大軍之半二萬人以配之。熹，裕之妻弟，位居齡石之右，亦隸焉。

裕與齡石密謀進取，曰：「劉敬宣往年出黃虎，無功而退。事見一百十四卷四年。賊謂我今應從外水往，而料我當出其不意猶從內水來也。庾仲雍曰：巴郡江州縣對二水口，右則涪，內水；左則蜀，外水。如此，必以重兵守涪城以備內道。涪，音浮。若向黃虎，正墮其計。今以大衆自外水取成都，疑兵出內水，此制敵之奇也。」而慮此聲先馳，賊審虛實。別有函書封付齡石，署函邊曰：「至白帝乃開。」諸軍雖進，未知處分所由。處，昌呂翻。分，扶問翻。

毛脩之固請行；裕恐脩之至蜀，必多所誅殺，土人與毛氏有嫌，亦當以死自固，不許。以毛璩之家爲蜀人所滅故也。

21 分荊州十郡置湘州。成帝咸和三年，省湘州入荊州，今復置。

22 加太尉裕太傅、揚州牧。

23 丁巳，魏主嗣北巡，至長城而還。秦所築長城也。

九年（癸丑、四一三）

1春，二月，庚戌，魏主嗣如高柳川；甲寅，還宮。

2太尉裕自江陵東還，還，從宣翻，又如字；下同。駱驛遣輜重兼行而下，重，直用翻。前刻至日，每淹留不進。諸葛長民與公卿頻日奉候於新亭，輒差其期。乙丑晦，裕輕舟徑進，潛入東府。劉穆之、何承天所慮者，裕已了了於胸中矣。三月，丙寅朔旦，長民聞之，驚趨至門。裕伏壯士丁旿於幔中，旿，阮古翻。引長民卻人間語，凡平生所不盡者皆及之。長民甚悅。丁旿自幔後出，於座拉殺之，幔，莫半翻。拉，盧合翻。輿尸付廷尉。收其弟黎民，黎民素驍勇，驍，堅堯翻。格鬬而死。并殺其季弟大司馬參軍幼民、從弟寧朔將軍秀之。從，才用翻。

3庚午，秦王興遣使至魏脩好。使，疏吏翻。好，呼到翻。

4太尉裕上表曰：「大司馬溫以『民無定本，傷治爲深』，庚戌土斷以一其業；庚戌制見一百一卷哀帝興寧二年。于時財阜國豐，實由於此。自茲迄今，漸用頹弛，請申前制。」於是依界土斷，唯徐、兗、青三州居晉陵者，不在斷例；徐、青、兗三州都督率治晉陵，故難以土斷。斷，丁亂翻。諸流寓郡縣多所併省。

戊寅，加裕豫州刺史。裕固讓太傅、州牧。辭去年冬所加也。

5林邑范胡達寇九眞，杜慧度擊斬之。

6河南王熾磐遣鎭東將軍曇達、平東將軍王松壽將兵東擊休官權小郎、呂破胡於白石川，（原缺四十六字）含翻。將，卽亮翻。大破之，虜其男女萬餘口，進據白石城。顯親休官權小成、呂奴迦等二萬餘戶據白阬不服，迦，居牙翻。曇達攻斬之，隴右休官悉降。秦太尉索稜以隴西降熾磐，七年，秦令索稜守隴西以招撫乞伏。索，昔各翻。降，戶江翻。熾磐以稜爲太傅。

7夏王勃勃大赦，改元鳳翔；以叱干阿利領將作大匠，發嶺北夷、夏十萬人築都城於朔方水北、黑水之南。水經註：奢延水又謂之朔方水，源出奢延縣西南赤沙阜，東北流逕奢延縣故城南。赫連於是水之南築統萬城。奢延水又東流，黑水入焉，水出奢延縣黑澗，東南歷沙陵，注奢延水。統萬城唐爲夏州定難節度使治所。夏，戶雅翻。勃勃曰：「朕方統一天下，君臨萬邦，宜名新城曰統萬。」阿利性巧而殘忍，蒸土築城，錐入一寸，卽殺作者而并築之。勃勃以爲忠，委任之。凡造兵器成，呈之，工人必有死者：射甲不入則斬弓人，射，而亦翻。入則斬甲匠。又鑄銅爲一大鼓，飛廉、翁仲、銅駝、龍虎之屬，飾以黃金，列於宮殿之前。凡殺工匠數千，由是器物皆精利。

勃勃自謂其祖從母姓爲劉，非禮也。載記曰：漢高祖以宗女妻單于冒頓，約爲兄弟，故其子孫冒姓劉氏。古人氏族無常，乃改姓赫連氏，言帝王係天爲子，其徽赫與天連也；其非正統者，皆以鐵伐爲氏，勃勃父衞辰本鐵弗氏，故改其非正統者爲鐵伐氏。言其剛鋭如鐵，皆堪伐人也。

8夏，四月，乙卯，魏主嗣西巡，命鄭兵將軍奚斤、「鄭兵」，北史作「都兵」。鴻飛將軍尉古眞、都將閭大肥等擊越勤部於跋那山。大肥，柔然人也。鴻飛將軍，拓跋氏所創置。將，卽亮翻。柔然姓郁久閭氏，今曰閭，從省便也。跋那山蓋在廣寧郡之塞外。

9 河南王熾磐遣安北將軍烏地延、冠軍將軍翟紹擊吐谷渾別統句旁于泣勤【張：「泣勤」作「涇勤」。】川，大破之。冠，古玩翻。別統，猶別帥也，別統部落者也。句，古侯翻。

10 河西王蒙遜立子政德爲世子，加鎮衞大將軍、錄尚書事。

11 南涼王傉檀伐河西王蒙遜，蒙遜敗之於若厚塢，又敗之於若涼；敗，補邁翻。因進圍樂都，樂，音洛；下長樂同。二旬不克。南涼湟河太守文支以郡降于蒙遜，降，戶江翻。蒙遜以文支爲廣武太守。蒙遜復伐南涼，傉檀以太尉俱延爲質，乃還。復，扶又翻。質，音致。

蒙遜西如苕藋，藋，徒弔翻。遣冠軍將軍伏恩將騎一萬襲卑和、烏啼二部，大破之，漢有卑和羌，居鮮水海。俘二千餘落而還。

蒙遜寢于新臺，閹人王懷祖擊蒙遜傷足，其妻孟氏禽斬之。

蒙遜母車氏卒。車，尺遮翻。

12 五月，乙亥，魏主嗣如雲中舊宮。唐單于都護府領金河一縣，秦漢之雲中也。新書云：金河本後魏道武所都。丙子，大赦。西河胡張外等聚衆爲盜；乙卯，嗣遣會稽公長樂劉絜等屯西河招討之。按乙亥至丙子幾四十日，五月無乙卯明矣，恐是己卯。會，工外翻。六月，嗣如五原。

13朱齡石等至白帝發函書，曰：「衆軍悉從外水取成都，臧熹從中水取廣漢，水經註：洛水出洛縣章山南，逕洛縣故城南，廣漢郡治也，又南逕新都縣與緜水合，又與湔水合，亦謂之郫江，又逕犍爲牛鞞水，又東逕資中縣，謂之緜水。緜水至江陽縣方山下入江，謂之緜水口，曰中水。老弱乘高艦十餘，從內水向黃虎。」艦，戶黯翻。於是諸軍倍道兼行。譙縱果命譙道福將重兵鎮涪城，將，卽亮翻。涪，音浮；下同。以備內水。

齡石至平模，去成都二百里；縱遣秦州刺史侯暉、尚書僕射譙詵帥衆萬餘屯平模，詵，莘臻翻。夾岸築城以拒之。齡石謂劉鍾曰：「今天時盛熱，而賊嚴兵固險，攻之未必可拔，祇增疲困；且欲養銳息兵以伺其隙，何如？」鍾曰：「不然。前揚聲言大衆向內水，譙道福不敢捨涪城。今重軍猝至，出其不意，侯暉之徒已破膽矣。賊阻兵守險者，是其懼不敢戰也。因其兇懼，兇，許勇翻。盡銳攻之，其勢必克。克平模之後，自可鼓行而進，成都必不能守矣。若緩兵相守，彼將知人虛實。涪軍忽來，并力拒我，人情既安，良將又集，良將謂譙道福。將，卽亮翻。此求戰不獲，軍食無資，二萬餘人悉爲蜀子虜矣。」齡石從之。

諸將以水北城地險兵多，欲先攻其南城，齡石曰：「今屠南城，不足以破北，若盡銳以拔北城，則南城不麾自散矣。」秋，七月，齡石帥諸軍急攻北城，克之，斬侯暉、譙詵；引兵廻趣南城，帥，讀曰率。趣，七喻翻。南城自潰。齡石捨船步進；譙縱大將譙撫之屯牛脾，「牛脾」，當作「牛鞞」。孟康曰：鞞，音髀。師古曰：音必爾翻。牛鞞縣自漢以來屬犍爲郡。何承天曰：晉穆帝度屬蜀郡。今簡州西岸有古牛鞞戍城。譙小苟塞打鼻。打鼻山在今眉州彭山縣南十餘里，山形孤起，東臨江水。俗云：昔周鼎淪於此，或見其鼻，故名。塞，悉則翻。臧熹擊撫之，斬之，小苟聞之，亦潰。於是縱諸營屯望風相次奔潰。

戊辰，縱棄成都出走，尚書令馬耽封府庫以待晉師。壬申，齡石入成都，誅縱同祖之親，餘皆按堵，使復其業。縱出成都，先辭墓，其女曰：「走必不免，祇取辱焉；等死，死於先人之墓可也。」縱不從。譙道福聞平模不守，自涪引兵入赴，縱往投之。道福見縱，怒曰：「大丈夫有如此功業而棄之，將安歸乎！人誰不死，何怯之甚也！」因投縱以劍，中其馬鞍。中，竹仲翻。縱乃去，自縊死，縊，於賜翻，又於計翻。巴西人王志斬其首以送齡石。道福謂其衆曰：「蜀之存亡，實係於我，不在譙王，今我在，猶足一戰。」衆皆許諾；道福盡散金帛以賜衆，衆受之而走。道福逃於獠中，獠，魯皓翻。巴民杜瑾執送之，斬于軍門。義熙元年，譙縱據蜀，九年而滅。瑾，渠吝翻。齡石徙馬耽於越巂，巂，音髓。耽謂其徒曰：「朱侯不送我京師，欲滅口也，謂齡石多取庫物，殺耽以滅口。吾必不免。」乃盥洗而臥，引繩而死。須臾，齡石使至，戮其尸。使，疏吏翻。詔以齡石進監梁、秦州六郡諸軍事，監，古銜翻。賜爵豐城縣侯。

14 魏奚斤等破越勤於跋那山西，徙二萬餘家於大寧。

15 河西胡曹龍等擁部衆二萬人來入蒲子，張外降之，推龍爲大單于。降，戶江翻。單，音蟬。

16 丙戌，魏主嗣如定襄大洛城。二漢志：定襄郡有駱縣。

17 河南王熾磐擊吐谷渾支旁于長柳川，虜旁及其民五千餘戶而還。

18 八月，癸卯，魏主嗣還平城。

19 曹龍請降于魏，執送張外，斬之。

20 丁丑，魏主嗣如豺山宮；癸未，還。

21 九月，再命太尉裕爲太傅、揚州牧；固辭。

22 河南王熾磐擊吐谷渾別統掘逵於渴渾川，大破之，虜男女二萬三千。冬，十月，掘逵帥其餘衆降于熾磐。掘，其月翻。帥，讀曰率。

23 吐京胡與離石胡出以眷叛魏，水經註曰：吐京卽漢西河土軍縣，夷、夏俗音訛也。後魏眞君九年，置吐京郡，隋爲隰州石樓縣地。魏主嗣命元城侯屈督會稽公劉絜、永安侯魏勤以討之。丁巳，出以眷引夏兵邀擊絜，禽之以獻於夏；勤戰死。會，工外翻。夏，戶雅翻。嗣以屈亡二將，將，卽亮翻。欲誅之；既而赦之，使攝并州刺史。屈到州，縱酒廢事，嗣積其前後罪惡，檻車徵還，斬之。魏主嗣之入立也，屈子磨渾有功焉；屈恃之而驕。積其惡而誅之，非所以保功臣之門也。

24 十一月，魏主嗣遣使請昏於秦，使，疏吏翻。秦王興許之。

25是歲，以敦煌索邈爲梁州刺史，敦，徒門翻。索，昔各翻。苻宣乃還仇池。苻宣入漢中，見一百一十四卷元年。初，邈寓居漢川，與別駕姜顯有隙，凡十五年而邈鎮漢川；顯乃肉袒迎候，邈無慍色，慍，於問翻。待之彌厚。退而謂人曰：「我昔寓此，失志多年，若讎姜顯，懼者不少。少，詩沼翻。但服之自佳，何必逞志！」於是闔境聞之皆悅。鞠羨之安東萊亦若是而已。世人脩怨以致禍者，由不知此道也。

十年（甲寅、四一四）

1春，正月，辛酉，魏大赦，改元神瑞。

辛巳，魏主嗣如繁畤；畤，音止。二月，戊戌，還平城。

2夏王勃勃侵魏河東蒲子。

3庚戌，魏主嗣如豺山宮。

4魏并州刺史婁【嚴：「婁」改「樓」。】伏連襲殺夏所置吐京護軍及其守兵。魏書官氏志：內入諸姓有匹婁氏，後改爲婁氏。去年，夏破拓跋屈，因置守兵於吐京。

5司馬休之在江陵，頗得江、漢民心。子譙王文思在建康，文思，休之之長子也。譙王尚之死於桓玄之難，帝反正，以文思嗣國。性凶暴，好通輕俠；太尉裕惡之。好，呼到翻。惡，烏路翻。三月，有司奏文思擅捶殺國吏，捶，止橤翻。詔誅其黨而宥文思。休之上疏謝罪，請解所任，不許。裕執文思送休之，令自訓厲，意欲休之殺之；休之但表廢文思，并與裕書陳謝。裕由是不悅，爲後裕伐休之張本。以江州刺史孟懷玉兼督豫州六郡以備之。豫州六郡，宣城、襄城、淮南、廬江、安豐、歷陽也。

6夏，五月，辛酉，魏主嗣還平城。

7秦後將軍斂成討叛羌，爲羌所敗，敗，補邁翻。懼罪，出奔夏。

8秦王興有疾。妖賊李弘與氐仇常反於貳城，妖，於驕翻。興輿疾往討之，斬常，執弘而還。還，從宣翻，又如字。

9秦左將軍姚文宗有寵於太子泓，廣平公弼惡之，惡，烏路翻。誣文宗有怨言；秦王興怒，賜文宗死，於是羣臣畏弼側目。弼言於興，無不從者；以所親天水尹沖爲給事黃門侍郎，唐盛爲治書侍御史，治，直之翻；下同。興左右掌機要者，皆其黨也。右僕射梁喜、侍中任謙、京兆尹尹昭承間言於興曰：「父子之際，人所難言；然君臣之義，不薄於父子，任，音壬。間，古莧翻。父子、君臣，皆人之大倫，故云然。故臣等不得默然。廣平公弼，潛有奪嫡之志，陛下寵之太過，假其威權；傾險無賴之徒輻湊附之。道路皆言陛下將有廢立之計，信有之乎？」興曰：「豈有此邪！」喜等曰：「苟無之，則陛下愛弼，適所以禍之；願去其左右，去，羌呂翻。損其威權，如此，非特安弼，乃所以安宗廟、社稷。」興不應。大司農竇【章：甲十一行本「竇」作

「賓」；乙十一行本同；孔本同；熊校同。】溫、司徒左長史王弼皆密疏勸興立弼爲太子，興雖不從，亦不責也。

興疾篤，弼潛聚衆數千人，謀作亂。姚裕遣使以弼逆狀告諸兄在藩鎮者，使，疏吏翻。於是姚懿治兵於蒲阪，鎮東將軍、豫州牧洸治兵於洛陽，懿、洸，皆興子也。治，直之翻。洸，姑黃翻。平西將軍諶治兵於雍，諶，氏壬翻。雍，於用翻。皆欲赴長安討弼。會興疾瘳，瘳，丑留翻。見羣臣，征虜將軍劉羌泣以告興。梁喜、尹昭請誅弼，且曰：「苟陛下不忍殺弼，亦當奪其權任。」興不得已，免弼尚書令，使以將軍、公還第。弼爲大將軍，封廣平公。懿等各罷兵。

懿、洸、諶與姚宣皆入朝，使裕入白興，求見，朝，直遙翻。見，賢遍翻；下同。興曰：「汝等正欲論弼事耳，吾已知之。」裕曰：「弼苟有可論，陛下所宜垂聽；若懿等言非是，便當寘之刑辟，辟，毗亦翻。柰何逆拒之！」於是引見懿等於諮議堂。宣流涕極言，興曰：「吾自處之，處，昌呂翻；下同。非汝曹所憂。」撫軍東曹屬姜虬上疏曰：「廣平公弼，釁成逆著，道路皆知之。昔文王之化，刑于寡妻；詩思齊曰：刑于寡妻，至于兄弟。今聖朝之亂，起自愛子，雖欲含忍掩蔽，而逆黨扇惑不已，弼之亂心何由可革！宜斥散凶徒，以絕禍端。」興以虬表示梁喜曰：「天下人皆以吾兒爲口實，孔安國曰：口實，謂常不去口。將何以處之？」喜曰：「信如虬言，陛下宜早裁決。」興默然。史言姚興不聽臣子之言，養成泓、弼爭國之禍。

10 唾契汗、乙弗等部皆叛南涼，契，欺訖翻。汗，何干翻。北史曰：乙弗國有契翰一部，風俗亦同。杜佑曰：乙弗敵，後魏聞焉，在吐谷渾北，衆有萬餘落，風俗與吐谷渾同，然不識五穀，唯食魚與蘇子。蘇子狀若中國枸杞子，或赤或黑。西有契翰一部，風俗亦同。南涼王傉檀欲討之。邯川護軍孟愷諫曰：邯，戶甘翻。「今連年饑饉，南逼熾磐，北逼蒙遜，百姓不安。遠征雖克，必有後患；不如與熾磐結盟通糴，慰撫雜部，足食繕兵，俟時而動。」傉檀不從，謂太子虎臺曰：「蒙遜近去，不能猝來；旦夕所慮，唯在熾磐。然熾磐兵少易禦，汝謹守樂都，少，詩沼翻。易，以豉翻。樂，音洛；下同。吾不過一月必還矣。」乃帥騎七千襲乙弗，帥，讀曰率。騎，奇寄翻。大破之，獲馬牛羊四十餘萬。

河南王熾磐聞之，欲襲樂都，羣臣咸以爲不可。太府主簿焦襲曰：「傉檀不顧近患而貪遠利，近患，謂蒙遜、熾磐；遠利，謂乙弗。我今伐之，絕其西路，樂都之西路，此傉檀自乙弗還樂都路也。使不得還救，則虎臺獨守窮城，可坐禽也。此天亡之時，必不可失。」熾磐從之，帥步騎二萬襲樂都。虎臺憑城拒守，熾磐四面攻之。

南涼撫軍從事中郎尉肅言於虎臺曰：「外城廣大難守，殿下不若聚國人守內城，國人，謂鮮卑禿髮之種落。肅等帥晉人拒戰於外，雖有不捷，猶足自存。」虎臺曰：「熾磐小賊，旦夕當走，卿何過慮之深！」虎臺疑晉人有異心，夷人謂華人爲晉人。悉召豪望有謀勇者閉之於內。孟愷泣曰：「熾磐乘虛內侮，國家危於累卵。愷等進欲報恩，退顧妻子，人思效死，而殿下乃疑之如是邪！」虎臺曰：「吾豈不知君之忠篤，懼餘人脫生慮表，以君等安之耳。」

一夕，城潰，熾磐入樂都，遣平遠將軍捷虔帥騎五千追傉檀，以鎮南將軍謙屯爲都督河右諸軍事、涼州刺史，鎮樂都；捷虔、謙屯，皆乞伏種。禿髮赴單爲西平太守，鎮西平；以趙恢爲廣武太守，鎮廣武；曜武將軍王基爲晉興太守，鎮浩亹；浩亹，音誥門。徙虎臺及其文武百姓萬餘戶于枹罕。枹，音膚。赴單，烏孤之子也。

11 河間人褚匡言於燕王跋曰：「陛下龍飛遼、碣，舊邦族黨，傾首朝陽，言日生於東，猶馮跋興於遼、碣也。其族黨在長樂者，傾首而東望之。碣，其謁翻。以日爲歲，請往迎之。」跋曰：「道路數千里，復隔異國，如何可致？」復，扶又翻。匡曰：「章武臨海，跋之先，長樂信都人，而章武郡則晉分漢勃海郡所置也。自信都至章武，可以浮海至遼西。舟楫可通，出於遼西臨渝，不爲難也。」臨渝縣，漢屬遼西郡。師古曰：渝，音喻。水經曰：碣石在縣南。跋許之，以匡爲游擊將軍、中書侍郎，厚資遣之。匡與跋從兄買、從弟睹從，才用翻。自長樂帥五千餘戶歸于和龍，漢高帝置信都郡，景帝二年爲廣川國，明帝更名樂成，安帝改曰安平，晉改曰長樂。樂，音洛。帥，讀曰率。契丹、庫莫奚皆降於燕。契，欺訖翻，又音喫。降，戶江翻。跋署其大人爲歸善王。跋弟丕避亂在高句麗，句，如字，又音駒。麗，力知翻。跋召之，以爲左僕射，封常山公。

12 柔然可汗斛律將嫁女於燕，可，從刋入聲。汗，音寒。斛律兄子步鹿眞謂斛律曰：「幼女遠斛律欲嫁憂思，請以大臣樹黎等女爲媵。」媵，以證翻。斛律不許。步鹿真出，謂樹黎等曰：「斛律欲以汝女爲媵，遠適他國。」樹黎恐，與步鹿真謀使勇士夜伏於斛律穹廬之後，伺其出而執之，與女皆送於燕，伺，相吏翻。立步鹿真爲可汗而相之。相，息亮翻。

初，社崙之徙高車也，事見一百一十二卷元興元年。崙，盧昆翻。高車人叱洛侯爲之鄉導以併諸部，鄉，讀曰嚮。社崙德之，以爲大人。步鹿真與社崙之子社拔共至叱洛侯家，淫其少妻，妻告步鹿真曰：「叱洛侯欲奉大檀爲主。」大檀者，社崙季父僕渾之子也，領別部鎮西境，素得衆心。步鹿真歸而發兵圍叱洛侯，叱洛侯自殺。遂引兵襲大檀，大檀逆擊，破之，執步鹿真及社拔，殺之，自立爲可汗，號牟汗紇升蓋可汗。魏收曰：魏言制勝也。

斛律至和龍，燕王跋賜斛律爵上谷侯，館之遼東，待以客禮，納其女爲昭儀。斛律上書請還其國，跋曰：「今棄國萬里，又無內應，若以重兵相送，則饋運難繼，兵少則不足成功，少，詩沼翻。如何可還？」斛律固請，曰：「不煩重兵，願給三百騎，送至敕勒，國人必欣然來迎。」跋乃遣單于前輔萬陵帥騎三百送之。騎，奇寄翻。單，音蟬。帥，讀曰率；下同。陵憚遠役，至黑山，黑山在唐振武之北塞外。即殺胡山也。殺斛律而還。大檀亦遣使獻馬三千匹、羊萬口于燕。使，疏吏翻。

13 六月，泰山太守劉研等帥流民七千餘家、河西胡酋劉遮等帥部落萬餘家，皆降於魏。

酋，慈由翻。降，戶江翻。

14 戊申，魏主嗣如豺山宮；丁亥，還平城。

15 樂都之潰也，南涼安西將軍樊尼自西平奔告南涼王傉檀，傉檀謂其衆曰：「今妻子皆爲熾磐所虜，退無所歸，卿等能與吾藉乙弗之資，取契汗以贖妻子乎？」契，欺訖翻。汗，音寒。乃引兵西；衆多逃還，傉檀遣鎮北將軍段苟追之，苟亦不還。於是將士皆散，唯樊尼與中軍將軍紇勃、後軍將軍洛肱、散騎侍郎陰利鹿不去。散，悉亶翻。騎，奇寄翻。傉檀曰：「蒙遜、熾磐昔皆委質於吾，蒙遜稱臣於利鹿孤，見一百一十二卷隆安五年；熾磐父子歸利鹿孤，見一百一十一卷四年。質，之日翻。今而歸去，不亦鄙乎！四海之廣，無所容身，何其痛也！與其聚而同死，不若分而或全。樊尼，吾長兄之子，樊尼蓋烏孤之子也。長，知兩翻。宗部所寄；吾衆在北者戶垂一萬，蒙遜方招懷士民，存亡繼絕，汝其從之；紇勃、洛肱亦與尼俱行。紇，戶骨翻。吾年老矣所適不容，寧見妻子而死！」遂歸于熾磐，唯陰利鹿隨之。傉檀謂利鹿曰：「吾親屬皆散，卿何獨留？」利鹿曰：「臣老母在家，非不思歸；然委質爲臣，忠孝之道，難以兩全。臣不才，不能爲陛下泣血求救於鄰國，爲，于僞翻。敢離左右乎！」離，力智翻。傉檀歎曰：「知人固未易。易，以豉翻。大臣親戚皆棄我去，今日忠義終始不虧者，唯卿一人而已！」

傉檀諸城皆降於熾磐，降，戶江翻。獨尉賢政屯浩亹，浩亹，音告門。固守不下。熾磐遣人謂之曰：「樂都已潰，卿妻子皆在吾所，獨守一城，將何爲也？」賢政曰：「受涼王厚恩，爲國藩屏。屏，必郢翻。雖知樂都已陷，妻子爲禽，先歸獲賞，後順受誅；然不知主上存亡，主上，謂傉檀也。未敢歸命；妻子小事，豈足動心！若貪一時之利，忘委付之重者，大王亦安用之！」熾磐乃遣虎臺以手書諭之，賢政曰：「汝爲儲副，不能盡節，面縛於人，棄父忘君，墮萬世之業，墮，讀曰隳。賢政義士，豈效汝乎！」聞傉檀至左南，乃降。闞駰十三州志曰：左南城在金城白土縣東六十里。晉志：張氏置晉興郡，左南縣屬焉。是縣蓋亦張氏所置也。熾磐聞傉檀至，遣使郊迎，待以上賓之禮。使，疏吏翻。秋，七月，熾磐以傉檀爲驃騎大將軍，賜爵左南公。驃，匹妙翻。騎，奇寄翻。南涼文武，依才銓敍。歲餘，熾磐使人鴆傉檀；左右請解之，傉檀曰：「吾病豈宜療邪！」遂死，謚曰景王。載記曰：禿髮烏孤至傉檀三世，十九年而滅。虎臺亦爲熾磐所殺。傉檀子保周、賀，俱延子覆龍，利鹿孤孫副周，烏孤孫承鉢，皆奔河西王蒙遜，久之，又奔魏。魏以保周爲張掖王，覆龍爲酒泉公，賀西平公，副周永平公，承鉢昌松公。魏主嗣愛賀之才，謂曰：「卿之先與朕同源，賜姓源氏。」爲源氏昌大於魏張本。

16 八月，戊子，魏主嗣遣馬邑侯陋孫使於秦，辛丑，遣謁者于什門使於燕，悅力延使於柔然。使，疏吏翻。于什門至和龍，不肯入見，曰：「大魏皇帝有詔，須馮王出受，然後敢入。」燕王跋使人牽逼令入；什門見跋不拜，跋使人按其項，什門曰：「馮王拜受詔，吾自以賓主致敬，何苦見逼邪！」跋怒，留什門不遣，什門數衆辱之。左右請殺之，跋曰：「彼各爲其主耳。」數，所角翻。爲，于僞翻。乃幽執什門，欲降之，什門終不降，降，户江翻。久之，衣冠弊壞略盡，蟣蝨流溢；跋遺之衣冠，遺，于季翻。什門皆不受。

17 魏主嗣以博士王諒爲平南參軍，使以平南將軍、相州刺史尉太眞書與太尉裕相聞。太眞，古眞之弟也。

18 九月，丁巳朔，日有食之。

19 冬，十月，河南王熾磐復稱秦王，置百官。熾磐嗣位，自稱河南王；今幷南涼，復稱秦王。

20 燕主跋與夏連和，夏王勃勃遣御史中丞烏洛孤如燕涖盟。春秋之時，列國釋仇通好，兩君不及相見而盟，必使其臣涖盟。左傳：陳五父如鄭涖盟是也。杜預曰：涖，臨也。

21 十一月，壬午，魏主嗣遣使者巡行諸州，行，下孟翻。校閱守宰資財，守，式又翻。非家所齎，悉簿爲贓。

22 西秦王熾磐立妃禿髮氏爲后。妃，傉檀之女也。

23 十二月，丙戌朔，柔然可汗大檀侵魏；丙申，魏主嗣北擊之。大檀走，遣奚斤等追之，遇大雪，士卒凍死及墮指者什二三。

24 河内人司馬順宰自稱晉王，魏人討之，不克。

25燕遼西公素弗卒，燕王跋比葬七臨之。古者大臣卒，君三臨其喪。比，必寐翻，及也。

26是歲，司馬國璠兄弟聚衆數百潛渡淮，夜入廣陵城。祇傳曰：自北徐州界渡淮。璠，孚袁翻。青州刺史檀祇領廣陵相，國璠兵直上聽事，上，時掌翻。聽，讀作廳。祇驚出，將禦之，被射傷而入，射，而亦翻。謂左右曰：「賊乘闇得入，欲掩我不備；但擊五鼓，彼懼曉，必走矣。」左右如其言，國璠兵果走。【章：甲十一行本「走」下有「追殺百餘人」五字；乙十一行本同；孔本同；退齋校同。】國璠之擾淮，至是十年矣。

27魏博士祭酒崔浩爲魏主嗣講易及洪範，爲，于僞翻。嗣因問浩天文、術數；浩占決多驗，由是有寵，凡軍國密謀皆預之。

28夏王勃勃立夫人梁氏爲王后，子璝爲太子；璝，古回翻。封子延爲陽平公，昌爲太原公，倫爲酒泉公，定爲平原公，滿爲河南公，安爲中山公。

資治通鑑卷第一百一十七

端明殿學士兼翰林侍讀學士朝散大夫右諫議大夫充集賢殿修撰權判西京留司御史臺上柱國河内郡開國侯食邑一千三百戶食實封四百戶賜紫金魚袋臣　司馬光　奉敕編集

後　學　天　台　胡三省　音　註

晉紀三十九　起旃蒙單閼（乙卯），盡柔兆執徐（丙辰），凡二年。

安皇帝壬

義熙十一年（乙卯、四一五）

1 春，正月，丙辰，魏主嗣還平城。至自伐柔然也。

2 太尉裕收司馬休之次子文寶、兄子文祖，並賜死；發兵擊之。詔加裕黄鉞，領荆州刺史。庚午，大赦。

3 丁丑，以吏部尚書謝裕爲尚書左僕射。

4 辛巳，太尉裕發建康。以中軍將軍劉道憐監留府事，監，工銜翻。劉穆之兼右僕射；事無大小，皆決於穆之。又以高陽内史劉鍾領石頭戍事，屯冶亭。冶亭，今謂之東冶亭，在半山寺後。自建康東門往蔣山，至此半道，因以爲名。王安石詩：「遥望鍾山岑，因知治城路。」陸游曰：今天慶觀在冶城山之麓。休之府司馬張裕、南平太守檀範之聞之，皆逃歸建康。守，式又翻。裕，邵之兄也。張邵見一百十五卷五年。雍州刺史魯宗之自疑不爲太尉裕所容，雍，於用翻。與其子竟陵太守軌起兵應休之。二月，休之上表罪狀裕，勒兵拒之。

裕密書招休之府録事參軍南陽韓延之，延之復書曰：「承親帥戎馬，遠履西畿，周禮：王畿千里之外曰侯畿、甸畿、男畿、采畿、衞畿、蠻畿、夷畿、鎮畿、蕃畿。謂之畿者，責以共王稅貢爲職。韓延之以荆楚爲西畿，取此義。帥，讀曰率。闔境士庶，莫不惶駭。辱疏，知以譙王前事，良增歎息。司馬平西體國忠貞，休之爲平西將軍，故稱之。款懷待物。以公有匡復之勳，家國蒙賴，推德委誠，每事諮仰。譙王往以微事見劾，猶自表遜位；事見上卷上年。劾，戶概翻，又戶得翻。況以大過，而當嘿然邪！前已表奏廢之，所不盡者命耳。推寄相與，正當如此；推寄，謂推心置人腹中也。而遽興兵甲，所謂『欲加之罪，其無辭乎！』左傳晉大夫里克之言。劉裕足下，海內之人，誰不見足下此心，而復欲欺誑國士！誑，居況翻。來示云『處懷期物，自有由來』，復，扶又翻。處，昌呂翻；下同。今伐人之君，啗人以利，眞可謂『處懷期物，自有由來』者乎！啗，土濫翻，又土覽翻。劉藩死於閶闔之門，諸葛斃於左右之手；劉藩事見上卷八年；諸葛事見九年。甘言詫方伯，襲之以輕兵；謂襲劉毅也。事見上卷八年。詫，丑亞翻。遂使席上靡款懷之士，閫外無自信諸侯，以是爲得算，良可恥也！貴府將佐及朝廷賢德，寄命過日。將，卽亮翻。朝，直遙翻。吾誠鄙劣，嘗聞道於君子，以平西之至德，寧可無授命之臣乎！必未能自投虎口，比迹郗僧施之徒明矣。郗僧施事見上卷八年。郗，丑之翻。假令天長喪亂，九流渾濁，太史談序九流。班固曰：儒家者流，蓋出於司徒之官，助人君順陰陽，明教化者也。道家者流，蓋出於史官，歷紀成敗禍福古今之道，此人君南面之術也。法家者流，蓋出於理官，信賞必罰，以輔禮制。陰陽家者流，蓋出於羲和之官，敬順昊天，曆象日月星辰。名家者流，蓋出於禮官，古者名位不同，禮亦異數。孔子曰：「必也正名乎！」墨家者流，蓋出於淸廟之守。茅屋、采椽，是以貴儉；養三老、五更，是以兼愛；選士、大射，是以尚賢；宗祀嚴父，是以右鬼。從横家者流，蓋出於行人之官。雜家者流，蓋出於議官。農家者流，蓋出於農稷之官。皆六經之支與流裔，有益於治道，而不能無弊，使其渾濁，則無所取衷矣。長，知兩翻。喪，息浪翻。當與臧洪遊於地下，臧洪事見六十一卷漢獻帝興平二年。不復多言。」復，扶又翻。裕視書歎息，以示將佐曰：「事人當如此矣！」延之以裕父名翹，字顯宗，乃更其字曰顯宗，更，工衡翻。名其子曰翹，以示不臣劉氏。

5 琅邪太守劉朗帥二千餘家降魏。帥，讀曰率。降，戶江翻。

6 庚子，河西胡劉雲等帥數萬戶降魏。

7 太尉裕使參軍檀道濟、朱超石將步騎出襄陽。將，卽亮翻。騎，奇寄翻。超石，齡石之弟也。江夏太守劉虔之將兵屯三連，夏，戶雅翻。立橋聚糧以待，道濟等積日不至。魯軌襲擊虔之，殺之。裕使其壻振威將軍東海徐逵之統參軍蒯恩、王允之、沈淵子爲前鋒，出江夏口。水經：江水過江陵城南，又東至華容縣西，夏水出焉；又東過公安縣北，又東左合子夏口。註云：江水左迆北出，通於夏水，故曰子夏也。蒯，苦怪翻。逵之等與魯軌戰於破冢，兵敗，逵之、允之、淵子皆死，獨蒯恩勒兵不動。蒯，苦怪翻。軌乘勝力攻之，不能克，乃退。淵子，林子之兄也。

裕軍於馬頭，據水經註，馬頭岸在大江之南，北對江陵之江津戍。聞逵之死，怒甚；三月，壬午，帥諸將濟江。魯軌、司馬文思將休之兵四萬，臨峭岸置陳，峭，七笑翻。陳，讀曰陣。軍士無能登者。裕自被甲欲登，被，皮義翻。諸將諫，不從，怒愈甚。太尉主簿謝晦前抱持裕，裕抽劍指晦曰：「我斬卿！」晦曰：「天下可無晦，不可無公！」此裕所謂晦頗識機變者也。建武將軍胡藩領遊兵在江津，裕呼藩使登，藩有疑色。裕命左右錄來，欲斬之。錄，收也。藩顧曰：「正欲擊賊，不得奉教！」乃以刀頭穿岸，劣容足指，騰之而上；劣，少也。上，時掌翻。隨之者稍多。既登岸，直前力戰。休之兵不能當，稍引卻。當胡藩之初登也，精騎數十可以制之，休之之兵不動，故得以直前力戰，又人心素懾服裕，故藩既進而不能當也。裕兵因而乘之，休之兵大潰，遂克江陵。休之、宗之俱北走，軌留石城。裕命閬中侯下邳趙倫之、太尉參軍沈林子攻之；遣武陵內史王鎮惡以舟師追休之等。

有羣盜數百夜襲冶亭，京師震駭；劉鍾討平之。

8 秦廣平公弼譖姚宣於秦王興，去年宣入朝，力言弼罪，弼銜而譖之。宣司馬權丕至長安，興責以不能輔導，將誅之；丕懼，誣宣罪惡以求自免。興怒，遣使就杏城收宣下獄，命弼將三萬人鎮秦州。下，遐稼翻。將，即亮翻；下同。尹昭曰：「廣平公與皇太子不平，今握強兵於外，陛下一旦不諱，社稷必危。『小不忍，亂大謀』，論語載孔子之言。陛下之謂也。」興不從。

9 夏王勃勃攻秦杏城，拔之，執守將姚逵，阬士卒二萬人。秦王興如北地，遣廣平公弼及輔國將軍斂曼嵬向新平，興還長安。

10 河西王蒙遜攻西秦廣武郡，拔之。西秦王熾磐遣將軍乞伏魋尼寅邀蒙遜於浩亹，蒙遜擊斬之；浩亹，音告門。又遣將軍折斐等帥騎一萬據勒姐嶺，闞駰志，金城安夷縣東有勒姐河，與金城河合。勒姐嶺蓋勒姐河所出之山也。漢時，勒姐羌居之，因以爲名。姐，子也翻，又音紫。蒙遜擊禽之。

11 河西饑胡相聚於上黨，推胡人白亞栗斯爲單于，單，音蟬。改元建平。以司馬順宰爲謀主，順宰起兵，見上卷二年。寇魏河內。夏，四月，魏主嗣命公孫表等五將討之。將，即亮翻；下同。

12 青、冀二州刺史劉敬宣參軍司馬道賜，宗室之疏屬也。聞太尉裕攻司馬休之，道賜與同府辟閭道秀、道賜與道秀俱爲敬宣僚屬，故曰同府。左右小將王猛子謀殺敬宣，據廣固以應休之。乙卯，敬宣召道秀，屏人語，屏，必郢翻。左右悉出戶。猛子逡巡在後，取敬宣備身刀殺敬宣。文武佐吏即時討道賜等，皆斬之。

13 己卯，魏主嗣北巡。

14西秦王熾磐子元基自長安逃歸，元基蓋從熾磐入秦以朝，因留長安也。熾磐以爲尚書左僕射。

15五月，丁亥，魏主嗣如大甯。

16趙倫之、沈林子破魯軌於石城，司馬休之、魯宗之救之不及，遂與軌奔襄陽，宗之參軍李應之閉門不納。甲午，休之、宗之、軌及譙王文思、新蔡王道賜、此又一司馬道賜也。新蔡王晃以武陵王晞事廢，後以道賜襲爵。梁州刺史馬敬、南陽太守魯範俱奔秦。宗之素得士民心，爭爲之衞送出境。王鎮惡等追之，盡境而還。不敢窮兵追之，懼出境而遇伏也。

初，休之等求救於秦、魏，秦征虜將軍姚成王及司馬國璠引兵至南陽，璠，孚袁翻。魏長孫嵩至河東，聞休之等敗，皆引還。休之至長安，秦王興以爲揚州刺史，使侵擾襄陽。侍御史唐盛言於興曰：「據符讖之文，司馬氏當復得河、洛。讖，楚譖翻。今使休之擅兵於外，猶縱魚於淵也；不如以高爵厚禮，留之京師。」興曰：「昔文王卒免羑里，紂囚文王於羑里，既而釋之。復，扶又翻。卒，子恤翻。高祖不斃鴻門，見九卷漢高祖元年。苟天命所在，誰能違之！脫如符讖之言，留之適足爲害。」遂遣之。史言姚興知命。

17詔加太尉裕太傅、揚州牧，劍履上殿，入朝不趨，贊拜不名。朝，直遥翻。以兗、青二州刺史劉道憐爲都督荆・湘・益・秦・寧・梁・雍七州諸軍事、驃騎將軍、荆州刺史。雍，於用翻。驃，匹妙翻。騎，奇寄翻。道憐貪鄙，無才能，裕以中軍長史晉陵太守謝方明爲驃騎長史、南郡相，道憐府中衆事皆諮決於方明。方明，沖之子也。謝沖，奕之從子。方明，裕之從祖弟也。

18 益州刺史朱齡石遣使詣河西王蒙遜，使，疏吏翻。諭以朝廷威德。蒙遜遣舍人黃迅詣齡石，且上表言：「伏聞車騎將軍裕欲清中原，願爲右翼，驅除戎虜。」

19 夏王勃勃遣御史中丞烏洛孤與蒙遜結盟，蒙遜遣其弟湟河太守漢平涖盟于夏。夏，戶雅翻。

20 西秦王熾磐率衆三萬襲湟河，沮渠漢平拒之，遣司馬隗仁夜出擊熾磐，破之。沮，子余翻。隗，五罪翻，熾，昌志翻。熾磐將引去，漢平長史焦昶、將軍段景潛召熾磐，熾磐復攻之；昶，丑兩翻。復，扶又翻。昶、景因說漢平出降。說，輸芮翻。降，戶江翻；下同。仁勒壯士百餘據南門樓，三日不下，力屈，爲熾磐所禽。熾磐欲斬之，散騎常侍武威段暉諫曰：「仁臨難不畏死，散，悉亶翻。騎，奇寄翻。難，乃旦翻。忠臣也，宜宥之以厲事君。」乃囚之。熾磐以左衞將軍匹達爲湟河太守，擊乙弗窟乾，降其三千餘戶而歸。以尚書右僕射出連虔爲都督嶺北諸軍事、嶺北，洪池嶺北也。涼州刺史；以涼州刺史謙屯爲鎮軍大將軍、河州牧。隗仁在西秦五年，段暉又爲之請，史書武威段暉，以別南燕之段暉也。又爲，于僞翻。熾磐免之，使還姑臧。

21 戊午，魏主嗣行如濡源，遂至上谷、涿鹿、廣甯；涿鹿縣，漢屬上谷郡，晉分屬廣甯郡。魏土地記：下洛縣東南六十里有涿鹿城，西北百三十里有大甯城，卽漢廣甯縣也。蓋在唐嬀州界。濡，乃官翻。

秋，七月，癸未，還平城。

22 西秦王熾磐以秦州刺史曇達爲尚書令，曇，徒含翻。光祿勳王松壽爲秦州刺史。

23 辛亥晦，日有食之。

24 八月，甲子，太尉裕還建康，固辭太傅、州牧，其餘受命。以豫章公世子義符爲兗州刺史。

25 丁未，謝裕卒；以劉穆之爲左僕射。

26 九月，己亥，大赦。

27 魏比歲霜旱，比，毗至翻。雲、代之民多飢死。雲、代，雲中、代郡二郡之地。太史令王亮、蘇坦言於魏主嗣曰：「按讖書，魏當都鄴，可得豐樂。」樂，音洛。嗣以問羣臣，博士祭酒崔浩、特進京兆周澹曰：澹，徒覽翻。「遷都於鄴，可以救今年之饑，非久長之計也。山東之人，以國家居廣漢之地，「廣漢」，據北史崔浩傳作「廣漠」，當從之。漠，大也。謂其民畜無涯，號曰『牛毛之衆』。今留兵守舊都，謂平城也。分家南徙，不能滿諸州之地，參居郡縣，情見事露，見，賢遍翻。恐四方皆有輕侮之心；且百姓不便水土，疾疫死傷者必多。又，舊都守兵既少，少，詩沼翻；下同。屈丐、柔然將有窺窬之心，舉國而來，雲中、平城必危，朝廷隔恆、代千里之險，自恆山至代，有飛狐之口、倒馬之關，夏屋、廣昌、五迴之險。難以赴救，此則聲實俱損也。今居北方，假令山東有變，我輕騎南下，布濩林薄之間，騎，奇寄翻。濩，胡故翻。郭璞曰：布濩，猶布露也。毛晃曰：布濩，流散也；草叢生曰薄。孰能知其多少！百姓望塵懾服，此國家所以威制諸夏也。懾，之涉翻。夏，戶雅翻。來春草生，湩酪將出，湩，覩勇翻，又多貢翻，乳汁也。酪，歷各翻，乳漿也。西漢太僕屬官有挏馬。應劭曰：主乳馬取其汁，挏治之，味酢可飲，因以名官。如淳曰：主乳馬以韋革爲夾兜，受數斗，盛馬乳，挏取其上肥，因名挏馬。今梁州名馬酪爲馬酒。師古曰：挏，音徒孔翻。兼以菜果，得及秋熟，則事濟矣。」嗣曰：「今倉廩空竭，既無以待來秋，若來秋又饑，將若之何？」對曰：「宜簡飢貧之戶，使就食山東；若來秋復饑，當更圖之，復，扶又翻。但方今不可遷都耳。」嗣悅曰：「唯二人與朕意同。」乃簡國人尤貧者詣山東三州就食，拓跋氏起於漠北，統國三十六，姓九十九。道武既幷中原，徙其豪桀於雲、代，與北人雜居，以其北來部落爲國人。山東三州，定、相、冀也。遣左部尚書代人周幾帥衆鎮魯口以安集之。魏初，四方四維置八部大人，分東、西、南、北、左、右、前、後，後又置八部尚書。魏書官氏志：拓跋鄰以次兄爲普氏，後改爲周氏。蓋魏建代都，周幾遂爲代人。帥，讀曰率。嗣躬耕藉田，且命有司勸課農桑；明年，大熟，民遂富安。

28 夏赫連建將兵擊秦，執平涼太守姚軍【章：甲十一行本「軍」作「周」；乙十一行本同；孔本同；退齋校同。】都，將，卽亮翻。遂入新平。廣平公弼與戰於龍尾堡，劉昫地理志：鳳翔府岐山縣，唐武德七年，移治龍尾城。禽之。

29秦王興藥動。廣平公弼稱疾不朝，朝，直遙翻。聚兵於第。興聞之，怒，收弼黨唐盛、孫玄等，殺之。太子泓請曰：「臣不肖，不能緝諧兄弟，緝，當作輯。使至於此，皆臣之罪也。若臣死而國家安，願賜臣死；若陛下不忍殺臣，乞退就藩。」興惻然愍之，召姚讚、梁喜、尹昭、斂曼嵬與之謀，囚弼，將殺之，窮治黨與；嵬，五回翻。治，直之翻。泓流涕固請，乃并其黨赦之。泓待弼如初，無忿恨之色。

30魏太史奏：「熒惑在匏瓜中，據晉書天文志：匏瓜在天津之南，天漢分流夾之。張淵觀象賦註曰：匏瓜五星在麗珠北，天津九星在匏瓜北。忽亡不知所在，於法當入危亡之國，先爲童謠妖言，然後行其禍罰。」法，謂推占之常法。妖，於驕翻。魏主嗣召名儒十餘人使與太史議熒惑所詣。崔浩對曰：「按春秋左氏傳：『神降于莘』，以其至之日推知其物。浩蓋據春秋左氏外傳也。外傳曰：「周惠王十五年，有神降于莘，王問於內史過。對曰：『其丹朱乎。』王曰：『其誰受之？』對曰：『在虢土。』王曰：『虢其幾何？』對曰：『昔堯臨民以五。今其胄見。神之見也，不過其物。若由是觀之，不過五年。』十九年，晉取虢。」傳，直戀翻。庚午之夕，辛未之朝，天有陰雲；熒惑之亡，當在二日。庚之與午，皆主於秦；辛爲西夷。晉書天文志：自東井十六度至柳八度爲鶉首，於辰在未，秦之分野。自柳九度至張十二度爲鶉火，於辰在午，周之分野。時姚秦兼有關洛之地，故云皆主於秦。庚、辛西方也，故爲西夷。今姚興據長安，熒惑必入秦矣。」衆皆怒曰：「天上失星，人間安知所詣！」浩笑而不應。後八十餘日，熒惑出東井，留守句己，久之乃去。新唐書天文志曰：「去而復來，是謂句己。」晉書天文志曰：「熒惑爲亂，爲賊，爲疾，爲喪，爲饑，爲兵，所居國受殃。環繞句己，芒角動摇變色，乍前乍後，乍左乍右，其殃愈甚。句，讀曰鉤。鉤己，謂環繞而行如鉤，又成己字也。秦大旱，昆明池竭，童謡訛言，徒歌謂之謡。國人不安，間一歲而秦亡。衆乃服浩之精妙。

31 冬，十月，壬子，秦王興使散騎常侍姚敞等送其女西平公主于魏，散，悉亶翻。騎，奇寄翻；下同。魏主嗣以后禮納之；鑄金人不成，魏立嗣、立后，皆鑄金人以卜之。乃以爲夫人，而寵遇甚厚。

32 辛酉，魏主嗣如沮洳城；沮，將豫翻。洳，呂庶翻。沮洳，漸濕之地。北方地高燥，此城蓋以下濕而得名。癸亥，還平城。十一月丁亥，復如豺山宫；復，扶又翻。庚子，還。

33 西秦王熾磐遣襄武侯曇達等將騎一萬擊南羌彌姐、康薄于赤水，降之；水經註：赤亭水出南安郡東山赤谷，西流，逕城北，南入渭水。曇，徒含翻。將，即亮翻。姐，子也翻，又音紫。降，戶江翻。以王孟保爲略陽太守，鎮赤水。

34 燕尚書令孫護之弟伯仁爲昌黎尹，與其弟叱支乙拔皆有才勇，從燕王跋起兵有功，謂殺慕容熙時也，事見一百十四卷三年。求開府不得，有怨言，跋皆殺之。進護開府儀同三司、錄尚書事，以慰其心，護怏怏不悅，跋酖殺之。怏，於兩翻。遼東太守務銀提自以有功，出爲邊郡，怨望，謀外叛，跋亦殺之。萬泥、乳陳既死，孫護兄弟及務銀提又誅，馮跋亦少恩矣。

35 林邑寇交州，州將擊敗之。將，卽亮翻。敗，補邁翻。

十二年（丙辰、四一六）

1 春，正月，甲申，魏主嗣如豺山宮；戊子，還平城。

2 加太尉裕兗州刺史、都督南秦州，凡都督二十二州；二十二州：徐、南徐、豫、南豫、兗、南兗、青、冀、幽、并、司、郢、荆、江、湘、雍、梁、益、寧、交、廣、南秦也。以世子義符爲豫州刺史。

3 秦王興使魯宗之將兵寇襄陽，未至而卒。卒，子恤翻。其子軌引兵入寇，雍州刺史趙倫之擊敗之。雍，於用翻。敗，補邁翻。

4 西秦王熾磐攻秦洮陽公彭利和於漒川，洮，土刀翻。漒，其良翻。沮渠蒙遜攻石泉以救之。熾磐至沓中，引還。二月，熾磐遣襄武侯曇達救石泉，曇，徒含翻。蒙遜亦引去。蒙遜遂與熾磐結和親。自熾磐滅禿髮氏，與蒙遜爲鄰敵，歲歲交兵，今乃結和。

5 秦王興如華陰，使太子泓監國，華，戶化翻。監，工銜翻。入居西宮。太子居東宮；西宮，秦王所居也。興疾篤，還長安。黃門侍郎尹沖謀因泓出迎而殺之。興至，泓將出迎，宮臣諫曰：凡東宮官屬皆曰宮臣。「主上疾篤，姦臣在側，姦臣謂尹沖等。殿下今出，進不得見主上，退有不測之禍。」泓曰：「臣子聞君父疾篤而端居不出，何以自安！」對曰：「全身以安社稷，孝之大者也。」泓乃止。尚書姚沙彌謂尹沖曰：「太子不出迎，宜奉乘輿幸廣平公第；宿衛將士聞乘輿所在，自當來集，乘，繩證翻。將，卽亮翻。太子誰與守乎！且吾屬以廣平公之故，已陷名逆節，將何所自容！今奉乘輿以舉事，乃杖大順，不惟救廣平之禍，吾屬前罪亦盡雪矣。」乘，繩證翻。沖以興死生未可知，欲隨興入宮作亂，不用沙彌之言。

興入宮，命太子泓錄尚書事，東平公紹及右衛將軍胡翼度典兵禁中，防制內外。紹，興之弟也。遣殿中上將軍斂曼嵬收弼第中甲仗，內之武庫。晉置殿中將軍，姚秦復有殿中上將軍，使統殿中諸主帥。

興疾轉篤，其妹南安長公主問疾，不應。長，知兩翻。幼子耕兒出，告其兄南陽公愔曰：「上已崩矣，宜速決計。」愔卽與尹沖帥甲士攻端門，愔，於今翻。帥，讀曰率。斂曼嵬、胡翼度等勒兵閉門拒戰。愔等遣壯士登門，緣屋而入，及于馬道。泓侍疾在諮議堂，太子右衛率姚和都率東宮兵入屯馬道南。愔等不得進，遂燒端門，興力疾臨前殿，賜弼死。禁兵見興，喜躍，爭進赴賊，賊衆驚擾；和都以東宮兵自後擊之，愔等大敗。愔逃于驪山，其黨建康公呂隆奔雍，雍，於用翻。尹沖及弟泓來奔。興引東平公紹及姚讚、梁喜、尹昭、斂曼嵬入內寢，受遺詔輔政。明日，興卒。年五十一。考異曰：晉本紀、三十國、晉春秋皆云義熙十一年二月姚興卒；魏本紀、北史本紀，姚興、姚泓載記皆云十二年。按後魏書崔鴻傳：太祖天興二年，姚興改號，鴻以爲元年，故晉本紀、三十國、晉春秋凡弘始後事，皆在前一年，由鴻之誤也。泓祕不發喪，捕南陽公愔及呂隆、大將軍尹元等，皆誅之，乃發喪，卽皇帝位，泓，字元子，興之長子也。大赦，改元永和。泓命齊公恢殺安定太守呂超。隆、超，兄弟也，皆黨於弼。齊公恢時鎭安定。恢猶豫久之，乃殺之。泓疑恢有貳心，恢由是懼，陰聚兵謀作亂。爲後姚恢舉兵張本。泓葬興于偶陵，謚曰文桓皇帝，廟號高祖。

初，興徙李閏羌三千戶於安定。興卒，羌酋党容叛，孫愐曰：党本去聲，今爲上聲，本出西羌。姚秦有將軍党耐虎，自云夏后氏之後，爲羌豪。酋，慈由翻；下同。党，底朗翻。泓遣撫軍將軍姚讚討降之，降，戶江翻。徙其酋豪于長安，餘遣還李閏。北地太守毛雍據趙氏塢以叛，趙氏塢，孝武太元九年秦主堅擊後秦所屯之地。東平公紹討禽之。時姚宣鎭李閏，參軍韋宗聞毛雍叛，說宣曰：「主上新立，威德未著，國家之難，未可量也，難，乃旦翻。殿下不可不爲深慮。邢望險要，宜徙據之，此霸王之資也。」宣從之，帥戶三萬八千，棄李閏，南保邢望。帥，讀曰率。諸羌據李閏以叛，東平公紹進討，破之。宣詣紹歸罪，紹殺之。

6二月，【張：「二月」作「三月」。】加太尉裕中外大都督。裕戒嚴將伐秦，詔加裕領司、豫二州刺史，以其世子義符爲徐、兗二州刺史。琅邪王德文請啓行戎路，詩曰：「元戎十乘，以先啓行。」行，戶剛翻。脩敬山陵；詔許之。

7夏，四月，壬子，魏大赦，改元泰常。

8 西秦襄武侯曇達等擊秦秦州刺史姚艾於上邽，破之，徙其民五千餘戶於枹罕。曇，徒含翻。枹，音膚。

9 五月，癸巳，加太尉裕領北雍州刺史。晉初置雍州於長安，永嘉之亂，沒於劉、石。苻秦之亂，雍州流民南出樊沔，孝武始於襄陽僑立雍州。今裕欲取長安，故領北雍州刺史，以別襄陽之雍州也。雍，於用翻；下同。

10 六月，丁巳，魏主嗣北巡。

11 并州胡數萬落叛秦，入于平陽，推匈奴曹弘爲大單于，弘蓋匈奴右賢王曹轂子寅之後，所謂東曹者也。單，音蟬。攻立義將軍姚成都于匈奴堡。此匈奴種落相率保聚之地，因以爲名。征東將軍姚懿自蒲坂討之，執弘，送長安，徙其豪右萬五千落于雍州。秦雍州治安定。

12 氐王楊盛攻秦祁山，拔之，進逼秦州。秦後將軍姚平救之；盛引兵退，平與上邽守將姚嵩追之。將，卽亮翻。夏王勃勃帥騎四萬襲上邽，帥，讀曰率。騎，奇寄翻。未至，嵩與盛戰於竹嶺，敗死。水經註：籍水歷當亭川，又東南流，與竹嶺水合，水出南山竹嶺，東北入籍水。籍水東北入上邽縣。勃勃攻上邽，二旬，克之，殺秦州刺史姚軍都及將士五千餘人，因毀其城；進攻陰密，陰密，古密人之國，詩所謂「密人不恭，敢拒大邦」者也。自漢以來爲縣，屬安定郡。括地志：陰密故城，在涇州鶉觚縣西，其東接縣城，卽古密國。又殺秦將姚良子及將士萬餘人；將，卽亮翻。以其子昌爲雍州刺史，鎭陰密。征北將軍姚恢棄安定，奔還長安，安定人胡儼等帥戶五萬據城降於夏。帥，讀曰率。

降，戶江翻。勃勃使鎮東將軍羊苟兒將鮮卑五千鎮安定，進攻秦鎮西將軍姚諶于雍城，諶委鎮奔長安。勃勃據雍，進掠郿城。將鮮，卽亮翻。諶，氏壬翻。雍，於用翻。郿，音媚，又音眉。秦東平公紹及征虜將軍尹昭等將步騎五萬擊之，勃勃退趨安定，趨，七喻翻。胡儼閉門拒之，殺羊苟兒及所將鮮卑，復以安定降秦。復，扶又翻；下同。紹進擊勃勃於馬鞍阪，破之，追至朝那，不及而還。還，從宣翻，又如字。勃勃歸杏城。楊盛復遣兄子倦擊秦，至陳倉，秦斂曼嵬擊卻之。夏王勃勃復遣兄子提南侵泄陽，晉書載記作「池陽」，當從之。池陽縣屬扶風郡，唐爲京兆雲陽縣。復，扶又翻。秦車騎將軍姚裕等擊卻之。

13 涼司馬索承明上書勸涼公暠伐河西王蒙遜，索，昔各翻。暠，古老翻。暠引見，謂之曰：「蒙遜爲百姓患，孤豈忘之！顧勢力未能除耳。卿有必禽之策，當爲孤陳之；爲，于僞翻。直唱大言，使孤東討，此與言『石虎小豎，宜肆諸市朝』者何異！」朝，直遙翻。承明慚懼而退。

14 秋，七月，魏主嗣大獵於牛川，臨殷繁水而還；北史曰：登釜山，臨殷繁水。括地志曰：釜山在嬀州懷戎縣北三里。戊戌，至平城。

15 八月，丙午，大赦。

16 寧州獻琥珀枕於太尉裕。琥珀出哀牢夷。廣雅曰：琥珀生地中，其上及旁不生草。深者八九尺，大如斛，削去皮，成琥珀如斗。初時如桃膠，凝堅乃成。博物志：松脂淪入地，千年化爲茯苓，茯苓千年化爲琥珀。今太山有茯苓而無琥珀，永昌有琥珀而無茯苓。裕以琥珀治金創，治，直之翻。創，初良翻。得之大喜，命碎擣分賜北征將士。

裕以世子義符爲中軍將軍，監太尉留府事。劉穆之爲左僕射，領監軍、中軍二府軍司，監軍，謂義符，監太尉留府軍也。監，工銜翻。入居東府，總攝內外；以太尉左司馬東海徐羨之爲穆之之副；左將軍朱齡石守衞殿省，徐州刺史劉懷慎守衞京師，揚州別駕從事史張裕任留州事。任留州事，任揚州留後事也。懷慎，懷敬之弟也。

劉穆之內總朝政，外供軍旅，決斷如流，事無擁滯。朝，直遙翻。斷，丁亂翻。賓客輻湊，求訴百端，內外諮稟，盈階滿室，盈階滿室，謂諮稟之文書也。目覽辭訟，手答牋書，耳行聽受，口並酬應，不相參涉，悉皆贍舉。又喜賓客，贍，時豔翻。喜，許記翻。言談賞笑，彌日無倦。裁有閒暇，手自寫書，尋覽校定。性奢豪，食必方丈，旦輒爲十人饌，未嘗獨餐。饌，雛戀翻，又雛皖翻。嘗白裕曰：「穆之家本貧賤，贍生多闕。自叨忝以來，叨，土刀翻。雖每存約損，而朝夕所須，微爲過豐，自此外一毫不以負公。」中軍諮議參軍張卲言於裕曰：「人生危脆，必當遠慮。穆之若邂逅不幸，脆，此芮翻。邂，戶隘翻。逅，胡茂翻。誰可代之？尊業如此，尊業，言裕已成之功業也；尊者，尊稱之也。苟有不諱，處分云何？」處，昌呂翻。分，扶問翻。裕曰：「此自委穆之及卿耳。」

丁巳，裕發建康，遣龍驤將軍王鎮惡、冠軍將軍檀道濟將步軍自淮、淝向許、洛，驤，思將翻。冠，古玩翻。將步，卽亮翻。新野太守朱超石、寧朔將軍胡藩趨陽城，振武將軍沈田子、建威將軍傅弘之趨武關，趨，七喻翻。建武將軍沈林子、彭城內史劉遵考將水軍出石門，自汴入河，汴水首受濟，東南與淮通，漢書地理志所謂狼湯渠是也。狼，音浪；湯，音宕。昔大禹塞滎澤，開此渠以通淮、泗，禹貢所謂「導沇水，東流爲濟，入于河，溢爲滎，東出于陶丘北」者也。漢脩河隄，始立石門以遏水；水盛則通於河，水耗則輟流。以冀州刺史王仲德督前鋒諸軍，開鉅野入河。水經：濟水北至東燕縣，與河合。酈道元註曰：濟水自乘氏縣兩分，東北入于鉅野濟之故瀆，又北，右合洪水。洪水上承鉅野薛訓渚，自渚迄于北口一百二十里，名曰洪水。桓溫以太和四年率衆北入，掘渠通濟。義熙十三年，劉武帝西入長安，又廣其功。自洪口以上，又謂桓公瀆，濟自是北注也。遵考，裕之族弟也。劉穆之謂王鎮惡曰：「公今委卿以伐秦之任，卿其勉之！」鎮惡曰：「吾不克關中，誓不復濟江！」復，扶又翻。

裕既行，青州刺史檀祇自廣陵輒率衆至涂中掩討亡命。涂，讀曰滁。劉穆之恐祇爲變，議欲遣軍。時檀韶爲江州刺史，張邵曰：「今韶據中流，道濟爲軍首，謂爲伐秦諸軍之首。若有相疑之跡，則大府立危，大府，謂太尉留府，其實指建康也。不如逆遣慰勞以觀其意，必無患也。」勞，力到翻。穆之乃止。

17 初，魏主嗣使公孫表討白亞栗斯，事見上年。曰：「必先與秦洛陽戍將相聞，使備河南岸，然後擊之。」表未至，胡人廢白亞栗斯，更立劉虎爲率善王。表以胡人內自攜貳，勢必敗散，遂不告秦將而擊之，大爲虎所敗，將，即亮翻。敗，補邁翻。士卒死傷甚衆。

嗣謀於羣臣曰：「胡叛踰年，討之不克，其衆繁多，爲患日深。今盛秋不可復發兵，妨民農務，謂妨農收也。復，扶又翻。將若之何？」白馬侯崔宏曰：「胡衆雖多，無健將御之，將御，即亮翻；下同。終不能成大患。表等諸軍，不爲不足，但法令不整，處分失宜，以致敗耳。處，昌呂翻。分，扶問翻。得大將素有威望者將數百騎往攝表軍，無不克矣。攝，持也。相州刺史叔孫建前在幷州，爲胡、魏所畏服，胡、魏，猶言胡、晉也。諸將莫及，可遣也。」嗣從之，以建爲中領軍。督表等討虎。九月，戊午，大破之，斬首萬餘級，虎及司馬順宰皆死，俘其衆十萬餘口。

18 太尉裕至彭城，加領徐州刺史；以太原王玄謨爲從事史。裕領徐州，以玄謨爲徐州從事史。漢制：諸州刺史皆有從事史、假佐。其後宋文帝用玄謨以喪師；至孝武之初，義宣、臧質之變，卒賴以寧。則裕之用人，猶有漢高祖、諸葛孔明之識；唐太宗託徐世勣，喜薛仁貴，未足以進此也。

初，王廞之敗也，事見一百九卷隆安元年。廞，許今翻。沙門曇永匿其幼子華，曇，徒含翻。使提衣襆自隨。襆，防玉翻，帊也，以裹衣物。魏舒「襆被而出」，韓文「襆被入直」，皆此義也。津邏疑之。曇永呵華曰：「奴子何不速行！」棰之數十，邏，郎佐翻。棰，止蘂翻。由是得免；遇赦，還吳。以其父存亡不測，布衣蔬食，絕交遊不仕，十餘年。裕聞華賢，欲用之，乃發廞喪，使華制服。服闞，辟爲徐州主簿。裕用王華，亦留以遺文帝。闞，若穴翻。

王鎮惡、檀道濟入秦境，所向皆捷。秦將王苟生以漆丘降鎮惡，漆丘蓋在梁郡蒙縣。昔莊周爲蒙漆園吏，後人因以漆丘名城。將，卽亮翻。降，戶江翻；下同。徐州刺史姚掌以項城降道濟，諸屯守皆望風款附。惟新蔡太守董遵不下，新蔡縣，漢屬汝南郡。蔡平侯自蔡徙此，故曰新蔡。魏分屬汝陰郡，晉惠帝分汝陰立新蔡郡。道濟攻拔其城，執遵，殺之。進克許昌，獲秦潁川太守姚垣及大將楊業。沈林子自汴入河，襄邑人董神虎聚衆千餘人來降，太尉裕版爲參軍。林子與神虎共攻倉垣，克之，秦兗州刺史韋華降。神虎擅還襄邑，林子殺之。

秦東平公紹言於秦主泓曰：「晉兵已過許昌；安定孤遠，難以救衞，宜遷其鎮戶，內實京畿，可得精兵十萬，姚萇之興也，以安定爲根本；後得關中，以安定爲重鎮，徙民以實之，謂之鎮戶。雖晉、夏交侵，猶不亡國。不然，晉攻豫州，夏攻安定，將若之何？夏，戶雅翻。事機已至，宜在速決。」左僕射梁喜曰：「齊公恢有威名，爲嶺北所憚，鎮人已與勃勃深仇，謂鎮兵常與勃勃血戰，有父兄子弟之仇。理應守死無貳。勃勃終不能越安定遠寇京畿；若無安定，虜馬必至於郿。郿，音媚，又音眉。今關中兵足以拒晉，無爲豫自損削也。」泓從之。吏部郎懿橫密言於泓曰：「恢於廣平之難，有忠勳於陛下。姓譜曰：懿以謚爲氏。謂殺呂超也。難，乃旦翻。自陛下龍飛紹統，未有殊賞以答其意。今外則置之死地，內則不豫朝權，朝，直遥翻。安定人自以孤危逼寇，思南遷者十室而九，若恢擁精兵數萬，鼓行而向京師，得不爲社稷之累乎！累，力瑞翻。宜徵還朝廷以慰其心。」泓曰：「恢若懷不逞之心，徵之適所以速禍耳。」又不從。

王仲德水軍入河，將逼滑臺。魏兗州刺史尉建畏懦，帥衆棄城，北渡河。帥，讀曰率。仲德入滑臺，宣言曰：「晉本欲以布帛七萬匹假道於魏，不謂魏之守將棄城遽去。」將，即亮翻。魏主嗣聞之，遣叔孫建、公孫表自河內向枋頭，既破劉虎，因遣建等引兵南向。枋，音方。因引兵濟河，斬尉建於城下，投尸于河。呼仲德軍人，問以侵寇之狀；仲德使司馬竺和之對曰：「劉太尉使王征虜自河入洛，清掃山陵，非敢爲寇於魏也。魏之守將自棄滑臺去，王征虜借空城以息兵，行當西引，於晉、魏之好無廢也；好，呼到翻；下好持同。何必揚旗鳴鼓以曜威乎！」嗣使建以問太尉裕。裕遜辭謝之曰：「洛陽，晉之舊都，而羌據之；晉欲脩復山陵久矣。諸桓宗族，司馬休之、國璠兄弟，魯宗之父子，皆晉之蠹也，而羌收之以爲晉患。義熙元年，桓謙等奔秦，六年入寇。十一年，司馬休之、魯宗之等奔秦，秦使將兵擾襄陽。六年，司馬國璠等奔秦，數帥衆擾邊。璠，孚袁翻。今晉將伐之，欲假道於魏，非敢爲不利也。」魏河內鎮將于栗磾有勇名，築壘於河上以備侵軼。將，即亮翻。磾，丁奚翻。軼，直結翻，突也。陸德明曰：又音逸。裕以書與之，題曰「黑矟公麾下」。栗磾好操黑矟以自標，故裕以此目之。魏因拜栗磾爲黑矟將軍。矟，色角翻。通俗文：矛長丈八者謂之矟。

19 冬，十月，壬戌，魏主嗣如豺山宮。

20 初，燕將庫傉官斌降魏，既而復叛歸燕。將，即亮翻。傉，奴沃翻。斌，音彬。降，戶江翻；下同。復，扶又翻。魏主嗣遣驍騎將軍延普渡濡水擊斌，斬之；水經：濡水從塞外來，過遼西令支縣北，又東南過海陽縣西南，入于海。驍，堅堯翻。騎，奇寄翻。魏書官氏志：神元時，餘部諸姓內入者可地延氏，孝文時改爲延氏。濡，乃官翻。遂攻燕幽州刺史庫傉官昌、征北將軍庫傉官提，皆斬之。

21 秦陽城、滎陽二城皆降，晉兵進至成皋。秦征南將軍陳留公洸鎭洛陽，洸，姑黃翻。遣使求救於長安。秦主泓遣越騎校尉閻生帥騎三千救之，使，疏吏翻。帥，讀曰率。武衞將軍姚益男將步卒一萬助守洛陽，又遣并州牧姚懿南屯陝津，陝縣在大河之南，考之水經，則陝縣故城在大河之北，二城之間，謂之陝津。左傳：秦伯伐晉，自茅津濟，封殽尸而還。茅津即陝津也。姚秦并冀二州治蒲阪。陝，式冉翻。爲之聲援。寧朔將軍趙玄言於洸曰：「今晉寇益深，人情駭動；衆寡不敵，若出戰不捷，則大事去矣。宜攝諸戍之兵，固守金墉，以待西師之救。金墉不下，晉必不敢越我而西，是我不戰而坐收其弊也。」司馬姚禹陰與檀道濟通，主簿閻恢、楊虔，皆禹之黨也，共嫉玄，言於洸曰：「殿下以英武之略，受任方面；今嬰城示弱，得無爲朝廷所責乎！」洸以爲然，乃遣趙玄將兵千餘南守柏谷塢，水經註：洛水東逕偃師縣南，又東逕百谷塢北。戴延之西征記曰：塢在川南，因高爲塢，高一十餘丈。杜佑曰：柏谷塢在緱氏縣東北。廣武將軍石無諱東戍鞏城。玄泣謂洸曰：「玄受三帝重恩，所守正有死耳。萇、興、泓爲三帝。但明公不用忠臣之言，爲姦人所誤，後必悔之。」既而成皋、虎牢皆來降，降，戶江翻；下同。檀道濟等長驅而進，無諱至石闕，奔還。自洛城東至偃師四十五里。偃師西山有漢廣野君酈食其廟，廟東有二石闕。龍驤司馬滎陽毛德祖與玄戰於柏谷，玄兵敗，被十餘創，據地大呼。驤，思將翻。被，皮義翻。創，初良翻。呼，火故翻。玄司馬蹇鑒冒刃抱玄而泣，玄曰：「吾創已重，創，初良翻。君宜速去！」鑒曰：「將軍不濟，鑒去安之！」與之皆死。姚禹踰城奔道濟。甲子，道濟進逼洛陽，丙寅，洸出降。道濟獲秦人四千餘人，議者欲盡阬之以爲京觀。杜預曰：積尸封土其上，謂之京觀。觀，古亂翻。道濟曰：「伐罪弔民，正在今日！」皆釋而遣之。於是夷、夏感悅，歸之者甚衆。夏，戶雅翻。閻生、姚益男未至，聞洛陽已沒，不敢進。

己丑，詔遣兼司空高密王恢之脩謁五陵，置守衛。彭城王紘之子俊嗣高密王略國，恢之，其孫也。五陵，宣帝陵在河陰曰高原；景帝陵曰峻平，文帝陵曰崇陽，武帝陵曰峻陽，惠帝陵曰太陽。太尉裕以冠軍將軍毛脩之爲河南、河內二郡太守，行司州事，戍洛陽。冠，古玩翻。

22 西秦王熾磐使秦州刺史王松壽鎮馬頭，以逼秦之上邽。丁度曰：嶓冢山在古上邽縣，西有神馬山。

23 十一月，甲戌，魏主嗣還平城。

24太尉裕遣左長史王弘還建康，諷朝廷求九錫。時劉穆之掌留任，而旨從北來，穆之由是愧懼發病。劉穆之輔劉裕，豈惟才智不及荀彧，而識又不及焉。弘，珣之子也。王珣始見重於桓溫，後爲孝武所親任。十二月，壬申，詔以裕爲相國、總百揆、揚州牧，封十郡爲宋公，備九錫之禮，位在諸侯王上，領征西將軍、司·豫·北徐·雍四州刺史如故。雍，於用翻。裕辭不受。

25西秦王熾磐遣使詣太尉裕，使，疏吏翻；下同。求擊秦以自効。裕拜熾磐平西將軍、河南公。

26秦姚懿司馬孫暢說懿使襲長安，說，輸芮翻。誅東平公紹，廢秦主泓而代之。懿以爲然，乃散穀以賜河北夷、夏，河北縣，自漢以來屬河東郡，在蒲阪東，時夷、夏之民錯居之。懿至陜津，因散穀以賜焉。夏，戶雅翻。欲樹私恩。左常侍張敞、侍郎左雅諫曰：左常侍、侍郎，皆懿國官。「殿下以母弟居方面，安危休戚，與國同之。今吳寇內侵，四州傾沒，秦徐州鎮項城，兗州鎮倉垣，豫州鎮洛陽，荊州當鎮上洛，時悉爲晉所取。西虜擾邊，秦、涼覆敗，謂赫連勃勃克上邽，沮渠蒙遜入姑臧。朝廷之危，有如累卵。穀者，國之本也，而殿下無故散之，虛損國儲，將若之何？」懿怒，笞殺之。

泓聞之，召東平公紹密與之謀。紹曰：「懿性識鄙淺，從物推移，造此謀者，必孫暢也。但馳使徵暢，遣撫軍將軍讚據陜城，臣向潼關爲諸軍節度。若暢奉詔而至，臣當遣懿帥河東見兵共禦晉師；帥，讀曰率。見，賢遍翻。若不受詔命，便當聲其罪而討之。」泓曰：「叔父之言，社稷之計也。」乃遣姚讚及冠軍將軍司馬國璠、建義將軍虵玄屯陝津，冠，古玩翻。璠，孚袁翻。虵，以者翻，又如字。武衞將軍姚驢屯潼關。

懿遂舉兵稱帝，傳檄州郡，欲運匈奴堡穀以給鎮人。匈奴堡在平陽。鎮人，懿鎮蒲阪所領之衆也。寧東將軍姚成都拒之，懿卑辭誘之，送佩刀爲誓，成都不從。誘，音酉。懿遣驍騎將軍王國帥甲士數百攻成都，成都擊禽之，遣使讓懿曰：「明公以至親當重任，國危不能救，而更圖非望；三祖之靈，其肯佑明公乎！姚弋仲廟號始祖，萇廟號太祖，興廟號高祖，所謂三祖也。成都將糾合義兵，往見明公於河上耳。」蒲阪臨河，故曰河上。於是傳檄諸城，諭以逆順，徵兵調食以討懿。調，徒釣翻。懿亦發諸城兵，莫有應者，惟臨晉數千戶應懿。成都引兵濟河，擊臨晉叛者，破之。鎮人安定郭純等起兵圍懿。東平公紹入蒲阪，執懿，誅孫暢等。

27 是歲，魏衞將軍安城孝元王叔孫俊卒。魏主嗣甚惜之，謂其妻桓氏曰：「生同其榮，能沒同其戚乎？」桓氏乃縊而祔焉。嗣之立也，叔孫俊有功，事見一百一十五卷四年。

28 丁零翟猛雀驅掠吏民，入白澗山爲亂；白澗山當在漢河東濩澤縣西。水經註：濩澤水出濩澤城西白澗嶺，東逕濩澤。濩澤，唐澤州陽城縣即其地。師古曰：濩，音烏號翻。魏內都大官河內張蒲與冀州刺史長孫道生討之。道生，嵩之從子也。長，知兩翻。從，才用翻。道生欲進兵擊猛雀，蒲曰：「吏民非樂爲亂，爲猛雀所迫脅耳。今不分別，并擊之，樂，音洛。別，彼列翻。雖欲返善，其道無由，必同心協力，據險以拒官軍，未易猝平也。易，以豉翻。不如先遣使諭之，以不與猛雀同謀者皆不坐，則必喜而離散矣。」使，疏吏翻。道生從之，降者數千家，使復舊業。猛雀與其黨百餘人出走，蒲等追斬猛雀首；左部尚書周幾窮討餘黨，悉誅之。

聶崇岐標點　王崇武覆校

資治通鑑卷第一百一十八

端明殿學士兼翰林侍讀學士朝散大夫右諫議大夫充集賢殿修撰權判西京留司御史臺上柱國河內郡開國侯食邑一千三百戶食實封肆百戶賜紫金魚袋臣**司馬光**奉敕編集

後學天台**胡三省**音註

晉紀四十 起強圉大荒落（丁巳），盡屠維協洽（己未），凡三年。

安皇帝癸

義熙十三年（丁巳、四一七）

1 春，正月，甲戌朔，日有食之。

2 秦主泓朝會百官於前殿，朝，直遙翻。以內外危迫，君臣相泣。以內則兄弟搆難，外爲晉、夏所迫也。征北將軍齊公恢帥安定鎮戶三萬八千，焚廬舍，自北雍州趨長安，秦分嶺北五郡爲北雍州，鎮安定。泓不用東平公紹、懿橫之言以召亂。帥，讀曰率。雍，於用翻。趨，七喻翻。自稱大都督、建義大將軍，移檄州郡，欲除君側之惡；揚威將軍姜紀帥衆歸之，建節將軍彭完都棄陰密奔還長安。恢至新支，姜紀說恢曰：「國家重將、大兵皆在東方，京師空虛，公亟引輕兵襲之，必克。」恢不從，南攻郿城；鎮西將軍姚諶爲恢所敗，說，輸芮翻。敗，補邁翻。將，卽亮翻。郿，音眉，又音媚。諶，氏壬翻。姚諶去年棄雍東奔，遂屯于郿。長安大震。泓馳使徵東平公紹，遣姚裕及輔國將軍胡翼度屯灃西。關中無灃水，「灃」當作「澧」。澧水出鄠南澧谷，北過上林苑入渭。使，疏吏翻。扶風太守姚儁等皆降於恢。降，戶江翻。東平公紹引諸軍西還，與恢相持於靈臺，水經註：漢靈臺在秦阿房宮南，鎬水逕其北。姚讚留寧朔將軍尹雅爲弘農太守，守潼關，太守，式又翻。亦引兵還。恢衆見諸軍四集，皆有懼心；其將齊黃等詣大軍降。恢進兵逼紹，讚自後擊之，恢兵大敗，殺恢及其三弟。泓哭之慟，葬以公禮。

3太尉裕引水軍發彭城，留其子彭城公義隆鎮彭城。詔以義隆爲監徐・兗・青・冀四州諸軍事、徐州刺史。監，工銜翻。

4涼公暠寢疾，暠，古老翻。遺命長史宋繇曰：「吾死之後，世子猶卿子也，善訓導之。」二月，暠卒。卒，子恤翻；下將卒同。官屬奉世子歆爲大都督、大將軍、涼公、領涼州牧。大赦，改元嘉興。尊歆母天水尹氏爲太后；以宋繇錄三府事。三府，大都督、大將軍府，涼公府，州牧府也。謚暠曰武昭王，廟號太祖。

5西秦安東將軍木弈干擊吐谷渾樹洛干，破其弟阿柴於堯杆川，堯杆川在塞外。杆，居寒翻，又居案翻。俘五千餘口而還。還，從宣翻，又如字。樹洛干走保白蘭山，慙憤發疾，將卒，謂阿柴曰：「吾子拾虔幼弱，今以大事付汝。」樹洛干卒，卒，子恤翻。阿柴立，自稱驃騎將軍、沙州刺史。驃，匹妙翻。騎，奇寄翻。謚樹洛干曰武王。阿柴稍用兵侵併其傍小種，種，章勇翻。地方數千里，遂爲強國。

6 河西王蒙遜遣其將襲烏啼部，大破之；烏啼虜居張掖刪丹縣金山之西。將，即亮翻。又擊卑和部，降之。卑和羌居西海。降，戶江翻。

7 王鎮惡進軍澠池，澠，彌兗翻。遣毛德祖襲尹雅於蠡吾城，禽之；秦以雅爲弘農太守，屯蠡吾城。據載記，蠡吾城當在宜陽之西。宋白曰：蠡吾城，後魏初猶屬弘農，唐以來爲澠池縣理所。余按蠡吾自是漢清河國界亭名，此乃蠡城，非蠡吾城也。通鑑蓋承晉書之誤。雅殺守者而逃。鎮惡引兵徑前，抵潼關。檀道濟、沈林子自陜北渡河，拔襄邑堡，陜，式冉翻。秦河北太守薛帛奔河東。襄邑堡在河北郡河北縣，漢、晉屬河東郡，秦分立河北郡。又攻秦并州刺史尹昭於蒲阪，不克。阪，音反。別將攻匈奴堡，爲姚成都所敗。將，即亮翻；下同。敗，蒲邁翻。

辛酉，滎陽守將傅洪以虎牢降魏。

秦主泓以東平公紹爲太宰、大將軍、都督中外諸軍事，假黃鉞，改封魯公，使督武衛將軍姚鸞等步騎五萬守潼關，又遣別將姚驢救蒲阪。

沈林子謂檀道濟曰：「蒲阪城堅兵多，不可猝拔，攻之傷衆，守之引日。王鎮惡在潼關，勢孤力弱，不如與鎮惡合勢并力以爭潼關；若得之，尹昭不攻自潰矣。」道濟從之。

三月，道濟、林子至潼關。秦魯公紹引兵出戰，道濟、林子奮擊，大破之，斬獲以千數。紹退屯定城，郭緣生述征記曰：定城去潼關三十里，夾道各一城，渭水逕其北。據險拒守，謂諸將曰：「道濟等兵力不多，懸軍深入，不過堅壁以待繼援。吾分軍絕其糧道，可坐禽也。」乃遣姚鸞屯大路以絕道濟糧道。自澠池西入關，有兩路。南路由回谿阪，自漢以前皆由之。曹公惡南路之險，更開北路，遂以北路爲大路。載記曰：紹留鸞守險以絕道濟糧道。蓋鸞雖屯大路，亦據險而邀絕糧道也。紹初遣胡翼度據東原，蓋與大路相爲脣齒，所謂據險也。及沈林子襲鸞營，翼度不能救，何也？人心危駭，面面受敵故也。

鸞遣尹雅將兵與晉戰於關南，關南，潼關之南也。爲晉兵所獲，將殺之。雅曰：「雅前日已當死，幸得脫至今，死固甘心。然夷、夏雖殊，夏，戶雅翻。君臣之義一也。晉以大義行師，獨不使秦有守節之臣乎！」乃免之。

丙子夜，沈林子將銳卒襲鸞營，斬鸞，殺其士卒數千人。紹又遣東平公讚屯河上以斷水道；斷，丁管翻；下兵斷同。沈林子擊之，讚敗走，還定城。薛帛據河曲來降。河水自蒲阪南至潼關，激而東流，蒲阪、河北之間，謂之河曲。

太尉裕將水軍自淮、泗入清河，將泝河西上，上，時掌翻；下必上、北上同。先遣使假道於魏；使，疏吏翻。秦主泓亦遣使請救於魏。魏主嗣使羣臣議之，皆曰：「潼關天險，劉裕以水軍攻之甚難；若登岸北侵，其勢便易。易，以豉翻。裕聲言伐秦，其志難測。且秦，婚姻之國，不可不救也。秦女歸魏，見上卷十一年。宜發兵斷河上流，勿使得西。」博士祭酒崔浩曰：「裕圖秦久矣。今姚興死，子泓懦劣，國多內難。難，乃旦翻。裕乘其危而伐之，其志必取。若遏其上流，裕心忿戾，必上岸北侵，是我代秦受敵也。今柔然寇邊，民食又乏，若復與裕爲敵，發兵南赴則北寇愈深，救北則南州復危，南州，謂魏之南境相州瀕河諸郡。復，扶又翻。非良計也。不若假之水道，聽裕西上，然後屯兵以塞其東。塞，悉則翻。使裕克捷，必德我之假道；不捷，吾不失救秦之名；此策之得者也。且南北異俗，借使國家棄恆山以南，恆，戶登翻。裕必不能以吳、越之兵與吾爭守河北之地，安能爲吾患乎！夫爲國計者，惟社稷是利，豈顧一女子乎！」議者猶曰：「裕西入關，則恐吾斷其後，腹背受敵；北上，則姚氏必不出關助我，其勢必聲西而實北也。」嗣乃以司徒長孫嵩督山東諸軍事，長，知兩翻。又遣振威將軍娥清、孫愐曰：娥，姓也。冀州刺史阿薄干魏書官氏志，內入諸姓，阿伏干氏後爲阿氏。將步騎十萬屯河北岸。

庚辰，裕引軍入河，以左將軍向彌爲北青州刺史，留戍碻磝。晉氏南渡，僑置青州於江北；裕平廣固，置北青州於東陽，而江北之青州如故。今向彌以北青州刺史戍碻磝，東陽之青州亦如故。向，式亮翻。

初，裕命王鎮惡等：「若克洛陽，須大軍到俱進。」鎮惡等乘利徑趨潼關，趨，七喻翻。爲秦兵所拒，不得前。久之，乏食，衆心疑懼，或欲棄輜重還赴大軍。重，直用翻。沈林子按劍怒曰：「相公志清六合，今許、洛已定，關右將平，事之濟否，繫於前鋒。奈何沮乘勝之氣，棄垂成之功乎！沮，在呂翻。且大軍尚遠，賊衆方盛，雖欲求還，豈可得乎！下官授命不顧，論語：子張曰：「士見危授命。」今日之事，當自爲將軍辦之，爲，于僞翻。未知二三君子將何面以見相公之旗鼓邪！」相公，謂裕也。鎮惡等遣使馳告裕，求遣糧援。裕呼使者，開舫北戶，使，疏吏翻。舫，甫妄翻，方舟也，大舟也。指河上魏軍以示之曰：「我語令勿進，今輕佻深入。語，牛倨翻。佻，他雕翻。岸上如此，何由得遣軍！」鎮惡乃親至弘農，說諭百姓，說，輸芮翻。百姓競送義租，軍食復振。復，扶又翻；下則復、子復同。

魏人以數千騎緣河隨裕軍西行；軍人於南岸牽百丈，百丈者，所以挽船。今南人用麻繩，北人以竹爲之。陸游曰：蜀人百丈，以巨竹四破爲之，大如人臂。風水迅急，有漂渡北岸者，漂，匹招翻。輒爲魏人所殺略。裕遣軍擊之，裁登岸則走，退則復來。夏，四月，裕遣白直隊主丁旿裕選白丁之壯勇者入直左右，使旿領之。杜佑曰：白直無月給之數。旿，阮古翻。帥仗士七百人、車百乘，帥，讀曰率。乘，繩證翻。渡北岸，去水百餘步，爲卻月陣，兩端抱河，車置七仗士，事畢，使豎一白毦；豎，上主翻。說文曰：豎，立也。毦，仍吏翻，績羽爲之。魏人不解其意，解，戶買翻，曉也。皆未動。裕先命寧朔將軍朱超石戒嚴，白毦既舉，超石帥二千人馳往赴之，齎大弩百張，一車益二十人，設彭排於轅上。魏人見營陣既立，乃進圍之；長孫嵩帥三萬騎助之，四面肉薄攻營，薄，普各翻。肉薄者，以身迫營血戰。弩不能制。時超石別齎大鎚及矟千餘張，鎚，傳爲翻。乃斷矟長三四尺，以鎚鎚之，一矟輒洞貫三四人。魏兵不能當，一時奔潰，死者相積；臨陳斬阿薄干，魏人退還畔城。斷，丁管翻。長，直亮翻。陳，與陣同。魏收地形志：平原郡聊城縣有畔城。超石帥寧朔將軍胡藩、寧遠將軍劉榮祖追擊，又破之，殺獲千計。魏主嗣聞之，乃恨不用崔浩之言。

秦魯公紹遣長史姚洽、寧朔將軍安鸞、護軍姚墨蠡、蠡，魯戈翻。河東太守唐小方帥衆二千屯河北之九原，阻河爲固，欲以絕檀道濟糧援。載記曰：紹欲以絕弘農諸縣糧援。沈林子邀擊，破之，斬洽、墨蠡、小方，殺獲殆盡。林子因啓太尉裕曰：「紹氣蓋關中，今兵屈於外，國危於內，恐其凶命先盡，不得以釁齊斧耳。」齊，讀曰資。應劭曰：齊，利也。張晏曰：齊，如字，征伐斧也，以整齊天下也。一說：「齊」作「齋」，凡師出入，齋戒入廟而受斧鉞也。紹聞洽等敗死，憤恚，發病嘔血，以兵屬東平公讚而卒。恚，於避翻。屬，之欲翻。卒，子恤翻。讚既代紹，衆力猶盛，引兵襲林子，林子復擊破之。復，扶又翻。

太尉裕至洛陽，行視城塹，行，下孟翻。嘉毛脩之完葺之功，賜衣服玩好，直二千萬。好，呼到翻。

8 丁巳，魏主嗣如高柳；壬戌，還平城。

9 河西王蒙遜大赦。遣張掖太守沮渠廣宗詐降以誘涼公歆，沮，子余翻。降，戶江翻；下同。歆發兵應之。蒙遜將兵三萬伏於蓼泉，新唐書地理志，甘州張掖郡西北百九十里有祁連山，山北有建康軍，軍西百二十里有蓼泉守捉城。歆覺之，引兵還。蒙遜追之，歆與戰於解支澗，「解支澗」，晉書作「鮮支澗」，當從之。大破之，斬首七千餘級。蒙遜城建康，置戍而還。

10 五月，乙未，齊郡太守王懿降於魏，上書言：「劉裕在洛，宜發兵絕其歸路，可不戰而克。」魏主嗣善之。

崔浩侍講在前，嗣問之曰：「劉裕伐姚泓，果能克乎？」對曰：「克之。」嗣曰：「何故？」對曰：「昔姚興好事虛名而少實用，子泓懦而多病，兄弟乖爭。好，呼到翻。少，詩沼翻。謂弼、懿、恢皆與泓爭國。裕乘其危，兵精將勇，何故不克！」將，卽亮翻。嗣曰：「裕才何如慕容垂？」對曰：「勝之。垂藉父兄之資，修復舊業，國人歸之，若夜蟲之就火，少加倚仗，易以立功。少，詩沼翻。易，以豉翻。劉裕奮起寒微，不階尺土，討滅桓玄，興復晉室，事見一百一十三卷元興三年。北禽慕容超，事見一百一十五卷五年、六年。南梟盧循，事見六年、七年。梟，堅堯翻。所向無前，非其才之過人，安能如是乎！」嗣曰：「裕既入關，不能進退，我以精騎直擣彭城、壽春，騎，奇寄翻。裕將若之何？」對曰：「今西有屈丐，北史曰：明元改赫連勃勃名曰屈丐。北方言屈丐者，卑下也。北有柔然，窺伺國隙。伺，相吏翻。陛下既不可親御六師，雖有精兵，未睹良將。將，卽亮翻。長孫嵩長於治國，短於用兵，非劉裕敵也。治，直之翻；下同。興兵遠攻，未見其利；不如且安靜以待之。凡兵之動，知敵之主，知敵之將，此之謂也。裕克秦而歸，必篡其主。關中華、戎雜錯，風俗勁悍；悍，侯旰翻，又下罕翻。裕欲以荆、揚之化施之函、秦，此無異解衣包火，張羅捕虎；雖留兵守之，人情未洽，趨尚不同，適足爲寇敵之資耳。赫連之得關中，崔浩固料之矣。願陛下按兵息民以觀其變，秦地終爲國家之有，可坐而守也。」嗣笑曰：「卿料之審矣。」浩曰：「臣嘗私論近世將相之臣：若王猛之治國，苻堅之管仲也；治，直之翻。慕容恪之輔幼主，慕容暐之霍光也；劉裕之平禍亂，司馬德宗之曹操也。」嗣曰：「屈丐何如？」浩曰：「屈丐國破家覆，孤孑一身，孑，居列翻，單也。寄食姚氏，受其封殖。不思醻恩報義，而乘時徼利，盜有一方，事見一百一十四卷三年。徼，一遙翻。結怨四鄰；謂與魏、秦、涼構怨也。撅豎小人，撅，與掘同，其月翻。撅豎，言撅起自豎立也。雖能縱暴一時，終當爲人所吞食耳。」嗣大悅，語至夜半，賜浩御縹醪十觚，縹，匹紹翻。青白色曰縹。醅酒曰醪。觚，飲器，受三升。此魏主所自御者，故曰御縹醪。水精鹽一兩，鹽透明如水精，故謂之水精鹽。曰：「朕味卿言，如此鹽、酒，故欲與卿共饗其美。」然猶命長孫嵩、叔孫建各簡精兵伺裕西過，自成皐濟河，南侵彭、沛；若不時過，則引兵隨之。彭、沛，謂彭城、沛郡也。

11 魏主嗣西巡至雲中，遂濟河，畋于大漠。

12 魏置天地四方六部大人，以諸公爲之。諸公，謂時居公位及位從公者。

13 秋，七月，太尉裕至陝。陝，式冉翻。沈田子、傅弘之入武關，秦戍將皆委城走。將，卽亮翻。田子等進屯青泥，秦主泓使給事黃門侍郎姚和都屯嶢柳以拒之。嶢，音堯。

14 西秦相國翟勍卒；勍，渠京翻。八月，以尚書令曇達爲左丞相，左僕射元基爲右丞相，御史大夫麴景爲尚書令，侍中翟紹爲左僕射。翟勍既卒，曇達皆序遷，通鑑卽西秦舊史書之。曇，徒含翻。

15 太尉裕至閿鄉。閿，音旻。沈田子等將攻嶢柳，秦主泓欲自將以禦裕軍，將，卽亮翻。恐田子等襲其後，欲先擊滅田子等，然後傾國東出；乃帥步騎數萬，奄至青泥。帥，讀曰率。騎，奇寄翻。田子本爲疑兵，所領裁千餘人，聞泓至，欲擊之；傅弘之以衆寡不敵止之，田子曰：「兵貴用奇，不必在衆。且今衆寡相懸，勢不兩立，若彼結圍既固，則我無所逃矣。不如乘其始至，營陳未立，先薄之，可以有功。」遂帥所領先進，弘之繼之。秦兵合圍數重。陳，讀曰陣。重，直龍翻。田子撫慰士卒曰：「諸君冒險遠來，正求今日之戰，死生一決，封侯之業於此在矣！」士卒皆踴躍鼓譟，執短兵奮擊，秦兵大敗，沈田子以千餘人敗姚泓數萬之衆者，置兵死地，人自爲戰也。斬馘萬餘級，得其乘輿服御物，乘，繩證翻。秦主泓奔還灞上。

初，裕以田子等衆少，少，詩沼翻。遣沈林子將兵自秦嶺往助之，秦嶺在長安南，班固西都賦所謂「前乘秦嶺」。自此出藍田關。裕蓋遣林子自陽華循山西南至秦嶺。至則秦兵已敗，乃相與追之，關中郡縣多潛送款於田子。

辛丑，太尉裕至潼關，以朱超石爲河東太守，使與振武將軍徐猗之會薛帛於河北，共攻蒲阪。秦平原公璞與姚和都共擊之，姚和都，蓋青泥既敗而奔蒲阪也。或曰：「和都」，當作「成都」。猗之敗死，超石奔還潼關。東平公讚遣司馬國璠引魏兵以躡裕後。璠，孚袁翻。躡，尼輒翻。

王鎭惡請帥水軍自河入渭以趨長安，帥，讀曰率。水經：河水歷船司空與渭水會，春秋之渭汭，卽其地也。趨，七喻翻。裕許之。秦恢武將軍姚難自香城引兵而西，香城在渭水之北，蒲津之口。恢武將軍蓋姚秦創置。鎭惡追之；秦主泓自灞上引兵還屯石橋以爲之援，石橋，在長安城洛門東北，有石橋。水經註曰：石橋水南出馬嶺山，積石據其東，驪山距其西，其水北逕鄭城西，水上有橋，東去鄭城十里，故世以橋名水。三輔黃圖曰：洛門，長安城北出東頭第一門。鎭北將軍姚彊與難合兵屯涇上以拒鎭惡。涇水出安定涇陽縣幵頭山，東南至陽陵入渭。此涇上在漢京兆陽陵界。鎭惡使毛德祖進擊，破之，彊死，難奔長安。

東平公讚退屯鄭城，太尉裕進軍逼之。泓使姚丕守渭橋，胡翼度屯石積，東平公讚屯灞東，泓屯逍遥園。水經註：沈水上承樊川皇子陂，北逕長安城西，與昆明池水合。其枝津東北流，逕鄧艾祠南，又東分爲二水，一水入逍遥園。

鎭惡泝渭而上，上，時掌翻。乘蒙衝小艦，行船者皆在艦內；秦人見艦進而無行船者，皆驚以爲神。艦，戶黯翻。壬戌旦，鎭惡至渭橋，令軍士食畢，皆持仗登岸，後登者斬。衆旣登，渭水迅急，艦皆隨流，倏忽不知所在。時泓所將尚數萬人。將，卽亮翻。鎭惡諭士卒曰：「吾屬並家在江南，此爲長安北門，去家萬里，舟楫、衣糧皆已隨流。今進戰而勝，則功名俱顯；不勝，則骸骨不返，無他岐矣。岐，旁出之道。卿等勉之！」乃身先士卒，先，悉薦翻。衆騰踊爭進，大破姚丕於渭橋。泓引兵救之，爲丕敗卒所蹂踐，不戰而潰；姚諶等皆死，蹂，人九翻。踐，慈演翻。諶，氏壬翻。泓單馬還宮。鎭惡入自平朔門，漢無平朔門，蓋長安城北門也，後人改其名耳。泓與姚裕等數百騎逃奔石橋。東平公讚聞泓敗，引兵赴之，衆皆潰去；胡翼度降於太尉裕。

泓將出降，其子佛念，年十一，言於泓曰：「晉人將逞其欲，雖降必不免，不如引決。」降，戶江翻。引決，謂自裁也。泓憮然不應。憮，音武，悵也，失意貌。佛念登宮牆自投而死。姚佛念雖不及劉諶，然以童稚之年，氣烈如此，亦可尚也。癸亥，泓將妻子、羣臣詣鎭惡壘門請降，鎭惡以屬吏。屬，之欲翻。城中夷、晉六萬餘戶，鎭惡以國恩撫慰，號令嚴肅，百姓安堵。

九月，太尉裕至長安，鎭惡迎於灞上。裕勞之曰：「成吾霸業者卿也！」鎭惡再拜謝曰：「明公之威，諸將之力，鎭惡何功之有！」裕笑曰：「卿欲學馮異邪？」謂馮異謙退不伐，而能定關中。鎭惡性貪，秦府庫盈積，鎭惡盜取，不可勝紀；勝，音升。裕以其功大，不問。或譖諸裕曰：「鎮惡藏姚泓僞輦，將有異志。」裕使人覘之，覘，丑廉翻，又丑豔翻。鎮惡剔取其金銀，棄輦於垣側，裕意乃安。

裕收秦彝器、渾儀、土圭、記里鼓、指南車送詣建康。左傳：祝佗曰：成王分魯公以官司、彝器。杜預註：彝器，常用之器。漢武帝時，洛下閎、鮮于妄人、耿壽昌造員儀以考曆度。和帝時，賈逵又加黃道。順帝時，張衡又制渾象，具內外規、黃赤道、南北極，列二十四氣、二十八宿、中外星官及日月、五緯，以漏水轉之於殿上室內，星中出沒，與天相應。其後，吳陸績造渾象，王蕃制渾儀。舊渾象以二分爲一度，凡周七尺三寸半分。張衡更制，以四分爲一度，凡周一丈四尺六寸。王蕃以古制局小，星辰稠穊，衡器傷大，難可轉移，更制渾象，以三分爲一度，凡周天一丈九寸五分分之三。周禮：大司徒以土圭之法測土深，正日景，以求地中。日南則景短多暑，日北則景長多寒，日東則景夕多風，日西則景朝多陰。日至之景，尺有五寸，謂之地中。註云：土圭所以致四時、日月之景也。鄭司農云：測土深，謂南北東西之深也。日南，立表處太南，近日也。日北，謂立表處太北，遠日也。景夕，謂日昳景乃中，立表處太東，近日也。景朝，謂日未中而景中，立表處太西，遠日也。玄謂晝漏半而置土圭，表陰陽，審其南北。景短於土圭，謂之日南，是地於日爲近南也。景長於土圭，謂之日北，是地於日爲近北也。東於土圭謂之日東，是地於日爲近東也。西於土圭謂之日西，是地於日爲近西也。如是，則寒暑陰風偏而不和，是未得其所求。凡日景於地千里而差一寸。鄭司農又云：土圭之長尺有五寸，以夏至之日立八尺之表，其景適與土圭等，謂之地中。今潁川陽城地爲然。晉輿服志：記里鼓車，駕四馬，制如司南車。崔豹古今註曰：大章車所以識道里也，起於西京，亦曰記里車。車上有二層，皆有木人，行一里，下層擊鼓；行十里，上層擊鐲。黃帝作指南車。晉輿服志：司南車，一名指南車，駕四馬。其下制如樓，三級四角，金龍銜羽葆。刻木爲仙人，衣羽衣，立車上，車雖回轉，手常南指。大駕出行，爲先啓之乘。蕭子顯曰：指南車，四周廂上施屋，指南人衣裙襦天衣在廂中，上四角皆施龍子竿，緣雜色眞孔雀毦，烏布皁複幔，漆畫輪，駕牛，皆銅校飾。記里鼓車制如指南，上施華蓋子，絳衣漆畫，鼓機皆在內。渾，戶本翻。其餘金玉、繒帛、珍寶，皆以頒賜將士。繒，慈陵翻。秦平原公璞、幷州刺史尹昭以蒲阪降，東平公讚帥宗族百餘人詣裕降，降，戶江翻。帥，讀曰率。裕皆殺之。送姚泓至建康，斬於市。孝武太元九年，姚萇建國，改元白雀，歲在甲申，傳三主，三十四年而亡。

裕以薛辯爲平陽太守，使鎮捍北道。

裕議遷都洛陽。諮議參軍王仲德曰：「非常之事，固非常人所及，必致駭動。今暴師日久，士卒思歸，遷都之計，未可議也。」裕乃止。

羌衆十餘萬口西奔隴上，沈林子追擊至槐里，俘虜萬計。姚氏，羌也；姚氏既滅，故羌衆西奔。

河西王蒙遜聞太尉裕滅秦，怒甚。門下校郎劉祥入言事，自曹操、孫權置校事司察羣臣，謂之校郎，後遂因之。蒙遜置諸曹校郎，如門下校郎、中兵校郎是也。蒙遜曰：「汝聞劉裕入關，敢研研然也！」遂斬之。楊正衡曰：研，五見翻；然有其音而無其義。河西士民乃心晉室。蒙遜胡人，竊據其上，聞裕入關，慮其嚮應，故斬祥以威衆，以鎮服其心也。姦雄之喜怒，豈苟然哉！魏書沮渠傳作「妍妍」，華人服飾妍靡自喜，故蒙遜云然。妍，讀如字，音義皆通，當從魏書。

初，夏王勃勃聞太尉裕伐秦，謂羣臣曰：「姚泓非裕敵也。且其兄弟內叛，安能拒人！

裕取關中必矣。然裕不能久留，必將南歸；留子弟及諸將守之，將，卽亮翻；下鎭將同。吾取之如拾芥耳。」乃秣馬礪兵，訓養士卒，進據安定，秦嶺北郡縣鎭戍皆降之。裕遣使遺勃勃書，降，戶江翻。使，疏吏翻。遺，于季翻。約爲兄弟；勃勃使中書侍郎皇甫徽爲報書而陰誦之，對裕使者，口授舍人使書之。裕讀其文，歎曰：「吾不如也！」史言夷豪多權數。

16 廣州刺史謝欣卒；東海人徐道期聚衆攻陷州城，進攻始興，始興相彭城劉謙之討誅之。詔以謙之爲廣州刺史。

17 癸酉，司馬休之、司馬文思、司馬國璠、司馬道賜、魯軌、韓延之、刁雍、王慧龍及桓溫之孫道度、道子、族人桓謐、桓璲、陳郡袁式等皆詣魏長孫嵩降。姚秦旣滅，司馬休之等懼爲裕所誅，故皆降魏。璠，孚袁翻。雍，於容翻。璲，音遂。降，戶江翻。秦匈奴鎭將姚成都及弟和都舉鎭降魏。魏主嗣詔民間得姚氏子弟送平城者賞之。冬，十月，己酉，嗣召長孫嵩等還。司馬休之尋卒於魏。卒，子恤翻。魏賜國璠爵淮南公，道賜爵池陽子，魯軌爵襄陽公。刁雍表求南鄙自效，嗣以雍爲建義將軍。建義將軍，魏以是號寵刁雍，言使之建義以復父兄之讎。雍聚衆於河、濟之間，濟，子禮翻。擾動徐、兗；太尉裕遣兵討之，不克。雍進屯固山，衆至二萬。

18 詔進宋公爵爲王，增封十郡；辭不受。

19 西秦王熾磐遣左丞相曇達等擊秦故將姚艾，艾，秦上邽之鎭將。將，卽亮翻。艾遣使稱藩，使，疏吏翻。熾磐以艾爲征東大將軍、秦州牧。徵王松壽爲尚書左僕射。十二年，熾磐遣松壽屯馬頭以逼秦之上邽；上邽降，故徵還。

20 十一月，魏叔孫建等討西山丁零翟蜀洛支等，平之。西山，魏安州之西山。

21 辛未，劉穆之卒，太尉裕聞之，驚慟哀惋者累日。卒，子恤翻。惋，烏貫翻。始，裕欲留長安經略西北，而諸將佐皆久役思歸，多不欲留。將，卽亮翻。會穆之卒，裕以根本無託，遂決意東還。還，從宣翻，又如字。

穆之之卒也，朝廷恇懼，恇，音匡，怯也。欲發詔，以太尉左司馬徐羨之代之。中軍諮議參軍張卲曰：「今誠急病，任終在徐；然世子無專命，宜須諮之。」裕欲以王弘代穆之。從事中郎謝晦曰：「休元輕易，不若羨之。」王弘，字休元。易，以豉翻。乃以羨之爲吏部尚書、建威將軍、丹楊尹，代管留任。於是朝廷大事常決於穆之者，並悉北諮。

裕以次子桂陽公義眞爲都督雍・梁・秦三州諸軍事、安西將軍、領雍・東秦二州刺史。雍，於用翻。義眞時年十二。以太尉諮議參軍京兆王脩爲長史，王鎭惡爲司馬、領馮翊太守，沈田子、毛德祖皆爲中兵參軍，仍以田子領始平太守，德祖領秦州刺史、天水太守，傅弘之爲雍州治中從事史。

先是，隴上流戶寓關中者，望因兵威得復本土；及置東秦州，時裕未得天水，東秦州卽毛德祖所領。或曰，裕置東秦州，使義眞兼領。先，悉薦翻。知裕無復西略之意，復，扶又翻；下同。皆歎息失望。

關中人素重王猛，裕之克長安，王鎭惡功爲多，由是南人皆忌之。沈田子自以嶢柳之捷，與鎭惡爭功不平。裕將還，田子及傅弘之屢言於裕曰：「鎭惡家在關中，不可保信。」裕曰：「今留卿文武將士精兵萬人，彼若欲爲不善，正足自滅耳。勿復多言。」裕私謂田子曰：「鍾會不得遂其亂者，以有衞瓘故也。會、瓘事見七十八卷魏元帝咸熙元年。語曰：『猛獸不如羣狐，』卿等十餘人，何懼王鎭惡！」爲沈田子殺王鎭惡張本。

臣光曰：古人有言：「疑則勿任，任則勿疑。」裕既委鎭惡以關中，而復與田子有後言，是鬬之使爲亂也。惜乎，百年之寇，千里之土，得之艱難，失之造次，造，七到翻。使豐、鄗之都復輸寇手。鄗，音浩。荀子曰：「兼幷易能也，堅凝之難。」信哉！

22 三秦父老聞裕將還，詣門流涕訴曰：「殘民不霑王化，於今百年，始覩衣冠，人人相賀。長安十陵是公家墳墓，咸陽宮殿是公家室宅，漢高帝長陵、惠帝安陵、文帝霸陵、景帝陽陵、武帝茂陵、昭帝平陵、宣帝杜陵、元帝渭陵、成帝延陵、哀帝義陵、平帝康陵，皆在關中，凡十一陵；言十者，舉大數也。長安、咸陽宮殿皆漢故跡。裕，劉氏子孫，故父老以是爲言而留之。捨此欲何之乎！」裕爲之愍然，爲，于僞翻。慰諭之曰：「受命朝廷，不得擅留。誠多諸君懷本之志，今以次息次息，猶言次子也。與文武賢才共鎮此境，勉與之居。」十二月，庚子，裕發長安，自洛入河，開汴渠而歸。汴，音卞。

23 氐豪徐駭奴、齊元子等擁部落三萬在雍，遣使請降於魏。雍，於用翻。使，疏吏翻。降，戶江翻。魏主嗣遣將軍王洛生、河內太守楊聲等西行以應之。

24 閏月，壬申，魏主嗣如大甯長川。

25 秦、雍人千餘家推襄邑令上谷寇讚爲主以降於魏，讚，秦之襄邑令也。魏主嗣拜讚魏郡太守。久之，秦、雍人流入魏之河南、滎陽、河內者，戶以萬數，嗣乃置南雍州，以讚爲刺史，封河南公，治洛陽；治，直之翻。立雍州郡縣以撫之。讚善於招懷，流民歸之者，三倍其初。

26 夏王勃勃聞太尉裕東還，大喜，善用兵者觀釁而動。問於王買德曰：「朕欲取關中，卿試言其方略。」買德曰：「關中形勝之地，而裕以幼子守之，狼狽而歸，正欲急成篡事耳，不暇復以中原爲意。劉裕之心事，崔浩、王買德皆知之。復，扶又翻。此天以關中賜我，不可失也。青泥、上洛，南北之險要，宜先遣遊軍斷之；東塞潼關，斷，丁管翻。塞，悉則翻。絕其水陸之路；然後傳檄三輔，施以威德，則義眞在網罟之中，不足取也。」勃勃敗義眞取關中，卒如買德之計。罟，音古。勃勃乃以其子撫軍大將軍璝都督前鋒諸軍事，帥騎二萬向長安，璝，古回翻。帥，讀曰率。騎，奇寄翻。前將軍昌屯潼關，以買德爲撫軍右長史，屯青泥，劉裕得洛陽而不能禁寇讚窺伺於其側，使義眞守關中而不能禁夏兵之斷潼關、青泥，南歸彭城，席未煖而義眞敗。既棄天下，肉未寒而四鎮失，宜也。勃勃將大軍爲後繼。將，即亮翻；下同。

27是歲，魏都坐大官章安侯封懿卒。坐，徂臥翻。

十四年（戊午、四一八）

1春，正月，丁酉朔，魏主嗣至平城，命護高車中郎將薛繁帥高車、丁零北略，至弱水而還。魏倣漢置匈奴中郎將之官置護高車中郎將。帥，讀曰率。

2辛巳，大赦。

3夏赫連璝至渭陽，關中民降之者屬路。降，戶江翻。屬，之欲翻。龍驤將軍沈田子將兵拒之，驤，思將翻。畏其衆盛，退屯劉迴堡，遣使還報王鎮惡。鎮惡謂王脩曰：「公以十歲兒付吾屬，當共思竭力；而擁兵不進，虜何由得平！」使者還，以告田子。田子與鎮惡素有相圖之志，由是益忿懼。未幾，鎮惡與田子俱出北地以拒夏兵，赫連璝已至渭陽，王、沈烏能出北地乎？此言北地者，謂長安以北之地耳。幾，居豈翻。軍中訛言：「鎮惡欲盡殺南人，以數十人送義眞南還，因據關中反。」辛亥，田子請鎮惡至傅弘之營計事；田子求屛人語，屛，必郢翻。使其宗人沈敬仁斬之幕下，矯稱受太尉令誅之。弘之奔告劉義眞，義眞與王脩被甲登橫門以察其變。橫門，長安城北出東頭第一門。被，皮義翻。橫，音光。俄而田子帥數十人來，言鎮惡反，脩執田子，數以專戮，斬之；數，所具翻。以冠軍將軍毛脩之代鎮惡爲安西司馬。冠，古玩翻。傅弘之大破赫連璝於池陽，又破之於寡婦渡，按宋白續通典，今慶州北十五里有寡婦山，蓋水發源是山，其下流爲寡婦渡。斬獲甚衆，夏兵乃退。

壬戌，太尉裕至彭城，解嚴。琅邪王德文先歸建康。

裕聞王鎮惡死，表言「沈田子忽發狂易，奄害忠勳，」狂易，謂病狂而變易其常心。易，如字。追贈鎮惡左將軍、青州刺史。

以彭城內史劉遵考爲并州刺史、領河東太守，鎮蒲阪；徵荆州刺史劉道憐爲徐、兗二州刺史。

裕欲以世子義符鎮荆州，以徐州刺史劉義隆爲司州刺史，鎮洛陽。中軍諮議張邵諫曰：諮議，諮議參軍也。「儲貳之重，四海所繫，不宜處外。」處，昌呂翻。乃更以義隆爲都督荆·益·寧·雍·梁·秦六州諸軍事、西中郎將、荆州刺史，更，工衡翻。雍，於用翻。以南郡太守到彦之爲南蠻校尉，張邵爲司馬、領南郡相，冠軍功曹王曇首爲長史，冠，古玩翻。曇，徒含翻。北徐州從事王華爲西中郎主簿，晉置南徐州於京口，北徐州仍治彭城。到彦之、王曇首、王華輔義隆入立，遂居將相之任。沈林子爲西中郎參軍。義隆尚幼，府事皆決於邵。曇首，弘之弟也。裕謂義隆曰：「王曇首沈毅有器度，宰相才也，汝每事諮之。」沈，持林翻。

以南郡公劉義慶爲豫州刺史。義慶，道憐之子也。

裕解司州，領徐、冀二州刺史。

4 秦王熾磐以乞伏木弈干爲沙州刺史，鎮樂都。樂，音洛。

5 二月，乙弗烏地延帥戶二萬降秦。

6 三月，遣使聘魏。使，疏吏翻。

7 夏，四月，己巳，魏徙冀、定、幽三州徒河於代都。魏主珪皇始二年克中山，置安州，又立行臺以鎮撫其民；天興三年，改曰定州，領中山、常山、鉅鹿、博陵、北平、河間、高陽、趙郡。宋白曰：初置安州，尋改定州，以安定天下爲名。徒河，蓋徒河之民從慕容入中國留居三州者，魏人因謂之徒河。

8 初，和龍有赤氣四塞蔽日，塞，悉則翻。自寅至申，燕太史令張穆言於燕王跋曰：「此兵氣也。今魏方強盛，而執其使者，謂留于什門也，事見一百十六卷義熙十年。好命不通，臣竊懼焉。」好，呼到翻。跋曰：「吾方思之。」五月，魏主嗣東巡，至濡源及甘松，濡，乃官翻。遣征東將軍長孫道生、安東將軍李先、給事黃門侍郎奚觀帥精騎二萬襲燕，觀，古玩翻。帥，讀曰率。騎，奇寄翻。又命驍騎將軍延普、幽州刺史尉諾自幽州引兵趨遼西，爲之聲勢，魏書官氏志，內入諸姓可地延氏爲延氏。驍，堅堯翻。西方尉遲氏，後改爲尉氏。尉，音鬱。嗣屯突門嶺以待之。道生等拔乙連城，進攻和龍，與燕單于右輔古泥戰，破之，義熙七年，跋置單于四輔。單，音蟬。殺其將皇甫軌。將，卽亮翻。燕王跋嬰城自守，魏人攻之，不克，掠其民萬餘家而還。還，從宣翻，又如字。

9 六月，太尉裕始受相國、宋公、九錫之命，十二年命下，至是乃受。赦國中殊死以下，崇繼母蘭陵蕭氏爲太妃，以太尉軍諮祭酒孔靖爲宋國尚書令，左長史王弘爲僕射，領選，選，須絹翻。從事中郎傅亮、蔡廓皆爲侍中，謝晦爲右衞將軍，右長史鄭鮮之爲奉常，行參軍殷景仁爲祕書郎，其餘百官，悉依天朝之制。朝，直遥翻；下同。靖辭不受。亮，咸之孫；傅咸仕於武、惠之間，以直顯。廓，謨之曾孫；蔡謨歷事成、康、穆三朝，出蕃入輔，皆有聲績。鮮之，渾之玄孫；鄭渾見六十六卷漢獻帝建安十七年。景仁，融之曾孫也。殷融見九十四卷成帝咸和三年。景仁學不爲文，敏有思致；思，相吏翻。口不談義，深達理體；至於國典、朝儀、舊章、記注，莫不撰錄，撰，士免翻。識者知其有當世之志。

10 魏天部大人白馬文貞公崔宏疾篤，去年，魏置天地四方六部大人。魏主遣侍臣問病，一夜數返。及卒，詔羣臣及附國渠帥皆會葬。渠，大也。卒，子恤翻。帥，所類翻。

11 秋，七月，戊午，魏主嗣至平城。

12 九月，甲寅，魏人命諸州調民租，戶五十石，積於定、相、冀三州。魏主珪天興四年，置相州於鄴，領魏、陽平、廣平、汲郡、東郡、頓丘、濮陽、清河等郡，冀州所領止長樂、勃海、武邑、章武、樂陵而已。調，徒弔翻。相，息亮翻。

13 河西王蒙遜復引兵伐涼，復，扶又翻；下復歸同。涼公歆將拒之，左長史張體順固諫，乃止。蒙遜芟其秋稼而還。芟，所銜翻。

歆遣使來告襲位。冬，十月，以歆爲都督七郡諸軍事、鎮西大將軍、酒泉公。都督敦煌、酒泉、晉興、建康、涼興及歆父暠所置會稽、廣夏，凡七郡。

14 姚艾叛秦，降河西王蒙遜，姚艾稱藩於乞伏，事見上年。降，戶江翻。蒙遜引兵迎之。艾叔父雋言於衆曰：「秦王寬仁有雅度，自可安居事之，何爲從河西王西遷！」衆咸以爲然，乃相與逐艾，推雋爲主，復歸於秦。秦王熾磐徵雋爲侍中、中書監，賜【章：甲十一行本「賜」上有「征南將軍」四字；乙十一行本同；孔本同；退齋校同。】爵隴西公，以左丞相曇達爲都督洮・罕以東諸軍事、征東大將軍、秦州牧，鎮南安。洮、罕，謂臨洮、枹罕也。曇，徒含翻。洮，土刀翻。

15 劉義眞年少，少，詩照翻。賜與左右無節，王脩每裁抑之。左右皆怨，譖脩於義眞曰：「王鎮惡欲反，故沈田子殺之。脩殺田子，是亦欲反也。」義眞信之，使左右劉乞等殺脩。脩既死，人情離駭，莫相統壹。義眞悉召外軍入長安，外軍，謂屯蒲阪以捍魏、屯渭北以捍夏之軍也。閉門拒守。關中郡縣悉降於夏。赫連璝夜襲長安，不克。降，戶江翻。璝，古回翻。夏王勃勃進據咸陽，長安樵采路絕。

宋公裕聞之，使輔國將軍蒯恩如長安，召義眞東歸；蒯，苦怪翻。以相國右司馬朱齡石爲都督關中諸軍事、右將軍、雍州刺史，代鎮長安。晉先置雍州於襄陽；此爲北雍州。雍，於用翻。

裕謂齡石曰：「卿至，可敕義眞輕裝速發，旣出關，然可徐行。「然」下當有「後」字。若關右必不可守，可與義眞俱歸。」又命中書侍郎朱超石慰勞河、洛。勞，力到翻。

十一月，齡石至長安。義眞將士貪縱，大掠而東，將，卽亮翻。多載寶貨、子女，方軌徐行。雍州別駕韋華奔夏。韋華本姚氏臣也，裕用爲雍州別駕。赫連璝帥衆三萬追義眞；建威將軍傅弘之曰：「公處分亟進；今多將輜重，帥，讀曰率。處，昌呂翻。分，扶問翻。重，直用翻。一日行不過十里，虜追騎且至，騎，奇寄翻；下同。何以待之！宜棄車輕行，乃可以免。」義眞不從。俄而夏兵大至，傅弘之、蒯恩斷後，斷，丁管翻。力戰連日。至青泥，晉兵大敗，弘之、恩皆爲王買德所禽；買德先屯青泥，故二將爲所邀而見禽。司馬毛脩之與義眞相失，亦爲夏兵所禽。義眞行在前，會日暮，夏兵不窮追，故得免；左右盡散，獨逃草中。中兵參軍段宏單騎追尋，緣道呼之，義眞識其聲，出就之，曰：「君非段中兵邪？身在此，行矣！晉人多自稱爲身。必不兩全，可刎身頭以南，使家公望絕。」魏、晉之間，凡人子者稱其父曰家公，人稱之曰尊公。刎，扶粉翻。宏泣曰：「死生共之，下官不忍。」乃束義眞於背，單馬而歸。義眞謂宏曰：「今日之事，誠無算略；然丈夫不經此，何以知艱難！」

夏王勃勃欲降傅弘之，降，戶江翻。弘之不屈，【章：甲十一行本「屈」下有「時天寒」三字；乙十一行本同；孔本同；張校同。】勃勃裸之，弘之叫罵而死。裸，郎果翻。勃勃積人頭爲京觀，號曰髑髏臺。觀，古玩翻。髑，徒谷翻。髏，洛侯翻。長安百姓逐朱齡石，齡石焚其宮殿，奔潼關。義眞既大掠長安而歸，長安之人固仇視晉人矣。齡石奉宋公之命與義眞俱歸可也，癡坐長安以待逐，何歟？勃勃入長安，大饗將士，舉觴謂王買德曰：「卿往日之言，一期而驗，可謂算無遺策。此觴所集，非卿而誰！」以買德爲都官尚書，封河陽侯。

龍驤將軍王敬先戍曹公壘，曹公壘在潼關，曹操伐韓、馬所築也。驤，思將翻。齡石往從之。朱超石至蒲阪，聞齡石所在，亦往從之。赫連昌攻敬先壘，斷其水道；斷，丁管翻。衆渴，不能戰。城且陷，齡石謂超石曰：「弟兄俱死異域，使老親何以爲心！爾求間道亡歸，間，古莧翻。我死此，無恨矣。」超石持兄泣曰：「人誰不死，寧忍今日辭兄去乎！」遂與敬先及右軍參軍劉欽之皆被執送長安，勃勃殺之；被，皮義翻。欽之弟秀之悲泣不歡燕者十年。欽之，穆之之從兄子也。從，才用翻。

宋公裕聞靑泥敗，未知義眞存亡，【章：甲十一行本「亡」下有「怒甚」二字；乙十一行本同；孔本同；退齋校同。】刻日北伐。使裕能復北伐，則聞靑泥之敗，當投袂而起矣，何待刻日乎！英雄所爲，固非常人所測識也。侍中謝晦諫以「士卒疲弊，請俟他年」；不從。晦請俟他年，亦裕所謂識機變者也。鄭鮮之之言則異於是。鄭鮮之上表，以爲：「虜聞殿下親征，必併力守潼關。徑往攻之，恐未易可克；易，以豉翻。若輿駕頓洛，則不足上勞聖躬。且虜雖得志，不敢乘勝過陝者，猶攝服大威，陝，失冉翻。攝，讀曰懾。爲將來之慮故也。若造洛而反，虜必更有揣量之心，或益生邊患。造，七到翻。揣，初委翻。量，音良。況大軍遠出，後患甚多。昔歲西征，劉鍾狼狽；謂十一年盜襲冶亭時也。去年北討，廣州傾覆；謂徐道期陷廣州也。既往之效，後來之鑒也。今諸州大水，民食寡乏，三吳羣盜攻沒諸縣，皆由困於征役故也。江南士庶，引領顒顒顒，魚容翻。以望殿下之返旆，聞更北出，不測淺深之謀，往還之期，臣恐返顧之憂更在腹心也。若慮西虜更爲河、洛之患者，宜結好北虜；北虜親則河南安，北虜，魏也。好，呼到翻。河南安則濟、泗靜矣。」濟，子禮翻。會得段宏啓，知義眞得免，裕乃止，但登城北望，慨然流涕而已。降義眞爲建威將軍、司州刺史；以段宏爲宋臺黃門郎、領太子右衞率。率，所律翻。裕以天水太守毛德祖爲河東太守，代劉遵考守蒲阪。裕雖知德祖善守而用之，然人心已搖，宜其不能固也。爲下德祖棄蒲阪張本。

16 夏王勃勃築壇於灞上，卽皇帝位，改元昌武。

17 西秦王熾磐東巡；十二月，徙上邽民五千餘戶于枹罕。枹，音膚。

18 彗星出天津，入太微，經北斗，絡紫微，晉書天文志曰：箕四星，一曰天津，又曰天漢，經尾、箕之間，謂之漢津。太微，天子庭也，在北斗南。紫微十五星，在北斗北。彗，祥歲翻。八十餘日而滅。魏主嗣復召諸儒、復，扶又翻。術士問之曰：「今四海分裂，災咎之應，果在何國？朕甚畏之。卿輩盡言，勿有所隱！」衆推崔浩使對，浩曰：「夫災異之興，皆象人事，人苟無釁，又何畏焉？

釁，許覲翻。昔王莽將篡漢，彗星出入，正與今同。漢書天文志曰：哀帝建平二年，彗星出牽牛七十餘日。傳曰：彗者，所以除舊布新。牽牛，日、月、五星所從起，三正之始；彗而出之，改更之象也。其後卒有王莽篡國之禍。國家主尊臣卑，民無異望。晉室陵夷，危亡不遠；彗之爲異，其劉裕將篡之應乎！」衆無以易其言。

19 宋公裕以讖云「昌明之後尚有二帝」，晉書帝紀曰：初，簡文帝見讖云：「晉祚盡昌明。」及孝武帝之在孕也，李太后夢神人，謂之曰：「汝生男，以昌明爲字。」及產，東方始明，因以爲名。簡文後悟，乃流涕。又曰：讖云：「昌明之後有二帝。」裕乃使縊帝而立恭帝，以應二帝云。讖，楚譖翻。乃使中書侍郎王韶之與帝左右密謀酖帝而立琅邪王德文。德文常在帝左右，飲食寢處，未嘗暫離；處，昌呂翻。離，力智翻。韶之伺之經時，不得間。會德文有疾，出居於外。戊寅，韶之以散衣縊帝於東堂。年三十七。韶之，廙之曾孫也。廙，王敦之從弟。廙，羊至翻。伺，相吏翻。間，古莧翻。散，悉亶翻。縊，於賜翻，又於計翻。裕因稱遺詔，奉德文卽皇帝位，大赦。

20 是歲，河西王蒙遜奉表稱藩，拜涼州刺史。

21 尚書右僕射袁湛卒。

恭皇帝諱德文，字德文，安帝母弟也。諡法：「尊賢貴義」、「敬事供上」、「尊賢敬讓」、「愛民長弟」、「執禮御翻，又逸職翻。

賓」、「芘親之闕」皆曰恭。長弟，謂順長接弟；御賓，迎待賓也。

元熙元年（己未、四一九）

1春，正月，壬辰朔，改元。

2立琅邪王妃褚氏爲皇后；后，裒之曾孫也。褚裒，崇德太后之父。裒，蒲侯翻。

3魏主嗣畋于犢渚。據北史，犢渚，在柞山，西臨河。

4甲午，徵宋公裕入朝，朝，直遙翻。進爵爲王；裕辭。

5癸卯，魏主嗣還平城。

6庚申，葬安皇帝于休平陵。

7刺劉道憐司空出鎮京口。「刺」者，「敕」字之誤也。【章：乙十一行本正作「敕」；張校同；甲十一行本作空格。】「司空」之上又當逸「以」字。

8夏將叱奴侯提帥步騎二萬攻毛德祖於蒲阪，將，卽亮翻。帥，讀曰率。騎，奇寄翻。阪，音反。德祖不能禦，全軍歸彭城。二月，宋公裕以德祖爲滎陽太守，戍虎牢。宋白曰：虎牢，古東虢國，春秋爲鄭之制邑，漢爲成皋縣。穆天子傳：天子獵于鄭，有虎在葭中，七萃之士禽之以獻，命畜之東虢，號曰虎牢。後爲成皋縣，北臨黃河。後漢爲成皋關，後魏爲東中郎將府，唐爲汜水縣。

9夏主勃勃徵隱士京兆韋祖思。祖思旣至，恭懼過甚，勃勃怒曰：「我以國士徵汝，汝乃以非類遇我！汝昔不拜姚興，今何獨拜我？我在，汝猶不以我爲帝王；我死，汝曹弄筆，當置我於何地邪！」遂殺之。勃勃之殺祖思，虐矣。然祖思之恭懼過甚，勃勃以爲薄己而殺之，則勃勃爲有見，而祖思爲無所守也。

羣臣請都長安。勃勃曰：「朕豈不知長安歷世帝王之都，沃饒險固！然晉人僻遠，終不能爲吾患。魏與我風俗略同，土壤鄰接，自統萬距魏境裁百餘里，朕在長安，統萬必危；若在統萬，魏必不敢濟河而西。諸卿適未見此耳。」皆曰：「非所及也。」使勃勃常在，猶云可也；勃勃死，則統萬爲魏有。古人所以貽厥子孫者，固有道也。乃於長安置南臺，以赫連璝領大將軍、雍州牧、錄南臺尚書事；璝，工回翻。雍，於用翻。勃勃還統萬，大赦，改元眞興。

勃勃性驕虐，視民如草芥。常居城上，置弓劍於側，有所嫌忿，手自殺之。羣臣迕視者鑿其目，索隱曰：迕者，逆也。迕，五故翻。笑者決其脣，諫者先截其舌而後斬之。

10 初，司馬楚之奉其父榮期之喪歸建康，榮期死見一百一十四卷安帝義熙二年。會宋公稱【章：甲十一行本「稱」作「裕」；乙十一行本同；孔本同。】誅翦宗室之有才望者，楚之叔父宣期、兄貞之皆死，楚之亡匿竟陵蠻中。及從祖休之自江陵奔秦，休之，宣帝弟魏中郎進之六世孫，楚之，宣帝弟太常馗之八世孫，故休之於楚之爲從祖。休之奔秦見上卷義熙十一年。從，才用翻。楚之亡之汝、潁間，聚衆以謀復讎。楚之少有英氣，能折節下士，少，詩照翻。折，而設翻。下，遐稼翻。有衆萬餘，屯據長社。

裕使刺客沐謙往刺之。沐，莫卜翻，姓也。風俗通：漢有東平太守沐寵，蜀本作「沭」，音述，非也。楚之待謙甚厚。謙欲發，未得間，乃夜稱疾，知楚之必往問疾，因欲刺之。間，古莧翻。刺，七亦翻。楚之果自齎湯藥往視疾，情意勤篤，謙不忍發，乃出匕首於席下，以狀告之曰：「將軍深爲劉裕所忌，願勿輕率以自保全。」遂委身事之，爲之防衛。

王鎮惡之死也，沈田子殺其兄弟七人，唯弟康得免，逃就宋公裕於彭城，裕以爲相國行參軍。晉制：諸公府置諸曹參軍，又有正參軍、行參軍、長兼行參軍等員。康求還洛陽視母；會長安不守，康糾合關中徙民，得百許人，驅帥僑戶七百餘家，共保金墉城。帥，讀曰率；下同。時宗室多逃亡在河南，有司馬文榮者，帥乞活千餘戶屯金墉城南；惠帝時，幷州饑荒，其吏民隨東燕王騰東下，號曰「乞活」。是後流徙逐糧者亦曰乞活。又有司馬道恭，自東垣帥三千人屯城西，按魏收地形志，洛州新安郡有東垣縣。註云：二漢、晉屬河東；後屬（按：此下當有佚文）。參考漢晉志，河東郡有垣縣，無東垣。孝武太元十一年，馮該擊斬苻丕於東垣，此時已有東垣之名。宋白曰：宋武入洛，更置東垣、西垣二縣。新唐書地理志：河南府新安縣，高祖武德初析置東垣縣。則知東垣在新安界。司馬順明帥五千人屯陵雲臺，司馬楚之屯柏谷塢。魏河內鎮將于栗磾遊騎在芒山上，將，卽亮翻。磾，丁奚翻。騎，奇寄翻。攻逼交至，康堅守六旬。裕以康爲河東太守，遣兵救之，平等皆散走。詳考上文，未知平等爲何人。康勸課農桑，百姓甚親賴之。

司馬順明、司馬道恭及平陽太守薛辯皆降於魏，降，戶江翻；下同。魏以辯爲河東太守以拒夏人。

11 夏，四月，秦征西將軍孔子帥騎五千討吐谷渾覓地於弱水南，孔子，亦乞伏氏也。禹貢：導弱水至于合黎，餘波入于流沙。地志云：弱水出刪丹縣，亦謂之張掖河。合黎在酒泉會水縣東北。流沙，張掖居延縣東北之居延澤是也。曾氏曰：弱水出窮谷。大破之，覓地帥其衆六千降於秦，拜弱水護軍。

12 庚辰，魏主嗣有事于東廟，古制，左祖，右社。魏建宗廟於平城宮之東，因曰東廟。杜佑曰：明元永興四年，立太祖道武廟於白登山，歲一祭，無常月；又於白登西太祖舊遊之處立昭成、獻明、太祖廟，常以九月、十月之交親祀焉。則東廟者，白登山廟也；以山西又有廟，故以此爲東廟。助祭者數百國；辛巳，南巡至鴈門。五月，庚寅朔，魏主嗣觀漁於㶟水；己亥，還平城。㶟，力水翻。

13 涼公歆用刑過嚴，又好治宮室，好，呼到翻。治，直之翻。從事中郎張顯上疏，以爲：「涼土三分，謂李氏、沮渠、乞伏也。勢不支久。兼并之本，在於務農；懷遠之略，莫如寬簡。今入歲已來，陰陽失序，風雨乖和；是宜減膳徹懸，古者，天子膳用六牲，具馬、牛、羊、犬、豕、雞。諸侯膳用三牲。懸，樂懸也，天子宮懸，諸侯軒懸。大荒，大札，天地有烖，國有大故，則減膳徹樂。穀梁傳曰：五穀不升爲天饑。一穀不升謂之嗛，二穀不升謂之饑，三穀不升謂之饉，四穀不升謂之康，五穀不升謂之大侵。大侵之禮，君食不兼味，臺榭不塗，弛侯廷道不除，百官布而不祭，鬼神禱而不祀。白虎通曰：一穀不升徹鶉、鷃，二穀不升徹鳧、鴈，三穀不升徹雉、兔，四穀不升損囿獸，五穀不升不備三牲。側身脩道，而更繁刑峻法，繕築不止，殆非所以致興隆也。昔文王以百里而興，二世以四海而滅，周文王興於岐周，地方百里。秦二世承始皇之後，奄有四海，卒以滅亡。前車之軌，得失昭然。太祖以神聖之姿，爲西夏所推，左取酒泉，右開西域。李暠廟號太祖。爲西夏所推，事見一百一十二卷安帝隆安四年；取酒泉，見五年；開西域，亦見四年。夏，戶雅翻。殿下不能奉承遺志，混壹涼土，侔蹤張后，張后，謂張軌及其子若孫也。將何以下見先王乎！沮渠蒙遜，胡夷之傑，内脩政事，外禮英賢，攻戰之際，身均士卒；百姓懷之，樂爲之用。沮，子余翻。樂，音洛。臣謂殿下非但不能平殄蒙遜，亦懼蒙遜方爲社稷之憂。」歆覽之，不悅。

主簿氾稱上疏諫曰：氾，音凡。「天之子愛人主，殷勤至矣；故政之不脩，下災異以戒告之，改者雖危必昌，不改者雖安必亡。元年，三月，癸卯，敦煌謙德堂陷；張駿據河西，起謙光殿於姑臧。自謂專制一方，而事晉不改臣節，雖謙而光也。李暠得敦煌，亦稱藩於晉，起謙德堂，其志猶張氏也。敦煌，徒門翻。八月，效穀地裂；二年，元日，昏霧四塞；四月，日赤無光，二旬乃復；十一月，狐上南門；今茲春、夏，地頻五震；六月，隕星于建康。臣雖學不稽古，行年五十有九，請爲殿下略言耳目之所聞見，不復能遠論書傳之事也。塞，悉則翻。上，時掌翻。爲，于僞翻。不復，扶又翻。傳，直戀翻。乃者咸安之初，西平地裂，狐入謙光殿前；俄而秦師奄至，都城不守。

咸安，簡文帝年號。涼土以姑臧爲都城。孝武太元元年，秦入姑臧，蓋地裂、狐入在咸安之初，而其應在太元之初也。梁熙既爲涼州，不撫百姓，專爲聚斂，斂，力贍翻。建元十九年，姑藏南門崩，隕石於閑豫堂；明年爲呂光所殺。太元元年，秦主堅建元之十二年也。堅以梁熙鎮涼州。建元十九年，堅敗於淮南，晉太元之八年也。明年，呂光殺梁熙。段業稱制此方，三年之中，地震五十餘所；既而先王龍興於瓜州，瓜州，敦煌郡也。考之晉志，張氏置沙州於敦煌，未嘗置瓜州。又考之唐志，沙洲敦煌郡，本瓜州，武德五年曰西沙州，貞觀七年曰沙州。瓜州晉昌郡，武德五年析沙州之常樂置。蓋李暠興於敦煌，自稱秦、涼二州牧，其後遷于酒泉，以敦煌爲瓜州；至唐復以敦煌爲沙州，以晉昌爲瓜州，而瓜州分爲二州矣。蒙遜篡弒於張掖。此皆目前之成事，殿下所明知也。效穀，先王鴻漸之地；暠自效穀令得敦煌，遂有七郡，故云然。易所謂鴻漸者，鴻，水鳥也，自水而漸于干，又漸于磐，又漸于陸，又漸于木：自下而進，漸升而上也。謙德，即尊之室；基陷地裂，大凶之徵也。日者，太陽之精，中國之象；赤而無光，中國將衰。諺曰：諺，音彥。『野獸入家，主人將去。』狐上南門，亦變異之大者也。今蠻夷益盛，中國益微。願殿下亟罷宮室之役，止遊畋之娛，延禮英俊，愛養百姓，以應天變、防未然。」歆不從。

14 秋，七月，宋公裕始受進爵之命。八月，移鎮壽陽，以度支尚書劉懷慎爲督淮北諸軍事、徐州刺史，鎮彭城。曹魏文帝置度支尚書，掌軍國支計；晉因之。度，徒洛翻。

15 辛未，魏主嗣東巡；甲申，還平城。

16九月，宋王裕自解揚州牧。

17秦左衞將軍匹達等將兵討彭利和于漒川，大破之，利和單騎奔仇池；獲其妻子，徙羌豪三千戶于枹罕，漒川羌三萬餘戶皆安堵如故。冬，十月，以尚書右僕射王松壽爲益州刺史，鎭漒川。漒，其良翻。騎，奇寄翻。枹，音膚。

18宋王裕以河南蕭條，乙酉，徙司州刺史義眞爲揚州刺史，鎭石頭。蕭太妃謂裕曰：「道憐汝布衣兄弟，宜用爲揚州。」裕曰：「寄奴於道憐，豈有所惜！裕，小字寄奴。道憐，蕭太妃所生也。揚州根本所寄，事務至多，非道憐所了。」太妃曰：「道憐年出五十，豈不如汝十歲兒邪？」裕曰：「義眞雖爲刺史，事無大小，悉由寄奴。道憐年長，不親其事，於聽望不足。」聽望，猶言觀聽也。長，知兩翻。太妃乃無言。道憐性愚鄙而貪縱，故裕不肯用。

19十一月，丁亥朔，日有食之。

20十二月，癸亥，魏主嗣西巡至雲中，從君子津西渡河，大獵於薛林山。按魏書帝紀：薛林山在屋竇城西。

21辛卯，宋王裕加殊禮，進王太妃爲太后，世子爲太子。

資治通鑑卷第一百一十九

端明殿學士兼翰林侍讀學士朝散大夫右諫議大夫充集賢殿修撰提舉西京嵩山崇福宫上柱國河内郡開國侯食邑一千八百户食實封六百户賜紫金魚袋臣　司馬光　奉敕編集

後　學　天　台　胡三省　音　註

宋紀一

起上章涒灘（庚申），盡昭陽大淵獻（癸亥），凡四年。劉氏世居彭城，彭城於春秋之時宋土也，故帝之始建國號曰宋。

高祖武皇帝

諱裕，字德輿，小字寄奴，姓劉氏，彭城縣綏德里人，漢楚元王交二十一世孫也。彭城，楚都，故苗裔家焉。晉氏東遷，劉氏移居晉陵丹徒之京口里。

永初元年，（庚申、四二〇）是年六月改元。

1 春，正月，己亥，魏主還宫。晉有天下，通鑑於魏主率兼書名；是年，宋受禪，始改書用列國之例。

2 秦王熾磐立其子乞伏【章：甲十六行本無上二字；乙十一行本同；孔本同；退齋校同；熊校同。】暮末爲太子，熾，昌志翻。考異曰：晉書作「慕末」，宋書作「乞佛茂蔓」。今從崔鴻十六國春秋。仍領撫軍大將軍、都督中外諸軍事，大赦，改元建弘。

3 宋王欲受禪而難於發言，乃集朝臣宴飲，此宋朝之臣也。朝，直遥翻。從容言曰：從，千容翻。

「桓玄簒位，鼎命已移。我首唱大義，興復帝室，南征北伐，平定四海，功成業著，遂荷九錫。荷，下可翻。今年將衰暮，崇極如此，物忌盛滿，非可久安；今欲奉還爵位，歸老京師。」羣臣惟盛稱功德，莫諭其意。日晚，坐散。坐，徂臥翻。中書令傅亮還外，乃悟，而宮門已閉，亮叩扉請見，見，賢遍翻。王卽開門見之。亮入，但曰：「臣暫宜還都。」王解其意，無復他言，解，戶買翻，曉也。復，扶又翻。直云：「須幾人自送？」亮曰：「數十人可也。」卽時奉辭。亮出，已夜，見長星竟天，拊髀歎曰：「我常不信天文，今始驗矣。」長星所以除舊布新，故云然。亮至建康，夏，四月，徵王入輔。王留子義康爲都督豫・司・雍・并四州諸軍事、豫州刺史，鎮壽陽。豫州，後漢治譙；魏治汝南安成；晉平吳，治陳國；江左治壽陽、蕪湖、邾城、牛渚、歷陽、馬頭、壽春、姑孰，不常厥居。安帝之末，帝欲開拓河南，綏定豫土，割揚州大江以西、大雷以北，悉屬豫州；豫州基址，因此而立。帝既平關、洛，置司州刺史，治虎牢，領河南、滎陽、弘農實土三郡，河內、東京兆二僑郡，雍州仍僑治襄陽。秦、并州刺史鎮蒲阪，毛德祖旣自蒲阪退屯虎牢，則并州當寄治虎牢也。雍，於用翻。義康尚幼，以相國參軍南陽劉湛爲長史，決府、州事。府、州，都督府及豫州也。湛自弱年卽有宰物之情，常自比管、葛，謂管仲、諸葛亮也。博涉書史，不爲文章，不喜談議。喜，許記翻。王甚重之。

4 五月，乙酉，魏更謚宣武帝曰道武帝。魏主嗣永興二年，謚父珪曰宣武皇帝。更，古衡翻。

5 魏淮南公司馬國璠、池陽子司馬道賜謀外叛，司馬文思告之。庚戌，魏主殺國璠、道賜，賜文思爵鬱林公。國璠等降魏見上卷晉安帝義熙十三年。璠，孚袁翻。國璠等連引平城豪桀，坐族誅者數十人，章安侯封懿之子玄之當坐。魏主以玄之燕朝舊族，慕容廆興於昌黎，封氏依之，遂世仕於燕，貴顯。欲宥其一子。玄之曰：「弟子磨奴早孤，乞全其命。」乃殺玄之四子而宥磨奴。

6 六月，壬戌，王至建康。傅亮諷晉恭帝禪位於宋，具詔草呈帝，使書之。帝欣然操筆，謂左右曰：「桓玄之時，晉氏已無天下，重爲劉公所延，將二十載；晉安帝元興三年裕討桓玄，至是凡十七年。操，千高翻。重，直龍翻。載，子亥翻。今日之事，本所甘心。」遂書赤紙爲詔。

甲子，帝遜于琅邪第，百官拜辭，祕書監徐廣流涕哀慟。晉武帝泰始元年受禪，歲在乙酉；建興四年，長安陷，歲在丙子；凡五十二年。次年，元帝建號於江東，改元建武，至是年歲在庚申，凡一百單三年。西、東享國共一百五十七年而亡。

丁卯，王爲壇於南郊，卽皇帝位。禮畢，自石頭備法駕入建康宮。徐廣又悲感流涕，侍中謝晦謂之曰：「徐公得無小過！」廣曰：「君爲宋朝佐命，朝，直遙翻。身是晉室遺老，悲歡之事，固不可同。」廣，邈之弟也。徐邈爲晉孝武所親重。

帝臨太極殿，大赦，改元。其犯鄉論清議，一皆蕩滌，與之更始。犯鄉論清議，蓋得罪於名教者。更，工衡翻。

裴子野論曰：昔重華受終，四凶流放；書：堯使舜嗣位，正月上日，受終於文祖；流共工于幽州，放驩兜于崇山，竄三苗于三危，殛鯀于羽山，四罪而天下咸服。重，直龍翻。武王克殷，頑民遷洛。武王克殷，遷頑民于洛邑。天下之惡一也，鄉論清議，除之，過矣！

7 奉晉恭帝爲零陵王；優崇之禮，皆倣晉初故事，卽宮于故秣陵縣，沈約曰：秣陵縣本治去京邑六十里，今故治村是也，晉安帝義熙九年，移治京邑，在鬬場。恭帝元熙元年，省揚州禁防參軍，縣移治其處。使冠軍將軍劉遵考將兵防衞。冠，五玩翻。將，卽亮翻。降褚后爲王妃。

追尊皇考爲孝穆皇帝，皇妣趙氏爲孝穆皇后；尊王太后蕭氏爲皇太后。帝父翹娶趙氏，生帝而殂，繼室以蕭氏。上事蕭太后素謹，及卽位，春秋已高，每旦入朝太后，朝，直遙翻。未嘗失時刻。

詔晉氏封爵，當隨運改，獨置始興、廬陵、始安、長沙、康樂五公，降爵爲縣公及縣侯，始興、廬陵、始安、長沙皆郡公，獨康樂縣公耳。據南史，降始興郡公爲華容縣公，廬陵公爲柴桑縣公，始安公爲荔浦縣侯，長沙公爲醴陵縣侯。樂，音洛。以奉王導、謝安、溫嶠、陶侃、謝玄之祀，其宣力義熙、豫同艱難者，一仍本秩。

庚午，以司空道憐爲太尉，封長沙王。追封司徒道規爲臨川王，以道憐子義慶襲其爵。其餘功臣徐羨之等，增位進爵各有差。

追封劉穆之爲南康郡公，王鎭惡爲龍陽縣侯。上每歎念穆之，曰：「穆之不死，當助我治天下。治，直之翻。可謂『人之云亡，邦國殄瘁』！」詩瞻卬之辭。瘁，秦醉翻。又曰：「穆之死，人輕易我。」易，以豉翻。

立皇子桂陽公義眞爲廬陵王，彭城公義隆爲宜都王，義康爲彭城王。

己卯，改泰始曆爲永初曆。以元改曆。

8 魏主如翳犢山，遂至馮滷池。據北史，翳犢山在平城之西，五原之東。馮滷池卽五原鹽池，唐屬鹽州界。滷，龍五翻。聞上受禪，驛召崔浩告之曰：「卿往年之言驗矣，浩言見上卷晉安帝義熙十四年。朕於今日始信天道。」

9 秋，七月，丁酉，魏主如五原。

10 甲辰，詔以涼公歆爲都督高昌等七郡諸軍事、征西大將軍、酒泉公；秦王熾磐爲安西大將軍。熾，昌志翻。

11 交州刺史杜慧度擊林邑，大破之，林邑屢爲寇，故慧度擊之。所殺過半。林邑乞降，前後爲所鈔掠者皆遣還。降，戶江翻。鈔，楚交翻。慧度在交州，爲政纖密，一如治家，治，直之翻。吏民畏而愛之；城門夜開，道不拾遺。

12 己【章：甲十六行本「己」作「丁」；乙十一行本同；孔本同；張校同。】未，魏主如雲中。

13 河西王蒙遜欲伐涼，先引兵攻秦浩亹；浩亹，音告門。既至，潛師還屯川巖。涼公歆欲乘虛襲張掖；宋繇、張體順切諫，不聽。太后尹氏謂歆曰：「汝新造之國，地狹民希，自守猶懼不足，何暇伐人！先王臨終，李暠卒見上卷晉安帝義熙十三年。殷勤戒汝，深愼用兵，保境寧民，以俟天時。言猶在耳，柰何棄之！蒙遜善用兵，非汝之敵，數年以來，常有兼幷之志。汝國雖小，足爲善政，脩德養民，靜以待之。彼若昏暴，民將歸汝；若其休明，休，美也。汝將事之；豈得輕爲舉動，僥冀非望！以吾觀之，非但喪師，喪，息浪翻。殆將亡國！」亦不聽。宋繇歎曰：「今茲大事去矣！」

歆將步騎三萬東出。將，即亮翻。騎，奇寄翻。蒙遜聞之曰：「歆已入吾術中；然聞吾旋師，必不敢前。」乃露布西境，云已克浩亹，將進攻黃谷。此露布非必建之漆竿，如魏、晉告捷之制，但露檄布言其事耳。歆聞之，喜，進入都瀆澗。蒙遜引兵擊之，戰於懷城，歆大敗。或勸歆還保酒泉。歆曰：「吾違老母之言以取敗，不殺此胡，何面目復見我母！」復，扶又翻。遂勒兵戰於蓼泉，爲蒙遜所殺。歆弟酒泉太守翻、新城太守預、領羽林右監密、左將軍眺、右將軍亮西奔敦煌。敦，徒門翻。

蒙遜入酒泉，安帝隆安四年，李暠據敦煌，凡二主，二十一年而滅。禁侵掠，士民安堵。以宋繇爲吏部郎中，委之選舉；涼之舊臣有才望者，咸禮而用之。以其子牧犍爲酒泉太守。犍，居言翻。守，式又翻。敦煌太守李恂，翻之弟也，與翻等棄敦煌奔北山。蒙遜以索嗣之子元緒行敦煌太守。索嗣死事見一百十一卷晉安帝隆安四年。索，昔各翻。蒙遜還姑臧，見涼太后尹氏而勞之。尹氏曰：「李氏爲胡所滅，知復何言！」蒙遜，張掖盧水胡也。勞，力到翻。復，扶又翻；下可復同。或謂尹氏曰：「今母子之命在人掌握，柰何傲之！且國亡子死，曾無憂色，何也？」尹氏曰：「存亡死生，皆有天命，柰何更如凡人，爲兒女子之悲乎！吾老婦人，國亡家破，豈可復惜餘生，爲人臣妾乎！惟速死爲幸耳。」蒙遜嘉而赦之，娶其女爲牧犍婦。

14 八月，辛未，追謚妃臧氏爲敬皇后。癸酉，立王太子義符爲皇太子。

15 閏月，壬午，詔晉帝諸陵悉置守衛。

16 九月，秦振武將軍王基等襲河西王蒙遜胡園戍，俘二千餘人而還。還，從宣翻，又如字。

17 李恂在敦煌有惠政；索元緒粗險好殺，大失人和。好，呼到翻。郡人宋承、張弘密信招恂。冬，恂帥數十騎入敦煌，元緒東奔涼興。涼興郡在唐瓜州常樂縣界。帥，讀曰率。承等推恂爲冠軍將軍、涼州刺史，冠，古玩翻。改元永建。河西王蒙遜遣世子政德攻敦煌，恂閉城不戰。

18 十二月，丁亥，杏城羌酋狄溫子帥三千餘家降魏。背夏降魏也。酋，慈由翻。帥，讀曰率。降，戶江翻。

19是歲，魏姚夫人卒，追謚昭哀皇后，姚夫人歸魏見一百十七卷晉安帝義熙十一年。

二年（辛酉、四二一）

1春，正月，辛酉，上祀南郊，大赦。裴子野論曰：夫郊祀天地，修歲事也；赦彼有罪，夫何爲哉！

2以揚州刺史廬陵王義眞爲司徒，尚書僕射徐羨之爲尚書令、揚州刺史，中書令傅亮爲尚書僕射。

3辛未，魏主嗣行如公陽。

4河西王蒙遜帥衆二萬攻李恂于敦煌。

5秦王熾磐遣征北將軍木弈干、輔國將軍元基攻上邽，遇霖雨而還。

6三月，甲子，魏陽平王熙卒。

7魏主發代都六千人築苑，東包白登，周三十餘里。

8河西王蒙遜築隄壅水以灌敦煌；李恂乞降，不許。恂將宋承等舉城降，恂自殺。蒙遜屠其城，獲恂弟子寶，囚于姑臧。李氏滅矣。李寶卒以此開有唐之基。天之所啓，誰能廢之！於是西域諸國皆請□□【章：甲十一行本「請」作「詣」，空格作「蒙遜」二字；乙十一行本同；孔本同；熊校同。】稱臣朝貢。將，即亮翻。朝，直遙翻。

9 夏，四月，己卯朔，詔所在淫祠自蔣子文以下皆除之；其先賢及以勳德立祠者，不在此例。

10 吐谷渾王阿柴遣使降秦，使，疏吏翻。降，戶江翻。秦王熾磐以阿柴爲征西大將軍、開府儀同三司、安州牧、白蘭王。秦蓋以吐谷渾之地爲安州。

11 六月，乙酉，魏主北巡至蟠羊山；蟠羊山在參合陂東。秋，七月，西巡至河。

12 河西王蒙遜遣右衛將軍沮渠鄯善、建節將軍沮渠苟生帥衆七千伐秦。秦王熾磐遣征北將軍木弈干等帥步騎五千拒之，敗鄯善等于五澗，五澗在洪池嶺北。水經註：五澗水出姑臧城東而西，北流注馬城河。敗，補邁翻。虜苟生，斬首二千而還。

13 初，帝以毒酒一罌罌，於耕翻，瓦器也。授前琅邪郎中令張偉，使酖零陵王，偉歎曰：「酖君以求生，不如死！」乃於道自飲而卒。卒，子恤翻。偉，邵之兄也。初，帝領揚州，辟邵爲僚屬。太常褚秀之、侍中褚淡之，皆王之妃兄也，王每生男，帝輒令秀之兄弟方便殺之。方便者，隨宜處分，不令其事彰露也。王自遜位，深慮禍及，與褚妃共處一室，處，昌呂翻。自煑食於牀前，飲食所資，皆出褚妃，故宋人莫得伺其隙。伺，相吏翻。九月，帝令淡之與兄右衛將軍叔度往視妃，妃出就別室相見。兵人踰垣而入，進藥於王。王不肯飲，曰：「佛教，自殺者不復得人身。」兵人以被掩殺之。復，扶又翻。考異曰：宋本紀，「九月己丑，零陵王薨」；晉本紀，「九月丁丑」；據長曆，九月丙午朔，無己丑、丁丑，今不書日。帝帥百官臨於朝堂三日。自是之後，禪讓之君，罕得全矣。帥，讀曰率。臨，力鴆翻。朝，直遙翻。

14 庚戌，魏主還宮。

15 冬，十月，己亥，詔以河西王蒙遜爲鎮軍大將軍、開府儀同三司、涼州刺史。

16 己亥，魏主如代。

17 十一月，辛亥，葬晉恭帝于沖平陵，帝帥百官瞻送。

18 十二月，丙申，魏主西巡，至雲中。

19 秦王熾磐遣征西將軍孔子等帥騎二萬擊契汗禿眞於羅川。契，欺訖翻。汗，音寒。

20 河西王蒙遜所署晉昌太守唐契據郡叛，蒙遜遣世子政德討之。契，瑤之子也。唐瑤見一百一十一卷晉安帝隆安四年。

21 上之爲宋公也，謝瞻爲宋臺中書侍郎，其弟晦爲右衞將軍。時晦權遇已重，自彭城還都迎家，上爲宋公，建宋臺於彭城。賓客輻湊，門巷填咽。瞻在家驚駭，謂晦曰：「汝名位未多，而人歸趣乃爾！趣，七喻翻。吾家素以恬退爲業，不願干豫時事，交遊不過親朋。而汝遂勢傾朝野，朝，直遙翻。此豈門戶之福邪！」乃以籬隔門庭曰：「吾不忍見此。」及還彭城，言於宋公曰：「臣本素士，父祖位不過二千石。瞻、晦，晉太常謝裒之玄孫，於謝安爲從孫，是其高曾與謝安同其所自出，但名位不及耳。弟年始三十，志用凡近，榮冠臺府，冠，古玩翻。位任顯密。福過災生，其應無遠，特乞降黜，以保衰門。」前後屢陳之。晦或以朝廷密事語瞻，語，牛倨翻。瞻故向親舊陳說，用爲戲笑，以絕其言。及上卽位，晦以佐命功，位任益重，瞻愈憂懼。是歲，瞻爲豫章太守，遇病不療。臨終，遺晦書曰：「吾得啓體幸全，亦何所恨！遺，于季翻。曾子有疾，召門弟子曰：「啓予足，啓予手。詩云：『戰戰兢兢，如臨深淵，如履薄冰，』而今而後，吾知免夫，小子！」孔子曰：「身體髮膚，受之父母，不敢毀傷。父母全而生之，子全而歸之。」弟思自勉勵，爲國爲家。」居寵思危，謝瞻有焉。爲謝晦殺身亡家張本。爲，于僞翻。

三年（壬戌、四二二）

1春，正月，甲辰朔，魏主自雲中西巡，至屋竇城。據北史，屋竇城在薛林山東。

2癸丑，以徐羨之爲司空、錄尚書事，刺史如故。江州刺史王弘爲衞將軍、開府儀同三司；中領軍謝晦爲領軍將軍兼散騎常侍，入直殿省，總統宿衞。散，悉亶翻。騎，奇寄翻。徐羨之起自布衣，徐羨之爲桓脩撫軍中兵參軍，與帝同府，深相親結；及起義兵，益見親任。又無術學，直以志力局度，一旦居廊廟，朝野推服，咸謂有宰臣之望。沈密寡言，不以憂喜見色；朝，直遙翻。沈，持林翻。見，賢遍翻。頗工弈棋，觀戲，常若未解，解，戶買翻，曉也。當世倍以此推之。傅亮、蔡廓常言：「徐公曉萬事，安異同。」嘗與傅亮、謝晦宴聚，亮、晦才學辯博，羨之風度詳整，時然後言。鄭鮮之歎曰：「觀徐、傅言論，不復以學問爲長。」復，扶又翻。

3 秦征西將軍孔子等大破契汗秃眞，契，欺訖翻。汗音寒。秃，吐谷翻。獲男女二萬口，牛羊五十餘萬頭。秃眞帥騎數千西走，其別部樹奚帥戶五千降秦。帥，讀曰率。降，戶江翻。

4 二月，丁丑，詔分豫州淮以東爲南豫州，治歷陽，以彭城王義康爲刺史。義熙之初，帝欲開拓河南，綏定豫土，至九年，割揚州大江以西、大雷以北悉屬豫州。至是，以淮西之地爲北豫州，治汝南。沈約志，南豫州領歷陽、南譙、廬江、南汝陰、南梁、晉熙、弋陽、安豐、南汝南、新蔡、東郡、南潁、潁川、西汝陰、汝陽、陳留、南陳左郡、邊城左郡、光城左郡十九郡。按徐志及永初郡國志止領十三郡，蓋沈志有景平以後續置郡在其間也。又分荆州十郡置湘州，治臨湘，晉安帝義熙十三年省湘州，今復置。臨湘，漢舊縣，唐爲潭州長沙縣。以左衛將軍張邵爲刺史。

5 丙戌，魏主還宫。

6 三月，上不豫，太尉長沙王道憐、司空徐羨之、尚書僕射傅亮、領軍將軍謝晦、護軍將軍檀道濟並入侍醫藥。羣臣請祈禱神祇，上不許，唯使侍中謝方明以疾告宗廟而已。上性不信奇怪，微時多符瑞，及貴，史官審以所聞，上拒而不答。

檀道濟出爲鎮北將軍、南兗州刺史，鎮廣陵，悉監淮南諸軍。晉成帝立南兗州，治京口，自此治廣陵，領廣陵、海陵、山陽、盱眙、秦郡、南沛等郡。監，工銜翻。

皇太子多狎羣小，謝晦言於上曰：「陛下春秋既高，宜思存萬世，神器至重，不可使負荷非才。」晦發此言，已有廢昏立明之意。荷，下可翻，又音如字。上曰：「廬陵何如？」晦曰：「臣請觀焉。」出造廬陵王義眞，造，七到翻。義眞盛欲與談，晦不甚答。還曰：「德輕於才，非人主也。」丁未，出義眞爲都督南豫·豫·雍·司·秦·幷六州諸軍事、車騎將軍、開府儀同三司、南豫州刺史。爲晦等殺義眞張本。雍，於用翻。騎，奇寄翻。是後，大州率加都督，多者或至五十州，不可復詳載矣。迄宋之季，境內惟二十二州。至梁武帝時，沿邊分置諸州，始有五十州。復，扶又翻。

7 帝疾瘳，瘳，丑留翻。己未，大赦。

8 秦、雍流民南入梁州；庚申，遣使送絹萬匹，且漕荊、雍之穀以賑之。秦雍之雍，古雍州也，關中之地。荊雍之雍，晉末所置南雍州也，治襄陽。使，疏吏翻。賑，之忍翻。

9 刁逵之誅也，事見一百十三卷晉安帝元興三年。其子彌亡命。辛酉，彌帥數十人入京口，帥，讀曰率。太尉留府司馬陸仲元擊斬之。時長沙王道憐以太尉鎭京口，入侍醫藥，故有留府。

10 乙丑，魏河南王曜卒。

11 夏，四月，甲戌，魏立皇子燾爲太平王，拜相國，加大將軍；丕爲樂平王，彌爲安定王，範爲樂安王，健爲永昌王，崇爲建寧王，俊爲新興王。

12 乙亥，詔封仇池公楊盛爲武都王。

13秦王熾磐以折衝將軍乞伏是辰爲西胡校尉，築列渾城於汁羅以鎭之。汁羅蓋卽羅川之地。

14五月，帝疾甚，召太子誡之曰：「檀道濟雖有幹略，而無遠志，非如兄韶有難御之氣也。徐羨之、傅亮，當無異圖。謝晦數從征伐，頗識機變，若有同異，必此人也。」帝固有疑晦之心矣。數，所角翻。又爲手詔曰：「後世若有幼主，朝事一委宰相，母后不煩臨朝。」朝，直遙翻。司空徐羨之、中書令傅亮、領軍將軍謝晦、鎭北將軍檀道濟同被顧命。癸亥，帝殂於西殿。年六十。自是以後，南北朝之君沒皆稱殂。被，皮義翻。顧，音古。帝清簡寡欲，嚴整有法度，被服居處，儉於布素，遊宴甚稀，嬪御至少。處，昌呂翻。少，詩沼翻。嘗得後秦高祖從女，後秦王興，廟號高祖。從，才用翻。有盛寵，頗以廢事；謝晦微諫，卽時遣出。財帛皆在外府，內無私藏。藏，徂浪翻。嶺南嘗獻入筒細布，一端八丈，帝惡其精麗勞人，揚雄蜀都賦曰：布則蜘蛛作絲，不可見風；筩中黃潤，一端數金。言其細也。惡，烏路翻。卽付有司彈太守，彈，徒丹翻。以布還之，并制嶺南禁作此布。公主出適，遣送不過二十萬，無錦繡之物。內外奉禁，莫敢爲侈靡。

太子卽皇帝位，年十七，大赦，尊皇太后曰太皇太后，立妃司馬氏爲皇后。后，晉恭帝女海鹽公主也。

15魏主服寒食散，頻年藥發，災異屢見，見，賢遍翻。頗以自憂。遣中使密問白馬公崔浩曰：使，疏吏翻。「屬者日食趙、代之分。屬者，猶言比者、近者。屬，之欲翻。分，扶問翻。朕疾彌年不愈，恐一旦不諱，諸子並少，少，詩照翻。將若之何？其爲我思身後之計！」爲，于僞翻。浩曰：「陛下春秋富盛，行就平愈；必不得已，請陳瞽言。自聖代龍興，不崇儲貳，是以永興之始，社稷幾危。事見一百十五卷晉安帝義熙五年。幾，居希翻，又音祁。今宜早建東宮，選賢公卿以爲師傅，左右信臣以爲賓友；入總萬機，出撫戎政。如此，則陛下可以優遊無爲，頤神養壽。萬歲之後，國有成主，民有所歸，姦宄息望，禍無自生矣。皇子燾年將周星，歲星十二年一周天。明叡溫和，立子以長，禮之大經，若必待成人然後擇之，倒錯天倫，則召亂之道也。」倒錯，謂廢長立少。長，知兩翻；下同。魏主復以問南平公長孫嵩。復，扶又翻。對曰：「立長則順，置賢則人服；燾長且賢，天所命也。」帝從之，立太平王燾爲皇太子，使之居正殿臨朝，爲國副主。朝，直遙翻。以長孫嵩及山陽公奚斤、魏收官氏志：後魏獻帝弟爲達奚氏，孝文改爲奚氏。北新公安同爲左輔，坐東廂，西面；崔浩與太尉穆觀、散騎常侍代人丘堆爲右弼，後魏孝文以獻帝第五兄敦丘氏爲丘氏。坐西廂，東面；百官總己以聽焉。坐東廂者西面，坐西廂者東面，皆朝拱皇太子。帝避居西宮，時隱而窺之，自隱蔽其身而窺之也。聽其決斷，斷，丁亂翻。大悅，謂侍臣曰：「嵩宿德舊臣，歷事四世，功存社稷；嵩事昭成帝及道武帝、明元帝及太子燾爲四世。斤辯捷智謀，名聞遐邇；聞，音問。同曉解俗情，明練於事；觀達於政要，識吾旨趣；浩博聞強識，精察天人；堆雖無大用，然在公專謹。以此六人輔相太子，吾與汝曹巡行四境，伐叛柔服，足以得志於天下矣。」解，胡買翻。行，下孟翻。嵩實姓拔拔，斤姓達奚，觀姓丘穆陵，堆姓丘敦。是時，魏之羣臣出於代北者，姓多重複，及高祖遷洛，始皆改之。舊史惡【章：甲十六行本「惡」作「患」；乙十一行本同；孔本同；張校同。】其煩雜難知，故皆從後姓以就簡易，今從之。

魏主又以典東西部劉絜、門下奏事代人古弼、重，直龍翻。惡，烏路翻。易，以豉翻。道武天賜四年，置侍官，侍直左右，出納詔命。魏書官氏志：內入諸姓，吐奚氏爲古氏。直郎徒河盧魯元拓跋與慕容、段氏同出鮮卑，其後強盛，謂東種爲徒河。官氏志：內入諸姓，吐伏盧氏爲盧氏。忠謹恭勤，使之給侍東宮，分典機要，宣納辭令。太子聰明，有大度；羣臣時奏所疑，帝曰：「此非我所知，當決之汝曹國主也。」

16 六月，壬申，以尚書僕射傅亮爲中書監、尚書令，以領軍將軍謝晦領中書令，侍中謝方明爲丹楊尹。方明善治郡，治，直之翻。所至有能名；承代前人，不易其政，必宜改者，則以漸移變，使無迹可尋。

17 戊子，長沙景王道憐卒。

18 魏建義將軍刁雍寇青州，州兵擊破之。雍收散卒，走保大鄉山，魏收地形志：濟陰郡乘氏縣有大鄉城。雍，於容翻。

19 秋，七月，己酉，葬武皇帝于初寧陵，陵在丹陽建康縣蔣山。廟號高祖。

20 河西王蒙遜遣前將軍沮渠成都帥衆一萬，耀兵嶺南，遂屯五澗。蓋耀兵於洪池嶺南，而還屯五澗也。沮，子余翻。帥，讀曰率，下同。九月，秦王熾磐遣征北將軍出連虔等帥騎六千擊之。

21 初，魏主聞高祖克長安，見上卷晉安帝義熙十三年。大懼，遣使請和，自是每歲交聘不絕。及高祖殂，殿中將軍沈範等奉使在魏，晉置二衞，仍置殿中將軍。使，疏吏翻；下同。還，及河，魏主遣人追執之，議發兵取洛陽、虎牢、滑臺。崔浩諫曰：「陛下不以劉裕欻起，納其使貢，欻，許勿翻。裕亦敬事陛下。不幸今死，遽乘喪伐之，雖得之不足爲美。且國家今日亦未能一舉取江南也，而徒有伐喪之名，禮不伐喪。竊爲陛下不取。爲，于僞翻。臣謂宜遣人弔祭，存其孤弱，恤其凶災，使義聲布於天下，則江南不攻自服矣。況裕新死，黨與未離，兵臨其境，必相帥拒戰，帥，讀曰率。功不可必。不如緩之，待其強臣爭權，變難必起，難，乃旦翻。然後命將出師，可以兵不疲勞，坐收淮北也。」將，即亮翻。魏主曰：「劉裕乘姚興之死而滅之，事見一百十七卷晉安帝義熙十二年及上卷義熙十三年。今我乘裕喪而伐之，何爲不可？」浩曰：「不然。姚興死，諸子交爭，故裕乘舋伐之。今江南無舋，不可比也。」舋，與釁同，許覲翻。魏主不從，假司空奚斤節，加晉兵大將軍、行揚州刺史，使督宋兵將軍、交州刺史周幾、後魏孝文以獻帝次兄普氏之後爲周氏。吳兵將軍、廣州刺史公孫表同入寇。晉兵、宋兵、吳兵、鄭兵、楚兵等將軍，皆魏所置。

22乙巳，魏主如灅南宮，遂如廣甯。晉愍帝建興元年，猗盧築新平城於灅北，其後築宮於灅南。酈道元曰：廣甯去平城五十里。廣甯縣，漢屬上谷郡，晉太康中立爲郡。灅，力水翻。

23辛亥，魏人築平城外郭，周圍三十二里。

24魏主如喬山。五代志：喬山在涿郡懷戎縣。劉昫曰：唐嬀州懷戎縣，後漢上谷之潘縣也。遂東如幽州；冬，十月，甲戌，還宮。

25魏軍將發，公卿集議於監國之前，監，工銜翻。以先攻城與先略地。奚斤欲先攻城，崔浩曰：「南人長於守城。昔苻氏攻襄陽，經年不拔。事見一百四卷晉孝武太元三年、四年。今以大兵坐攻小城，若不時克，挫傷軍勢，敵得徐嚴而來，我怠彼銳，此危道也。不如分軍略地，至淮爲限，列置守宰，收斂租穀，則洛陽、滑臺、虎牢更在軍北，絕望南救，必沿河東走；不則爲囿中之物，不，讀曰否。何憂其不獲也！」公孫表固請攻城，魏主從之。於是奚斤等帥步騎二萬，帥，讀曰率。騎，奇寄翻。濟河，營於滑臺之東。時司州刺史毛德祖戍虎牢，東郡太守王景度告急於德祖，王景度以東郡太守戍滑臺。德祖遣司馬翟廣等將步騎三千救之。翟，萇伯翻。將，卽亮翻；下同。

先是，司馬楚之聚衆在陳留之境，聞魏兵濟河，遣使迎降。先，悉薦翻。使，疏吏翻。降，戶江翻。魏以楚之爲征南將軍、荊州刺史，使侵擾北境。此謂宋之北境。德祖遣長社令王法政將五百人戍邵陵，邵陵縣，漢屬汝南郡，晉以後屬潁川郡。杜佑曰：蔡州郾陵縣有古召陵城。將軍劉憐將二百騎戍雍丘以備之。楚之引兵襲憐，不克。會臺送軍資，憐出迎之，酸棗民王玉馳以告魏。酸棗縣自漢以來屬陳留郡，唐屬滑州。丁酉，魏尚書滑稽引兵襲倉垣，康曰：滑，戶八切，姓也，本滑伯國，姬姓，其後因國爲氏。漢有詹事滑典。兵吏悉踰城走，陳留太守馮翊嚴稜詣斤降。魏以王玉爲陳留太守，給兵守倉垣。魏收地形志：陳留郡治浚儀縣，有倉垣城。

奚斤等攻滑臺，不拔，求益兵，魏主怒，切責之。壬辰，自將諸國兵五萬餘人南出天關，踰恆嶺，此卽晉孝武太元二十一年燕主垂襲魏平城之路，魏主珪既平中山，自望都鐵關鑿恆嶺至代五百餘里。將，卽亮翻；下同。爲斤等聲援。

26 秦出連虔與河西沮渠成都戰，禽之。沮渠成都時屯五澗。

27 十一月，魏太子燾將兵出屯塞上，魏主南援攻河南之兵，故太子屯塞上以備柔然。使安定王彌與安同居守。守，式又翻。

庚戌，奚斤等急攻滑臺，拔之。王景度出走；景度司馬陽瓚爲魏所執，不降而死。瓚，藏旱翻。降，戶江翻。魏主以成皋侯苟兒爲兗州刺史，鎮滑臺。魏書官氏志：內入諸姓，若干氏爲苟氏。

斤等進擊翟廣等於土樓，破之，土樓在虎牢東。九域志，澶州臨河縣有土樓鎮。乘勝進逼虎牢；毛德祖與戰，屢破之。魏主別遣黑矟將軍于栗磾將三千人屯河陽，謀取金墉，矟，色角翻。磾，丁奚翻。德祖遣振威將軍竇晃等緣河拒之。十二月，丙戌，魏主至冀州，遣楚兵將軍、徐州刺史叔孫建將兵自平原濟河，徇青、兗。豫州刺史劉粹遣治中高道瑾將步騎五百據項城，宋豫州領汝南、新蔡、譙、梁、陳、南頓、潁川、汝陽、汝陰、陳留等郡。徐州刺史王仲德將兵屯湖陸。徐州領彭城、沛、下邳、蘭陵、東海、東莞、東安、琅邪、淮陽、陽平、濟陰、北濟陰、鍾離、馬頭等郡。于栗磾濟河，與奚斤并力攻竇晃等，破之。

魏主遣中領軍代人娥清、期思侯柔然閭大肥將兵七千人會周幾、叔孫建南渡河，軍于碻磝，碻磝城臨河津，後魏爲濟州治所。水經註曰：城卽故茌平縣也。癸未，兗州刺史徐琰棄尹卯南走。水經：濟水自須昌縣西北逕漁山東，又北過穀城縣西。註云：濟水側岸有尹卯壘，南去漁山四十餘里。是穀城縣界故春秋之小穀城也。於是泰山、高平、金鄉等郡皆沒於魏。金鄉縣，漢屬山陽，晉屬高平，蓋晉末分置郡也。叔孫建等東入青州，司馬愛之、季之先聚衆於濟東，皆降於魏。濟水之東則青州界。濟，子禮翻。

戊子，魏兵逼虎牢。青州刺史東莞竺夔鎭東陽城，青州自曹嶷以來治廣固。武帝克慕容超，夷其城，青州還治東陽城，在廣縣西南。宋白曰：今青州治益都縣，州東城卽東陽城。晉武帝太康初，分琅邪立東莞郡。青州領齊、濟南、高密、樂安、平昌、北海、東萊、太原、長廣等郡。莞，音官。遣使告急。使，疏吏翻。己丑，詔南兗州刺史檀道濟監征討諸軍事，監，工銜翻。與王仲德共救之。廬陵王義眞遣龍驤將軍沈叔貍將三千人就劉粹，量宜赴援。義眞時鎭壽陽，劉粹時鎭懸瓠。驤，思將翻。量音良。

28 秦王熾磐徵秦州牧曇達爲左丞相、征東大將軍。曇，徒含翻。

營陽王諱義符，小字車兵，武帝長子也。考異曰：宋本紀，高氏小史皆作「滎陽」；臧后、謝晦、蔡廓傳作「營陽」。營陽，南方郡名也，今從之。

景平元年（癸亥、四二三）

1 春，正月，己亥朔，大赦，改元。

2 辛丑，帝祀南郊。

3 魏于栗磾攻金墉，癸卯，河南太守王涓之棄城走。魏主以栗磾爲豫州刺史，鎭洛陽。磾，丁奚翻。

4 魏主南巡恆嶽，恆，戶登翻。丙辰，至鄴。去年十二月已書魏主至冀州，今又書南巡恆嶽，必有一誤。

5 己未，詔徵豫章太守蔡廓爲吏部尚書，自晉以來，謂吏部尚書爲大尚書，以其在諸曹之右，且其權任要重也。廓謂傅亮曰：「選事若悉以見付，不論；不論者，不復置議論於辭受之際也。不然，不能拜也。」亮以語錄事尚書徐羨之，語，牛倨翻。「錄事尚書」當作「錄尚書事。」羨之曰：「黃、散以下悉以委蔡，吾徒不復措懷；黄、散，謂黄門侍郎及散騎常侍、侍郎也。復，扶又翻。自此以上，故宜共參同異。」廓曰：「我不能爲徐干木署紙尾！」爲，于僞翻。遂不拜。干木，羨之小字也。選案黄紙，録尚書與吏部尚書連名，選案，選曹文案也。洪邁曰：葉石林言制敕用黄紙始高宗時，非也。晉恭帝時，王韶之遷黄門侍郎，凡諸詔黄，皆其辭也。則東晉時已用黄紙寫詔矣。又，宋明帝時，吏部尚書褚淵就赭圻行選，是役也，皆先戰授位，版檄不供，由是有黄紙札。則宋世就軍補官賞功，又多用黄紙矣。又，徐羨之召蔡廓爲吏部尚書，廓曰：「我不能爲徐干木署紙尾，」則是宋世以黄紙爲案矣。至齊世，立左、右丞書案之制：曰白案，則右丞書名在上，左丞次書；黄案，則左丞上書，右丞下書。雖世遠莫知何者之爲黄案，何者之爲白案，所可知者，其紙已分黄、白二色決矣。至東昏時，閹人以紙包裹魚肉還家，並是五省黄案。然則文書之用黄紙，其來已久。高宗時，凡謄寫詔制以下州縣始皆用黄紙耳；概言詔書用黄紙始於高宗，不審也。選，須絹翻。故廓云然。

沈約論曰：蔡廓固辭銓衡，恥爲志屈；豈不知選、録同體，義無偏斷乎！吏部典選；録尚書兼録諸曹尚書事。斷，丁亂翻。良以主闇時難，不欲居通塞之任。銓衡之任，得其人則賢路通，不得其人則賢路塞。塞，悉則翻。遠矣哉！

6 庚申，檀道濟軍于彭城。

魏叔孫建入臨淄，所向城邑皆潰。考異曰：索虜傳云：「虜又遣楚兵將軍、徐州刺史、安平公涉歸幡能健，越兵將軍、青州刺史、臨淄侯薛道千，陳兵將軍、淮州刺史壽張子張模東擊青州，所向城邑皆奔走。」本紀亦云「安平公涉歸寇青州」。按後魏書無涉歸等姓名，蓋皆胡中舊名，卽叔孫建等也。竺夔聚民保東陽城，其不入城者，使各依據山險，芟夷禾稼，芟，所銜翻。魏軍至，無所得食。濟南太守垣苗帥衆依蘷。垣苗棄歷城依蘷。濟，子禮翻。帥，讀曰率；下同。

刁雍見魏主於鄴，魏主曰：「叔孫建等入青州，民皆藏避，攻城不下。彼素服卿威信，雍先聚兵河、濟之間。雍，於容翻。今遣卿助之。」乃以雍爲青州刺史，給雍騎，使行募兵以取青州。魏兵濟河向青州者凡六萬騎，騎，奇寄翻。刁雍募兵得五千人，撫慰士民，皆送租供軍。

7 柔然寇魏邊。二月，戊辰，魏築長城，自赤城西至五原，延袤二千餘里，袤，音茂。備置戍卒，以備柔然。

8 丁丑，太皇太后蕭氏殂。

9 河西王蒙遜及吐谷渾王阿柴皆遣使入貢。使，疏吏翻。庚辰，詔以蒙遜爲都督涼・秦・河、沙四州諸軍事、驃騎大將軍、涼州牧、河西王；以阿柴爲督塞表諸軍事、安西將軍、沙州刺史、澆河公。吐谷渾據塞外沙漒之地，故令督塞表諸軍事。澆，堅堯翻。

10 三月，壬子，葬孝懿皇后于興寧陵，興寧陵在晉陵丹徒縣諫壁里雩山。

11 魏奚斤、公孫表等共攻虎牢，魏主自鄴遣兵助之。毛德祖於城內穴地入七丈，分爲六道，出魏圍外；募敢死之士四百人，使參軍范道基等帥之，從穴中出，掩襲其後。魏軍驚擾，斬首數百級，焚其攻具而還。還，從宣翻，又如字。魏兵雖退散，隨復更合，復，扶又翻；下復嬰、未復、復作、復戰同。攻之益急。

奚斤自虎牢將步騎三千攻潁川太守李元德等於許昌，元德等敗走。魏以潁川人庾龍爲潁川太守，戍許昌。

毛德祖出兵與公孫表大戰，從朝至晡，殺魏兵數百。會奚斤自許昌還，合擊德祖，大破之，亡甲士千餘人，復嬰城自守。

魏主又遣萬餘人從白沙渡河，屯濮陽南。濮陽對岸則頓丘之境，白沙當在今澶州之界。

朝議以項城去魏不遠，朝，直遙翻；下同。非輕軍所抗，使劉粹召高道瑾還壽陽；若沈叔貍已進，亦宜且追。【張：「追」作「退」。】粹奏：「虜攻虎牢，未復南向，若遽攝軍捨項城，則淮西諸郡無所憑依；沈叔貍已頓肥口，肥口，肥水入淮之口。又不宜遽退。」時李元德帥散卒二百至項，劉粹使助高道瑾戍守，請宥其奔敗之罪，朝議並許之。

乙巳，魏主畋於韓陵山，魏郡鄴縣有韓陵山。遂如汲郡，至枋頭。

初，毛德祖在北，毛德祖本滎陽人。武帝未取關、洛，德祖自北來歸。與公孫表有舊。表有權略，德祖患之，乃與交通音問；密遣人說奚斤，云表與之連謀。每答表書，多所治定；此曹操間韓、馬之智也。說，輸芮翻。治，直之翻。表以書示斤，斤疑之，以告魏主。先是，表與太史令王亮少同營署，好輕侮亮；亮奏「表置軍虎牢東，不得便地，故令賊不時滅。」魏主素好術數，以爲然，積前後忿，使人夜就帳中縊殺之。先，悉薦翻。少，詩照翻。好，呼到翻。

乙卯，魏主濟自靈昌津，靈昌津，古延津也；石勒襲劉曜，塗出於此，以河冰爲神靈之助，改曰靈昌津。遂如東郡、陳留。

叔孫建將三萬騎逼東陽城，城中文武纔一千五百人，竺夔、垣苗悉力固守，時出奇兵擊魏，破之。魏步騎繞城列陳十餘里，大治攻具；夔作四重塹，魏人塡其三重，爲橦車以攻城，陳，讀曰陣。重，直龍翻。治，直之翻。橦，與撞同，傳江翻，擣也。夔遣人從地道中出，以大麻絙挽之令折。絙，居曾翻，大索也，又居鄧翻。折，而設翻。魏人復作長圍，進攻逾急。歷時浸久，城轉墮壞，墮，讀曰隳；下墮其同。戰士多死傷，餘衆困乏，旦暮且陷。檀道濟至彭城，以司、青二州並急，而所領兵少，少，詩沼翻。不足分赴；青州道近，竺夔兵弱，乃與王仲德兼行先救之。

甲子，劉粹遣李元德襲許昌，斬庾龍。元德因留綏撫，并上租糧。上，時掌翻。

魏主至盟津。于栗磾造浮橋於冶阪津。郭緣生述征記曰：踐土，今冶阪城是。水經註：河陽縣故城在冶阪西北。魏土地記云：冶阪城，舊名漢祖渡，城險固，南臨孟津，在洛陽西北四十二里。盟，讀曰孟。乙丑，魏主引兵北濟，西如河內。娥清、周幾、閭大肥徇地至湖陸、高平，民屯聚而射之。射，而亦翻。清等盡攻破高平諸縣，滅數千家，虜掠萬餘口；兗州刺史鄭順之戍湖陸，以兵少不敢出。

魏主又遣并州刺史伊樓拔助奚斤攻虎牢；伊婁，虜複姓。樓，與婁同。毛德祖隨方抗拒，頗殺魏兵，而將士稍零落。

夏，四月，丁卯，魏主如成皋，絕虎牢汲河之路。北史：虎牢乏水，城內懸綆汲河。魏主令連艦上施轒轀，絕其汲路。停三日，自督衆攻城，竟不能下，遂如洛陽觀石經。石經，後漢蔡邕所書者，註詳見五十七卷漢靈帝熹平四年。遣使祀嵩高。使，疏吏翻。

叔孫建攻東陽，墮其北城三十許步；墮，讀曰隳。刁雍請速入，建不許，遂不克。及聞檀道濟等將至，雍又謂建曰：「賊畏官軍突騎，以鎖連車爲函陳。函陳，方陳也。陳，讀曰陣。大峴已南，處處狹隘，車不得方軌，雍請將所募兵五千據險以邀之，破之必矣。」將，卽亮翻。時天暑，魏軍多疫。建曰：「兵人疫病過半，若相持不休，兵自死盡，何須復戰！今全軍而返，計之上也。」己巳，道濟軍于臨朐。朐，音劬。考異曰：裴子野宋略作「乙巳」。按長曆，是月丁卯朔，無乙巳，必己巳也。壬申，建等燒營及器械而遁；道濟至東陽，糧盡，不能追。竺夔以東陽城壞不可守，移鎮不其城。不其縣，前漢屬琅邪郡，後漢屬東萊郡，晉屬長廣郡。如淳曰：其，音基。賢曰：不其故城，在今萊州卽墨縣西南。

叔孫建自東陽趨滑臺，趨，七喻翻。道濟分遣王仲德向尹卯。道濟停軍湖陸，仲德未至尹卯，聞魏兵已遠，還就道濟。刁雍遂留鎮尹卯，招集譙、梁、彭、沛民五千餘家，置二十七營以領之。

12 蠻王梅安帥渠帥數十人入貢于魏。帥渠帥，上讀曰率，下所類翻。初，諸蠻本居江、淮之間，其後種落滋蔓，種，章勇翻。蔓，音萬。布於數州，東連壽春，西通巴、蜀，北接汝、潁，往往有之。在魏世不甚爲患；及晉，稍益繁昌，漸爲寇暴。及劉、石亂中原，諸蠻無所忌憚，漸復北徙，伊闕以南，滿於山谷矣。據史，此諸蠻乃盤瓠之後也。復，扶又翻。

13 河西世子政德攻晉昌，克之。唐契及弟和、甥李寶同奔伊吾，唐契以晉昌叛河西，見武帝永初二年。招集遺民，歸附者至二千餘家，臣於柔然；柔然以契爲伊吾王。

14 秦王熾磐謂其羣臣曰：「今宋雖奄有江南，夏人雄據關中，皆不足與也。獨魏主奕世英武，賢能爲用，且讖云，『恆代之北當有眞人』，吾將舉國而事之。」讖，楚譖翻。乃遣尚書郎莫者阿胡等入見于魏，見，賢遍翻。貢黃金二百斤，幷陳伐夏方略。

15 閏月，丁未，魏主如河內，登太行，至高都。高都縣自漢以來屬上黨郡。劉昫曰：唐澤州晉城縣，漢高都縣地。行，戶剛翻。

叔孫建自滑臺西就奚斤，共攻虎牢。虎牢被圍二百日，被，皮義翻。無日不戰，勁兵戰死殆盡，而魏增兵轉多。魏人毀其外城，毛德祖於其內更築三重城以拒之，魏人又毀其二重。德祖唯保一城，晝夜相拒，將士眼皆生創；重，直龍翻。人夜不得睡，則眼眊燥，以手揩之則生創。創，初良翻；下同。德祖撫之以恩，終無離心。時檀道濟軍湖陸，劉粹軍項城，沈叔貍軍高橋，皆畏魏兵強，不敢進。丁巳，魏人作地道以洩虎牢城中井，井深四十丈，深，式禁翻。山勢峻峭，不可得防；城中人馬渴乏，被創者不復出血，重以飢疫。被，皮義翻。復，扶又翻。重，直用翻。魏仍急攻之，己未，城陷；將士欲扶德祖出走，德祖曰：「我誓與此城俱斃，義不使城亡而身存也！」魏主命將士：「得德祖者，必生致之。」將軍代人豆代田執德祖以獻。豆，姓也。漢書有校尉豆如意。將佐在城中者，皆爲魏所虜，唯參軍范【嚴：「范」改「沈」。】道基將二百人突圍南還。將，即亮翻。魏士卒疫死者亦什二三。

奚斤等悉定司、兗、豫諸郡縣，置守宰以撫之。是時司州之地盡入於魏。兗州之地自湖陸以南，豫州之地自項城以南，皆爲宋守，魏未能悉定諸郡縣也。魏主命周幾鎮河南，河南人安之。

徐羨之、傅亮、謝晦以亡失境土，上表自劾；劾，戶概翻，又戶得翻。詔勿問。

16 徐羨之兄子吳郡太守珮之頗豫政事，與侍中王韶之、程道惠、中書舍人邢安泰、潘盛結爲黨友。時謝晦久病，不堪見客。珮之等疑其詐疾，有異圖，乃稱羨之之意以告傅亮，欲令亮作詔誅之。亮時進中書監，中書掌詔命。亮曰：「我等三人同受顧命，豈可自相誅戮！諸君果行此事，亮當角巾步出掖門耳。」宮門正南門曰端門，左右二門謂之左掖門、右掖門。佩之等乃止。

17 五月，魏主還平城，考異曰：後魏帝紀：「五月庚寅，還次鴈門」，「庚寅，車駕至自南巡」，必有一誤，今皆不取。

18 六月，己亥，魏宜都文成王穆觀卒。

19 丙辰，魏主北巡，至參合陂。

20 秋，七月，【章：甲十六行本「月」下有「癸酉」二字；乙十一行本同；孔本同；張校同；退齋校同。】尊帝母張夫人爲皇太后。

21 魏主如三會屋侯泉；魏收地形志：秀容郡肆盧縣治新會城，眞君七年併三會城屬焉。八月，辛丑，如馬邑，觀灅源。灅，力水翻。

22 柔然寇河西，河西王蒙遜命世子政德擊之。政德輕騎進戰，騎，奇寄翻。爲柔然所殺；蒙遜立次子興爲世子。

23 九月，乙亥，魏主還宮。召奚斤還平城，留兵守虎牢；使娥清、周幾鎭枋頭；以司馬楚之所將戶口置汝南、南陽、南頓、新蔡四郡，晉惠帝分汝陰立新蔡郡，分汝南立南頓郡。魏未能有四郡之地，僑置之耳。以益豫州。

24 冬，十月，癸卯，魏人廣西宮外垣，周二十里。平城西宮也。魏主珪天賜元年所築。

25 禿髮傉檀之死也，事見一百十六卷晉安帝義熙十年。傉，奴沃翻。河西王蒙遜遣人誘其故太子虎臺，許以番禾、西安二郡處之，誘，音酉。番，音盤。處，昌呂翻。且借之兵，使伐秦，報其父讎，復取故地。虎臺陰許之，事泄而止。秦王熾磐之后，虎臺之妹也，熾磐待之如初。后密與虎臺謀曰：「秦本我之仇讎，雖以婚姻待之，蓋時宜耳。先王之薨，又非天命；遺令不治者，欲全濟子孫故也。治，直之翻；不治，謂被鴆而不解也，事見一百十六卷晉安帝義熙十年。爲人子者，豈可臣妾於仇讎而不思報復乎！」乃與武衞將軍越質洛城謀弒熾磐。后妹爲熾磐左夫人，【章：甲十六行本「人」下有「有寵」二字；乙十一行本同；孔本同；張校同；退齋校同。】知其謀而告之，熾磐殺后及虎臺等十餘人。

26十一月，魏周幾寇許昌，許昌潰，潁川太守李元德奔項。戊辰，魏人圍汝陽，汝陽太守王公度亦奔項。沈約曰：晉太康地志、王隱地道無汝陽郡，應是江左分汝南立，汝陽，漢舊縣，屬汝南郡。劉粹遣其將姚聳夫等將兵助守項城。將，卽亮翻。魏人夷許昌城，毀鍾城，以立封疆而還。鍾城在泰山界，夷許昌以立豫州封疆，毀鍾城以立兗州封疆也。還，從宣翻，又如字。

27己巳，魏太宗殂。年三十二。壬申，世祖卽位，世祖，諱燾，明元皇帝之長子也。蕭子顯曰：燾，字佛貍。大赦。十二月，庚子，魏葬明元帝于金陵。此雲中之金陵。據北史，道武帝葬盛樂金陵，蓋魏諸陵皆曰金陵。杜佑曰：後魏盛樂縣在雲中郡。廟號太宗。

魏主追尊其母杜貴嬪爲密皇后。密，謚也。自司徒長孫嵩以下普增爵位。以襄城公盧魯元爲中書監，會稽公劉絜爲尙書令，會，工外翻。司衞監尉眷、散騎侍郎劉庫仁等八人分典四部。司衛監，蓋魏所置，以掌宿衛。此又一劉庫仁，非什翼犍所用之劉庫仁也。尉，音紆勿翻。散，悉亶翻。騎，奇寄翻。四部，東、西、南、北四部也。眷，古眞之弟子也。尉古眞見一百六卷晉孝武太元十年。

以河內鎭將代人羅結爲侍中、外都大官，魏書官氏志：內入諸姓，叱羅氏爲羅氏。魏有外都大官，內都大官。將，卽亮翻。總三十六曹事。結時年一百七，精爽不衰，杜預曰：爽，明也。魏主以其忠慤，親任之，使兼長秋卿，監典後宮，出入臥內；監，工銜翻。年一百一十，乃聽歸老，朝廷每有大事，遣騎訪焉。騎，奇寄翻。又十年乃卒。

左光祿大夫崔浩研精經術，練習制度，魏、晉以來，左、右光祿大夫在光祿大夫上，假金章紫綬。研精者，窮其精力。凡朝廷禮儀，軍國書詔，無不關掌。浩不好老、莊之書，曰：「此矯誣之說，不近人情。託聖賢以伸其說謂之矯；聖賢無是事，寓言而加詆謂之誣。好，呼到翻。近，其靳翻。老聃習禮，仲尼所師，史記及大戴記皆云仲尼問禮於老聃。聃，他甘翻。豈肯爲敗法之書以亂先王之治乎！」敗，補邁翻。治，直吏翻。尤不信佛法，曰：「何爲事此胡神！」及世祖卽位，左右多毀之；帝不得已，命浩以公歸第，然素知其賢，每有疑議，輒召問之。浩纖妍潔白如美婦，纖，細也；妍，美好也。常自謂才比張良而稽古過之。旣歸第，因脩服食養性之術。

初，嵩山道士寇謙之，讚之弟也，修張道陵之術，自言嘗遇老子降，命謙之繼道陵爲天師，張道陵，後漢人，修五斗米道，俗所謂天師也。授以辟穀輕身之術及科戒二十卷，今道家科戒蓋始於此。使之清整道教。又遇神人李譜文，譜，博古翻。云老子之玄孫也。授以圖籙眞經六十餘卷，使之輔佐北方太平眞君；出天宮靜輪之法，其中數篇，李君之手筆也。謙之奉其書獻於魏主。朝野多未之信，朝，直遙翻。崔浩獨師事之，從受其術，且上書贊明其事曰：「臣聞聖王受命，必有天應，河圖、洛書皆寄言於蟲獸之文，河出圖，伏羲象以畫八卦；洛出書，禹得之以敍九疇，故曰：「龍圖授羲，龜書畀姒。」又尚書中候曰：「堯沈璧於洛，玄龜負書，背中赤文朱字，止於壇畔。舜禮壇于河畔，黃龍負卷舒圖出于水。」未若今日人神接對，手筆粲然，辭旨深妙，自古無比；豈可以世俗常慮而忽上靈之命！臣竊懼之。」帝欣然，使謁者奉玉帛、牲牢祭嵩嶽，迎致謙之弟子在山中者，以崇奉天師，顯揚新法，宣布天下。起天師道場於平城之東南，重壇五層；水經註：㶟水南逕平城之東，水左有大道壇，寇謙之所建也。㶟水卽灅水。給道士百二十人衣食，每月設廚會數千人。

臣光曰：老、莊之書，大指欲同死生，輕去就。而爲神仙者，服餌修鍊以求輕舉，鍊草石爲金銀，谷永說漢成帝曰：「諸言世有仙人服食不終之藥，遙興輕舉，登遐倒景，覽觀縣圃，浮游蓬萊，黃冶變化，皆姦人惑衆，挾左道，懷詐僞，以欺罔世主。」服餌修鍊以求輕舉，卽谷永所謂服食不終之藥遙興輕舉者也；鍊草石以爲金銀，卽谷永所謂黃冶變化者也。其爲術正相戾矣；是以劉歆七略敍道家爲諸子，神仙爲方技。以其相戾，故七略不得合爲一。其後復有符水、禁呪之術，符水、禁呪，即張道陵之術。至謙之遂合而爲一；至今循之，其訛甚矣！崔浩不喜佛、老之書而信謙之之言，其故何哉！喜，許記翻。昔臧文仲祀爰居，孔子以爲不智；海鳥爰居避風，止於魯東門之外，臧文仲使國人祀之。孔子以爲臧文仲不智者三，祀爰居其一也。如謙之者，其爲爰居亦大矣。「詩三百，一言以蔽之，曰思無邪。」君子之於擇術，可不愼哉！

聶崇岐標點王崇武覆校

資治通鑑卷第一百二十

端明殿學士兼翰林侍讀學士朝散大夫右諫議大夫充集賢殿修撰提舉西京嵩山崇福宫上柱國河内郡開國侯食邑一千八百户食實封六百户賜紫金魚袋臣　司馬光　奉敕編集

後　學　天　台　胡三省　音　註

宋紀二

起閼逢困敦（甲子），盡强圉單閼（丁卯），凡四年。

太祖文皇帝上之上

諱義隆，小字車兒，武帝第三子也。

元嘉元年（甲子、四二四）是年八月始改元。

1 春，正月，考異曰：宋本紀：「正月癸巳朔，日有食之。」宋紀「二月己巳」，宋略「二月癸巳」，李延壽南史「二月己卯朔」，皆誤也。按長曆，是年正月丁巳、二月丁亥朔，後魏書紀、志，是年無日食，今從之。魏改元始光。

2 丙寅，魏安定殤王彌卒。

3 營陽王居喪無禮，好與左右狎暱，好，呼到翻；下情好同。遊戲無度。特進致仕范泰上封事曰：「伏聞陛下時在後園，頗習武備，鼓鞞在宫，聲聞于外。鞞，與鼙同，音騈迷翻。聞，音問。黷武掖庭之内，諠譁省闥之間，非徒不足以威四夷，衹生遠近之怪。陛下踐阼，委政宰臣，實同高宗諒闇之美；闇，讀如陰。而更親狎小人，懼非社稷至計，經世之道也。」不聽。泰，甯之子也。范甯，汪之子，以儒學爲孝武帝所親。

南豫州刺史廬陵王義眞，警悟愛文義，而性輕易，易，以豉翻。與太子左衛率謝靈運、員外常侍顔延之、曹魏之末，置員外散騎常侍。率，所律翻。慧琳道人情好款密。嘗云：「得志之日，以靈運、延之爲宰相，慧琳爲西豫州都督。」西豫州卽豫州也。宋南豫州治歷陽，豫州治壽陽，壽陽在歷陽西，故亦謂豫州爲西豫州。靈運，玄之孫也，靈運，玄子瑍之子也。性褊傲，不遵法度；褊，方緬翻。朝廷但以文義處之，處，昌呂翻。不以爲有實用。靈運自謂才能宜參權要，常懷憤邑。延之，含之曾孫也，顔含見九十六卷晉成帝咸康四年。嗜酒放縱。

徐羨之等惡義眞與靈運等遊，義眞故吏范晏從容戒之，義眞曰：「靈運空疏，延之隘薄，魏文帝所謂『古今文人類不護細行』者也；惡，烏路翻。從，千容翻。行，下孟翻。但性情所得，未能忘言於悟賞耳。」悟，開覺也。賞，褒嘉也。於是羨之等以爲靈運、延之構扇異同，非毀執政，出靈運爲永嘉太守，延之爲始安太守。守，式又翻。

義眞至歷陽，多所求索，執政每裁量不盡與；裁，剸節也。量，概度也。索，山客翻。量，音良。義眞深怨之，數有不平之言，數，所角翻。又表求還都，諮議參軍廬江何尚之屢諫，不聽。時羨之等已密謀廢帝，而次立者應在義眞；乃因義眞與帝有隙，先奏列其罪惡，廢爲庶人，徙新安郡。前吉陽令堂邑張約之上疏曰：吉陽縣屬廬陵郡。今吉州有吉水縣，蓋吳立縣於吉水之陽，因以爲名也。「廬陵王少蒙先皇優慈之遇，長受陛下睦愛之恩，故在心必言，所懷必亮，亮，信也，明也，導也。言義眞凡有所懷，自信以爲是，必明而導之，無所回避也。少，詩照翻。長，知兩翻。容犯臣子之道，致招驕恣之愆。言容有犯臣道之事，以致招驕恣之罪。至於天姿夙成，實有卓然之美，宜在容養，錄善掩瑕，訓盡義方，進退以漸。今猥加剝辱，幽徙遠郡，剝辱，謂褫爵爲庶人。上傷陛下常棣之篤，下令遠近恇然失圖。恇，去王翻。臣伏思大宋開基造次，造，七到翻。根條未繁，宜廣樹藩戚，敦睦以道。人誰無過，貴能自新；以武皇之愛子，陛下之懿弟，豈可以其一眚，長致淪棄哉！」書奏，以約之爲梁州府參軍，尋殺之。

4 夏，四月，甲辰，魏主東巡大寧。

5 秦王熾磐遣鎮南將軍吉毗等帥步騎一萬南伐白苟、車孚、崔提、旁爲四國，皆降之。白狗國至唐猶存，蓋生羌也；其地與東會州接。車孚、崔提、旁爲無所考。帥，讀曰率。騎，奇寄翻。降，戶江翻。

6 徐羨之等以南兗州刺史檀道濟沈約曰：中原亂，北州流民多南渡。晉成帝立南兗州，寄治京口；文帝始割江、淮間爲境，治廣陵。先朝舊將，威服殿省，且有兵衆，乃召道濟及江州刺史王弘入朝；將，卽亮翻。朝，直遙翻。五月，皆至建康，以廢立之謀告之。

甲申，謝晦以領軍府屋敗，悉令家人出外，聚將士於府內；又使中書舍人邢安泰、潘盛爲內應。夜，邀檀道濟同宿，晦悚動不得眠，道濟就寢便熟，晦以此服之。服其處大事而不變其常度也。

時帝於華林園爲列肆，親自沽賣；又與左右引船爲樂，夕，遊天淵池，即龍舟而寢。樂，音洛。魏氏作華林園、天淵池於洛中。晉氏南渡，放其制，作之於建康；華林園在宮城北隅。乙酉詰旦，詰，去吉翻。道濟引兵居前，羨之等繼其後，入自雲龍門；安泰等先誡宿衞，莫有禦者。帝未興，軍士進殺二侍者，傷帝指，扶出東閤，收璽綬，璽，斯氏翻。綬，音受。羣臣拜辭，衞送故太子宮。

侍中程道惠勸羨之等立皇弟南豫州刺史義恭。羨之等以宜都王義隆素有令望，又多符瑞，景平初，有黑龍見西方，五色雲隨之。二年，江陵城上有紫雲，望氣者皆以爲帝王之符，當在西方。又江陵西至上明，東及江津，其間有九十九洲。楚諺云：「洲滿百，當出王者。」時忽有一洲自生，汀流迴薄而成。皆爲上龍飛之應。乃稱皇太后令，數帝過惡，數，所具翻。廢爲營陽王，以宜都王纂承大統，赦死罪以下。又稱皇太后令，奉還璽紱；紱，音弗。幷廢皇后爲營陽王妃，遷營陽王於吳。使檀道濟入守朝堂。朝，直遙翻。王至吳，止金昌亭；六月，癸丑，羨之等使邢安泰就弒之。王多力，突走出昌門，金昌亭在昌門內。孫權記注云：閶門，吳西郭門，夫差作；以天門通閶闔，故名之。後春申君改爲昌門。金昌亭，以其在西門內，故曰金昌。追者以門關踣而弒之。踣，蒲北翻。

裴子野論曰：古者人君養子，能言而師授之辭，能行而傅相之禮。相，息亮翻。宋之教誨，雅異於斯，居中則任僕妾，處外則近趨走。處，昌呂翻。近，其靳翻。趨走，執役者也。太子、皇子，有帥，有侍，帥，所類翻。是二職者，皆臺皁也。左傳申無宇曰：士臣皁，僕臣臺。制其行止，授其法則，導達臧否，否音鄙。罔弗由之；言不及於禮義，識不達於今古，謹敕者能勸之以吝嗇，狂愚者或誘之以凶慝。誘，音酉。慝，吐得翻。雖有師傅，多以耆艾大夫爲之；雖有友及文學，多以膏粱年少爲之；具位而已，亦弗與遊。王置文學、師、友各一人，晉制也。禮，五十曰艾，服官政；六十曰耆，指使。孔穎達曰：艾者，年至五十，氣力已衰，髮蒼白如艾也。賀瑒曰：耆，至也，至老之境也。少，詩照翻。幼王臨州，長史行事；宣傳敎命，行事，行府州事也。又有典籤；往往專恣，竊弄威權，南史曰：故事，府州部內論事，皆籤前直敍所論之事；後云「謹籤」，日月下又云「某官某籤」；故府州置典籤以領之。本五品吏，宋初改爲士職。宋末，多以幼少皇子爲藩鎭，時主以左右親近領典籤，其權任遂重。是以本根雖茂而端良甚寡。嗣君沖幼，世繼姦回，雖惡物醜類，天然自出，然習則生常，其流遠矣。降及太宗，舉天下而棄之，亦昵比之爲也。昵，尼質翻。比，毗至翻。嗚呼！有國有家，其鑒之矣！裴子野究言宋氏亡國之禍，通鑑載之於此，欲使有國有家謹於其初也。

7 傅亮帥行臺百官奉法駕迎宜都王于江陵。帥，讀曰率。祠部尚書蔡廓晉氏渡江，始有祠部尚書，常與右僕射通職，不常置，以右僕射攝之；若右僕射闕，則祠部尚書攝知右事。至尋陽，遇疾不堪前；亮與之別。廓曰：「營陽在吳，宜厚加供奉；一旦不幸，卿諸人有弒主之名，欲立於世，將可得邪！」時亮已與羨之議害營陽王，乃馳信止之，不及。羨之大怒曰：「與人共計議，如何旋背即賣惡於人邪！」旋背，猶今人言轉背也；背，如字。羨之等又遣使者殺前廬陵王義眞於新安。考異曰：宋南史本紀，二月廢義眞徙新安之下，即云「執政使使者誅義眞于新安」。宋義眞傳：「六月癸未，羨之等遣使殺義眞於徙所。」羨之傳亦云：「廢帝後，殺義眞於新安，殺帝於吳縣。」按長曆，六月庚寅朔，無癸未，蓋癸丑也。

羨之以荆州地重，恐宜都王至，或別用人，乃亟以錄命除領軍將軍謝晦行都督荆・湘等七州諸軍事、荆州刺史，錄命，錄尚書自出命也。欲令居外爲援，精兵舊將，悉以配之。羨之、亮、晦所以爲身謀者如此，而亦無救於廢弒之誅。伊、霍以至公血誠處之，而師春所紀有異於書，蓋不羨於伊尹，霍光僅能保其身而不能保其族。此天地之大變，固人臣之所難居也。將，即亮翻。

秋，七月，行臺至江陵，立行門於城南，題曰「大司馬門」。傳亮帥百僚詣門上表，進璽紱，儀物甚盛。帥，讀曰率。上，時掌翻。璽，斯氏翻。紱，音弗。宜都王時年十八，下教曰：「猥以不德，謬降大命，顧己兢悸，何以克堪！悸，其季翻。輒當暫歸朝廷，展哀陵寢，并與賢彥申寫所懷。望體其心，勿爲辭費。」府州佐史並稱臣，請題牓諸門，一依宮省；王皆不許。教州、府、國綱紀宥所統內見刑，原逋責。州，荆州；府，都督府；國，宜都國；綱紀，上佐掾屬也。見，賢遍翻。逋，欠也，負也。責，如字，又仄懈翻。漢書高紀：兩家折券棄責，無音。淮陽王傳：張博負責，仄懈翻。諸將佐聞營陽、廬陵王死，皆以爲疑，勸王不可東下。司馬王華曰：「先帝有大功於天下，四海所服；雖嗣主不綱，人望未改。徐羨之中才寒士，傅亮布衣諸生，非有晉宣帝、王大將軍之心明矣；王大將軍，敦也。受寄崇重，未容遽敢背德。畏廬陵嚴斷，背，蒲妹翻。斷，丁亂翻。將來必不自容；以殿下寬叡慈仁，遠近所知，且越次奉迎，冀以見德；冀以定策爲德也。悠悠之論，殆必不然。又，羨之等五人，同功並位，孰肯相讓！五人，謂徐羨之、傅亮、謝晦、檀道濟、王弘也。就懷不軌，勢必不行。廢主若存，慮其將來受禍，致此殺害；蓋由貪生過深，寧敢一朝頓懷逆志！不過欲握權自固，以少主仰待耳。殿下但當長驅六轡，以副天人之心。」王曰：「卿復欲爲宋昌邪！」少，詩照翻。復，扶又翻。宋昌事見十三卷漢高后八年。長史王曇首、南蠻校尉到彥之皆勸王行，姓譜：到本自高陽氏，楚令尹屈到之後，後漢有東平太守到質。曇，徒含翻。曇首仍陳天人符應，王乃曰：「諸公受遺，不容背義。背，蒲妹翻。且勞臣舊將，內外充滿，今兵力又足以制物，夫何所疑！」乃命王華總後任，留鎮荆州。王欲使到彥之將兵前驅，彥之曰：「了彼不反，了，決知也。將，卽亮翻。便應朝服順流；朝，直遙翻。若使有虞，此師既不足恃，更開嫌隙之端，非所以副遠邇之望也。」彥之此言誠合大理，而亦自知其才不足以制檀道濟也。會雍州刺史褚叔度卒，雍，於用翻。乃遣彥之權鎮襄陽。

甲戌，王發江陵，引見傅亮，號泣，哀動左右。見，賢遍翻。號，戶高翻。既而問義眞及少帝薨廢本末，少，詩照翻。悲哭嗚咽，侍側者莫能仰視。亮流汗沾背，不能對；乃布腹心於到彥之、王華等，深自結納。王以府州文武嚴兵自衞，臺所遣百官衆力不得近部伍。近，其靳翻。中兵參軍朱容子抱刀處王所乘舟戶外，不解帶者累旬。防非常也。處，昌呂翻。

8 魏主還宮。

9 秦王熾磐遣太子暮末帥征北將軍木弈干等步騎三萬出貂渠谷，攻河西白草嶺、臨松郡，皆破之，水經註：西平鮮谷塞東南有白草嶺。帥，讀曰率。騎，奇寄翻。徙民二萬餘口而還。還，從宣翻。

10 八月，丙申，宜都王至建康，羣臣迎拜於新亭。徐羨之問傅亮曰：「王可方誰？」亮曰：「晉文、景以上人。」羨之曰：「必能明我赤心。」亮曰：「不然。」亮固知其不得免矣。

丁酉，王謁初寧陵，還，止中堂。晉孝武以太學在秦淮南，去臺城懸遠，權以中堂爲太學，親釋奠於先聖。則中堂亦在秦淮北，但在臺城之外耳。百官奉璽綬，綬，音受。王辭讓數四，乃受之，卽皇帝位于中堂。備法駕入宮，御太極前殿，大赦，改元，文武賜位二等。

戊戌，謁太廟。詔復廬陵王先封，迎其柩及孫脩華、謝妃還建康。孫脩華，義眞之母；謝，義眞之妃也。南史云：晉武帝采漢、魏之制，以淑妃、淑媛、淑儀、脩華、脩容、脩儀、婕妤、容華、充華，是爲九嬪，位視九卿。李延壽曰：貴嬪，魏文帝所制；夫人，魏武初建魏國所制；貴人，漢光武所制；晉爲三夫人，位視三公。淑妃，魏明帝所制；淑媛，魏文帝所制；淑儀、脩華，晉武帝所制；脩容，魏文帝所制；脩儀，魏明帝所制；婕妤、容華，前漢舊號；充華，晉武帝所制；美人，漢光武所制。

庚子，以行荆州刺史謝晦爲眞。晦將行，與蔡廓別，屏人問曰：屏，必郢翻。「吾其免乎？」廓曰：「卿受先帝顧命，任以社稷，廢昏立明，義無不可。但殺人二兄而以之北面，挾震主之威，據上流之重，以古推今，自免爲難。」蔡廓父子以亮直名于宋朝。觀其抗言無所避就，若不足以保身；而卒能以身名終，何也？蓋其素行已孚乎人，而言事無所依違，又所以遂其直。彼其問者，方怵於利害，就以求決，則聽之也固合於心，而焉敢以爲諱乎！晦始懼不得去，既發，顧望石頭城喜曰：「今得脫矣！」

癸卯，徐羨之進位司徒，王弘進位司空，傅亮加開府儀同三司，謝晦進號衛將軍，檀道濟進號征北將軍。謝晦自領軍將軍進號，檀道濟自鎮北將軍進號。

有司奏車駕依故事臨華林園聽訟。詔曰：「政刑多所未悉；可如先者，二公推訊。」二公，謂徐羨之、王弘。

帝以王曇首、王華爲侍中，曇首領右衛將軍，華領驍騎將軍，朱容子爲右軍將軍。魏明帝有左軍將軍；晉武帝置前軍、右軍，又置後軍，是爲四軍。驍騎將軍、游擊將軍，並漢雜號將軍也，魏置爲中軍。

及晉，以領、護、左·右衛、驍騎、游擊爲六軍。驍，堅堯翻。騎，奇寄翻。

11 甲辰，追尊帝母胡婕妤曰章皇后。婕妤，音接予。謚法：敬愼高明曰章。封皇弟義恭爲江夏王，夏，戶雅翻。義宣爲竟陵王，義季爲衡陽王；仍以義宣爲左將軍，鎭石頭。

徐羨之等欲卽以到彥之爲雍州，雍，於用翻。帝不許；徵彥之爲中領軍，委以戎政。彥之自襄陽南下，謝晦已至鎭，慮彥之不過己。過，古禾翻。彥之至楊口，步往江陵，深布誠款；晦亦厚自結納。彥之留馬及利劍、名刀以與晦，晦由此大安。

12 柔然紇升蓋可汗聞魏太宗殂，將六萬騎入雲中，殺掠吏民，攻拔盛樂宮。魏之先什翼犍始居雲中之盛樂宮，築盛樂城於故城南八里。紇，戶骨翻。可，從刊入聲。汗，音寒。將，卽亮翻。騎，奇寄翻。樂，音洛。魏世祖自將輕騎討之，三日二夜至雲中。紇升蓋引騎圍魏主五十餘重，騎逼馬首，相次如堵；將士大懼，魏主顏色自若，衆情乃安。紇升蓋以弟子於陟斤爲大將，魏人射殺之；紇升蓋懼，遁去。重，直龍翻。射，而亦翻。考異曰：後魏本紀云：「赭陽子尉普文率輕騎討之，虜乃退走。」李延壽北史紀云：「帝帥輕騎討之，虜乃退走。」今據蠕蠕傳，從北史。尚書令劉絜言於魏主曰：「大檀自恃其衆，必將復來，復，扶又翻。請俟收田畢，大發兵爲二道，東西並進以討之。」魏主然之。

13 九月，丙子，立妃袁氏爲皇后；耽之曾孫也。袁耽見九十五卷成帝咸康元年。

14冬，十月，吐谷渾威王阿柴卒。阿柴有子二十人。疾病，召諸子弟謂之曰：「先公車騎，以大業之故，捨其子拾虔而授孤；孤敢私於緯代而忘先君之志乎！先公，謂樹洛干也。樹洛干自號車騎將軍，授阿柴國，見一百一十八卷晉安帝義熙十三年。緯，于貴翻。我死，汝曹當奉慕璝爲主。」緯代者，阿柴之長子；慕璝者，阿柴之母弟、叔父烏紇提之子也。烏紇提之立也，妻樹洛干母，生二子，慕璝、慕利延。緯，于貴翻。璝，姑回翻。「提」，當作「堤」。

阿柴又命諸子各獻一箭，取一箭授其弟慕利延使折之。慕利延折之。又取十九箭使折之，慕利延不能折。折，而設翻。阿柴乃諭之曰：「汝曹知之乎？孤則易折，易，以豉翻。衆則難摧。汝曹當勠力一心，然後可以保國寧家。」言終而卒。

慕璝亦有才略，撫秦、涼失業之民及氐、羌雜種至五六百落，部衆轉盛。種，章勇翻。

15十二月，魏主命安集將軍長孫翰、安北將軍尉眷北擊柔然，魏主自將屯柞山。柞山在平城之西，大河之東。柞，則洛翻。柔然北遁，諸軍追之，大獲而還。翰，肥之子也。長孫肥事魏主珪，爲將，數有功。

16詔拜營陽王母張氏爲營陽太妃。

17林邑王范陽邁寇日南、九德諸郡。沈約曰：九德郡故屬九眞，孫吳分立九德郡，隋、唐爲驩州。

18宕昌王梁彌怱遣子彌黃入見于魏。宕，徒浪翻。見，賢遍翻。宕昌，羌之別種也。羌地東接中國，西通西域，長數千里，長，直亮翻。各有酋帥，部落分地，不相統攝；而宕昌最強，有民二萬餘落，諸種畏之。北史曰：宕昌蓋三苗之胤。杜佑曰：其界自仇池以西，東西千里；席水以南，南北八百里，地多山阜。宕，徒浪翻。酋，慈由翻。帥，所類翻。種，章勇翻。

19 夏主將廢太子璝而立少子酒泉公倫。璝聞之，將兵七萬北伐倫。璝錄南臺，自長安北伐倫。璝，姑回翻。少，詩照翻。將，卽亮翻；下同。倫將騎三萬拒之，戰于高平，倫敗死。倫兄太原公昌將騎一萬襲璝，殺之，并其衆八萬五千，歸于統萬。夏主大悅，立昌爲太子。

夏主好自矜大，好，呼到翻。名其四門：東曰招魏，南曰朝宋，西曰服涼，北曰平朔。朝，直遙翻。

二年（乙丑、四二五）

1 春，正月，徐羨之、傅亮上表歸政；表三上，上，時掌翻。帝乃許之。丙寅，始親萬機。羨之仍遜位還第；徐佩之、程道惠及吳興太守王韶之等並謂非宜，守，式又翻。敦勸甚苦；乃復奉詔視事。速徐、傅之死者，佩之諸公也。復，扶又翻。

2 辛未，帝祀南郊，大赦。

3 己卯，魏主還平城。

4 二月，燕有女子化爲男；燕主以問羣臣。尙書左丞傅權對曰：「西漢之末，雌雞化爲雄，猶有王莽之禍。漢書五行志：宣帝黃龍元年，未央殿輅軨中雌雞化爲雄，毛衣變化而不鳴，不將，無距。元帝初元，丞相府史家雌雞伏子，漸化爲雄，冠距鳴將。其後，王后羣弟世權，以至於莽，遂篡天下。況今女化爲男，臣將爲君之兆也。」

5 三月，丙寅，魏主尊保母竇氏爲保太后。密后之殂也，密后，卽魏主之母杜貴嬪。世祖尚幼，太宗以竇氏慈良，有操行，行，下孟翻。使保養之。竇氏撫視有恩，訓導有禮，世祖德之，故加以尊號，奉養不異所生。養，羊亮翻。

6 丁巳，魏以長孫嵩爲太尉，長孫翰爲司徒，奚斤爲司空。

7 夏，四月，秦王熾磐遣平遠將軍叱盧犍等襲河西鎭南將軍沮渠白蹄於臨松，擒之，徙其民五千餘戶于枹罕。犍，居言翻。沮，子余翻。枹，音膚。

8 魏主遣龍驤將軍步堆等來聘，始復通好。魏書官氏志：西方步鹿孤氏改爲步氏。驤，思將翻。復，扶又翻。好，呼到翻。

9 六月，武都惠文王楊盛卒。初，盛聞晉亡，不改義熙年號，謂世子玄曰：「吾老矣，當終爲晉臣，汝善事宋帝。」及盛卒，卒，子恤翻。玄自稱都督隴右諸軍事、征西大將軍、開府儀同三司、秦州刺史、武都王，遣使來告喪，始用元嘉年號。使，疏吏翻。

10 秋，七月，秦王熾磐遣鎭南將軍吉毗等南擊黑水羌酋丘擔，大破之。黑水羌在鄧至西北。

水經註曰：白水出臨洮縣西南西傾山，東南流，與黑水合。黑水出羌中，西南逕黑水城西，又西南入于白水。擔，都甘翻。

11 八月，夏武烈帝殂，葬嘉平陵，廟號世祖；太子昌卽皇帝位。昌字還國，勃勃第二子也。大赦，改元承光。

12 王弘自以始不預定策，不受司空；表讓彌年，乃許之。弘以此得免徐、傅之禍。乙酉，以弘爲車騎大將軍、開府儀同三司。騎，奇寄翻。

13 冬，十月，丘擔以其衆降秦，降，戶江翻。秦以擔爲歸善將軍；拜折衝將軍乞伏信帝爲平羌校尉以鎭之。

14 癸卯，魏主大【章：甲十六行本「大」下有「舉」字；乙十一行本同；孔本同；熊校同。】伐柔然，五道並進：長孫翰等從東道，出黑漠，考異曰：翰傳云：「與娥清出長川。」今從蠕蠕傳。廷尉卿長孫道生等出白、黑二漠之間，長川、牛川同是大漠之地，拓跋分其地名耳。長川有白、黑二漠，黑在東，白在西。魏主從中道，東平公娥清出栗園，栗園在中道之西，西道之東。考異曰：清傳云：「與長孫翰出長川。」今從蠕蠕傳。奚斤等從西道，出爾寒山。諸軍至漠南，舍輜重，舍，讀曰捨。重，直用翻。輕騎，齎十五日糧，度漠擊之。騎，奇寄翻。柔然部落大驚，絕迹北走。

15 十一月，以武都世子玄爲北秦州刺史、武都王。時南秦州治漢中，故以武都爲北秦州。考異曰：

宋本紀，癸酉；南史，庚午。按十一月壬午朔，無癸酉及庚午。今不書日。

16 初，會稽孔甯子爲帝鎭西諮議參軍，會，工外翻。及即位，以甯子爲步兵校尉；與侍中王華並有富貴之願，疾徐羨之、傅亮專權，日夜構之於帝。史言徐、傅偪上固當誅，而王華等之構間亦非也。會謝晦二女當適彭城王義康、新野侯義賓，遣其妻曹氏及長子世休送女至建康。帝欲誅羨之、亮，并發兵討晦，聲言當伐魏，又【章：甲十六行本「又」上有「取河南」三字；乙十一行本同；孔本同；張校同；退齋校同。】言拜京陵，京陵，興寧陵也。治行裝艦。治，直之翻。艦，戶黯翻。亮與晦書曰：「薄伐河朔，事猶未已，朝野之慮，憂懼者多。」又言「朝士多諫北征，朝，直遙翻。上當遣外監萬幼宗往相諮訪。」南史曰：制局監、外監，領器仗兵役，多以嬖倖爲之。時朝廷處分異常，其謀頗泄。處，昌呂翻。分，扶問翻。

三年（丙寅、四二六）

1 春，正月，謝晦弟黄門侍郎皭馳使告晦，皭，子肖翻。晦猶謂不然，以傅亮書示諮議參軍何承天曰：「計幼宗一二日必至。傅公慮我好事，故先遣此書。」承天曰：「外間所聞，咸謂西討已定，幼宗豈有上理！」好事，猶言好生事，微省其辭若隱語然。好，呼到翻。上，時掌翻。晦尙謂虛妄，使承天豫立答詔啓草，言伐虜宜須明年。江夏內史程道惠得尋陽人書，夏，戶雅翻；下同。言「朝廷將有大處分，其事已審」，使其輔國府中兵參軍樂冏封以示晦。道惠蓋帶輔國將軍也。

晦問承天曰：「若果爾，卿令我云何？」對曰：「蒙將軍殊顧，常思報德。事變至矣，何敢隱情！然明日戒嚴，動用軍法，區區所懷，懼不得盡。」晦懼曰：「卿豈欲我自裁邪？」承天曰：「尚未至此。以王者之重，舉天下以攻一州，大小既殊，逆順又異。境外求全，上計也。其次，以腹心將兵屯義陽，將軍自帥大衆戰於夏口；若敗，卽趨義陽以出北境，其次也。」承天二策皆勸晦奔魏以求全。將，卽亮翻。帥，讀曰率。趨，七喻翻。晦良久曰：「荆州用武之地，兵糧易給，聊且決戰，走復何晚！」易，以豉翻。復，扶又翻。乃使承天造立表檄；又與衛軍諮議參軍琅邪顔邵謀舉兵，晦帶衛將軍。邵飲藥而死。

晦立幡戒嚴，謂司馬庾登之曰：「今當自下，欲屈卿以三千人守城，備禦劉粹。」登之曰：「下官親老在都，又素無部衆，情計二三，不敢受此旨。」晦仍問諸將佐：「戰士三千足守城否？」南蠻司馬周超對曰：「非徒守城而已，若有外寇，可以立功。」超蓋爲南蠻校尉府司馬。登之因曰：「超必能辨，下官請解司馬、南郡以授之。」登之，晦府司馬，領南郡太守，乞解以授超。晦卽於坐命超爲司馬，領南義陽太守。沈約曰：晉末以義陽流民僑立南義陽郡，屬荆州，領厥西、平氏二縣。坐，徂臥翻。轉登之爲長史，南郡如故。登之，蘊之孫也。庾蘊死於海西之廢。

帝以王弘、檀道濟始不預廢弒之謀，弘弟曇首又爲帝所親委，事將發，密使報弘，且召道濟，欲使討晦。王華等皆以爲不可，帝曰：「道濟止於脅從，本非創謀，殺害之事，又所不關；吾撫而使之，必將無慮。」乙丑，道濟至建康。

丙寅，下詔暴羨之、亮、晦殺營陽、廬陵王之罪，命有司誅之，且曰：「晦據有上流，或不即罪，即，就也。朕當親帥六師爲其過防。帥，讀曰率。可遣中領軍到彥之即日電發，征北將軍檀道濟駱驛繼路，符衞軍府州，以時收翦，符衞軍府及荆州官屬，使收誅晦也。已命雍州刺史劉粹等雍，於用翻。斷其走伏。走，逃也；伏，匿也；斷其逃匿之路也。斷，丁管翻。罪止元凶，餘無所問。」

是日，詔召羨之、亮。羨之行至西明門外，洛城西面有廣陽、西明、閶闔三門，建康倣之。謝晦正直，晦爲黃門侍郎，正入直省内也。遣報亮云：「殿内有異處分。」亮辭以嫂病暫還，遣使報羨之，羨之還西州，揚州刺史治臺城西，故曰西州。乘内人問訊車出郭，步走至新林，新林浦去建康城二十里。入陶竈中自經死。亮乘車出郭門，乘馬奔兄迪墓，屯騎校尉郭泓收之。至廣莫門，廣莫門，建康城北門，亦放洛城之制。騎，奇寄翻。校，戶教翻。上遣中書舍人以詔書示亮，幷謂曰：「以公江陵之誠，謂亮迎帝於江陵也。當使諸子無恙。」亮讀詔書訖，曰：「亮受先帝布衣之眷，遂蒙顧託。黜昏立明，社稷之計也。欲加之罪，其無辭乎！」晉大夫里克之言。於是誅亮而徙其妻子於建安；誅羨之二子，而宥其兄子佩之。又誅晦子世休，收繫謝皭。

帝將討謝晦，問策於檀道濟，對曰：「臣昔與晦同從北征，事見一百十八卷晉安帝義熙十三年。入關十策，晦有其九，才略明練，殆爲少敵。少，詩沼翻。然未嘗孤軍決勝，戎事恐非其長。「其」下當有「所」字。臣悉晦智，晦悉臣勇。今奉王命以討之，可未陳而擒也。」陳，與陣同。丁卯，徵王弘爲侍中、司徒、錄尚書事、揚州刺史，以彭城王義康爲都督荊・湘等八州諸軍事、荊州刺史。

樂冏復遣使告謝晦以徐、傅及皭等已誅。復，扶又翻；下磐復同。使，疏吏翻。晦先舉羨之、亮哀，次發子弟凶問，既而自出射堂勒兵。晦從高祖征討，指麾處分，莫不曲盡其宜，數日間，四遠投集，得精兵三萬人。乃奉表稱羨之、亮等忠貞，橫被冤酷。橫，戶孟翻。且言：「臣等若志欲執權，不專爲國，爲，于僞翻。初廢營陽，陛下在遠，武皇之子尚有童幼，擁以號令，誰敢非之！豈得泝流三千里，自建康至江陵泝流而上，凡三千里。虛館七旬，仰望鸞旗者哉！景平二年五月乙酉，廢少帝，八月丙申，帝至建康，凡七旬。故廬陵王，於營陽之世積怨犯上，自貽非命。不有所廢，將何以興！亦晉里克之言。耿弇不以賊遺君、父，此耿弇討張步之言，晦引以爲言，自謂殺廬陵所以除偪，不以累帝也。遺，于季翻。臣亦何負於宋室邪！此皆王弘、王曇首、王華險躁猜忌，讒構成禍。躁，則到翻。今當舉兵以除君側之惡。」

2 秦王熾磐復遣使如魏，請用師于夏。秦入貢于魏以請伐夏，事始上卷營陽王景平元年。復，扶又翻。使，疏吏翻。

3 初，袁皇后生皇子劭，后自詳視，使馳白帝曰：「此兒形貌異常，必破國亡家，不可舉。」

卽欲殺之。帝狼狽至后殿戶外，手撥幔禁之，乃止。爲劭弑逆張本。幔，莫半翻。以尙在諒闇，闇，音陰。故祕之。閏月，丙戌，始言劭生。

4 帝下詔戒嚴，大赦，諸軍相次進路以討謝晦。晦以弟遯爲竟陵內史，將萬人總留任，帥衆二萬發江陵，列舟艦自江津至于破冢，將，卽亮翻。帥，讀曰率。艦，戶黯翻。冢，知隴翻。旌旗蔽日。歎曰：「恨不得以此爲勤王之師。」

晦欲遣兵襲湘州刺史張邵，何承天以邵兄益州刺史茂度與晦善，曰：「邵意趣未可知，不宜遽擊之。」晦以書招邵，邵不從。

5 二月，戊午，以金紫光祿大夫王敬弘爲尙書左僕射，晉制：左右光祿大夫，金章紫綬，後遂爲金紫光祿大夫。建安太守鄭鮮之爲右僕射。敬弘，廙之曾孫也。王廙見八十九卷晉愍帝建興三年。廙，羊至翻，又逸職翻。

庚申，上發建康。命王弘與彭城王義康居守，入居中書下省；中書有上省、下省。守，手又翻。侍中殷景仁參掌留任；帝姊會稽長公主留止臺內，總攝六宮。臺內，卽禁中。會，工外翻。長，知兩翻。

謝晦自江陵東下，何承天留府不從。晦至江口，江口，卽西江口。從，才用翻。到彥之已至彭城洲。庾登之據巴陵，畏懦不敢進；會霖雨連日，參軍劉和之曰：「彼此共有雨耳；檀征北尋至，東軍方強，惟宜速戰。」登之恇怯，使小將陳祐作大囊，貯茅懸於帆檣，云可以焚艦，恇，去王翻。將，卽亮翻。貯，丁呂翻。艦，戶黯翻。用火宜須晴，以緩戰期。晦然之，停軍十五日。乃使中兵參軍孔延秀攻將軍蕭欣於彭城洲，破之。水經註：江水過長沙下雋縣北，又東逕彭城口，水東有彭城磯。又攻洲口柵，陷之。諸將咸欲退還夏口，到彥之不可，乃保隱圻。水經註：江水自彭城磯東逕如山北，山北對隱磯。晦又上表自訟，且自矜其捷，曰：「陛下若梟四凶於廟庭，懸三監於絳闕，以王弘、王曇首、王華比虞之共工、驩兜、苗、鯀，周之管叔、蔡叔、霍叔也。梟，堅堯翻。臣便勒衆旋旗，還保所任。」

初，晦與徐羨之、傅亮爲自全之計：以爲晦據上流，而檀道濟鎭廣陵，各有強兵，足以制朝廷；羨之、亮居中秉權，可得持久。及聞道濟帥衆來上，惶懼無計。

道濟既至，與到彥之軍合，牽艦緣岸。晦始見艦數不多，輕之，不卽出戰。至晚，因風帆上，前後連咽；上，時掌翻。連，謂沿江戰艦連接不斷；咽，謂戰艦塞江，前後塡咽。西人離沮，無復鬭心。戊辰，臺軍至忌置洲尾，沮，在呂翻。水經註：江水東過長沙下雋縣北，湘水自南注之。又東，左得二夏浦，俗謂之西江口；又東逕忌置山南，又東過彭城口。復，扶又翻。列艦過江，晦軍一時皆潰。晦夜出，投巴陵，得小船還江陵。

先是，帝遣雍州刺史劉粹自陸道帥步騎襲江陵，至沙橋；先，悉薦翻。雍，於用翻。帥，讀曰率，下同。騎，奇寄翻。沙橋在江陵北。周超帥萬餘人逆戰，大破之，士卒傷死者過半。俄而晦敗問至。初，晦與粹善，以粹子曠之爲參軍；帝疑之，王弘曰：「粹無私，必無憂也。」及受命南討，一無所顧，帝以此嘉之。晦亦不殺曠之，遣還粹所。

丙子，帝自蕪湖東還。

晦至江陵，無他處分，唯愧謝周超而已。其夜，超捨軍單舸詣到彥之降。舸，古我翻。晦衆散略盡，乃攜其弟遯等七騎北走。遯肥壯，不能乘馬，晦每待之，行不得速。己卯，至安陸延頭，水經註：武湖水上通安陸之延頭。九域志：武湖在黃洲界，蓋此湖上接延頭也。杜佑曰：武湖在黃洲黃陂縣東，黃祖習戰閱武之所。爲戍主光順之所執，戍主、戍副，宋、齊以下至隋咸有其官。姓譜：光，姓也；晉書有光逸。檻送建康。

到彥之至馬頭，何承天自歸。彥之因監荆州府事，監，工銜翻。以周超爲參軍；劉粹以沙橋之敗告，乃執之。於是誅晦、皭、遯及其兄弟之子，并同黨孔延秀、周超等。晦女彭城王妃被髮徒跣，與晦訣曰：「大丈夫當橫尸戰場，柰何狼藉都市！」被，皮義翻。藉，而亦翻。庚登之以無任，免官禁錮；何承天及南蠻行參軍新興王玄謨等皆見原。據南史：王玄謨，太原祁縣人。漢建安二十年，集塞下荒地置新興郡，魏黃初初，遷于陘嶺之南。玄謨蓋本新興人而居太原之祁縣界也。晦之走也，左右皆棄之，唯延陵蓋追隨不捨，帝以蓋爲鎮軍功曹督護。延陵，複姓，蓋吳延陵季子之後；蓋，其名也；爲鎮軍府功曹，又兼督護之官也。晉氏渡江，有參軍督護，功曹參軍兼督護，即參軍督護之任也。洪适曰：參軍督護，江左置，皆有部曲，宋則無矣。晦之起兵，引魏南蠻校尉王慧龍爲援。魏以王慧龍爲南蠻校尉，以擾汝、潁之間。慧龍帥衆一萬拔思陵戍，思陵戍在陳郡西北。進圍項城，聞晦敗，乃退。

益州刺史張茂度受詔襲江陵；晦敗，茂度軍始至白帝。議者疑茂度有貳心，帝以茂度弟邵有誠節，赦不問，代還。

三月，辛巳，帝還建康，徵謝靈運爲祕書監，顏延之爲中書侍郎，賞遇甚厚。

帝以慧琳道人善談論，因與議朝廷大事，遂參權要，賓客輻湊，門車常有數十兩，門車，謂門前候見之車。兩，音亮。四方贈賂相係，方筵七八，座上恆滿。琳著高屐，著，陟略翻。披貂裘，置通呈、書佐。通呈，典謁之職；書佐，掌書翰。會稽孔覬嘗詣之，遇賓客塡咽，暄涼而已。言但敍寒溫，不及餘語。會，工外翻。覬，音冀。覬慨然曰：「遂有黑衣宰相，可謂冠屨失所矣！」廬陵廢而三人斥，徐、傅誅而三人進，可謂矯枉過正矣。

夏，五月，乙未，以檀道濟爲征南大將軍、開府儀同三司、江州刺史，到彥之爲南豫州刺史。遣散騎常侍袁渝等十六人分行諸州郡縣，觀察吏政，訪求民隱；散，悉亶翻。騎，奇寄翻。行，下孟翻。又使郡縣各言損益。丙午，上臨延賢堂聽訟，延賢堂在建康華林園。自是每歲三訊。

周禮：秋官以三刺斷庶民獄訟之中：一曰訊羣臣，二曰訊羣吏，三曰訊萬民。註云：刺，殺也，三訊罪定則殺之。訊，言也。

左僕射王敬弘，性恬淡，有重名；關署文案，初不省讀。省，悉景翻。嘗預聽訟，上問以疑獄，敬弘不對。上變色，問左右：「何故不以訊牒副僕射？」謂不以訊牒副本納呈敬弘也。敬弘曰：「臣乃得訊牒讀之，正自不解。」解，戶買翻，曉也。上甚不悅，雖加禮敬，不復以時務及之。復，扶又翻。禮敬不替，而不以時務及之，此法正勸蜀先主以加禮許靖之智也。

六月，以右衞將軍王華爲中護軍，侍中如故。華以王弘輔政，王曇首爲上所親任，與己相埒，埒，龍輟翻。自謂力用不盡，每歎息曰：「宰相頓有數人，天下何由得治！」治，直吏翻。是時，宰相無常官，唯人主所與議論政事、委以機密者，皆宰相也，故華有是言。亦有任侍中而不爲宰相者；然尚書令·僕、中書監·令、侍中、侍郎、給事中，皆當時要官也。

華與劉湛、王曇首、殷景仁俱爲侍中，風力局幹，冠冕一時。上嘗與四人於合殿宴飲，甚悅。合殿在齋閣之後。李延壽曰：晉世諸帝，多處內房，朝宴所臨，東西二堂而已。孝武末年，清暑方構。永初受命，無所改作，所居惟稱西殿，不製嘉名；文帝因之，亦有合殿之稱。既罷出，上目送良久，歎曰：「此四賢，一時之秀，同管喉脣，恐後世難繼也。」喉脣，言出納王命也。

黃門侍郎謝弘微與華等皆上所重，當時號曰五臣。弘微，琰之從孫也。琰，安之子也。

從，才用翻；下同。精神端審，時然後言，婢僕之前不妄語笑；由是尊卑大小，敬之若神。從叔混特重之，常曰：「微子異不傷物，同不害正，吾無間然。」呂大臨曰：無間隙可言其失。謝顯道曰：猶言我無得而議之也。嗚呼！此江左所謂清談也。間，古莧翻。

上欲封王曇首、王華等，拊御牀曰：「此坐非卿兄弟，無復今日。」因出封詔以示之。以誅徐、傅等爲曇首、華之功。坐，徂臥翻。曇首固辭曰：「近日之事，賴陛下英明，罪人斯得；臣等豈可因國之災以爲身幸！」上乃止。

6 魏主詔問公卿：「今當用兵，赫連、蠕蠕，二國何先？」杜佑曰：柔然，後魏太武以其無知，狀類於蟲，故改其號曰蠕蠕；宋、齊謂之芮芮。蠕，人兗翻。長孫嵩、長孫翰、奚斤皆曰：「赫連土著，著，直略翻。未能爲患。不如先伐蠕蠕，若追而及之，可以大獲；不及，則獵於陰山，取其禽獸皮角以充軍實。」太常崔浩曰：「蠕蠕鳥集獸逃，言其來則如鳥之集，走則如獸之逃也。舉大衆追之則不能及，輕兵追之又不足以制敵。赫連氏土地不過千里，政刑殘虐，人神所棄，宜先伐之。」尚書劉絜、武京侯安原請先伐燕。於是魏主自雲中西巡至五原，因畋於陰山，東至和兜山；和兜山蓋在陰山之東，長川之南。秋，八月，還平城。

7 詔殿中將軍吉恆聘于魏。恆，戶登翻。

8 燕太子永卒，立次子翼爲太子。

9秦王熾磐伐河西，至廉川，遣太子暮末等步騎三萬攻西安，不克，又攻番禾。河西王蒙遜發兵禦之，且遣使說夏主，騎，奇寄翻。番，音盤。使，疏吏翻。說，輸芮翻。使乘虛襲枹罕。枹，音膚。夏主遣征南大將軍呼盧古將騎二萬攻苑川，車騎大將軍韋伐將騎三萬攻南安。熾磐聞之，引歸。蒙遜借助於夏以退秦師。秦既敝於夏，夏亦僨於魏，而涼亦不能以自立。是以親仁善鄰，國之寶也。九月，徙其境內老弱、畜產於澆河杜佑曰：澆河城在廓州達化縣西一百二十里。及莫河仍寒川，留左丞相曇達守枹罕。韋伐攻拔南安，獲秦秦州刺史翟爽、南安太守李亮。

10吐谷渾握逵等帥部衆二萬落叛秦，奔昂川，附於吐谷渾王慕璝。史言乞伏兵勢漸衰。帥，讀曰率。璝，姑回翻。

11大旱，蝗。

12左光祿大夫范泰上表曰：「婦人有三從之義，婦人在室從父母，既嫁從夫，夫死從子。無自專之道。謝晦婦女猶在尙方，唯陛下留意。」有詔原之。

13魏主聞夏世祖殂，諸子相圖，謂倫、璝、昌相殺也。國人不安，欲伐之。長孫嵩等皆曰：「彼若城守，以逸待勞，大檀聞之，乘虛入寇，此危道也。」崔浩曰：「往年以來，熒惑再守羽林、鉤己而行，其占秦亡；事見一百十七卷晉安帝義熙十一年。今年五星并出東方，利以西伐。天人相應，不可失也。」嵩固爭之，帝大怒，責嵩在官貪汙，命武士頓辱之。嵩歷事四朝，魏之元臣也。頓辱，捽其首使頓地以辱之。於是遣司空奚斤帥四萬五千人襲蒲阪，阪，音反。宋兵將軍周幾帥萬人襲陝城，陝，失冉翻。以河東太守薛謹爲鄉導。謹，辯之子也。薛辯見一百十八卷晉安帝義熙十三年。鄉，讀曰嚮。

魏主欲以中書博士平棘李順總前驅之兵，平棘縣，二漢屬常山，晉、魏屬趙郡。訪於崔浩，浩曰：「順誠有籌略；然臣與之婚姻，深知其爲人果於去就，不可專委。」帝乃止。浩與順由是有隙。爲後魏主以浩言誅順張本。

冬，十月，丁巳，魏主發平城。

14 秦左丞相曇達與夏呼盧古戰於嵻峎山，曇，徒含翻。嵻，丘岡翻。峎，盧當翻。曇達兵敗。十一月，呼盧古、韋伐進攻枹罕。枹，音膚。秦王熾磐遷保定連。呼盧古入南城，南城，枹罕南城。鎮京將軍趙壽生率死士三百人力戰，卻之。呼盧古、韋伐又攻沙州刺史出連虔于湟河，虔遣後將軍乞伏萬年擊敗之。敗，補邁翻。又攻西平，執安西將軍庫洛干，阬戰士五千餘人，掠民二萬餘戶而去。

15 仇池氏楊興平求內附。梁、南秦二州刺史吉翰晉泰始之初，立梁州於漢中，至安帝之世，秦州又治漢中；自是鎮漢中者帶梁、南秦二州刺史。遣始平太守龐諮據武興。武興，漢武都郡之沮縣也，蜀以其地當衝要，置武興督以守之；宋立東益州，梁立武興蕃王國；西魏改東益爲興州，因武興郡爲名。至我本朝，以吳曦之變，改爲沔州。氐王楊玄遣其弟難當將兵拒諮，將，即亮翻。諮擊走之。

16魏主行至君子津，會天暴寒，冰合，戊寅，帥輕騎二萬濟河襲統萬。帥，讀曰率。騎，奇寄翻。壬午，冬至，夏主方燕羣臣，魏師奄至，上下驚擾。魏主軍於黑水，去城三十餘里。夏主出戰而敗，退走入城。門未及閉，內三郎豆代田帥衆乘勝入西宮，內三郎，魏宿衞之官也，三郎將領之。又按魏道武帝天興初置幢主、幢將，主內三郎。內三郎，衞士也。焚其西門；宮門閉，代田踰宮垣而出。魏主拜代田勇武將軍。勇武將軍之號，魏始置。魏軍夜宿城北，癸未，分兵四掠，殺獲數萬，得牛馬十餘萬。魏主謂諸將曰：將，即亮翻；下守將同。「統萬未可得也，他年當與卿等取之。」乃徙其民萬餘家而還。還，從宣翻，又如字。

夏弘農太守曹達聞周幾將至，不戰而走；魏師乘勝長驅，遂入三輔。會幾卒于軍中，蒲阪守將東平公乙斗聞奚斤將至，遣使詣統萬告急。使者至統萬，坂，音反。使，疏吏翻；下同。魏軍已圍其城；還，告乙斗曰：「統萬已敗矣。」乙斗懼，棄城西奔長安，斤遂克蒲阪。夏主之弟助興先守長安，乙斗至，與助興棄長安，西奔安定。考異曰：奚斤傳作「乙升」，今從帝紀。十二月，斤入長安，秦、雍氐羌皆詣斤降。雍，於用翻。降，戶江翻。河西王蒙遜及氐王楊玄聞之，皆遣使附魏。兵以氣勢爲用者也，統萬圍而諸鎮失守，氣勢然也。

17前吳郡太守徐佩之聚黨百餘人，謀以明年正會於殿中作亂，事覺，壬戌，收斬之。正會，明年正月朔旦朝會也，亦曰元會。

18營陽太妃張氏卒。

19秦征南將軍吉毗鎭南漒，乞伏國仁置十二郡，漒川其一也；南漒當又在漒川之南。漒，其良翻。隴西人辛澹帥戶三千據城逐毗，毗走還枹罕，澹南奔仇池。澹，徒覽翻。帥，讀曰率。

20魏初得中原，民多逃隱。天興中，詔采諸漏戶，令輸繒帛；魏皇始二年克中山，始得中原，晉安帝之隆安元年也；明年，改元天興。繒，慈陵翻。於是自占爲紬繭羅縠戶者甚衆，占，之贍翻。紬，除留翻。縠，戶谷翻。不隸郡縣；賦役不均。是歲，始詔一切罷之，以屬郡縣。

四年（丁卯、四二七）

1春，正月，辛巳，帝祀南郊。

2乙酉，魏主還平城。統萬徙民在道多死，能至平城者什纔六七。

己亥，魏主如幽州。夏主遣平原公定帥衆二萬向長安。魏主聞之，伐木陰山，大造攻具，再謀伐夏。

3山羌叛秦。羌分居武始、洮陽南山者曰山羌。二月，秦王熾磐遣左丞相曇達招慰武始諸羌，征南將軍吉毗招慰洮陽諸羌。晉惠帝置洮陽縣，屬狄道郡。曇，徒含翻。羌人執曇達送夏；吉毗爲羌所擊，奔還，士馬死傷者什八九。

4 魏主還平城。

5 乙卯，帝如丹徒；己巳，謁京陵。晉之東遷也，劉氏自彭城移居晉陵丹徒之京口里，陵墓及故宮在焉。初，高祖既貴，命藏微時耕具以示子孫。帝至故宮，見之，有慚色。近侍或進曰：「大舜躬耕歷山，伯禹親事水土。舜耕于歷山，歷山之人皆讓畔。伯禹親事水土，手足胼胝。陛下不覩遺物，安知先帝之至德，稼穡之艱難乎！」

6 二【章：甲十六行本「二」作「三」；乙十一行本同；張校同。】月，丙子，魏主遣高涼王禮鎮長安。禮，斤之孫也。拓跋斤見一百四卷晉孝武太元元年。又詔執金吾桓貸造橋於君子津。

7 丁丑，魏廣平王連卒。

8 丁亥，帝還建康。

9 戊子，尚書右僕射鄭鮮之卒。

10 秦王熾磐以輔國將軍段暉爲涼州刺史，鎮樂都；樂，音洛。平西將軍麴景爲沙州刺史，鎮西平；寧朔將軍出連輔政爲梁州刺史，鎮赤水。

11 夏，四月，丁未，魏員外散騎常侍步堆等來聘。曹魏之末，置員外散騎常侍。散，悉亶翻。騎，奇寄翻。

12 庚戌，以廷尉王徽之爲交州刺史，徵前刺史杜弘文。弘文有疾，自輿就路；或勸之待病愈，弘文曰：「吾杖節三世，弘文父慧度、祖瑗，三世鎮交州。常欲投軀帝庭，況被徵乎！」遂行，卒於廣州。被，皮義翻。卒，子恤翻。弘文，慧度之子也。

13 魏奚斤與夏平原公定相持於長安。魏主欲乘虛伐統萬，簡兵練士，部分諸將，分，扶問翻。命司徒長孫翰等將三萬騎爲前驅，常山王素等將步兵三萬爲後繼，南陽王伏眞等將步兵三萬部送攻具，將軍賀多羅將精騎三千爲前候。前候者，居前爲候騎。將，即亮翻。騎，奇寄翻；下同。素，遵之子也。拓跋遵見一百八卷晉孝武太元二十年。五月，魏主發平城，命龍驤將軍代人陸俟督諸軍鎮大磧以備柔然。魏書官氏志：內入諸姓，步六孤氏後改爲陸氏。驤，思將翻。磧，七迹翻。辛巳，濟君子津。

14 壬午，中護軍王華卒。

15 魏主至拔鄰山，拔鄰山在黑水東北。築城，捨輜重，北史「捨」作「舍」，當從之，讀如字。重，直用翻。以輕騎三萬倍道先行。羣臣咸諫曰：「統萬城堅，非朝夕可拔。今輕軍討之，進不可克，退無所資，不若與步兵、攻具一時俱往。」帝曰：「用兵之術，攻城最下；必不得已，然後用之。今以步兵、攻具皆進，彼必懼而堅守。若攻不時拔，食盡兵疲，外無所掠，進退無地。不如以輕騎直抵其城，彼見步兵未至，意必寬弛；吾羸形以誘之，羸，倫爲翻。誘，音酉。彼或出戰，則成擒矣。所以然者，吾之軍士去家二千餘里，又隔大河，所謂『置之死地而後生』者也。

去國遠鬬，人皆致死，故其鋒不可當。故以之攻城則不足，決戰則有餘矣。」遂行。

16 六月，癸卯朔，日有食之。

17 魏主至統萬，分軍伏於深谷，以少衆至城下。藏匿其衆，以少衆至城下，誘其出戰。少，詩沼翻。夏將狄子玉降魏，將，即亮翻。降，戶江翻。言：「夏主聞有魏師，遣使召平原公定，定曰：『統萬堅峻，未易攻拔。易，以豉翻。待我擒奚斤，然後徐往，內外擊之，蔑不濟矣。』故夏主堅守以待之。」魏主患之，患其不出戰也。乃退軍以示弱，遣娥淸及永昌王健帥騎五千西掠居民。帥，讀曰率。騎，奇寄翻；下同。

魏軍士有得罪亡奔夏者，言魏軍糧盡，士卒食菜，輜重在後，步兵未至，宜急擊之。夏主從之，使魏主用間亦不如是之巧，殆天啓之也。重，直用翻。甲辰，將步騎三萬出城。長孫翰等皆言：「夏兵步陳難陷，陳，讀曰陣。宜避其鋒。」魏主曰：「吾遠來求賊，惟恐不出。今旣出矣，乃避而不擊，彼奮我弱，非計也。」遂收衆僞遁，引而疲之。

夏兵爲兩翼，鼓譟追之，行五六里，會有風雨從東南來，揚沙晦冥。宦者趙倪，頗曉方術，言於魏主曰：「今風雨從賊上來，我向之，彼背之，背，蒲妹翻。天不助人；且將士飢渴，願陛下攝騎避之，攝，收也。更待後日。」崔浩叱之曰：「是何言也！吾千里制勝，一日之中，豈得變易！言先定必勝之計，故千里行師，不可以風雨之故變易成算於一日之間。賊貪進不止，後軍已絕，宜隱軍分出，掩擊不意。風道在人，豈有常也！」言風在人用之，分兵出其後，順風擊之，則風爲我用，豈有常勢哉！魏主曰「善！」乃分騎爲左右隊以掎之。掎，居蟻翻。魏主馬蹶而墜，幾爲夏兵所獲；拓跋齊以身捍蔽，決死力戰，夏兵乃退。魏主騰馬得上，刺夏尚書斛黎文，殺之，又殺騎兵十餘人，身中流矢，幾，巨依翻。上，時掌翻。刺，七亦翻。中，竹仲翻。斛黎，虜複姓。奮擊不輟，夏衆大潰。齊，翳槐之玄孫也。翳槐，什翼犍之兄，晉成帝咸和四年立。

魏人乘勝逐夏主至城北，殺夏主之弟河南公滿及兄子蒙遜，死者萬餘人。夏主不及入城，遂奔上邽。魏主微服逐奔者，入其城；拓跋齊固諫，不聽。夏人覺之，諸門悉閉；魏主因與齊等入其宮中，得婦人裙，繫之槊上，魏主乘之而上，僅乃得免。會日暮，夏尚書僕射問至奉夏主之母出走。問，姓；至，名。孫愐曰：襄州有問姓。長孫翰將八千騎追夏主至高平，不及而還。

乙巳，魏主入城，獲夏王、公、卿、將、校及諸母、后妃、姊妹、宮人以萬數，馬三十餘萬匹，牛羊數千萬頭，府庫珍寶、車旗、器物不可勝計，將，即亮翻。校，戶教翻。勝，音升。頒賜將士有差。

初，夏世祖性豪侈，夏王勃勃，廟號世祖。築統萬城，事見一百十六卷晉安帝義熙九年。高十仞，基厚三十步，上廣十步，宮牆高五仞，高，古號翻。厚，戶遘翻。廣，古曠翻。其堅可以厲刀斧。臺榭壯大，皆雕鏤圖畫，被以綺繡，窮極文采。魏主顧謂左右曰：「蕞爾國而用民如此，被，皮義翻。蕞，徂内翻。欲不亡得乎！」

得夏太史令張淵、徐辯，復以爲太史令。得故晉將毛脩之、秦將軍庫洛干，歸庫洛干於秦，以毛脩之善烹調，用爲太官令。毛脩之爲夏所禽，見一百十八卷晉安帝義熙十四年。庫洛干被禽，見上年。魏主見夏著作郎天水趙逸所爲文，譽夏主太過，譽，音余。怒曰：「此豎無道，何敢如是！誰所爲邪？當速推之！」欲按其罪也。崔浩曰：「文士褒貶，多過其實，蓋非得已，不足罪也。」乃止。魏主納夏世祖三女爲貴人。

奚斤與夏平原公定猶相拒於長安。魏主命宗正娥清、太僕丘堆帥騎五千略地關右。定聞統萬已破，遂奔上邽；斤追至雍，不及而還。雍，於用翻。清、堆攻夏貳城，拔之。

魏主詔斤等班師。斤上言：「赫連昌亡保上邽，鳩合餘燼，未有蟠據之資；今因其危，滅之爲易。易，以豉翻。請益鎧馬，平昌而還。」鎧，可亥翻。魏主不許。斤固請，乃許之，給斤兵萬人，遣將軍劉拔送馬三十【章：甲十六行本「十」作「千」；乙十一行本同；孔本同。】匹，并留娥清、丘堆使共擊夏。

辛酉，魏主自統萬東還，以常山王素爲征南大將軍、假節，與執金吾桓貸、莫雲留鎮統萬。魏書官氏志，内入諸姓，烏丸氏爲桓氏。雲，題之弟也。莫題見一百十四卷晉安帝義熙四年。

18 秦王熾磐還枹罕。夏既破，故熾磐還。枹，音膚。

19 秋，七月，己卯，魏主至柞嶺。柞嶺即柞山之嶺。柞，則洛翻。柔然寇雲中，聞魏已克統萬，乃遁去。

20 秦王熾磐謂羣臣曰：「孤知赫連氏必無成，冒險歸魏，事見上卷營陽王景平元年。今果如孤言。」八月，遣其叔父平遠將軍渥頭等入貢于魏。

21 壬子，魏主還至平城，以所獲頒賜留臺百官有差。

魏主爲人，壯健鷙勇，臨城對陳，陳，讀曰陣。親犯矢石，左右死傷相繼，神色自若；由是將士畏服，咸盡死力。將，即亮翻；下同。性儉率，服御飲膳，取給而已。羣臣請增峻京城及脩宮室曰：「易云：『王公設險，以守其國。』易坎卦彖辭。又蕭何云：『天子以四海爲家，不壯不麗，無以重威。』」事見十一卷漢高帝七年。帝曰：「古人有言：『在德不在險。』吳起之言。屈丐蒸土築城而朕滅之，豈在城也？今天下未平，方須民力，土功之事，朕所未爲。蕭何之對，非雅言也。」雅，正也。每以爲財者軍國之本，不可輕費。至於賞賜，皆死事勳績之家，親戚貴寵未嘗横有所及。横，戶孟翻。命將出師，指授節度，違之者多致負敗。明於知人，或拔士於卒伍之中，唯其才用所長，不論本末。聽察精敏，下無遁情，賞不違賤，罰不避貴，雖所甚愛之人，終無寬假。常曰：「法者，朕與天下共之，何敢輕也。」然性殘忍，果於殺戮，往往已殺而復悔之。如崔浩之類是也。復，扶又翻。

22 九月，丁酉，安定民舉城降魏。夏都既破，安定亦降。降，戶江翻；下同。

23 氐王楊玄遣將軍苻白作圍秦梁州刺史出連輔政于赤水；城中糧盡，民執輔政以降。輔政至駱谷，逃還。冬，十月，秦以驍騎將軍吳漢爲平南將軍、梁州刺史，鎭南漒。驍，堅堯翻。騎，奇寄翻。漒，其良翻。

24 十一月，魏主遣軍司馬公孫軌兼大鴻臚，持節策拜楊玄爲都督荆・梁等四州諸軍事、梁州刺史、南秦王。封玄爲南秦王以別乞伏熾磐。臚，陵如翻。及境，玄不出迎；軌責讓之，欲奉策以還，玄懼而郊迎。魏主善之，以軌爲尚書。軌，表之子也。表死於營陽王景平元年。

25 十二月，秦梁州刺史吳漢爲羣羌所攻，帥戶二千還于枹罕。帥，讀曰率。

26 魏主行如中山；癸卯，還平城。

資治通鑑卷第一百二十一

端明殿學士兼翰林侍讀學士朝散大夫右諫議大夫充集賢殿修撰提舉西京嵩山崇福宮上柱國河内郡開國侯食邑一千八百户食實封六百户賜紫金魚袋臣司馬光奉敕編集
後學天台胡三省音註

宋紀三起著雍執徐（戊辰），盡上章敦牂（庚午），凡三年。

太祖文皇帝上之中

元嘉五年（戊辰、四二八）

1 春，正月，辛未，魏京兆王黎卒。

2 荆州刺史、彭城王義康，性聰察，在州職事脩治。治，直吏翻。左光禄大夫范泰謂司徒王弘曰：「天下事重，權要難居。卿兄弟盛滿，當深存降挹。謂弘及弟曇首皆居權要。彭城王，帝之次弟，宜徵還入朝，共參朝政。」朝，直遥翻。弘納其言。時大旱、疾疫，弘上表引咎遜位，帝不許。

3 秦商州刺史領澆河太守姚濬叛，降河西，晉時，張祚以敦煌郡爲商州。時敦煌屬河西，熾磐蓋以濬遙領商州而守澆河也。澆，堅堯翻。降，戶江翻。秦王熾磐以尚書焦嵩代濬，帥騎三千討之。帥，讀曰率。騎，奇寄翻。二月，嵩爲吐谷渾元緒所執。

4 魏改元神䴥。䴥，居牙翻；牡鹿也。以獲神鹿改元。魏書靈徵志：時定州獲白䴥。白䴥，鹿也。又見于樂陵。

5 魏平北將軍尉眷攻夏主於上邽，尉，紆勿翻。夏主退屯平涼。奚斤進軍安定，與丘堆、娥清【章：甲十六行本「清」作「青」；乙十一行本同。】軍合。斤馬多疫死，士卒乏糧，乃深壘自固。遣丘堆督租於民間，士卒暴掠，不設儆備，夏主襲之，堆兵敗，以數百騎還城。夏主乘勝，日來城下鈔掠，不得芻牧，諸將患之，監軍侍御史安頡曰：鈔，楚交翻。將，卽亮翻。監，工銜翻。頡，戶結翻。「受詔滅賊，今更爲賊所困，退守窮城；若不爲賊殺，當坐法誅，進退皆無生理。而諸王公晏然曾不爲計乎？」奚斤封宜城王，爲司空。斤曰：「今軍士無馬，以步擊騎，必無勝理，當須京師救騎至合擊之。」頡曰：「今猛寇遊逸於外，吾兵疲食盡，不一決戰，則死在旦夕，救騎何可待乎！等於就死，死戰，不亦可乎！」斤又以馬少爲辭。騎，奇寄翻。少，詩沼翻。頡曰：「今斂諸將所乘馬，可得二百匹，頡請募敢死之士出擊之，就不能破敵，亦可以折其銳。且赫連昌狷而無謀，好勇而輕，狷，吉縣翻。好，呼到翻。輕，遣政翻。每自出挑戰，挑，徒了翻。衆皆識之。若伏兵掩擊，昌可擒也。」斤猶難之。頡乃陰與尉眷等謀，選騎待之。既而夏主來攻城，頡出應之。夏主自出陳前搏戰，陳，讀曰陣。軍士識其貌，爭赴之。會天大風揚塵，晝昏，夏主敗走；頡追之，夏主馬蹶而墜，遂擒之。考異曰：十六國春秋鈔云：「承光三年五月，戰于黑渠，爲魏所敗，昌與數千騎奔還，魏追騎亦至。昌河内公費連烏提守高平，徙諸城民七萬戶于安定以都之。四年二月，魏軍至安定，三城潰，昌奔秦州，魏東平公娥清追擒之，送于魏。」與後魏紀、傳不同，今從後魏書。頡，同之子也。安同，永興初八公之一也。

夏大將軍、領司徒、平原王定收其餘衆數萬，奔還平涼，卽皇帝位，定，小字直獚，夏王勃勃第五子。大赦，改元勝光。

三月，辛巳，赫連昌至平城，魏主館之於西宮，門內器用皆給乘輿之副，又以妹始平公主妻之；乘，繩證翻。妻，七細翻。假常忠將軍，賜爵會稽公。會，工外翻。以安頡爲建節將軍，賜爵西平公；尉眷爲寧北將軍，進爵漁陽公。

魏主常使赫連昌侍從左右，從，才用翻。與之單騎共逐鹿，深入山澗。昌素有勇名，諸將咸以爲不可。魏主曰：「天命有在，亦何所懼！」親遇如初。

奚斤自以爲元帥，而昌爲偏裨所擒，深恥之。乃捨輜重，重，直用翻；下同。齎三日糧，追夏主於平涼。娥清欲循水而往，清蓋欲循涇水而進。斤不從，自北道邀其走路。至馬髦嶺，馬髦山之嶺也。夏軍將遁，會魏小將有罪亡歸於夏，告以魏軍食少無水。少，詩沼翻。夏主乃分兵邀斤，前後夾擊之，魏兵大潰，斤及娥清、劉拔皆爲夏所擒，去年，魏遣劉拔與斤共擊夏。士卒死者六七千人。考異曰：宋索虜傳：「元嘉五年，使大將吐伐斤西伐長安，生擒赫連昌于安定，封昌爲公，以妹妻之。昌弟定在隴上，吐伐斤乘勝以騎三萬討之。定設伏於隴山彈箏谷，破之，斬吐伐斤，盡坑其衆。定率衆東還，復克長安。燾又自攻，不克，乃分軍戍大城而還。」今從後魏書。

丘堆守輜重在安定，聞斤敗，棄輜重奔長安，與高涼王禮偕奔蒲阪，阪，音反。夏人復取長安。復，扶又翻；下復勸同。魏主大怒，命安頡斬丘堆，代將其衆，鎭蒲阪以拒之。將，卽亮翻。

6 夏，四月，夏主遣使請和於魏，魏主以詔諭之使降。使，疏吏翻。降，戶江翻。

7 壬子，魏主西巡；戊午，畋于河西；此君子津之西也。大赦。

8 五月，秦文昭王熾磐卒，太子暮末卽位，大赦，改元永弘。

9 平陸令河南成粲平陸縣自漢以來屬東平郡。復勸王弘遜位，復，扶又翻。弘從之，累表陳請。帝不得已，六月，庚戌，以弘爲衞將軍、開府儀同三司。

10 甲寅，魏主如長川。魏書帝紀：泰常八年，築長城於長川之南。

11 葬秦文昭王于武平陵，廟號太祖。秦王暮末以右丞相元基爲侍中、相國、都督中外諸軍、錄尚書事，以鎭軍大將軍、河州牧謙屯爲驃騎大將軍，河州治枹罕，乞伏氏所都。驃，匹妙翻。騎，奇寄翻；下同。徵安北將軍、涼州刺史段暉爲輔國大將軍、御史大夫，段暉先鎭樂都。叔父右禁將軍千年爲鎮北將軍、涼州牧，鎮湟河，以征北將軍木弈干爲尙書令、車騎大將軍，以征南將軍吉毗爲尙書僕射、衞大將軍。

河西王蒙遜因秦喪，伐秦西平，西平太守麴承謂之曰：「殿下若先取樂都，則西平必爲殿下之有；苟【章：甲十六行本「苟」上有「西平」二字；乙十一行本同。】望風請服，亦明主之所疾也。」蒙遜乃釋西平，攻樂都。相國元基帥騎三千救樂都，元基自枹罕救樂都。樂，音洛。甫入城，而河西兵至，攻其外城，克之；絕其水道，城中飢渴，死者太半。東羌乞提從元基救樂都，陰與河西通謀，下繩引內其兵，登城者百餘人，鼓譟燒門；元基帥左右奮擊，河西兵乃退。帥，讀曰率。

初，文昭王疾病，謂暮末曰：「吾死之後，汝能保境則善矣。沮渠成都爲蒙遜所親重，汝宜歸之。」至是，暮末遣使詣蒙遜，許歸成都以求和。成都爲秦禽，事見一百十九卷武帝永初三年。沮，子余翻。使，疏吏翻；下同。蒙遜引兵還，遣使入秦弔祭。暮末厚資送成都，遣將軍王伐送之。蒙遜猶疑之，使恢武將軍沮渠奇珍伏兵於捫天嶺，執伐幷其騎士三百人以歸。旣而遣尙書郎王杼送伐還秦，幷遺暮末馬千匹及錦罽銀繒。遺，于季翻。罽，音計。繒，慈林翻。秋，七月，暮末遣記室郎中馬艾如河西報聘。

12 魏主還宮。八月，復如廣甯觀溫泉。水經註：下洛縣故城，魏燕州廣甯縣，廣甯郡治。魏土地記：

下洛城東南四十里有橋山，山下有溫泉。泉上有祭堂，彫簷華宇，被于浦上，石池吐泉，湯湯其下。炎涼代序，是水灼焉無改；能治百疾，赴者若流。復，扶又翻。

柔然紇升蓋可汗遣其子將萬餘騎寇魏邊，紇，戶骨翻。可，讀從刊入聲。汗，音寒。將，即亮翻。騎，奇寄翻。魏主自廣甯還，追之，不及；九月，還宮。

冬，十月，甲辰，魏主北巡；壬子，畋于牛川。

13 秦涼州牧乞伏千年，嗜酒殘虐，不恤政事，秦王暮末遣使讓之，千年懼，奔河西。奔河西王蒙遜也。暮末以叔父光祿大夫沃陵爲涼州牧，鎭湟河。

14 徐州刺史王仲德遣步騎二千伐魏濟陽、陳留。濟陽縣，漢、晉以來屬陳留郡；此時陳留郡治浚儀。杜佑曰：濟陽縣故城在曹州冤句縣西南。濟，子禮翻。考異曰：後魏紀云「淮北鎭將」。按南史，仲德時爲安北將軍、徐州刺史。宋書仲德傳闕。又，宋書、南史本紀、北史本紀及宋魏諸臣列傳、魏劉裕傳、宋索虜傳，皆無是年王仲德等伐魏事，唯後魏本紀有之，今從之。

15 魏主還宮。

16 魏定州丁零鮮于臺陽等二千餘家叛，入西山，魏主珪皇始二年置安州于中山，天興三年改曰定州。西山，卽曲陽西山也。州郡不能討；閏月，魏主遣鎭南將軍叔孫建討之。

17 十一月，乙未朔，日有食之。

18 魏主如西河校獵；河水逕漢雲中楨陵縣西南，平城在其東北，故謂之西河。十二月，甲申，還宮。

19 河西王蒙遜伐秦，至磐夷，秦相國元基等將騎萬五千拒之。蒙遜還攻西平，征虜將軍出連輔政等將騎二千救之。將，即亮翻。騎，奇寄翻。

20 祕書監謝靈運，自以名輩才能，應參時政；上唯接以文義，每侍宴談賞而已。王曇首、王華、殷景仁，名位素出靈運下，並見任遇，靈運意甚不平，多稱疾不朝直；不入朝、不入直也。曇，徒含翻。朝，直遙翻。或出郭遊行，且二百里，經旬不歸，既無表聞，又不請急。上不欲傷大臣意，諷令自解。靈運乃上表陳疾，上賜假，令還會稽；假，居訝翻。會，工外翻。而靈運遊飲自若，爲法司所糾，坐免官。

21 是歲，師子王剎利摩訶及天竺迦毗黎王月愛皆遣使奉表入貢，表辭皆如浮屠之言。南史：師子國，天竺旁國也。其地和適，無冬夏之異；五穀隨人種，不須時節。天竺有迦毗黎、蘇摩黎、斤陀利、婆黎等國，皆事佛道。剎，初轄翻。迦，古牙翻，又居伽翻。使，疏吏翻。

22 魏鎮遠將軍平舒侯燕鳳卒。燕鳳歷事拓跋氏四世。

六年（己巳、四二九）

1 春，正月，王弘上表乞解州、錄，以授彭城王義康，州、錄，揚州及錄尚書事也。帝優詔不許。癸丑，以義康爲侍中、都督揚・南徐・兗三州諸軍事、司徒、錄尚書事、領南徐州刺史。武帝永初二年，加京口之徐州曰南徐，淮北之徐州但曰徐。南徐領南東海、南琅邪、晉陵、義興、南蘭陵、南東莞、臨淮、淮陵、南彭城、南清河、南高平、南平昌、南濟陰、南濮陽、南泰山、濟陽、南魯郡等郡。弘與義康二府並置佐領兵，共輔朝政。佐，參佐也，所謂佐吏。朝，直遙翻。弘既多疾，且欲委遠大權，每事推讓義康；遠，于願翻。推，吐雷翻。由是義康專總內外之務。爲義康專擅致禍張本。

又以撫軍將軍江夏王義恭爲都督荆・湘等八州諸軍事、荆州刺史，夏，戶雅翻。以侍中劉湛爲南蠻校尉，行府州事。帝與義恭書，誡之曰：「天下艱難，家國事重，雖曰守成，實亦未易。隆替安危，在吾曹耳，豈可不感尋王業，大懼負荷！感念致王業之艱難而尋繹爲治之理也。傳曰：其父析薪，其子不克負荷。易，以豉翻。荷，下可翻，又音如字。

汝性褊急，志之所滯，其欲必行；滯，疑也，積也。褊，方緬翻。意所不存，從物回改；此最弊事，宜念裁抑。衛青遇士大夫以禮，與小人有恩；西門、安于，矯性齊美；西門豹性剛急，常佩韋以自緩。董安于性寬緩，常佩弦以自警。關羽、張飛，任偏同弊；事見六十九卷魏文帝黃初二年。行己舉事，深宜鑒此！

若事異今日，嗣子幼蒙，陸德明曰：蒙，稚也。司徒當周公之事，汝不可不盡祗順之理。爾時天下安危，決汝二人耳。

汝一月自用錢不可過三十萬，若能省此，益美。西楚府舍，略所諳究，諳，烏含翻。計當不須改作，日求新異。江左謂荊州爲西楚。凡訊獄多決當時，難可逆慮，此實爲難；至訊日，虛懷博盡，愼無以喜怒加人。能擇善者而從之，美自歸己；不可專意自決，以矜獨斷之明也！斷，丁亂翻。

名器深宜愼惜，不可妄以假人；昵近爵賜，尤應裁量。吾於左右雖爲少恩，昵，尼質翻。量，音良。少，詩沼翻。如聞外論不以爲非也。以貴凌物，物不服；以威加人，人不厭；此易達事耳。易，以豉翻。聲樂嬉遊，不宜令過；蒱酒漁獵，一切勿爲。蒱，樗蒲也。供用奉身，皆有節度，奇服異器，不宜興長。長，丁丈翻。令，知兩翻。

又宜數引見佐史。「佐史」當作「佐吏」，晉、宋之間，藩府率謂參佐爲佐吏。數，所角翻；下同。相見不數，則彼我不親；不親，無因得盡人情；人情不盡，復何由知衆事也！」詳觀宋文帝此書，則江左之治稱元嘉，良有以也。復，扶又翻。

2 夏酒泉公雋自平涼奔魏。

3 丁零鮮于臺陽等請降於魏，降，戶江翻。魏主赦之。赦其去年叛入西山之罪。

4 秦出連輔政等未至西平，河西王蒙遜拔西平，執太守麴承。蒙遜去年攻西平。

5 二月，秦王暮末立妃梁氏爲皇【章：甲十六行本「皇」作「王」；乙十一行本同；孔本同。】后，子萬載爲太子。

6 三月，丁巳，立皇子劭爲太子；戊午，大赦。

7 辛酉，以左衞將軍殷景仁爲中領軍。帝以章太后早亡，章太后胡氏生帝五年，被譴賜死，帝即位，謚曰章。奉太后所生蘇氏甚謹。蘇氏卒，帝往臨哭，欲追加封爵，使羣臣議之，景仁以爲古典無之，乃止。

8 初，秦尚書隴西辛進從文昭王遊陵霄觀，彈飛鳥，誤中秦王暮末之母，傷其面。觀，古玩翻。中，竹仲翻。及暮末即位，問母面傷之由，母以狀告。暮末怒，殺進幷其五族二十七人。史言暮末以虐亡國。

9 夏，四月，癸亥，以尚書左僕射王敬弘爲尚書令，臨川王義慶爲左僕射，吏部尚書濟陽江夷爲右僕射。濟，子禮翻。

10 初，魏太祖命尚書郎鄧淵撰國記十餘卷，未成而止。世祖更命崔浩與中書侍郎鄧穎等續成之，爲浩以史事得禍張本。爲國書三十卷。穎，淵之子也。

11 魏主將擊柔然，治兵於南郊，治，直之翻。先祭天，然後部勒行陳。行，戶剛翻。陳，讀曰陣。內外羣臣皆不欲行，保太后固止之；獨崔浩勸之。

尚書令劉絜等共推太史令張淵、徐辯使言於魏主曰：「今茲己巳，三陰之歲，干以甲、丙、戊、庚、壬爲陽，乙、丁、己、辛、癸爲陰；支以子、寅、辰、午、申、戌爲陽，丑、卯、巳、未、酉、亥爲陰。己、巳皆陰，而干支合於己巳，是爲三陰之歲。歲星襲月，太白在西方，不可舉兵。北伐必敗，雖克，不利於上。」羣臣因共贊之曰：「淵等少時嘗諫苻堅南伐，堅不從而敗，所言無不中，不可違也。」少，詩照翻。中，竹仲翻。魏主意不快，詔浩與淵等論難於前。難，乃旦翻。

浩詰淵、辯曰：「陽爲德，陰爲刑；故日食脩德，月食脩刑。夫王者用刑，小則肆諸市朝，大則陳諸原野；陳諸原野，用甲兵也。此言本出漢書刑法志。詰，去吉翻。朝，直遙翻。今出兵以討有罪，乃所以脩刑也。臣竊觀天文，比年以來，月行掩昴，至今猶然。其占，三年天子大破旄頭之國。比，毗至翻。昴爲旄頭，胡星也。蠕蠕、高車，旄頭之衆也。蠕，人兗翻。願陛下勿疑。」淵、辯復曰：復，扶又翻。「蠕蠕，荒外無用之物，得其地不可耕而食，得其民不可臣而使，輕疾無常，難得而制；有何汲汲，而勞士馬以伐之？」浩曰：「淵、辯言天道，猶是其職，至於人事形勢，尤非其所知。此乃漢世常談，自韓安國、主父偃至于嚴尤，其論皆如此。施之於今，殊不合事宜。何則？蠕蠕本國家北邊之臣，中間叛去。見一百八卷晉孝武太元十九年。今誅其元惡，收其良民，令復舊役，非無用也。世人皆謂淵、辯通解數術，明決成敗，臣請試問之：解，戶買翻。屬者統萬未亡之前，屬，之欲翻。有無敗徵？若其不知，是無術也；知而不言，是不忠也。」時赫連昌在坐，坐，徂臥翻。淵等自以未嘗有言，慙不能對。魏主大悅。

既罷，公卿或尤浩曰：「今南寇方伺國隙，伺，相吏翻。而捨之北伐；若蠕蠕遠遁，前無所獲，後有疆寇，將何以待之？」浩曰：「不然。今不先破蠕蠕，則無以待南寇。南人聞國家克統萬以來，內懷恐懼，故揚聲動衆以衞淮北。比吾破蠕蠕，往還之間，南寇必不動也。比，必寐翻。且彼步我騎，騎，奇寄翻。彼能北來，我亦南往；在彼甚困，於我未勞。況南北殊俗，水陸異宜，設使國家與之河南，彼亦不能守也。崔浩之料宋人審矣。帝後屢出兵爭河南，卒以自弊。吳呂蒙不肯取魏徐州，正慮此耳。何以言之？以劉裕之雄傑，吞併關中，留其愛子，輔以良將，精兵數萬，猶不能守，全軍覆沒，事見一百十八卷晉安帝義熙十四年。將，卽亮翻；下同。號哭之聲，至今未已。號，戶高翻。況義隆今日君臣，非裕時之比；主上英武，士馬精強，彼若果來，譬如以駒犢鬬虎狼也，馬子曰駒，牛子曰犢。何懼之有！蠕蠕恃其絕遠，謂國家力不能制，自寬日久；故夏則散衆放畜，秋肥乃聚，背寒向溫，背，蒲妹翻。南來寇鈔。鈔，楚交翻。今掩其不備，必望塵駭散。牡馬護牝，牝馬戀駒，驅馳難制，不得水草，不過數日，必聚而困弊，可一舉而滅也。蹔勞永逸，時不可失，蹔，與暫同。患在上無此意。今上意已決，柰何止之！」寇謙之謂浩曰：「蠕蠕果可克乎？」浩曰：「必克。但恐諸將瑣瑣，前後顧慮，不能乘勝深入，使不全舉耳。」瑣瑣，細小也，言志趣細小，不能一舉而全取之也。

先是，帝因魏使者還，告魏主曰：「汝趣歸我河南地！先，悉薦翻。使，疏吏翻。趣，讀曰促。

不然，將盡我將士之力。」魏主方議伐柔然，聞之，大笑，謂公卿曰：「龜鼈小豎，東南，澤國也，故詆之曰龜鼈小豎。自救不暇，夫何能爲！就使能來，若不先滅蠕蠕，乃是坐待寇至，腹背受敵，非良策也。吾行決矣。」

庚寅，魏主發平城，使北平王長孫嵩、廣陵公樓伏連居守。守，手又翻。魏書官氏志：獻帝次弟爲伊婁氏，又有乙那婁氏，後並改爲婁氏。魏主自東道向黑山，使平陽王長孫翰自西道向大娥山，同會柔然之庭。

12 五月，壬辰朔，日有食之。

13 王敬弘固讓尚書令，表求還東。還，從宣翻，又如字；下同。癸巳，更以敬弘爲侍中、特進、左光祿大夫，聽其東歸。自建康歸會稽爲東歸。

14 丁未，魏主至漠南，捨輜重，帥輕騎兼馬襲擊柔然，至栗水。重，直用翻。帥，讀曰率。騎，奇寄翻。兼馬者，每一騎兼有副馬也。栗水在漠北，近稽落山，有漢將軍竇憲故壘在焉。柔然紇升蓋可汗先不設備，民畜滿野，驚怖散去，訖，下沒翻。可，從刊入聲。汗，音寒。怖，普布翻。莫相收攝。攝，錄也，飭整也。紇升蓋燒廬舍，絕迹西走，莫知所之。其弟匹黎先主東部，聞有魏寇，帥衆欲就其兄；遇長孫翰，翰邀擊，大破之，殺其大人數百。

15 夏主欲復取統萬，引兵東至侯尼城，侯尼城在平涼東。不敢進而還。

16河西王蒙遜伐秦，秦王暮末留相國元基守枹罕，遷保定連。南安太守翟承伯等據罕幵谷以應河西，水經註：隴西白石縣東有罕幵溪，又東則枹罕縣故城；枹，音膚。幵，苦堅翻。暮末擊破之，進至治城。魏收地形志：涼州東陘郡有治城縣，其地當在黃河南。又涼州有建昌郡，亦有治城縣。西安太守莫者幼眷據汧川以叛，此汧川非扶風之汧，當亦在枹罕左右。汧，口堅翻。暮末討之，爲幼眷所敗，敗，補邁翻。還于定連。蒙遜至枹罕，遣世子興國進攻定連。六月，暮末逆擊興國於治城，擒之，追擊蒙遜至譚郊。吐谷渾王慕璝遣其弟沒利延將騎五千會蒙遜伐秦，沒利延，即慕利延，沒、慕聲相近也。璝，古回翻。暮末遣輔國大將軍段暉等邀擊，大破之。

17柔然紇升蓋可汗既走，部落四散，竄伏山谷，雜畜布野，畜，許救翻。無人收視。魏主循栗水西行，至菟園水，菟園水在燕然山南，去平城三千七百餘里，菟，同都翻，又土故翻。分軍搜討，東西五千里，南北三千里，俘斬甚衆。高車諸部乘魏兵勢，鈔掠柔然。柔然種類前後降魏者三十餘萬落，鈔，楚交翻。種，章勇翻。降，戶江翻；下同。獲戎馬百餘萬匹，畜產、車廬，彌漫山澤，亡慮數百萬。亡、無字通。

魏主循弱水西行，至涿邪山，邪，讀曰耶。諸將慮深入有伏兵，勸魏主留止，寇謙之以崔浩之言告魏主，魏主不從。秋，七月，引兵東還；至黑山，以所獲班賜將士有差。既而得降人言：「可汗先被病，被，皮義翻。聞魏兵至，不知所爲，乃焚穹廬，以車自載，將數百人入南山。民畜窘聚，無【章：甲十六行本「無」上有「方六十里」四字；乙十一行本同；孔本同；張校同；退齋校同。】人統領，窘，渠隕翻。相去百八十里；追兵不至，乃徐西遁，唯此得免。」後聞涼州賈胡言：「若復前行二日，則盡滅之矣。」賈，音古。復，扶又翻。魏主深悔之。

紇升蓋可汗憤悒而卒，子吳提立，號敕連可汗。魏收曰：敕連，魏言神聖也。

18 武都孝昭王楊玄疾病，欲以國授其弟難當。難當固辭，請立玄子保宗而輔之，玄許之。玄卒，保宗立。難當妻姚氏勸難當自立，難當乃廢保宗，自稱都督雍·涼·秦三州諸軍事、征西大將軍、開府儀同三司、秦州刺史、武都王。爲後保宗、難當爭國張本。雍，於用翻。

19 河西王蒙遜遣使送穀三十萬斛以贖世子興國于秦，使，疏吏翻。秦王暮末不許。蒙遜乃立興國母弟菩提爲世子，蒙遜取佛書以名其子。梵言菩提，華言正道也。菩，薄乎翻。暮末以興國爲散騎常侍，散，悉亶翻。騎，奇寄翻；下同。以其妹平昌公主妻之。妻，七細翻。

20 八月，魏主至漠南，聞高車東部屯巳尼陂，北史：烏洛侯國西北二十日行，有于巳尼大水，所謂北海也。烏洛侯直濡源西北，巳尼陂又當在其西北也。人畜甚衆，去魏軍千餘里，遣左僕射安原等將萬騎擊之。高車諸部迎降者數十萬落，將，卽亮翻。降，戶江翻；下同。獲馬牛羊百餘萬。

冬，十月，魏主還平城。徙柔然、高車降附之民於漠南，東至濡源，濡，乃官翻。西暨五原陰山，三千里中，使之耕牧而收其貢賦；命長孫翰、劉絜、安原及侍中代人古弼同鎮撫之。自是魏之民間馬牛羊及氈皮爲之價賤。爲，于僞翻；下必爲同。

魏主加崔浩侍中、特進、撫軍大將軍，以賞其謀畫之功。浩善占天文，常置銅鋌於酢器中，酢，與醋同，倉故翻。夜有所見，卽以鋌畫紙作字以記其異。魏主每如浩家，問以災異，或倉猝不及束帶；奉進疏食，不暇精美，疏，粗也。食，祥吏翻。魏主必爲之舉筯，或立嘗而還。嘗，口識其味也。魏主嘗引浩出入臥內，從容謂浩曰：「卿才智淵博，事朕祖考，著忠三世，從，千容翻。道武、明元及帝爲三世。故朕引卿以自近。近，其靳翻。卿宜盡忠規諫，勿有所隱。朕雖或時忿恚，不從卿言，恚，於避翻。然終久深思卿言也。」嘗指浩以示新降高車渠帥曰：「汝曹視此人尫纖懦弱，不能彎弓持矛，尫，弱也。纖，細也。帥，所類翻。尫，烏黃翻。然其胸中所懷，乃過於兵甲。朕雖有征伐之志而不能自決，前後有功，皆此人所教也。」又敕尚書曰：「凡軍國大計，汝曹所不能決者，皆當咨浩，然後施行。」

21 秦王暮末之弟軻殊羅烝於文昭王左夫人禿髮氏，下淫上曰烝。暮末知而禁之。軻殊羅懼，與叔父什寅謀殺暮末，奉沮渠興國以奔河西。沮，子余翻。使禿髮氏盜門鑰，鑰誤，門者以告暮末。暮末悉收其黨，殺之，而赦軻殊羅。執什寅，鞭之，什寅曰：「我負汝死，不負汝鞭！」暮末怒，刳其腹，投尸于河。

22 夏主少凶暴無賴，不爲世祖所知。是月，畋于陰槃，少，詩照翻。陰槃縣，漢屬安定，晉屬京兆。魏收地形志：屬平原郡。註又見前。登苛藍山，五代志：平涼郡平涼縣有苛藍山。漢涇陽縣故城在平涼縣南。望統萬城泣曰：「先帝若以朕承大業者，豈有今日之事乎！」

23 十一月，己丑朔，日有食之，不盡如鉤；星晝見，至晡方沒，河北地闇。見，賢遍翻。

24 魏主西巡，至柞山。柞，則洛翻。

25 十二月，河西王蒙遜、吐谷渾王慕璝皆遣使入貢。璝，古回翻。使，疏吏翻。

26 是歲，魏內都大官中山文懿公李先、青·冀二州刺史安同皆卒。先年九十五。李先自燕降魏，見一百八卷晉孝武太元二十一年。

27 秦地震，野草皆自反。

七年（庚午、四三〇）

1 春，正月，癸巳，以吐谷渾王慕璝爲征西將軍、沙州刺史、隴西公。

2 庚子，魏主還宮；壬寅，大赦；癸卯，復如廣甯，臨溫泉。復，扶又翻。

3 二月，丁卯，魏陽平【章：甲十六行本「陽平」二字互乙；乙十一行本同；孔本同。】威王長孫翰卒。

4 戊辰，魏主還宮。

5 帝自踐位以來，有恢復河南之志。三月，戊子，詔簡甲卒五萬給右將軍到彦之，統安北將軍王仲德、兗州刺史竺靈秀舟師入河，又使驍騎將軍段宏將精騎八千直指虎牢，驍，堅堯翻。騎，奇寄翻。宏將，卽亮翻。豫州刺史劉德武將兵一萬繼進，後將軍長沙王義欣將兵三萬監征討諸軍事。監，工銜翻。義欣，道憐之子也。道憐，武帝之弟。

先遣殿中將軍田奇使於魏，使，疏吏翻。告魏主曰：「河南舊是宋土，中爲彼所侵，魏取河南，見一百十九卷營陽王景平元年。今當脩復舊境，不關河北。」魏主大怒曰：「我生髮未燥，已聞河南是我地。此豈可得！必若進軍，今當權斂戍相避，須冬寒地淨，河冰堅合，自更取之。」

甲午，以前南廣平太守尹沖爲司州刺史。江左僑置廣平郡於襄陽，宋以朝陽縣境爲實土，屬雍州。長沙王義欣出鎭彭城，爲衆軍聲援；以游擊將軍胡藩戍廣陵，行府州事。

6 壬寅，魏封赫連昌爲秦王。

7 魏有新徙敕勒千餘家，苦於將吏侵漁，將，卽亮翻。出怨言，期以草生馬肥，亡歸漠北。尚書令劉絜、左僕射安原奏請及河冰未解，徙之河西，向春冰解，使不得北遁。魏主曰：「此曹習俗，放散日久，譬如囿中之鹿，急則奔突，緩之自定。吾區處自有道，不煩徙也。」

處，昌呂翻。絜等固請不已，乃聽分徙三萬餘落于河西，西至白鹽池。五原郡有白鹽池、黑鹽池，唐置鹽州，以此得名。敕勒皆驚駭，曰：「圈我於河西，欲殺我也！」圈，其卷翻，又其權翻。謀西奔涼州。劉絜屯五原河北，水經註：河水自朔方屈南過五原縣西。安原屯悅拔城以備之。癸卯，敕勒數千騎叛北走，絜追討之；走者無食，相枕而死。枕，之任翻。

8 魏南邊諸將將，即亮翻；下同。表稱：「宋人大嚴，將入寇，請兵三萬，先其未發，逆擊之，先，悉薦翻。足以挫其銳氣，使不敢深入。」因請悉誅河北流民在境上者以絕其鄉導。鄉，讀曰嚮。魏主使公卿議之，皆以爲當然。當然，猶言當如此也。崔浩曰：「不可。南方下濕，天地之性，西北高而東南下，故東南之地卑濕沮洳。入夏之後，水潦方降，草木蒙密，地氣鬱蒸，易生疾癘，不可行師。且彼既嚴備，則城守必固。易，以豉翻。守，式又翻；下戍守同。留屯久攻，則糧運不繼；分軍四掠，則衆力單寡，無以應敵。以今擊之，未見其利。彼若果能北來，宜待其勞倦，秋涼馬肥，因敵取食，徐往擊之，此萬全之計也。朝廷羣臣及西北守將，從陛下征伐，西平赫連，事見上卷四年。北破蠕蠕，事見上年。多獲美女、珍寶，牛馬成羣。南邊諸將聞而慕之，亦欲南鈔以取資財，鈔，楚交翻。皆營私計，爲國生事，不可從也。」魏主乃止。

諸將復表：「南寇已至，爲，于僞翻。復，扶又翻；下乃復、復叛同。所部兵少，少，詩沼翻。乞簡幽州以南勁兵助己戍守，及就漳水造船嚴備以拒之。」欲就漳水造船，分布河津以備宋也。公卿皆以爲宜如所請，并署司馬楚之、魯軌、韓延之等爲將帥，使招誘南人。將，即亮翻。帥，所類翻。誘，音酉。浩曰：「非長策也。楚之等皆彼所畏忌，今聞國家悉發幽州以南精兵，大造舟艦，隨以輕騎，艦，戶黯翻。騎，奇寄翻。謂國家欲存立司馬氏，誅除劉宗；必舉國震駭，懼於滅亡，當悉發精銳，并心竭力，以死爭之，則我南邊諸將無以禦之。今公卿欲以威力卻敵，乃所以速之也。張虛聲而召實害，此之謂矣。故楚之之徒，往則彼來，止則彼息，其勢然也。且楚之等皆纖利小才，止能招合輕薄無賴而不能成大功，徒使國家兵連禍結而已。昔魯軌說姚興以取荆州，至則敗散，事見一百十七卷晉安帝義熙十二年。說，輸芮翻。爲蠻人掠賣爲奴，終於禍及姚泓，此已然之效也。」魏主未以爲然。浩乃復陳天時，復，扶又翻。以爲南方舉兵必不利，曰：「今兹害氣在揚州，一也；庚午自刑，先發者傷，二也；揚州於辰在丑，而是歲在午。丑爲金庫，午爲火旺，以火害金，故害氣在揚州。歲在庚午：庚，金也；午，火也；以火尅金，故爲自刑。日食晝晦，宿值斗、牛，三也；熒惑伏於翼、軫，主亂及喪，四也；太白未出，進兵者敗，五也。去年十一月朔，日食於星紀之分，宿值斗、牛。熒惑，罰星也，所居之宿，國受殃，爲死喪寇亂。翼、軫，楚之分野，屬荆州。太白未出，不利進兵。太白，兵象也。宿，音秀。夫興國之君，先脩人事，次盡地利，後觀天時，故萬舉萬全。今劉義隆新造之國，人事未洽；災變屢見，見，賢遍翻。天時不協；舟行水涸，地利不盡。三者無一可，而義隆行之，必敗無疑。」魏主不能違衆言，乃詔冀、定、相三州造船三千艘，魏道武帝天興四年置相州於鄴。相，息亮翻。簡幽州以南戍兵集河上以備之。

9 秦乞伏什寅母弟前將軍白養、鎮衞將軍去列，以什寅之死，有怨言，秦王暮末皆殺之。暮末淫刑以逞，衆叛親離，不亡得乎！

10 夏，四月，甲子，魏主如雲中。

11 敕勒萬餘落復叛走，復，扶又翻。魏主使尚書封鐵追討，滅之。

12 六月，己卯，以氐王楊難當爲冠軍將軍、秦州刺史、武都王。冠，古玩翻。

13 魏主使平南大將軍、丹陽王大毗屯河上，以司馬楚之爲安南大將軍，封【章：甲十六行本「封」上有「荆州刺史」四字；乙十一行本同；孔本同；張校同；退齋校同。】琅邪王，屯潁川以備宋。

14 吐谷渾王慕璝將其衆萬八千襲秦定連，璝，古回翻。將，卽亮翻。秦輔國大將軍段暉等擊走之。

15 到彥之自淮入泗，水滲，滲，所禁翻。說文曰：水下漉爲滲。日行纔十里，自四月至秋七月，始至須昌。須昌縣，前漢屬東郡，後漢、晉屬東平郡。杜佑曰：鄆州，古須句國，漢爲東平國地，治須昌縣。漢無鹽故城在今縣東，東平國故城亦在縣東。乃泝河西上。上，時掌翻。

魏主以河南四鎮兵少，命諸軍悉收衆北渡。四鎮，金墉、虎牢、滑臺、碻磝。少，詩沼翻。戊子，魏碻磝戍兵棄城去；戊戌，滑臺戍兵亦去。庚子，魏主以大鴻臚陽平公杜超爲都督冀、定・相三州諸軍事、太宰，進爵陽平王，鎮鄴，爲諸軍節度。超，密太后之兄也。臚，陵如翻。冀州，漢末所置，治信都。定州，春秋鮮虞國，戰國爲中山國。後燕慕容氏都中山，後魏道武帝滅之，於中山置安州，天興三年改定州。相州，春秋晉東陽之地，戰國時爲魏之鄴邑。晉時，趙王石虎自襄國徙都之。魏道武滅後燕，至鄴，欲立州，訪於羣下。對者曰：「昔河亶甲居相，宜曰相州。」道武從之。庚戌，魏洛陽、虎牢戍兵皆棄城去。

到彥之留朱脩之守滑臺，尹沖守虎牢，建武將軍杜驥守金墉。驥，預之玄孫也。晉初杜預有平吳之功。諸軍進屯靈昌津，列守南岸，至于潼關。於是司、兗既平，諸軍皆喜，王仲德獨有憂色，曰：「諸賢不諳北土情僞，諳，烏南翻。必墮其計。胡虜雖仁義不足，而凶狡有餘，今斂戍北歸，必并力完聚。若河冰既合，將復南來，豈可不以爲憂乎！」復，扶又翻。

16 甲寅，林邑王范陽邁遣使入貢，使，疏吏翻。自陳與交州不睦，乞蒙恕宥。林邑自范奴文以來，世與交州交兵。

17 八月，魏主遣冠軍將軍安頡督護諸軍，擊到彥之。冠，古玩翻。頡，戶結翻。丙寅，彥之遣裨將吳興姚聳夫渡河攻治坂，與頡戰；將，卽亮翻。聳夫兵敗，死者甚衆。戊寅，魏主遣征西大將軍長孫道生會丹楊王大毗屯河上以禦彥之。

18 燕太祖寢疾，燕王跋也。召中書監申秀、侍中陽哲於內殿，屬以後事。屬，之欲翻。九月，病甚，輦而臨軒，命太子翼攝國事，勒兵聽政，以備非常。

宋夫人欲立其子受居，惡翼聽政，謂翼曰：「上疾將瘳，柰何遽欲代父臨天下乎！」翼性仁弱，遂還東宮，日三往省疾。省，悉景翻。宋夫人矯詔絕內外，遣閹寺傳問而已，鄭康成曰：閹人，司晨昏以啓閉者。寺之言侍也。翼及諸子、大臣並不得見，見，賢遍翻。唯中給事胡福獨得出入，專掌禁衞。

福慮宋夫人遂成其謀，乃言於司徒、錄尚書事、中山公弘，弘與壯士數十人被甲入禁中，被，皮義翻。宿衞皆不戰而散。宋夫人命閉東閤，弘家僮庫斗頭勁捷有勇力，踰閤而入，至于皇堂，射殺女御一人。射，而亦翻。鄭康成曰：女御，所謂御妻。御，猶進也，侍也。太祖驚懼而殂，弘遂卽天王位，弘，字文通，跋之少弟。遣人巡城告曰：「天降凶禍，大行崩背，背，蒲妹翻。太子不侍疾，羣公不奔喪，疑有逆謀，社稷將危。吾備介弟之親，介，大也。遂攝大位以寧國家；百官扣門入者，進陛二等。」陛，階級也；謂進階也。

太子翼帥東宮兵出戰而敗，兵皆潰去，弘遣使賜翼死。帥，讀曰率。使，疏吏翻。太祖有子百餘人，弘皆殺之。諡太祖曰文成皇帝，葬長谷陵。

19 己丑，夏主遣其弟謂以代伐魏鄜城，鄜城在漢上郡界，魏後置敷城郡，隋改曰鄜城，讀與敷同。魏平西將軍始平公隗歸等擊之，隗，五罪翻。殺萬餘人，謂以代遁去。夏主自將數萬人邀擊隗歸於鄗城東，將，卽亮翻。留其弟上谷公社干、廣陽公度洛孤守平涼，遣使來求和，使，疏吏翻。約合兵滅魏，遙分河北：自恆山以東屬宋，以西屬夏。恆，戶登翻。

魏主聞之，治兵將伐夏，治，直之翻。羣臣咸曰：「劉義隆兵猶在河中，言在河之中流。捨之西行，前寇未必可克，而義隆乘虛濟河，則失山東矣。」此山東謂太行、恆山以東，卽河北之地。魏主以問崔浩，對曰：「義隆與赫連定遙相招引，以虛聲唱和，和，戶臥翻。共窺大國，義隆望定進，定待義隆前，皆莫敢先入；譬如連雞，不得俱飛，無能爲害也。臣始謂義隆軍來，當屯止河中，兩道北上，上，時掌翻。東道向冀州，西道衝鄴，如此，則陛下當自討之，不得徐行。今則不然。東西列兵徑二千里，一處不過數千，形分勢弱。以此觀之，儜兒情見，儜，尼耕翻，困也，弱也。見，賢遍翻。此不過欲固河自守，無北渡意也。赫連定殘根易摧，易，以豉翻。擬之必仆。克定之後，東出潼關，席卷而前，卷，讀曰捲。則威震南極，江、淮以北無立草矣。聖策獨發，非愚近所及，願陛下勿疑。」甲辰，魏主如統萬，遂襲平涼，以衞兵將軍王斤鎭蒲坂。坂，音反。斤，建之子也。王建佐魏主珪取中原。

20 秦自正月不雨，至于九月，民流叛者甚衆。

21 冬，十月，以竟陵王義宣爲南徐州刺史，猶戍石頭。義宣先戍石頭，而南徐州鎭京口，蓋帶刺史而猶戍石頭也。

22 戊午，立錢署，鑄四銖錢。

23 到彥之、王仲德沿河置守，還保東平。東平郡時治須昌。

乙亥，魏安頡自委粟津濟河，攻金墉。金墉不治既久，治，直之翻。又無糧食；杜驥欲棄城走，恐獲罪。初，高祖滅秦，遷其鍾虡於江南，虡，音巨。有大鍾沒於洛水，帝使姚聳夫將千五百人往取之。驥紿之曰：「金墉城已脩完，糧食亦足，所乏者人耳。今虜騎南渡，當相與併力禦之；將，即亮翻。紿，蕩亥翻。騎，奇寄翻。大功既立，牽鍾未晚。」聳夫從之。既至，見城不可守，乃引去，驥遂南遁。丙子，安頡拔洛陽，殺將士五千餘人。杜驥歸，言於帝曰：「本欲以死固守，姚聳夫及城遽走，人情沮敗，不可復禁。」沮，在呂翻。復，扶又翻。上大怒，誅聳夫於壽陽。聳夫勇健，諸偏裨莫及也。

魏河北諸軍會於七女津。七女津當在東平西北岸。到彥之恐其南渡，遣裨將王蟠龍泝流奪其船，杜超等擊斬之。安頡與龍驤將軍陸侯進攻虎牢，按北史，「陸侯」當作「陸俟」。【章：甲十六行本正作「俟」；乙十一行本同。】驤，思將翻。辛巳，拔之；尹沖及滎陽太守清河崔模降魏。降，戶江翻。考異曰：宋書云：「模抗節不降，投塹死。」按後魏書，模仕魏爲武城男，宋書誤也。

24 秦王暮末爲河西所逼，遣其臣王愷、烏訥闐請迎於魏，闐，徒賢翻，又徒見翻。魏人許以平涼、安定封之。暮末乃焚城邑，毀寶器，帥戶萬五千，東如上邽。帥，讀曰率。考異曰：後魏乞伏國仁傳云：「爲赫連定所逼，遣烏訥等求迎。」宋氏胡傳云：「茂蔓聞赫連定敗，將家戶及興國東征，欲移居上邽。」今從十六國春秋。至高田谷，高田谷當在南安郡界，未及至上邽也。給事黃門侍郎郭恆謀劫沮渠興國以叛；事覺，暮末殺之。恆，戶登翻。夏主聞暮末將至，發兵拒之。暮末留保南安，其故地皆入於吐谷渾。自苑川至西平、枹罕皆乞伏氏故地。晉孝武帝太元八年，歲在癸未，乞伏國仁據隴西，南安亦其地也。

25 十一月，乙酉，魏主至平涼，夏上谷公社干等嬰城固守；魏主使赫連昌招之，不下，乃使安西將軍古弼等將兵趣安定。趣，七喻翻。夏主自鄜城還安定，將步騎二萬北救平涼，與弼遇，弼僞退以誘之；將，即亮翻。騎，奇寄翻。誘，音酉。夏主追之，魏主使高車馳擊之，夏兵大敗，斬首數千級。夏主還走，登鶉觚原，鶉觚縣，前漢屬北地，後漢、晉屬安定，有鶉觚原；唐天寶元年，改曰靈臺縣，屬涇州。鶉，殊倫翻。觚，音孤。爲方陳以自固，陳，讀曰陣。魏兵就圍之。

26 壬辰，加征南大將軍檀道濟都督征討諸軍事，帥衆伐魏。帥，讀曰率；下同。

甲午，魏壽光侯叔孫建、汝陰公長孫道生濟河而南。

到彥之聞洛陽、虎牢不守，諸軍相繼奔敗，欲引兵還。殿中將軍垣護之以書諫之，以爲宜使竺靈秀助朱脩之守滑臺，自帥大軍進擬河北，且曰：「昔人有連年攻戰，失衆乏糧，猶張膽爭前，莫肯輕退。況今青州豐穰，濟漕流通，濟，子禮翻；下入濟同。士馬飽逸，威力無損。若空棄滑臺，坐喪成業，喪，息浪翻。豈朝廷受任之旨邪！」「受」，當作「授」。彥之不從。護之，苗之子也。垣苗，邊將也。武帝西征長安，令苗鎮河、濟之會，俗謂之垣苗城，祖、子、孫三世皆著功名於邊垂。

彥之欲焚舟步走，王仲德曰：「洛陽既陷，虎牢不守，自然之勢也。今虜去我猶千里，滑臺尚有強兵，若遽捨舟南走，士卒必散。當引舟入濟，至馬耳谷口，更詳所宜。」馬耳谷口即馬耳關。彥之先有目疾，至是大動；且將士疾疫，乃引兵自清入濟。水經：濟水東北過壽張縣西界安民亭南，汶水從東北來注之。註云：濟水又北，汶水注之，戴延之所謂清口也。郭緣生述征記曰：清河首受洪水，北流濟，或謂清卽濟也。禹貢：濟東北會于汶。今枯渠注巨澤，巨澤北則清水與汶會也。京相璠曰：今濟北東阿東北有故清亭，卽春秋所謂清者也。是濟水通得清之目焉，亦水色清深，用兼厥稱。是故燕王曰：「吾聞齊有清濟、濁河以爲固。」卽此水也。南至歷城，焚舟棄甲，步趨彭城。趨，七喻翻。竺靈秀棄須昌，南奔湖陸，青、兗大擾。長沙王義欣在彭城，將佐恐魏兵大至，將，卽亮翻。勸義欣委鎮還都，義欣不從。

魏兵攻濟南，濟南郡治歷城。濟南太守武進蕭承之帥數百人拒之。晉武帝太康二年，分丹徒曲阿立武進縣，屬晉陵郡；南渡後，屬南東海郡。今奔牛、青城、萬歲諸鎮皆其地。魏衆大集，承之使偃兵，開城門。衆曰：「賊衆我寡，柰何輕敵之甚！」承之曰：「今懸守窮城，事已危急；若復示弱，必爲所屠，唯當見強以待之耳。」復，扶又翻。見，賢遍翻。魏人疑有伏兵，遂引去。承之，蕭道成之父也。

27魏軍圍夏主數日，斷其水草，斷，丁管翻。人馬飢渴。丁酉，夏主引衆下鶉觚原。魏武衞將軍丘眷擊之，夏衆大潰，死者萬餘人。夏主中重創，單騎走，中，竹仲翻。創，初良翻。騎，奇寄翻。收其餘衆，驅民五萬，西保上邽。魏人獲夏主之弟丹楊公烏視拔、武陵公禿骨及公侯以下百餘人。是日，魏兵乘勝進攻安定，夏東平公乙斗棄城奔長安，驅略數千家，西奔上邽。

28戊戌，魏叔孫建攻竺靈秀於湖陸，靈秀大敗，死者五千餘人。建還屯范城。即東平郡之范縣城也。杜佑曰：濮州范縣，晉大夫士會之邑。

29己亥，魏主如安定；庚子，還，臨平涼，掘塹圍之。掘，其月翻。塹，七豔翻。安慰初附，赦秦、雍之民，賜復七年。雍，於用翻。復，方目翻，除其賦役也。夏隴西守將降魏。將，卽亮翻。降，戶江翻。

30辛丑，魏安頡督諸軍攻滑臺。

31河西王蒙遜遣尚書郎宗舒等入貢于魏，魏主與之宴，執崔浩之手以示舒等曰：「汝所聞崔公，此則是也。才略之美，於今無比。朕動止咨之，豫陳成敗，若合符契，未嘗失也。」

32魏以叔孫建都督冀、青等四州諸軍事。魏未得青州也，使建督諸軍經略之耳。

33魏尚書庫結帥騎五千迎秦王暮末。魏書官氏志：北方諸姓，庫傉官氏後改爲庫氏。帥，讀曰率；下同。騎，奇寄翻；下同。秦衞將軍吉毗以爲不宜內徙，暮末從之，庫結引還。

南安諸羌萬餘人叛秦，推安南將軍、督八郡諸軍事、廣甯太守焦遺爲主，魏收地形志：廣寧郡治隴西鄣縣。「甯」，當作「寧」。鄣縣，後漢所置，唐爲渭州隴西縣地。遺不從；乃劫遺族子長城護軍亮爲主，五代志：平涼郡百泉縣，後魏置長城郡。帥衆攻南安。暮末請救於氐王楊難當。難當遣將軍苻獻帥騎三千救之，暮末與之合擊諸羌。諸羌潰，亮奔還廣甯，暮末進軍攻之。以手令與焦遺使取亮，十二月，遺斬亮首出降，暮末進遺號鎮國將軍。秦略陽太守弘農楊顯以郡降夏。晉武帝分天水置略陽郡。降，戶江翻；下同。

34 辛酉，以長沙王義欣爲豫州刺史，鎮壽陽。壽陽土荒民散，城郭頹敗，盜賊公行；義欣隨宜經理，境內安業，道不拾遺，城府完實，遂爲盛藩。芍陂久廢，義欣脩治隄防，治，直之翻。引河水入陂，溉田萬餘頃，無復旱災。引肥河之水入芍陂也。復，扶又翻。

35 丁卯，夏上谷公社干、廣陽公度洛孤出降，魏克平涼。

關中侯豆代田得奚斤、娥清等，獻於魏主。魏主以夏主之后賜代田，命斤膝行執酒以奉代田，謂斤曰：「全汝生者，代田也。」賜代田爵井陘侯，曹魏置關中侯，有爵未有邑，猶秦、漢之關內侯爵，級在列侯下。拓跋賞豆代田，自關中侯進爵井陘侯，則有邑矣，而亦非君有實土也。陘，音刑。加散騎常侍、右衞將軍，領內都幢將。百人爲幢，幢有帥，柔然之法也。魏幢將主三郞衞士，直宿禁中者，自侍中已下、中散已上皆統之。將，卽亮翻；下同。夏長安、臨晉、武功守將皆走，關中悉入於魏。魏主留巴東公延普鎭安定，以鎭西將軍王斤鎭長安。壬申，魏主東還，以奚斤爲宰士，使負酒食以從。宰士掌膳飲。以斤敗軍失身，辱之也。時魏有宰官尚書，宰士蓋其屬也。從，才用翻。

王斤驕矜不法，信用左右，調役百姓；調，徒弔翻。民不堪命，南奔漢川者數千家。魏主案治得實，斬斤以徇。治，直之翻。

36 右將軍到彥之、安北將軍王仲德皆下獄免官，下，戶嫁翻。兗州刺史竺靈秀坐棄軍伏誅。上見垣護之書而善之，以爲北高平太守。南高平郡，僑郡也，屬南兗州。北高平郡，古郡也，屬兗州，治湖陸。

彥之之北伐也，甲兵資實甚盛；及敗還，委棄盪盡，府藏、武庫爲之空虛。爲，于僞翻。他日，上與羣臣宴，有荒外降人在坐。自南北分治，各以其封略之外爲荒外。降，戶江翻。坐，徂臥翻。上問尚書庫部郎顧琛：「庫中仗猶有幾許？」琛詭對：「有十萬人仗。」曹魏置尚書二十三郎，庫部其一也，掌戎器、鹵簿、儀仗。琛，丑林翻。上既問而悔之，得琛對，甚喜。琛，和之曾孫也。顧和見九十卷晉元帝大興元年。

37 彭城王義康與王弘並錄尚書，義康意猶怏怏，怏，於兩翻。欲得揚州，形於辭旨；以弘弟曇首居中，爲上所親委，愈不悅。弘以老病，屢乞骸骨，曇首自求吳郡，上皆不許。義康謂人曰：「王公久病不起，神州詎宜臥治！」治，直之翻。曇首勸弘減府中文武之半以授義康；上聽割二千人，義康乃悅。曇，徒含翻。

聶崇岐標點王崇武覆校

資治通鑑卷第一百二十二

端明殿學士兼翰林侍讀學士朝散大夫右諫議大夫充集賢殿修撰提舉西京嵩山崇福宮上柱國河内郡開國侯食邑一千八百户食實封六百户賜紫金魚袋臣司馬光奉敕編集
後學天台胡三省音註

宋紀四 起重光協洽（辛未），盡旃蒙大淵獻（乙亥），凡五年。

太祖文皇帝上之下

元嘉八年（辛未、四三一）

1 春，正月，壬午朔，燕大赦，改元大興。

2 丙申，檀道濟等自清水救滑臺，魏叔孫建、長孫道生拒之。丁酉，道濟至壽張，遇魏安平公乙旃眷，魏收官氏志：獻帝命叔父之裔爲乙旃氏。道濟帥寧朔將軍王仲德、驍騎將軍段宏奮擊，大破之；帥，讀曰率。驍，堅堯翻。騎，奇寄翻。轉戰至高梁亭，斬魏濟州刺史悉煩庫結。魏明元帝泰常八年，置濟州，治碻磝城。濟，子禮翻。

3 夏主擊秦將姚獻，敗之；將，即亮翻。敗，補邁翻。遂遣其叔父北平公韋伐帥衆一萬攻南安。去年暮末保南安。城中大饑，人相食。秦侍中・征虜將軍出連輔政、侍中・右衛將軍乞伏延祚、吏部尚書乞伏跋跋踰城奔夏；秦王暮末窮蹙，輿櫬出降，乞伏氏四主，四十九年而滅。櫬，初覲翻。降，戶江翻。幷沮渠興國送於上邽。興國爲秦所禽，見上卷六年。沮，子余翻。秦太子司直焦楷奔廣寧，太子司直，掌糾劾宮僚及率府兵。晉志無是官，當是二趙、燕、秦所置。泣謂其父遺曰：「大人荷國寵靈，荷，下可翻。居藩鎭重任。今本朝顚覆，豈得不率見衆唱大義以殄寇讎！」朝，直遙翻。見，賢遍翻。遺曰：「今主上已陷賊庭，吾非愛死而忘義，顧以大兵追之，是趣絕其命也。趣，讀曰促。不如擇王族之賢者，奉以爲主而伐之，庶有濟也。」楷乃築壇誓衆，二旬之間，赴者萬餘人。會遺病卒，卒，子恤翻。楷不能獨舉事，亡奔河西。

4 二月，戊午，以尚書右僕射江夷爲湘州刺史。

5 檀道濟等進至濟上，濟，子禮翻；下同。二十餘日間，前後與魏三十餘戰，道濟多捷。軍至歷城，歷城縣自漢以來屬濟南郡，宋爲冀州刺史治所。叔孫建等縱輕騎邀其前後，焚燒草穀，騎，奇寄翻。道濟軍乏食，不能進；由是安頡、司馬楚之等得專力攻滑臺，頡，戶結翻。魏主復使楚兵將軍王慧龍助之。復，扶又翻。朱脩之堅守數月，糧盡，與士卒熏鼠食之。辛酉，魏克滑臺，執脩之及東郡太守申謨，東郡自漢、魏以來治白馬；白馬，滑臺之地也。虜獲萬餘人。謨，鍾之曾孫也。中鍾見九十五卷晉成帝咸和九年。

6 癸酉，魏主還平城，大饗，告廟，將帥及百官皆受賞，戰士賜復十年。賞北伐柔然、西伐夏、南禦宋之功也。將，即亮翻。帥，所類翻。復，方目翻，復勿事也；下復境同。於是魏南鄙大水，民多餓死。尚書令劉絜言於魏主曰：「自頃邊寇內侵，戎車屢駕；天贊聖明，所在克殄；方難既平，難，乃旦翻。皆蒙優錫。而郡國之民，雖不征討，服勤農桑，以供軍國，實經世之大本，府庫之所資。今自山以東，偏遭水害，應加哀矜，以弘覆育。」覆，敷又翻；下米覆同。魏主從之，復境內一歲租賦。

7 檀道濟等食盡，自歷城引還；軍士有亡降魏者，具告之。魏人追之，衆恟懼，將潰。降，戶江翻。恟，許拱翻。道濟夜唱籌量沙，以所餘少米覆其上。量，音良。少，詩沼翻；下同。及旦，魏軍見之，謂道濟資糧有餘，以降者爲妄而斬之。時道濟兵少，魏兵甚盛，騎士四合。道濟命軍士皆被甲，被，皮義翻。己白服乘輿，引兵徐出。魏人以爲有伏兵，不敢逼，稍稍引退，道濟全軍而返。

青州刺史蕭思話聞道濟南歸，欲委鎭保險，宋青州治東陽城。濟南太守蕭承之固諫，不從。丁丑，思話棄鎭奔平昌；平昌縣，前漢屬琅邪，後漢屬北海；晉太康地志屬城陽，惠帝分立平昌郡。五代志：密州膠西縣舊曰黔陬，置平昌郡。參軍劉振之戍下邳，聞之，亦委城走。魏軍竟不至，而東陽積聚已爲百姓所焚。積，子智翻；凡指所聚之物曰積，則去聲。聚，才諭翻。思話坐徵，繫尚方。

8燕王立夫人慕容氏爲王后。

9庚戌，魏安頡等還平城。魏主嘉朱脩之守節，【章：甲十一行本「節」下有「拜侍中」三字；乙十一行本同；孔本同；張校同。】妻以宗女。爲脩之自北還張本。妻，子細翻。

初，帝之遣到彥之也，戒之曰：「若北國兵動，先其未至，徑前入河；先，悉薦翻。若其不動，留彭城勿進。」及安頡得宋俘，魏主始聞其言。謂公卿曰：「卿輩前謂我用崔浩計爲謬，驚怖固諫。怖，普布翻。崔浩計見上卷元年。常勝之家，始皆自謂踰人，至於歸終，歸終，謂事勢究極處。乃不能及。」

司馬楚之上疏，以爲諸方已平，請大舉伐宋，魏主以兵久勞，不許。徵楚之爲散騎常侍，散，悉亶翻。騎，奇寄翻。以王慧龍爲滎陽太守。魏雖置滎陽太守，實以虎牢爲重鎮。按魏書官氏志：高宗太安三年，始以諸部護軍各爲太守。蓋是時惟以滎陽太守命王慧龍，至太安三年遂悉改之也。守，式又翻。

慧龍在郡十年，農戰並脩，大著聲績，歸附者萬餘家。帝縱反間於魏，云「慧龍自以功高位下，欲引宋人入寇，因執司馬楚之以叛。」間，古莧翻。楚之時屯潁川。魏主聞之，賜慧龍璽書曰：「劉義隆畏將軍如虎，欲相中害；璽，斯氏翻。中，竹仲翻。朕自知之。風塵之言，想不足介意。」帝復遣刺客呂玄伯刺之，復，扶又翻。曰：「得慧龍首，封二百戶男，賞絹千匹。」玄伯詐爲降人，降，戶江翻。求屏人有所論；慧龍疑之，使人探其懷，得尺刀。屏，必郢翻。探，吐南翻。玄伯叩頭請死，慧龍曰：「各爲其主耳。」釋之。爲，于僞翻。左右諫曰：「宋人爲謀未已，不殺玄伯，無以制將來。」慧龍曰：「死生有命，彼亦安能害我！我以仁義爲扞蔽，又何憂乎！」遂捨之。史因慧龍守滎陽終言之。

10夏，五月，庚寅，魏主如雲中。

11六月，乙丑，大赦。

12夏主殺乞伏暮末及其宗族五百人。

13夏主畏魏人之逼，擁秦民十餘萬口，秦民，所得乞伏氏之民也。自治【章：甲十一行本「治」作「冶」；乙十一行本同。】城濟河，欲擊河西王蒙遜而奪其地。吐谷渾王慕璝遣益州刺史慕利延、寧州刺史拾虔璝，古回翻。考異曰：十六國春秋作「沒利延、拾虎」，今從宋書。帥騎三萬，乘其半濟，邀擊之，執夏主定以歸，赫連氏歷三主二十六年而滅。自是中原及西北之地一歸於魏矣。帥，讀曰率。騎，奇寄翻。沮渠興國被創而死。沮，子余翻。被，皮義翻。創，初良翻。拾虔，樹洛干之子也。樹洛干卒於晉安帝義熙十三年。

14魏之邊吏獲柔然邏者二十餘人，魏主賜衣服而遣之。柔然感悅。閏月，乙未，柔然敕連可汗遣使詣魏，魏主厚禮之。邏，郎佐翻。使，疏吏翻。

15魏主遣散騎侍郎周紹來聘，散，悉亶翻。騎，奇寄翻。且求昏；帝依違答之。

16荊州刺史江夏王義恭，年寖長，欲專政事，長史劉湛每裁抑之，遂與湛有隙。宋制：幼王臨州，率以長史行府州事，事皆決於行事。義恭欲專之而湛不可，遂有隙。長，知兩翻。帝心重湛，使人詰讓義恭，且和解之。詰，去吉翻。是時，王華、王曇首皆卒，卒，子恤翻。領軍將軍殷景仁素與湛善，白帝以時賢零落，徵湛爲太子詹事，加給事中，共參政事。以雍州刺史張邵代湛爲撫軍長史、南蠻校尉。

頃之，邵坐在雍州營私蓄聚，贓滿二百四十五萬，下廷尉，當死。永嘉五年，邵刺雍州。雍，於用翻。左衞將軍謝述上表，陳邵先朝舊勳，武帝討桓玄，邵白父敞表獻忠款，又不附劉毅。宜蒙優貸。帝手詔酬納，免邵官，削爵土。述謂其子綜曰：「主上矜邵夙誠，特加曲恕，吾所言謬會，故特見酬納耳。若此迹宣布，則爲侵奪主恩，不可之大者也。」使綜對前焚之。帝後謂邵曰：「卿之獲免，謝述有力焉。」

17秋，七月，己酉，魏主如河西。

18八月，乙酉，河西王蒙遜遣子安周入侍于魏。

19吐谷渾王慕璝遣侍郎謝太寧奉表于魏，請送赫連定。己丑，魏以慕璝爲大將軍、西秦王。璝，古回翻。

20左僕射臨川王義慶固求解職；甲辰，以義慶爲中書令，丹楊尹如故。

21九月，癸丑，魏主還宮。庚申，加太尉長孫嵩柱國大將軍，柱國大將軍始此。以左光祿大夫崔浩爲司徒，征西大將軍長孫道生爲司空。道生性清儉，一熊皮鄣泥，數十年不易。類篇：馬障泥曰韂。韂，昌豔翻。蜀註云：遮擁泥濘也。魏主使歌工歷頌羣臣曰：「智如崔浩，廉若道生。」

22魏主欲選使者詣河西，崔浩薦尙書李順，乃以順爲太常，拜河西王蒙遜爲侍中、都督涼州・西域・羌・戎諸軍事、太傅、行征西大將軍、涼州牧、涼王，王武威、張掖、敦煌、酒泉、西海、金城、西平七郡；使，疏吏翻。王武，于況翻。敦，徒門翻。册曰：「盛衰存亡，與魏升降。北盡窮髮，南極庸、峨，西被崐嶺，東至河曲，經典釋文：司馬曰：窮髮，北極之下無毛之地也。按：毛，草也。地理書云：山以草木爲髮。庸，魏興上庸之地。峨，峨山也。崐嶺，謂崐崙。河曲，朔方之河曲也。峨，與岷同。被，皮義翻。王實征之，以夾輔皇室。」置將相、羣卿、百官，承制假授；建天子旌旗，出入警蹕，如漢初諸侯王故事。

23壬申，魏主詔曰：「今二寇摧殄，將偃武脩文，理廢職，舉逸民。范陽盧玄、博陵崔綽、趙郡李靈、河間邢穎、勃海高允、廣平游雅、太原張偉等，皆賢儁之冑，冠冕周邦。「周」，當作「州」。【章：甲十一行本正作「州」；乙十一行本同；孔本同。】易曰：『我有好爵，吾與爾縻之。』易中孚九二爻辭。如玄之比者，盡敕州郡以禮發遣。」遂徵玄等及州郡所遣至者數百人，差次敍用。

崔綽以母老固辭。玄等皆拜中書博士。玄，諶之曾孫；晉永嘉之後，盧諶展轉於石氏之間，冉閔之敗，遂死於兵。諶，氏壬翻。靈，順之從父兄也。從，才用翻。玄舅崔浩，每與玄言，輒歎曰：「對子眞使我懷古之情更深。」盧玄，字子眞。浩欲大整流品，明辨姓族。玄止之曰：「夫創制立事，各有其時；樂爲此者，詎有幾人！宜加三思。」樂，音洛。三，息暫翻。浩不從，由是得罪於衆。

24 初，魏昭成帝始制法令：什翼犍謚昭成帝。「反逆者族；其餘當死者聽入金、馬贖罪；殺人者聽與死家牛馬、葬具以平之；盜官物，一備五；私物，一備十。」備，陪償也，今人多云陪備。四部大人共坐王庭決辭訟，無繫訊連逮之苦，境內安之。太祖入中原，道武帝廟號太祖。患前代律令峻密，命三公郎王德刪定，務崇簡易。事見一百十卷晉安帝隆安二年。易，以豉翻。季年被疾，刑罰濫酷；事見一百十一卷晉安帝隆安四年。被，皮義翻。太宗承之，吏文亦深。明元帝廟號太宗。冬，十月，戊寅，世祖命崔浩更定律令，除五歲、四歲刑，增一年刑；巫蠱者，負羖羊、抱犬沈諸淵。羖，果五翻。說文：夏羊壯曰羖；一說，羖，⿰羊歷羊也。沈，持林翻。初令官階九品者得以官爵除刑。漢官以石秩爲差，魏、晉始定品秩之次。婦人當刑而孕，產後百日乃決。闕左懸登聞鼓以達冤人。禹令有獄訟者搖鞀。周禮：左嘉石以平罷民。皆所以達幽枉也。登聞鼓，令負冤者得詣闕檛鼓，登時上聞也。

25魏主如漠南。十一月，丙辰，北部敕勒莫弗庫若干高車酋長謂之莫弗。考異曰：後魏書、北史本紀皆作「敕勒」，鄧淵傳皆作「高車」。按高車即敕勒別名也。帥所部數萬騎，驅鹿數百萬頭，詣魏主行在。帥，讀曰率。騎，奇寄翻。魏主大獵以賜從官。從，才用翻。十二月丁丑，還宮。

26是歲，涼王改元義和。

27林邑王范陽邁寇九德，交州兵擊卻之。九德郡，古越裳氏國，隋、唐爲驩州。

九年（壬申、四三二）

1春，正月，丙午，魏主尊保太后竇氏爲皇太后，尊保母爲母，非禮也。立貴人赫連氏爲皇后，子晃爲皇太子；大赦；改元延和。

2燕王立慕容后之子王仁爲太子。

3三月，庚戌，衞將軍王弘進位太保，加中書監。丁巳，征南大將軍檀道濟進位司空，還鎭尋陽。道濟自歷城還師至建康，復使之還鎭尋陽。

4壬申，吐谷渾王慕璝送赫連定于魏，魏人殺之。慕璝上表曰：「臣俘擒僭逆，獻捷王府，爵秩雖崇而土不增廓，車旗既飾而財不周賞；願垂鑒察。」魏主下其議。下，戶嫁翻。公卿以爲：「慕璝所致唯定而已，塞外之民皆爲己有，而貪求無厭，不可許也。」厭，於鹽翻。魏主乃詔曰：「西秦王所得金城、枹罕、隴西之地，枹，音膚。朕卽與之，乃是裂土，何須復廓。

復，扶又翻。西秦款至，綿絹隨使疏數，臨時增益，非一賜而止也。」使，疏吏翻；下同。疏，與疎同。數，所角翻。自是慕璝貢使至魏者稍簡。

5 魏方士祁纖奏改代爲萬年，以代尹爲萬年尹，代令爲萬年令。崔浩曰：「昔太祖應天受命，兼稱代、魏以法殷商。帝嚳都亳；子契受封於商，自契至湯八遷，湯始都亳，從先王居，謂之亳殷，故兼稱殷、商。國家積德，當享年萬億，不待假名以爲益也。纖之所聞，皆非正義，宜復舊號。」魏主從之。

6 夏，五月，壬申，華容文昭公王弘卒。弘明敏有思致，而輕率少威儀。性褊隘，好折辱人，人以此少之。思，相吏翻。少，詩沼翻。褊，方緬翻。好，呼到翻。折，之舌翻。雖貴顯，不營財利；及卒，家無餘業。帝聞之，特賜錢百萬，米千斛。

7 魏主治兵於南郊，謀伐燕。治，直之翻。

8 帝遣使者趙道生聘于魏。

9 六月，戊寅，司徒、南徐州刺史彭城王義康改領揚州刺史。王弘卒，義康始領揚州。

10 詔分青州置冀州，宋冀州領廣川、平原、淸河、樂陵、魏郡、河間、頓丘、高陽、勃海九郡，皆僑置於河、濟間。治歷城。

11 吐谷渾王慕璝遣其司馬趙敍入貢，且來告捷。告擒赫連定之捷也。璝，古回翻。

12 庚寅，魏主伐燕。命太子晃錄尚書事，時晃纔五歲。又遣左僕射安原、建寧王崇等屯漠南以備柔然。

13 辛卯，魏主遣散騎常侍鄧穎來聘。

14 乙未，以吐谷渾王慕璝爲都督西秦・河・沙三州諸軍事、征西大將軍、西秦・河二州刺史，進爵隴西王，且命慕璝悉歸南方將士先沒於夏者，得百五十餘人。劉義眞之敗沒於夏者。又加北秦州刺史楊難當征西將軍。難當以兄子保宗爲鎮南將軍，鎮宕昌；宕昌，隋、唐爲宕州之地。宕，徒浪翻。以其子順爲秦州刺史，守上邽。保宗謀襲難當，事泄，難當囚之。

15 壬寅，以江夏王義恭爲都督南兗等六州諸軍事、開府儀同三司、南兗州刺史，臨川王義慶爲都督荆・雍等七州諸軍事、荆州刺史，雍，於用翻。竟陵王義宣爲中書監，衡陽王義季爲南徐州刺史。初，高祖以荆州居上流之重，土地廣遠，資實兵甲居朝廷之半，故遺詔令諸子居之。上以義慶宗室令美，且烈武王有大功於社稷，臨川王道規諡烈武王。故特用之。

16 秋，七月，己未，魏主至濡水。水經：濡水自塞外來，過遼西令支、肥如、海陽等縣而入于海。濡，乃官翻。庚申，遣安東將軍奚斤發幽州民及密雲丁零萬餘人，魏收曰：道武帝皇始二年，置密雲郡密雲縣，治提攜城，本漢厗奚縣地。孟康曰：厗，音題。運攻具，出南道，會和龍。魏主至遼西，燕王遣其侍御史崔聘奉牛酒犒師。己巳，魏主至和龍。

17 庚午，以領軍將軍殷景仁爲尚書僕射，太子詹事劉湛爲領軍將軍。

18 益州刺史劉道濟，粹之弟也，信任長史費謙、別駕張熙等，聚斂興利，費，扶弗翻。傷政害民，立官冶，禁民鼓鑄而貴賣鐵器，商賈失業，吁嗟滿路。斂，力贍翻。賈，音古。流民許穆之，變姓名稱司馬飛龍，自云晉室近親，往依氐王楊難當。難當因民之怨，資飛龍以兵，使侵擾益州。飛龍招合蜀人，得千餘人，攻殺巴興令，沈約曰：巴興令，徐志不註置立，疑李氏所立，屬遂寧郡。宋白曰：晉永和十一年置巴興縣，西魏改曰長江縣，唐屬遂州。逐陰平太守；晉孝武帝泰始中，置陰平郡，至武帝永初間，又分爲南陰平、北陰平。此南陰平也。隋併南陰平入雒縣。宋白曰：文州，古陰平也。戰國氐、羌所據，漢爲陰平道，魏、晉爲陰平郡陰平縣。永嘉末，太守王鑒以郡降李雄，晉人於是悉流移於蜀、漢，其氐、羌並屬楊茂搜，此郡不復預受正朔，故南史諸志悉無所錄。其晉人流寓於蜀者，仍於益州立南、北二陰平，寓於漢中者亦於梁州立南北二陰平。今劍州陰平縣，益州之北陰平郡也。道濟遣軍擊斬之。道濟欲以五城人帛氐奴、梁顯爲參軍督護，孫愐曰：帛，姓也。費謙固執不與。氐奴等與鄉人趙廣構扇縣人，詐言司馬殿下猶在陽泉山中，聚衆得數千人，引向廣漢；沈約曰：蜀分緜竹立陽泉縣，屬廣漢郡，隋復併入緜竹。道濟參軍程展會治中李抗之將五百人擊之，皆敗死。巴西人唐頻聚衆應之，趙廣等進攻涪城，陷之。將，即亮翻。涪，音浮。於是涪陵、江陽、遂寧諸郡守皆棄城走，蜀土僑、舊俱反。沈約曰：遂寧郡，永初郡國志有之，疑晉末分廣漢所立，唐爲遂州。守，手又翻；下太守同。

19 燕石城太守李崇等十郡降于魏。石城縣，前漢屬右北平，燕分置石城郡。魏眞君八年，置建德郡於白狼，以石城爲縣，屬焉。降，戶江翻。魏主發其民三萬穿圍塹以守和龍。崇，績之子也。李績見一百卷晉穆帝升平四年。塹，七豔翻。

八月，燕王使數萬人出戰，魏昌黎公丘等擊破之，「公丘」之下當有漏字。死者萬餘人。燕尚書高紹帥萬餘家保羌胡固；帥，讀曰率。辛巳，魏主攻紹，斬之。平東將軍賀多羅攻帶方，撫軍大將軍永昌王健攻建德，驃騎大將軍樂平王丕攻冀陽，皆拔之。

九月，乙卯，魏主引兵西還，徙營丘、成周、遼東、樂浪、帶方、玄菟六郡民三萬家於幽州。五代志曰：後魏置營州於和龍城，領建德、冀陽、遼東、樂浪、營丘等郡，龍城、大興、永樂、帶方、定荒、石城、廣都、陽武、襄平、新昌、平剛、柳城、富平等縣。蓋燕國自慕容以來，分置郡縣於遼西，其後或省或併，爲郡爲縣，皆不可考；如玄菟郡亦當置於遼西也。驃，匹妙翻。騎，奇寄翻。樂浪，音洛琅。菟，同都翻。

燕尚書郭淵勸燕王送款獻女於魏，乞爲附庸。燕王曰：「負釁在前，結忿已深，降附取死，不如守志更圖也。」釁，許覲翻。降，戶江翻。

魏主之圍和龍也，宿衛之士多在戰陳，陳，與陣同。行宮人少。雲中鎭將朱脩之謀與南人襲殺魏主，因入和龍，浮海南歸；以告冠軍將軍毛脩之，毛脩之不從，乃止。少，詩沼翻。

將，卽亮翻。冠，古玩翻。既而事泄，朱脩之逃奔燕。魏人數伐燕，數，所角翻。燕王遣脩之南歸求救。脩之汎海至東萊，遂還建康，拜黃門侍郎。

20 趙廣等進攻成都，劉道濟嬰城自守。賊衆屯聚日久，不見司馬飛龍，欲散去。廣懼，將三千人及羽儀詣陽泉寺，以羽爲儀，故曰羽儀。詐云迎飛龍。至，則謂道人枹罕程道養曰：枹，音膚。「汝但自言是飛龍，則坐享富貴；不則斷頭！」斷，丁管翻。道養惶怖許諾。怖，普布翻。廣乃推道養爲蜀王、車騎大將軍、益・梁二州牧，改元泰始，備置百官。以道養弟道助爲驃騎將軍、長沙王，鎭涪城；趙廣、帛氏奴、梁顯及其黨張尋、嚴遐皆爲將軍，奉道養還成都，衆至十餘萬，四面圍城。使人謂道濟曰：「但送費謙、張熙來，我輩自解去。」道濟遣中兵參軍裴方明、任浪之各將千餘人出戰，皆敗還。任，音壬。

21 冬，十一月，乙巳，魏主還平城。

22 壬子，以少府中山甄法崇爲益州刺史。代劉道濟也。甄，之人翻。

23 初，燕王嫡妃王氏，生長樂公崇，崇於兄弟爲最長。樂，音洛。最長，知兩翻。及卽位，立慕容氏爲王后，王氏不得立，又黜崇，使鎭肥如。燕以幽州刺史鎭肥如，遼西之地也。崇母弟廣平公朗、樂陵公邈相謂曰：「今國家將亡，人無愚智皆知之。王復受慕容后之譖，復，扶又翻。吾兄弟死無日矣。」乃相與亡奔遼西，說崇使降魏，崇從之。會魏主使給事郎王德招崇，「給事郎」，北史作「給事中」。說，輸芮翻。降，戶江翻；下同。十二月，己丑，崇使邈如魏，請舉郡降。燕王聞之，使其將封羽圍崇於遼西。將，卽亮翻；下同。

24魏主徵諸名士之未仕者，州郡多逼遣之。魏主聞之，下詔令守宰以禮申諭，申，重也。重，直龍翻。守，式又翻。任其進退，毋得逼遣。

25初，帝以少子紹爲廬陵孝獻王嗣，義眞謚曰孝獻。少，詩照翻。以江夏王義恭子朗爲營陽王嗣；庚寅，封紹爲廬陵王，朗爲南豐縣王。

26裴方明等復出擊程道養營，破之，復，扶又翻；下衆復、豈復、順復同。焚其積聚。積，子賜翻。聚，才諭翻。

賊黨江陽楊孟子將千餘人屯城南，江陽，隋併入陽州隆山縣。參軍梁儁之統南樓，投書說諭孟子，邀使入城見劉道濟，道濟版爲主簿，克期討賊。趙廣知其謀，孟子懼，將所領奔晉原，晉原太守文仲興與之同拒守。趙廣遣帛氏奴攻晉原，破之，李雄分蜀郡爲漢原郡，晉穆帝更名晉原郡，治江原縣，唐爲蜀州晉原縣。宋白曰：晉原縣本漢江原縣地，李雄立江原郡，晉改爲多融縣，又改晉原，以縣界晉原山爲名。仲興、孟子皆死。裴方明復出擊賊，屢戰，破之，賊遂大潰；程道養收衆得七千人，還廣漢，趙廣別將五千餘人還涪城。

先是，張熙說道濟糶倉穀，先，悉薦翻。說，輸芮翻。故自九月末圍城至十二月，糧儲俱盡。

方明將二千人出城求食，爲賊所敗，敗，補邁翻。單馬獨還，賊衆復大集。方明夜縋而上，縋，馳僞翻。上，時掌翻。道濟爲設食，爲，于僞翻；下微爲同。涕泣不能食。道濟曰：「卿非大丈夫，小敗何苦！賊勢既衰，臺兵垂至，但令卿還，何憂於賊！」卽減左右以配之。賊於城外揚言，云「方明已死」，城中大恐。道濟夜列炬火，出方明以示衆，衆乃安。道濟悉出財物於北射堂，令方明募人。時城中或傳道濟已死，莫有應者。梁儁之說道濟遣左右給使三十餘人出外，梁攜之，蓋卽梁儁之，「攜」字誤也。且告之曰：「吾病小損，各聽歸家休息。」給使既出，城中乃安，應募者日有千餘人。

27 初，晉謝混尚晉陵公主。晉陵公主，晉孝武之女。混死，見一百十六卷晉安帝義熙八年。詔公主與謝氏絕婚；公主悉以混家事委混從子弘微。從，才用翻。混仍世宰輔，僮僕千人，唯有二女，年數歲，弘微爲之紀理生業，一錢尺帛有文簿。爲，于僞翻。九年而高祖卽位，公主降號東鄉君，聽還謝氏。入門，室宇倉廩，不異平日，田疇墾闢，有加於舊。東鄉君歎曰：「僕射平生重此子，可謂知人；僕射爲不亡矣！」混仕晉爲尚書左僕射。親舊見者爲之流涕。是歲，東鄉君卒，爲，于僞翻。卒，子恤翻。公私咸謂貲財宜歸二女，田宅、僮僕應屬弘微。弘微一無所取，自以私祿葬東鄉君。

混女夫殷叡好摴蒱，好，呼到翻。聞弘微不取財物，乃奪其妻妹及伯母、兩姑之分以還戲責。分，扶問翻。責，如字，又讀曰債。內人皆化弘微之讓，一無所爭。或譏之曰：「謝氏累世財產，充殷君一朝戲責，理之不允，莫此爲大。卿視而不言，譬棄物江海以爲廉耳。設使立清名而令家內不足，亦吾所不取也。」弘微曰：「親戚爭財，爲鄙之甚，今內人尚能無言，豈可導之使爭乎！分多共少，不至有乏，身死之後，豈復見關也？」

28 禿髮保周自涼奔魏，保周奔涼見一百十六卷晉安帝義熙十年。魏封保周爲張掖公。

29 魏李順復奉使至涼。復，扶又翻。使，疏吏翻。涼王蒙遜遣中兵校郎楊定歸謂順曰：「年衰多疾，腰髀不隨，不堪拜伏；比三五日消息小差，當相見。」比，必寐翻，及也。順曰：「王之老疾，朝廷所知；豈得自安，不見詔使！」明日，蒙遜延順入至庭中，蒙遜箕坐隱几，無動起之狀。師古曰：謂伸兩脚而坐，其形如箕。隱，於靳翻。順正色大言曰：「不謂此叟無禮乃至於此！今不憂覆亡而敢陵侮天地；魂魄逝矣，何用見之！」握節將出。涼王使定歸追止之，曰：「太常既雅恕衰疾，雅，素也。傳聞朝廷有不拜之詔，是以敢自安耳。」順曰：「齊桓公九合諸侯，一匡天下；周天子賜胙，命無下拜，桓公猶不敢失臣禮，下拜登受。齊桓公合諸侯於葵丘，王使宰孔賜胙，齊侯將下拜。孔曰：「天子以伯舅耋老，加勞賜一級，無下拜。」對曰：「天威不違顏咫尺。小白余敢貪天子之命無下拜？恐隕越于下，以爲天子羞，敢不下拜！」下拜，登受。今王雖功高，未如齊桓；朝廷雖相崇重，未有不拜之詔；而遽自偃蹇，此豈社稷之福邪！」蒙遜乃起，拜受詔。

使還，魏主問以涼事。順曰：「蒙遜控制河右，踰三十年，晉安帝隆安五年蒙遜殺段業，篡有其國，至是三十一年。經涉艱難，粗識機變，粗，坐五翻。綏集荒裔，羣下畏服；雖不能貽厥孫謀，猶足以終其一世。然禮者德之輿，敬者身之基也；蒙遜無禮、不敬，以臣觀之，不復年矣。」復，扶又翻，言其死在朝夕。魏主曰：「易世之後，何時當滅？」順曰：「蒙遜諸子，臣略見之，皆庸才也。如聞敦煌太守牧犍，器性粗立，敦，徒門翻。犍，居言翻。繼蒙遜者，必此人也。然比之於父，皆云不及。此殆天之所以資聖明也。」考異曰：後魏書，順初奉册拜沮渠蒙遜爲涼州牧，即有蒙遜不拜及順使還論牧犍事。南史，順册拜蒙遜還，拜都督四州、長安鎮都大將、開府，徵爲四部尚書，加常侍。延和初使涼，始有不拜等事。今據順云「不復周矣」；明年蒙遜死，帝曰：「卿言蒙遜死，驗矣」。故從南史。魏主曰：「朕方有事東方，謂方圖燕也。未暇西略。如卿所言，不過數年之外，不爲晚也。」

初，罽賓沙門曇無讖，自云能使鬼治病，且有祕術。北史曰：曇無讖自云能使鬼療病，令婦人多子。罽，音計。曇，徒含翻。讖，楚譖翻。治，直之翻。涼王蒙遜甚重之，謂之「聖人」，諸女及子婦皆往受術。魏主聞之，使李順往徵之。蒙遜留不遣，仍殺之。魏主由是怒涼。

蒙遜荒淫猜虐，羣下苦之。爲魏滅涼張本。

十年（癸酉、四三三）

1 春，正月，乙卯，魏主遣永昌王健督諸軍救遼西。以馮崇被圍也。

2 己未，大赦。

3 丙寅，魏以樂安王範爲都督秦・雍等五州諸軍事、衞大將軍、開府儀同三司、長安鎮都大將。都大將又在鎮大將之上。雍，於用翻。將，即亮翻；下同。魏主以範年少，少，詩照翻。更選舊德平西將軍崔徽、征北大將軍鴈門張黎爲之副，共鎮長安。徽，宏之弟也。崔宏，崔浩之父也。範謙恭寬惠，徽務敦大體，黎清約公平，政刑簡易，易，以豉翻。輕傜薄賦，關中遂安。

4 二月，庚午，魏主以馮崇爲都督幽・平・東夷諸軍事、車騎大將軍、幽・平二州牧，封遼西王，錄其國尚書事，食遼西十郡，承制假授尚書、刺史、征虜已下官。自征虜以下雜號將軍皆得假授。騎，奇寄翻。

5 魏平涼休屠征西將軍金崖、句斷。屠，直於翻。羌涇州刺史狄子玉魏置涇州於安定郡，治臨涇城。與安定鎮將延普爭權，崖、子玉舉兵攻普，不克，退保胡空谷。即胡空堡之地。魏主以虎牢鎮大將陸俟爲安定鎮大將，擊崖等，皆擒之。

魏主徵陸俟爲散騎常侍，出爲懷荒鎮大將，懷荒鎮，魏降高車所置六鎮之一也。散，悉亶翻。騎，奇寄翻。未期歲，高車諸莫弗訟俟嚴急無恩，復請前鎮將郎孤。復，扶又翻；下無復、將復同。魏主徵俟還，以孤代之。俟既至，言於帝曰：「不過期年，郎孤必敗，高車必叛。」期，讀曰朞。帝怒，切責之，使以建業公歸第。明年，諸莫弗果殺郎孤而叛。帝大驚，立召俟問之曰：「卿何以知其然也？」倏曰：「高車不知上下之禮，故臣臨之以威，制之以法，欲以漸訓導，使知分限。分，扶問翻。而諸莫弗惡臣所爲，惡，烏路翻。訟臣無恩，稱孤之美。臣以罪去，孤獲還鎮，悅其稱譽，譽，音余。益收名聲，專用寬恕待之。無禮之人，易生驕慢，易，以豉翻。不過期年，無復上下，孤所不堪，必將復以法裁之。如此，則衆心怨懟，必生禍亂矣。」魏裴潛去代郡而烏桓叛，事亦如此。懟，直類翻。帝笑曰：「卿身雖短，思慮何長也！」卽日復以爲散騎常侍。

6 壬午，魏主如河西，遣兼散騎常侍宋宣來聘，且爲太子晃求婚；爲，于僞翻。帝依違答之。

7 劉道濟卒，梁儁之、裴方明等密埋其尸於齋後，詐爲道濟教命以答籤疏，雖其母妻亦不知也。程道養於毀金橋登壇郊天，方明將三千人出擊之，將，卽亮翻；下同。道養等大敗，退保廣漢。

荆州刺史臨川王義慶以巴東太守周籍之督巴西等五郡諸軍事，將二千人救成都。

8 三月，亡人司馬天助降於魏，自稱晉會稽世子元顯之子；降，戶江翻。會，工外翻。魏人以爲青·徐二州刺史、東海公。

9 壬子，魏主還宮。

10 趙廣等自廣漢至郪，郪縣自漢以來屬蜀郡。師古曰：郪，音疲。連營百數。周籍之與裴方明等合兵攻郫，克之，進擊廣等於廣漢，廣等走還涪及五城。涪，音浮。夏，四月，戊寅，始發劉道濟喪。

11帝聞梁、南秦二州刺史甄法護刑政不治，甄，之人翻。失氐、羌之和，乃自徒中起蕭思話爲梁、南秦二州刺史。考異曰：思話傳云：「楊難當寇漢中，乃用思話。」按本紀及氐胡傳，難當寇漢中皆在十一月。法護，法崇之兄也。

12涼王蒙遜病甚，國人共議，以世子菩提幼弱，立菩提之兄敦煌太守牧犍爲世子，加中外都督、大將軍、錄尚書事。菩，薄乎翻。犍，居言翻。考異曰：宋書、十六國春秋作「茂虔」。後魏書紀傳作「牧犍」，今從之。蒙遜卒，謚曰武宣王，廟號太祖。牧犍卽河西王位，大赦，改元永和。立子封壇爲世子，加撫軍大將軍、錄尚書事。遣使請命于魏。牧犍聰穎好學，使，疏吏翻。好，呼到翻。和雅有度量，故國人立之。

先是，魏主遣李順迎武宣王女爲夫人，先，悉薦翻。會卒，牧犍稱先王遺意，遣左丞宋繇送其妹興平公主于魏，拜右昭儀。李延壽曰：魏主增置左、右昭儀。

魏主謂李順曰：「卿言蒙遜死，今則驗矣；又言牧犍立，何其妙哉！朕克涼州，亦當不遠。」於是賜絹千匹，廄馬一乘，乘，繩證翻。進號安西將軍，寵待彌厚，政事無巨細皆與之參議。李順以言中見寵待，而亦以爲涼隱受誅，爲臣之不易也如此！

遣順拜牧犍都督涼沙河三州・西域羌戎諸軍事、車騎將軍、開府儀同三司、涼州刺史、河西王，騎，奇寄翻。以宋繇爲河西王右相。牧犍以無功受賞，留順，上表乞安、平一號；謂若安西將軍、若平西將軍，乞一號。優詔不許。

牧犍尊敦煌劉昞爲國師，敦，徒門翻。親拜之，命官屬以下皆北面受業。

13 五月，己亥，魏主如山北。武周山之北也。

14 林邑王范陽邁遣使入貢，求領交州；使，疏吏翻。詔答以道遠，不許。

15 裴方明進軍向涪城，破張尋、唐頻，擒程道助，斬嚴遐，於是趙廣等皆奔散。

16 六月，魏永昌王健、左僕射安原督諸軍擊和龍，將軍樓敦別將五千騎圍凡城。魏書官氏志：內入諸姓，賀樓氏改爲樓氏。將，卽亮翻；下同。燕守將封羽以凡城降，降，戶江翻；下同。收其三千餘家而還。

17 辛巳，魏人發秦、雍兵一萬，築小城於長安城內。雍，於用翻。

18 秋，八月，馮崇上表請說降其父；說，輸芮翻。魏主不聽。

19 九月，益州刺史甄法崇至成都，收費謙，誅之。費，扶沸翻。程道養、張尋將二千餘家逃入郪山，廣漢郪縣之山也。師古曰：郪，音妻，又音千私翻。餘黨各擁衆藏竄山谷，時出爲寇不絕。

20 戊午，魏主遣兼大鴻臚崔賾持節拜氐王楊難當爲征南大將軍、開府儀同三司、秦・梁二州牧、南秦王。賾，逞之子也。崔逞自燕歸魏，以侮慢爲魏主珪所殺。賾，士革翻。

21 楊難當因蕭思話未至，甄法護將下，舉兵襲梁州，破白馬，獲晉昌太守張範，白馬戍在沔水北，卽陽平關。晉桓溫平蜀，以巴、漢流人立晉昌郡於上庸之西。敗法護參軍魯安期等；敗，補邁翻。又攻葭萌，獲晉壽太守范延朗。晉孝武太元十五年，梁州刺史周馥表分梓潼立晉壽郡，古葭萌之地也。葭音家。冬，十一月，丁未，法護棄城奔洋川之西城。後魏方立洋川郡於漢中之西鄉縣，此蓋因其地有洋水，故謂之洋川。洋，音祥，又如字。難當遂有漢中之地，以其司馬趙溫爲梁、秦二州刺史。

22 甲寅，魏主還宮。

23 十二月，己巳，魏大赦。

24 辛未，魏主如陰山之北。

25 魏寧朔將軍盧玄來聘。

26 前祕書監謝靈運，好爲山澤之遊，五年，靈運免官，故曰前。好，呼到翻。窮幽極險，從者數百人，從，才用翻。伐木開徑；百姓驚擾，以爲山賊。會稽太守孟顗與靈運有隙，會，工外翻。顗，魚豈翻。表其有異志，發兵自防。靈運詣闕自陳，上以爲臨川內史。

靈運遊放自若，廢棄郡事，爲有司所糾。是歲，司徒遣使隨州從事鄭望生收靈運；使，疏吏翻。望生蓋爲江州從事。靈運執望生，興兵逃逸，作詩曰：「韓亡子房奮，秦帝魯連恥。」靈運自以世爲晉臣，故賦是詩。子房事見七卷秦始皇二十九年；魯連事見考異。追討，擒之。廷尉奏靈運率衆反叛，論正斬刑。上愛其才，欲免官而已。彭城王義康堅執，謂不宜恕。乃降死一等，徙廣州。

久之，或告靈運令人買兵器，結健兒，欲於三江口篡取之，不果。水經：溫水出牂柯夜郎縣，東至鬱林廣鬱縣爲鬱水。灕水出陽海山，南過蒼梧荔浦縣，又南至廣信縣入于鬱。封水出臨賀郡馮乘縣西牛屯山，西南流入廣信縣，南流注于鬱水。此蓋三水所會之地，謂之三江口。詔於廣州棄市。

靈運恃才放逸，多所陵忽，故及於禍。

27 魏立徐州於外黃，以刁雍爲刺史。雍，於容翻。

十一年（甲戌、四三四）

1 春，正月，戊戌，燕王遣使請和於魏；使，疏吏翻。魏主不許。

2 楊難當以克漢中告捷於魏，送雍州流民七千家於長安。雍，於用翻。蕭思話至襄陽，遣橫野司馬蕭承之爲前驅。思話時以橫野將軍鎮梁州，以承之爲司馬。承之緣道收兵，得千人，進據磝頭。水經註：漢水逕黃金南，東流歷敖頭，魏興安康縣治。磝、敖同音。楊難當焚掠漢中，引衆西還，留趙溫守梁州；又遣其魏興太守薛健據黃金山。思話遣陰平太守蕭坦攻鐵城戍，拔之。黃金山註見七十四卷魏邵陵厲公正始五年。水經註：鐵城與黃金戍相對，一城在山上，一城在山下。

二月，趙溫、薛健與其馮翊太守蒲甲子合攻坦營，坦擊破之，溫等退保西水。水經註「西水」作「西水」。臨川王義慶遣龍驤將軍裴方明將三千人助承之，驤，思將翻。將，即亮翻；下同。拔黃金戍而據之。溫棄州城，退據小城，健、甲子退保下桃城。思話繼至，與承之共擊趙溫等，屢破之。行參軍王靈濟別將出洋川，攻南城，拔之，沈約曰：譙縱滅，梁州刺史還治漢中之苞中縣，所謂南城也。余考前史漢中郡無苞中縣，意卽褒中縣，蓋因語近而字遂訛也。褒中縣在南鄭西南，故謂之南城。擒其守將趙英。南城空無所資，靈濟引兵還，與承之合。

3魏主以西海公主妻柔然敕連可汗；妻，七細翻。可，從刊入聲。汗，音寒。又納其妹爲夫人，遣潁川王提往逆之。丁卯，敕連遣其異母兄禿鹿傀送妹，并獻馬二千匹。傀，公回翻。魏主以其妹爲左昭儀。提，曜之子也。

4辛卯，魏主還宮；三月，甲寅，復如河西。復，扶又翻。

5楊難當遣其子和將兵與蒲甲子等共擊蕭承之，相拒四十餘日，圍承之數十重，短兵接，弓矢無所復施。氐悉衣犀甲，戈矛所不能入。重，直龍翻。復，扶又翻；下可復同。衣，於既翻。周禮考工記：犀甲壽百年，以牛皮爲之。承之斷稍長數尺，以大斧椎之，一稍輒貫數人。斷，丁管翻。稍，色角翻。長，直亮翻。氐不能當，燒營走，據大桃。閏月，承之等追擊之，至南城。氐敗走，斬獲甚衆，悉收漢中故地，置戍於葭萌水，水經註：白水出臨洮縣西南西傾山，東南流，至葭萌縣北，因謂之葭萌水；水有津關，即所謂白水關也。

初，桓希旣敗，希敗見一百十三卷晉安帝元興三年。氐王楊盛據漢中，梁州刺史范元之、傅歆皆治魏興，治，直之翻。唯得魏興、上庸、新城三郡。及索邈爲刺史，見一百十六卷晉安帝義熙九年，索，昔各翻。乃治南城。至是，南城爲氐所焚，不可復固，蕭思話徙鎮南鄭。自此梁州治南鄭。

6 甲戌，赫連昌叛魏西走；丙子，河西候將格殺之。此河西，五原河西也。候將，斥候將也。將，即亮翻。魏人并其羣弟誅之。

7 己卯，魏主還宮。

8 辛巳，燕王遣尚書高顒上表稱藩，請罪于魏，顒，魚容翻。乞以季女充掖庭；魏主乃許之徵其太子王仁入朝。

燕王送魏使者于什門還平城。朝，直遙翻。使，疏吏翻；下同。什門在燕二十一年，不屈節。什門使燕見一百十六卷晉安帝義熙十年，考異曰：後魏書節義傳云：「什門在燕歷二十四年。」按後魏本紀，神瑞元年八月，遣于什門招諭馮跋，至此年，二十一年矣。若二十四年，乃在太延三年；而太延二年馮氏亡矣。魏主下詔褒稱，以比蘇武，拜治書御史，治，直之翻。賜羊千口，帛千匹，策告宗廟，頒示天下。

9 戊子，休屠金當川圍魏陰密，陰密縣，漢晉屬安定郡，魏收志屬平涼郡。括地志：陰密故城，在涇州鶉觚縣西。屠，直於翻。夏，四月，乙未，魏征西大將軍常山王素擊之。丁未，魏主行如河西。壬戍，獲當川，斬之。

10 甄法護坐委鎮，賜死於獄。甄，之人翻。楊難當遣使奉表謝罪，帝下詔赦之。

11 河西王牧犍遣使上表，告嗣位。戊寅，詔以牧犍爲都督涼、秦等四州諸軍事、征西大將軍、涼州刺史、河西王。犍，居言翻。

12 六月，甲辰，魏主還宫。

13 燕王不遣太子質魏，質，音致。散騎常侍劉滋諫曰：散，悉亶翻。騎，奇寄翻。「昔劉禪有重山之險，孫晧有長江之阻，皆爲晉擒。劉禪事見七十八卷魏元帝景元四年。孫晧事見七十九卷晉武帝太康元年。重，直龍翻。何則？強弱之勢異也。今吾弱於吳、蜀而魏強於晉，不從其欲，將有危亡之禍。願亟遣太子，而修政事，撫百姓，收離散，賑飢窮，勸農桑，省賦役，社稷猶庶幾可保。」燕王怒，殺之。

辛亥，魏主遣撫軍大將軍永昌王健等伐燕，收其禾稼，徙民而還。還，從宣翻，又如字。

14 秋，七月，壬午，魏主如美稷，遂至隰城，隰城縣自漢以來屬西河郡。劉昫曰：汾州西河縣，漢美稷縣，隋爲隰城縣，上元元年，更名西河。蓋二縣皆併於汾州西河縣矣。命陽平王它督諸軍擊山胡白龍於西河。山胡卽稽胡，一曰步落稽，蓋匈奴別種，劉元海五部之苗裔也。或云：山戎赤狄之後。自離石以西，安定以東，方七八百里，居山谷間，種落繁熾。它，熙之子也。陽平王熙見一百十九卷武帝永初二年。

魏主輕山胡，日引數十騎登山臨視之。騎，奇寄翻。白龍伏壯士十餘處掩擊之，魏主墜馬，幾爲所擒。幾，居希翻。內入行長代人陳建以身扞之，內入行長，魏官也。蓋選勇力之士，入直禁中，行長則其部帥也。魏書官氏志：次南諸姓，侯莫陳氏改爲陳氏。行，戶剛翻。長，知兩翻。大呼奮擊，殺胡數人，身被十餘創，呼，火故翻。被，皮義翻。魏主乃免。

九月，戊子，大破胡衆，斬白龍，屠其城。冬，十月，甲午，魏人破白龍餘黨於五原，誅數千人，以其妻子賜將士。

十一月，魏主還宮；十二月，甲辰，復如雲中。復，扶又翻。

十二年（乙亥、四三五）

1 春，正月，己未朔，日有食之。

2 辛酉，大赦。

3 辛未，上祀南郊。

4 燕王數爲魏所攻，數，所角翻。遣使詣建康稱藩奉貢。癸酉，詔封爲燕王；江南謂之黃龍國。以其都和龍也。今北國以和龍爲黃龍府。

5 甲申，魏大赦，改元太延。

6 有老父投書於敦煌東門，敦，徒門翻。求之，不獲。書曰：「涼王三十年若七年。」河西王牧犍以問奉常張慎，對曰：「昔虢之將亡，神降于莘。左傳：莊公三十二年，有神降于莘。虢公使祝應、宗區、史嚚享焉。神賜之土田。史嚚曰：「虢其亡乎！吾聞之：『國將興，聽於民；將亡，聽於神。』神，聰明正直而壹者也，依人而行。虢多涼德，其何土之能得！」後七年，晉滅虢。犍，居言翻。虢，古百翻。願陛下崇德脩政，以享三十年之祚；若盤于遊田，荒于酒色，臣恐七年將有大變。」牧犍不悅。史言涼之將亡。

7 二月，丁未，魏主還宮。

8 三月，癸亥，燕王遣大將湯燭入貢於魏，將，即亮翻。辭以太子王仁有疾，故未之遣。

9 領軍將軍劉湛與僕射殷景仁素善，湛之入也，景仁實引之。見上八年。湛既至，以景仁位遇本不踰己，而一旦居前，意甚憤憤；俱被時遇，以景仁專管內任，謂爲間己，被，皮義翻。間，古莧翻。猜隙漸生。知帝信仗景仁，不可移奪，時司徒義康專秉朝權，朝，直遙翻；下同。湛嘗爲義康上佐，見一百十九卷武帝永初元年。遂委心自結，欲因宰相之力以回上意，傾黜景仁，獨當時務。

夏，四月，己巳，帝加景仁中書令、中護軍，即家爲府；湛加太子詹事。湛愈憤怒，使義康毀景仁於帝，帝遇之益隆。景仁對親舊歎曰：「引之令入，入便噬人！」乃稱疾解職，表疏累上；上，時掌翻。帝不許，使停家養病。

湛議遣人若劫盜者於外殺之，以爲帝雖知，當有以解之，不能傷義康至親之愛。帝微聞之，遷護軍府於西掖門外，使近宮禁，近，其靳翻。故湛謀不行。義康僚屬及諸附麗湛者，潛相約勒，無敢歷殷氏之門。彭城王主簿沛郡劉敬文父成，未悟其機，詣景仁求郡。敬文遽往謝湛曰：「老父悖耄，遂就殷鐵干祿。鐵，景仁小字也。悖，蒲內翻。由敬文闇淺，上負生成，闔門慙懼，無地自處。」史言劉湛怙權，時輩諂事之。處，昌呂翻。唯後將軍司馬庾炳之遊二人之間，皆得其歡心，而密輸忠於朝廷。景仁臥家不朝謁，帝常使炳之銜命往來，湛不疑也。爲後廢義康誅湛張本。炳之，登之之弟也，庾登之見一百二十卷元嘉三年。

10 燕王遣右衞將軍孫德來乞師。

11 五月，庚申，魏主進宜都公穆壽爵爲王，汝陰公長孫道生爲上黨王，宜城公奚斤爲恆農王，奚斤先封宜城王，以罪降爲公。魏顯祖諱弘，乃改弘農爲恆農；史以後來郡名書之。長，知兩翻。恆，戶登翻。廣陵公樓伏連爲廣陵王；加壽征東大將軍。壽辭曰：「臣祖父崇所以得効功前朝，流福於後者，由梁眷之忠也。事見一百六卷晉孝武太元十年。今眷元勳未錄，而臣獨奕世受賞，心實愧之。」魏主悅，求眷後，得其孫，賜爵郡公。壽，觀之子也。穆觀見一百十九卷武帝永初三年。

12 龜茲、疏勒、烏孫、悅般、渴槃陁、鄯善、焉耆、車師、粟特九國入貢于魏。龜茲、疏勒、烏孫、鄯善、焉耆、車師，漢時舊國也。悅般國在烏孫西北，去代一萬九百三十里，其先北匈奴之部落，爲竇憲所破，北單于度金微山，西走康居，其羸弱不能去，住龜茲北地爲悦般國，涼州人猶謂之單于王。渴槃陁國在葱嶺東，朱駒波西。「粟持」，當從魏書、隋書作「粟特」。粟特國在葱嶺之西，當康居西北，去代一萬六千里，漢之奄蔡國也。龜茲，音丘慈。般，釋典音鉢。槃，薄官翻。陁，徒河翻。鄯，上扇翻。考異曰：後魏書皆作「烏耆」，云漢時舊國也，按漢書作「焉耆」，今從之。魏主以漢世雖通西域，有求則卑辭而來，無求則驕慢不服；蓋自知去中國絕遠，大兵不能至故也。今報使往來，徒爲勞費，終無所益，欲不遣使。使，疏吏翻；下同。有司固請，以爲「九國不憚險遠，慕義入貢，不宜拒絕，以抑將來。」乃遣使者王恩生等二十輩使西域。恩生等始渡流沙，爲柔然所執，恩生見敕連可汗，可，從刊入聲。汗，音寒。持魏節不屈。魏主聞之，切責敕連，敕連乃遣恩生等還，竟不能達西域。

13 甲戌，魏主如雲中。

14 六月，甲午，魏主以時和年豐，嘉瑞沓臻，詔大酺五日，酺，音蒲。徧祭百神，用答天貺。

15 丙午，高句麗王璉遣使入貢于魏，句，如字，又音駒。麗，力知翻。璉，力展翻。且請國諱。魏主使錄帝系及諱以與之；拜璉都督遼海諸軍事、征東將軍、遼東郡公、高句麗王。璉，釗之曾孫也。高句麗王釗爲燕所破，見八十七卷晉成帝咸康八年。

16 戊申，魏主命驃騎大將軍樂平王丕、驃，匹妙翻。騎，奇寄翻。樂，音洛。鎮東大將軍徒河屈垣【嚴：「垣」作「恒」。】等帥騎四萬伐燕。魏書官氏志：內入諸姓，尸突氏爲屈氏。

17 揚州諸郡大水，己酉，運徐、豫、南兗穀以賑之。賑，津忍翻。揚州西曹主簿沈亮建議，以爲酒糜穀而不足療飢，自晉以來，公府分東、西曹，各有掾屬、主簿。請權禁止；詔從之。亮，林子之子也。沈林子隨武帝征伐有功。

18 秋，七月，魏主畋于稒陽。稒陽北出卽光祿塞，漢五原之北邊也。師古曰：稒，音固。

19 己卯，魏樂平王丕等至和龍；燕王以牛酒犒軍，犒，苦到翻。獻甲三千。屈垣責其不送侍子，掠男女六千口而還。

20 八月，丙戌，魏主如河西；九月，甲戌，還宮。

21 魏左僕射河間公安原，恃寵驕恣。或告原謀爲逆；冬十月，癸卯，原坐族誅。

22 甲辰，魏主如定州；十一月，乙丑，如冀州；己巳，畋于廣川；丙子，如鄴。

23 魏人數伐燕，數，所角翻。燕日危蹙，上下憂懼。太常楊崏復勸燕王速遣太子入侍。崏，音岷。復，扶又翻。燕王曰：「吾未忍爲此。若事急，且東依高麗以圖後舉。」崏曰：「魏舉天下以擊一隅，理無不克。高麗無信，始雖相親，終恐爲變。」燕王不聽，密遣尚書陽伊請迎於高麗。爲燕王爲高麗所殺張本。麗，力知翻。

24 丹楊尹蕭摹之上言：「佛化被于中國，已歷四代，四代，漢、魏、晉、宋也。被，皮義翻。形像塔寺，所在千數。自頃以來，情敬浮末，不以精誠爲至，更以奢競爲重，材竹銅綵，糜損無極；

無關神祇，有累人事，累，力瑞翻。不爲之防，流遁未息。請自今欲鑄銅像及造塔寺者，皆當列言，須報乃得爲之。」詔從之。摹之，思話從叔也。從，才用翻。

25魏秦州刺史薛謹擊吐沒骨，滅之。

26楊難當釋楊保宗之囚，囚保宗事，見上九年。使鎮童亭。水經註：谷水出上邽東南注谷之山，東北歷董亭下；楊難當使兄子保宗鎮董亭，卽是亭也。董、童字相近。考異曰：後魏書作「薰亭」。宋書作「童」，今從之。

聶崇岐標點王崇武覆校

資治通鑑卷第一百二十三

端明殿學士兼翰林侍讀學士朝散大夫右諫議大夫充集賢殿修撰提舉西京嵩山崇福宮上柱國河內郡開國侯食邑一千八百戶食實封六百戶賜紫金魚袋臣司馬光奉敕編集

後學天台胡三省音註

宋紀五 起柔兆困敦（丙子），盡重光大荒落（辛巳），凡六年。

太祖文皇帝中之上

元嘉十三年（丙子、四三六）

1 春，正月，癸丑朔，上有疾，不朝會。朝，直遙翻；下同。

2 甲寅，魏主還宮。

3 二月，戊子，燕王遣使入貢于魏，使，疏吏翻；下同。請送侍子。魏主不許，燕王屢請送侍子而不至，魏主知其詐，故不許。將舉兵討之；壬辰，遣使者十餘輩詣東方高麗等諸國告諭之。諭以燕王之罪，使不得與通；或有奔逸，使不得容受之也。

4 司空、江州刺史、永脩公檀道濟，漢靈帝中平中，立永脩縣，屬豫章郡，隋開皇九年，併入建昌縣。立功前朝，威名甚重，左右腹心並經百戰，諸子又有才氣，朝廷疑畏之。朝，直遥翻。帝久疾不愈，劉湛說司徒義康，以爲「宮車一日晏駕，道濟不復可制。」說，輸芮翻。復，扶又翻；下足復同。會帝疾篤，義康言於帝，召道濟入朝。其妻向氏謂道濟曰：姓譜，祁姓之後爲向國。向，式亮翻，又如字。「高世之勳，自古所忌。今無事相召，禍其至矣。」既至，留之累月。帝稍間，間，如字。將遣還，已下渚，道濟將還江州，船已下秦淮渚。未發；會帝疾動，義康矯詔召道濟入祖道，因執之。三月，己未，下詔稱：「道濟潛散金貨，招誘剽猾，誘，音酉。剽，匹妙翻。因朕寢疾，規肆禍心。」收付廷尉，并其子給事黃門侍郎植等十一人誅之，唯宥其孫孺。唯宥諸孫之在童孺者。又殺司空參軍薛彤、高進之；二人皆道濟腹心，有勇力，時人比之關、張。關羽、張飛也。

道濟見收，憤怒，目光如炬，脫幘投地曰：「乃壞汝萬里長城！」壞，音怪。魏人聞之，喜曰：「道濟死，吳子輩不足復憚。」爲後魏人入寇，帝思道濟張本。

庚申，大赦；以中軍將軍南譙王義宣爲江州刺史。

5 辛未，魏平東將軍娥清、安西將軍古弼將精騎一萬伐燕，平州刺史拓跋嬰帥遼西諸軍會之。將，即亮翻。騎，奇寄翻。帥，讀曰率；下同。

6 氐王楊難當自稱大秦王，改元建義。立妻爲王后，世子爲太子，置百官皆如天子之制；然猶貢奉宋、魏不絕。

7 夏，四月，魏娥清、古弼攻燕白狼城，克之。白狼縣，漢屬右北平郡。燕以白狼城爲重鎮，置幷州。魏後入併建德郡廣都縣。有白狼山，白狼水。高麗遣其將葛盧孟光將衆數萬隨陽伊至和龍迎燕王。去年，燕遣陽伊請迎於高麗。高麗屯于臨川。臨川，在和龍城東。燕尚書令郭生因民之憚遷，開城門納魏兵，考異曰：後魏古弼傳作「大臣古泥」，今從十六國春秋鈔。魏人疑之，不入。生遂勒兵攻燕王，王引高麗兵入自東門，與生戰于闕下，生中流矢死。中，竹仲翻。葛盧孟光入城，命軍士脫弊褐，取燕武庫精仗以給之，大掠城中。

五月，乙卯，燕王帥龍城見戶東徙，帥，讀曰率。見，賢遍翻。馮氏歷二主二十八年而滅。焚宮殿，火一旬不滅；令婦人被甲居中，陽伊等勒精兵居外，葛盧孟光帥騎殿後，被，皮義翻。殿，丁甸翻。方軌而進，前後八十餘里。古弼部將高苟子帥騎欲追之，將，即亮翻。帥，讀曰率。騎，奇寄翻。弼醉，拔刀止之，故燕王得逃去。魏主聞之，怒，檻車徵弼及娥清至平城，皆黜爲門卒。

戊午，魏主遣散騎常侍封撥使高麗，散，悉亶翻。騎，奇寄翻。使，疏吏翻。令送燕王。

8 丁卯，魏主如河西。

9 六月，詔寧朔將軍蕭汪之將兵討程道養；軍至郪口，郪江源出今潼川府銅山縣，歷遂寧府長江縣而合於涪水，謂之郪口。郪，音妻。帛氏奴請降。降，戶江翻。道養兵敗，還入郪山。

10 赫連定之西遷也，事見上卷八年。楊難當遂據上邽。秋，七月，魏主遣驃騎大將軍樂平王丕、尚書令劉絜督河西、高平諸軍以討之，先遣平東將軍崔賾齎詔書諭難當。驃，匹妙翻。騎，奇寄翻。賾，士革翻。

11 魏散騎侍郎游雅來聘。姓譜：鄭公子偃字子游，後以爲氏，魏爲廣平望姓。

12 己未，零陵王太妃褚氏卒，追謚曰晉恭思皇后，葬以晉禮。

13 八月，魏主畋于河西。

14 魏主遣廣平公張黎發定州兵一萬二千通莎泉道。莎泉在靈丘。魏收地形志：靈丘郡有莎泉縣。隋廢靈丘爲縣，併莎泉入焉。莎，素何翻。

15 九月，庚戌，魏樂平王丕等至略陽；楊難當懼，請奉詔，攝上邽守兵還仇池。諸將議以爲：「不誅其豪帥，帥，所類翻。軍還之後，必相聚爲亂。又，大衆遠出，不有所掠，無以充軍實，賞將士。」丕將從之，中書侍郎高允參丕軍事，諫曰：「如諸將之謀，是傷其向化之心；大軍既還，爲亂必速。」丕乃止，還，從宣翻，又如字。撫慰初附，秋毫不犯，秦、隴遂安。難當以其子順爲雍州刺史，鎮下辨。雍，於用翻。辨，步莧翻。

16 高麗不送燕王於魏，遣使奉表，稱「當與馮弘俱奉王化」。魏主以高麗違詔，議擊之，將發隴右騎卒，麗，力知翻。使，疏吏翻。騎，奇寄翻。劉絜曰：「秦、隴新民，且當優復，新民，新附之民也。復，方目翻。俟其饒實，然後用之。」樂平王丕曰：「和龍新定，宜廣脩農桑以豐軍實，然後進取，則高麗一舉可滅也。」魏主乃止。

17 癸丑，封皇子濬爲始興王，駿爲武陵王。

18 冬，十一月，己酉，魏主如稒陽，稒，音固。驅野馬於雲中，置野馬苑；閏月，壬子，還宮。

19 初，高祖克長安，事見一百十八卷晉安帝義熙十三年。得古銅渾儀，渾，戶本翻。儀狀雖舉，不綴七曜。日月五星謂之七曜。是歲，詔太史令錢樂之更鑄渾儀，徑六尺八分，以水轉之，昏明中星與天相應。孟春之月，昏，參中；旦，尾中。仲春之月，昏，弧中；旦，建星中。季春之月，昏，七星中；旦，牽牛中。孟夏之月，昏，翼中；旦，婺女中。仲夏之月，昏，亢中；旦，危中。季夏之月，昏，火中；旦，奎中。孟秋之月，昏，建星中；旦，畢中。仲秋之月，昏，牽牛中；旦，觜觿中。季秋之月，昏，虛中；旦，柳中。孟冬之月，昏，危中；旦，七星中。仲冬之月，昏，東壁中；旦，軫中。季冬之月，昏，婁中；旦，氐中。更，工衡翻。

20 柔然與魏絕和親，犯魏邊。柔然與魏和，見上卷八年。

21 吐谷渾惠王慕璝卒，弟慕利延立。璝，古回翻。

十四年（丁丑、四三七）

1 春，正月，戊子，魏北平宣王長孫嵩卒。長，知兩翻。

2 辛卯，大赦。

3 二月，乙卯，魏主如幽州。三月，丁丑，魏主以南平王渾爲鎮東大將軍、儀同三司，鎮和龍。己卯，還宮。

4 帝遣散騎常侍劉熙伯如魏議納幣，散，悉亶翻。騎，奇吏翻。會帝女亡而止。魏請婚始上卷十年。

5 夏，四月，趙廣、張尋、梁顯等各帥衆降；別將王道恩斬程道養，送首，餘黨悉平。九年，趙廣等反，今乃平。帥，讀曰率。降，戶江翻。將，卽亮翻。丁未，以輔國將軍周籍之爲益州刺史。

6 魏主以民官多貪，郡守、縣令，親民之官。夏，五月，己丑，詔吏民得舉告守令不如法者。於是姦猾專求牧宰之失，迫脅在位，橫於閭里；橫，戶孟翻。而長吏咸降心待之，貪縱如故。長，知兩翻。

7 丙申，魏主如雲中。

8 秋，七月，戊子，魏永昌王健等討山胡白龍餘黨於西河，滅之。

9 八月，甲辰，魏主如河西；九月，甲申，還宮。

10 丁酉，魏主遣使者拜吐谷渾王慕利延爲鎮西大將軍、儀同三司，改封西平王。

11 冬，十月，癸卯，魏主如雲中；十一月，壬申，還宮。

12 魏主復遣散騎侍郎董琬、高明等多齎金帛使西域，招撫九國。復，扶又翻；下不復、爲復同。

九國入貢，見上卷十二年。琬等至烏孫，其王甚喜，曰：「破落那、者舌二國破落那，漢大宛國也，去代萬四千四百五十里。者舌，漢康居國也，去代萬五千四百五十里也。皆欲稱臣致貢於魏，但無路自致耳，今使君宜過撫之。」乃遣導譯送琬詣破落那，明詣者舌。旁國聞之，爭遣使者隨琬等入貢，凡十六國，自是每歲朝貢不絕。朝，直遙翻。

13 魏主以其妹武威公主妻河西王牧犍，妻，七細翻。犍，居言翻。河西王遣宋繇奉表詣平城謝，且問公【章：甲十一行本「公」上有「其母及」三字；乙十一行本同；孔本同；張校同；退齋校同。】主所宜稱。魏主使羣臣議之，皆曰：「母以子貴，妻從夫爵。春秋之義，母以子貴。禮記：婦人無爵，從夫之爵。牧犍母宜稱河西國太后，公主於其國稱王后，於京師則稱公主。」魏主從之。

初，牧犍娶涼武昭王之女，及魏公主至，李氏與其母尹氏遷居酒泉。頃之，李氏卒，尹氏撫之，不哭，曰：「汝國破家亡，今死晚矣。」牧犍之弟無諱鎮酒泉，謂尹氏曰：「后諸孫在伊吾，李寶奔伊吾，見一百十九卷營陽王景平元年。后欲就之乎？」尹氏未測其意，紿之曰：「吾子孫漂蕩，託身異域；餘生無幾，當死此，不復爲氊裘之鬼也。」未幾，潛奔伊吾。無諱遣騎追及之，尹氏謂追騎曰：「沮渠酒泉許吾歸北，何爲復追！汝取吾首以往，吾不復還矣。」追騎不敢逼，引還。尹氏卒於伊吾。史言尹氏義烈。紿，蕩亥翻。幾，居豈翻。復，扶又翻。騎，奇寄翻。卒，子恤翻。

牧犍遣將軍沮渠旁周入貢于魏，魏主遣侍中古弼、尙書李順賜其侍臣衣服，并徵世子封壇入侍。是歲，牧犍遣封壇如魏，亦遣使詣建康，使，疏吏翻。獻雜書及敦煌趙𢾺所撰甲寅元曆，敦，徒門翻。𢾺，讀爲斐。魏書作「敺」。撰，士免翻。并求雜書數十種，種，章勇翻。帝皆與之。

李順自河西還，魏主問之曰：「卿往年言取涼州之策，朕以東方有事，未遑也。今和龍已平，吾欲卽以此年西征，可乎？」對曰：「臣疇昔所言，見上卷十年。以今觀之，私謂不謬。然國家戎車屢動，士馬疲勞，西征之議，請俟他年。」魏主乃止。

十五年（戊寅、四三八）

1春，二月，丁未，以吐谷渾王慕利延爲都督西秦·河·沙三州諸軍事、鎭西大將軍、西秦·河二州刺史、隴西王。

2三月，癸未，魏主詔罷沙門年五十以下者。以其強壯，罷使爲民，以從征役。

3初，燕王弘至遼東，高麗王璉遣使勞之曰：麗，力知翻。璉，力展翻。使，疏吏翻。勞，力到翻。「龍城王馮君，爰適野次，士馬勞乎？」弘慙怒，稱制讓之；高麗處之平郭，處，昌呂翻。尋徙北豐。弘素侮高麗，政刑賞罰，猶如其國；高麗乃奪其侍人，取其太子王仁爲質。質，音致。弘怨高麗，遣使上表求迎，上遣使者王白駒等迎之，并令高麗資遣。高麗王不欲使弘南來，遣將孫漱、高仇等殺弘于北豐，并其子孫十餘人，果如楊崏之言。將，卽亮翻；下同。謚弘曰昭成皇帝。白駒等帥所領七千餘人掩討漱、仇，殺仇，生擒漱。高麗王以白駒等專殺，遣使執送之。上以遠國，不欲違其意，下白駒等獄，下，遐稼翻。已而原之。

4 夏，四月，納故黄門侍郎殷淳女爲太子劭妃。

5 五月，戊寅，魏大赦。

6 丙申，魏主如五原；秋，七月，自五原北伐柔然。命樂平王丕督十五將出東道，永昌王健督十五將出西道，魏主自出中道。至浚稽山，復分中道爲二：陳留王崇從大澤向涿邪山，魏主從浚稽北向天山，西登白阜，天山在漠北，即唐鐵勒思結、多濫葛所保之地，非伊吾之折羅漫山也。白阜，疑即雪山。復，扶又翻。邪，讀曰耶。不見柔然而還。時漠北大旱，無水草，人馬多死。

7 冬，十一月，丁卯朔，日有食之。

8 十二月，丁巳，魏主至平城。

9 豫章雷次宗好學，好，呼到翻；下同。隱居廬山。廬山在尋陽，今在南康城北十五里，尋陽之南，正面廬山。嘗徵爲散騎侍郎，不就。是歲，以處士徵至建康，爲開館於雞籠山，雞籠山在臺城北郊。散，悉亶翻。騎，奇寄翻。處，昌呂翻。爲，于僞翻。使聚徒教授。帝雅好藝文，使丹楊尹廬江何尚之立玄學，太子率更令何承天立史學，晉志，太子率更令主宮殿門戶及賞罰事，職如光祿勳、衞尉。更，工衡翻。司徒參軍謝元立文學，幷次宗儒學爲四學。元，靈運之從祖弟也。帝數幸次宗學館，令次宗以巾褠侍講，從，才用翻。數，所角翻。褠，古侯翻。江南人士交際以爲盛服，蓋次於朝服。毛脩之不肯以巾褠到殷景仁之門是也。蜀註曰：巾謂巾幘，褠謂單衣。資給甚厚。又除給事中，不就。久之，還廬山。

臣光曰：易曰：「君子多識前言往行以畜其德。」行，下孟翻。易大畜象辭。孔子曰：「辭達而已矣。」論語所記。然則史者儒之一端，文者儒之餘事；至於老、莊虛無，固非所以爲教也。夫學者所以求道；天下無二道，安有四學哉！

10 帝性仁厚恭儉，勤於爲政；守法而不峻，容物而不弛。百官皆久於其職，守宰以六期爲斷；吏不苟免，民有所係。三十年間，四境之內，晏安無事，戶口蕃息；斷，丁亂翻。蕃，音煩。出租供徭，止於歲賦，歲賦，常賦也，言不額外取民。晨出暮歸，自事而已。自適己事而已。閭閻之間，講誦相聞；士敦操尚，鄉恥輕薄。江左風俗，於斯爲美，後之言政治者，皆稱元嘉焉。治，直吏翻。

十六年（己卯、四三九）

1 春，正月，庚寅，司徒義康進位大將軍、領司徒，自漢以來，大將軍位三公上。司徒，丞相職也。義康既進位，猶領司徒職。南兗州刺史、江夏王義恭進位司空。夏，戶雅翻。

2 魏主如定州。

3 初，高祖遺詔，令諸子次第居荊州。臨川王義慶在荊州八年，欲爲之選代，爲，于僞翻。

其次應在南譙王義宣。帝以義宣人才凡鄙，置不用；二月，己亥，以衡陽王義季爲都督荆・湘等八州諸軍事、荆州刺史。義季嘗春月出畋，有老父被苫而耕，被，皮義翻。苫，詩廉翻。左右斥之，老父曰：「盤于遊畋，古人所戒。夏太康以遊畋失國。周公以文王戒成王盤樂也。今陽和布氣，一日不耕，民失其時，柰何以從禽之樂而驅斥老農也！」樂，音洛。義季止馬曰：「賢者也。」命賜之食，辭曰：「大王不奪農時，則境內之民皆飽大王之食，老夫何敢獨受大王之賜乎！」義季問其名，不告而退。

4 三月，魏雍州刺史葛那寇上洛，魏雍州刺史治長安。此北上洛也；南上洛寄治魏興。魏書官氏志：內入諸姓，賀葛氏改爲葛氏。雍，於用翻。上洛太守鐔長生棄郡走。鐔，徐林翻。

5 辛未，魏主還宮。

6 楊保宗與兄保顯自童亭奔魏。保宗鎮童亭見上卷十二年。庚寅，魏主以保宗爲都督隴西諸軍事、征西大將軍、開府儀同三司、秦州牧、武都王，鎮上邽，妻以公主；妻，七細翻。保顯爲鎮西將軍、晉壽公。

7 河西王牧犍通於其嫂李氏，兄弟三人傳嬖之。傳，遞也。以便辟得幸曰嬖。嬖，卑義翻。陸德明必計翻。李氏與牧犍之姊共毒魏公主，公主，魏主妹也。魏主遣解毒醫乘傳救之，得愈。傳，知戀翻。魏主徵李氏，牧犍不遣，厚資給，使居酒泉。

魏每遣使者詣西域，使，疏吏翻；下同。常詔牧犍發導護送出流沙。使者自西域還，至武威，牧犍左右有告魏使者曰：「我君承蠕蠕可汗妄言云：可，從刊入聲。汗音寒。『去歲魏天子自來伐我，士馬疫死，大敗而還；還，從宣翻，又如字；下同。我擒其長弟樂平王丕。』我君大喜，宣言於國。又聞可汗遣使告西域諸國，稱『魏已削弱，今天下唯我爲強，若更有魏使，勿復供奉。』西域諸國頗有貳心。」復，扶又翻；下能復同。兩屬曰貳。西域旣貢奉魏，又信柔然之言，是有貳心。使還，具以狀聞。魏主遣尙書賀多羅使涼州觀虛實，多羅還，亦言牧犍雖外脩臣禮，內實乖悖。悖，蒲內翻，又蒲沒翻。

魏主欲討之，以問崔浩。對曰：「牧犍逆心已露，不可不誅。官軍往年北伐，雖不克獲，實無所損。戰馬三十萬匹，計在道死傷不滿八千，常歲羸死亦不減萬匹。羸，倫爲翻。而遠方乘虛，遽謂衰耗不能復振。今出其不意，大軍猝至，彼必駭擾，不知所爲，擒之必矣。」魏主曰：「善！吾意亦以爲然。」於是大集公卿議於西堂。魏平城太極殿有東、西堂。弘農王奚斤等三十餘人皆曰：「牧犍，西垂下國，雖心不純臣，然繼父位以來，職貢不乏。朝廷待以藩臣，妻以公主；妻，七細翻。今其罪惡未彰，宜加恕宥。國家新征蠕蠕，蠕，人兗翻。士馬疲弊，未可大舉。且聞其土地鹵瘠，鹹地曰鹵，墝地曰瘠。難得水草，大軍旣至，彼必嬰城固守。攻之不拔，野無所掠，此危道也。」

初，崔浩惡尚書李順，伐夏之役，浩、順有隙。順以使涼爲魏主所寵待，浩愈惡之。惡，烏路翻。順使涼州凡十二返，使，疏吏翻。魏主以爲能。涼武宣王數與順遊宴，沮渠蒙遜諡武宣王。數，所角翻。對其羣下時爲驕慢之語；恐順泄之，隨以金寶納於順懷，順亦爲之隱。亦爲，于僞翻。浩知之，密以白魏主，魏主未之信。及議伐涼州，順與尚書古弼皆曰：「自溫圉水以西至姑臧，據北史，「溫圉水」當作「溫圍」。地皆枯石，絕無水草。彼人言，姑臧城南天梯山上，冬有積雪，深至丈餘，春夏消釋，下流成川，居民引以溉灌。彼聞軍至，決此渠口，水必乏絕。彼人，謂涼人也。環城百里之內，環，音宦。地不生草，人馬飢渴，難以久留。斤等之議是也。」魏主乃命浩與斤等相詰難，衆無復他言，但云「彼無水草」。浩曰：「漢書地理志稱『涼州之畜爲天下饒』，若無水草，畜何以蕃？詰，去吉翻。難，乃旦翻。復，扶又翻；下敢復同。漢書地理志曰：涼州土廣民稀，水草宜畜牧，故涼州之畜爲天下饒。畜，許救翻，又許六翻。蕃音繁。又，漢人終不於無水草之地築城郭，建郡縣也。且雪之消釋，僅能斂塵，何得通渠溉灌乎！此言大爲欺誣矣。」欺，誑也。誣，詐也。李順曰：「耳聞不如目見，吾嘗目見，何可共辯？」浩曰：「汝受人金錢，欲爲之遊說，謂我目不見便可欺邪！」帝隱聽，聞之，爲，于僞翻。說，輸芮翻。隱聽者，隱屏而聽也。乃出見斤等，辭色嚴厲，羣臣不敢復言，唯唯而已。唯，于癸翻。

羣臣既出，振威將軍代人伊馛言於帝馛，蒲撥翻。曰：「涼州若果無水草，彼何以爲國？

衆議皆不可用，宜從浩言。」帝善之。

夏，五月，丁丑，魏主治兵於西郊；治，直之翻。六月，甲辰，發平城。使侍中宜都王穆壽輔太子晃監國，決留臺事，內外聽焉。監，工銜翻。又使大將軍長樂王稽敬、「稽敬」，北史作「嵇敬」，當從之。魏書官氏志：北方諸姓，紇奚氏改爲嵇氏。輔國大將軍建寧王崇將二萬人屯漠南以備柔然。王將，卽亮翻。命公卿爲書以讓河西王牧犍，數其十二罪，且曰：「若親帥羣臣委贄遠迎，數，所具翻。帥，讀曰率。古者執贄以見，拜贄，首則委之於地，起則取而進之，此之謂委贄。謁拜馬首，上策也。六軍既臨，面縛輿櫬，其次也。若守迷窮城，不時悛悟，櫬，初覲翻。悛，丑緣翻。身死族滅，爲世大戮。宜思厥中，自求多福！」

8 己酉，改封隴西王吐谷渾慕利延爲河南王。

9 魏主自雲中濟河；秋，七月，己巳，至上郡屬國城。漢置屬國於邊郡以處降胡，此屬國城，漢舊城也。班書地理志：上郡龜茲縣，屬國都尉治。壬午，留輜重，部分諸軍，重，直用翻。分，扶問翻。使撫軍大將軍永昌王健、尚書令劉絜與常山王素爲前鋒，兩道並進；驃騎大將軍樂平王丕、太宰陽平王杜超爲後繼；驃，匹妙翻。騎，奇寄翻。以平西將軍源賀爲鄉導。鄉，讀曰嚮。

魏主問賀以取涼州方略，對曰：「姑臧城旁有四部鮮卑，皆臣祖父舊民，禿髮傉檀據姑臧，既而爲沮渠所取，有四部鮮卑留居城外。賀，傉檀之子也。臣願處軍前，處，昌呂翻。宣國威信，示以禍福，必相帥歸命。帥，讀曰率。外援既服，然後取其孤城，如反掌耳。」魏主曰：「善！」

八月，甲午，永昌王健獲河西畜產二十餘萬。

河西王牧犍聞有魏師，驚曰：「何爲乃爾！」用左丞姚定國計，不肯出迎，求救於柔然。遣其弟征南大將軍董來將兵萬餘人出戰於城南，來將，卽亮翻。望風奔潰。劉絜用卜者言，以爲日辰不利，斂兵不追，董來遂得入城。魏主由是怒之。爲魏誅劉絜張本。

丙申，魏主至姑臧，遣使諭牧犍令出降。使，疏吏翻。降，戶江翻。牧犍聞柔然欲入魏邊爲寇，冀幸魏主東還，遂嬰城固守；其兄子祖踰城出降。魏主具知其情，乃分軍圍之。源賀引兵招慰諸部下三萬餘落，故魏主得專攻姑臧，無復外慮。復，扶又翻；下不復同。

魏主見姑臧城外水草豐饒，由是恨李順，謂崔浩曰：「卿之昔言，今果驗矣。」自是魏主決意誅李順矣。對曰：「臣之言不敢不實，類皆如此。」

魏主之將伐涼州也，太子晃亦以爲疑。至是，魏主賜太子詔曰：「姑臧城【章：甲十一行本「城」下有「東」字；乙十一行本同；孔本同；張校同；退齋校同。】西門外，涌泉合於城北，其大如河。自餘溝渠流入漠中，其間乃無燥地。故有此敕，以釋汝疑。」

10 庚子，立皇子鑠爲南平王。鑠，書藥翻。

11 九月，丙戌，河西王牧犍兄子萬年帥所領降魏。考異曰：宋書氐胡傳曰：「茂虔兄子萬年爲虜內應，茂虔見執。」今從後魏書。帥，讀曰率。降，戶江翻；下同。姑臧城潰，牧犍帥其文武五千人面縛請降；魏主釋其縛而禮之。收其城內戶口二十餘萬，倉庫珍寶不可勝計。使張掖王禿髮保周、保周奔魏，封張掖公，今進爲王。保周，源賀之兄也。勝，音升。龍驤將軍穆羆、【章：甲十一行本「羆」作「罷」；乙十一行本同；孔本同。】驤，思將翻。安遠將軍源賀分徇諸郡，雜胡降者又數十萬。

初，牧犍以其弟無諱爲沙州刺史、都督建康以西諸軍事、領酒泉太守，宜得爲秦州刺史、都督丹嶺以西諸軍事、領張掖太守，丹嶺在姑臧西，即删丹嶺。安周爲樂都太守，乞伏衰滅，樂都亦爲沮渠所有。樂，音洛。考異曰：宋書「宜得」作「儀德」，「安周」作「從子豐周」，今從後魏書。從弟唐兒爲敦煌太守。從，才用翻。敦，徒門翻。及姑臧破，魏主遣鎮南將軍代人奚眷擊張掖，鎮北將軍封沓擊樂都；宜得燒倉庫，西奔酒泉，安周南奔吐谷渾，封沓掠數千戶而還。還，從宣翻，又如字。奚眷進攻酒泉，無諱、宜得收遺民奔晉昌，遂就唐兒於敦煌。魏主使弋陽公元絜守酒泉，及武威、張掖皆置將守之。將，即亮翻。

魏主置酒姑臧，謂羣臣曰：「崔公智略有餘，吾不復以爲奇。復，扶又翻。伊馛弓馬之士，而所見乃與崔公同，深可奇也。」馛善射，能曳牛卻行，走及奔馬，而性忠謹，故魏主特愛之。

魏主之西伐也，穆壽送至河上，自平城送魏主西至河。魏主敕之曰：「吳提與牧犍相結素深，聞朕討牧犍，吳提必犯塞，柔然敕連可汗名吳提。朕故留壯兵肥馬，使卿輔佐太子。收田既畢，即發兵詣漠南，分伏要害以待虜至，引使深入，然後擊之，無不克矣。涼州路遠，朕不得救，卿勿違朕言！」壽頓首受命。壽雅信中書博士公孫質，以爲謀主。壽、質皆信卜筮，以爲柔然必不來，不爲之備。質，軌之弟也。公孫軌見一百二十卷四年。

柔然敕連可汗聞魏主向姑臧，乘虛入寇，留其兄乞列歸與嵇敬、建寧王崇相拒於北鎮。北鎮，即魏主破降高車所置六鎮也。以在平城之北，故曰北鎮。或曰，北鎮直代都北，即懷朔鎮。自帥精騎深入，帥，讀曰率。騎，奇寄翻。至善無七介山，平城大駭，民爭走中城。走，音奏。穆壽不知所爲，欲塞西郭門，塞，悉則翻。請太子避保南山，竇太后不聽而止。竇太后，即保太后。遣司空長孫道生、征北大將軍張黎拒之於吐頹山。會嵇敬、建寧王崇擊破乞列歸於陰山之北，擒之，并其伯父他吾無鹿胡及將帥五百人，將，即亮翻。帥，所類翻。斬首萬餘級。敕連聞之，遁去，追至漠南而還。

冬，十月，辛酉，魏主東還，留樂平王丕及征西將軍賀多羅鎮涼州，徙沮渠牧犍宗族及吏民三萬戶于平城。考異曰：十六國春秋鈔云「十萬戶」，今從後魏書。

12 癸亥，禿髮保周帥諸部鮮卑據張掖叛魏。帥，讀曰率。

13 十二月，乙亥，太子劭加元服，大赦。劭美鬚眉，好讀書，便弓馬，喜延賓客；好，呼到翻。

喜，許記翻；下尤喜同。意之所欲，上必從之，東宮置兵與羽林等。師古曰：羽林，宿衛之官，言其如羽之疾，如林之多也。爲劭以東宮兵弒逆張本。

14 壬午，魏主至平城，以柔然入寇，無大失亡，故穆壽等得不誅。魏主猶以妹壻待沮渠牧犍，征西大將軍、河西王如故。牧犍母卒，葬以太妃之禮；武宣王置守冢三十家。爲沮渠蒙遜置守冢。

涼州自張氏以來，號爲多士。永嘉之亂，中州之人士避地河西，張氏禮而用之，子孫相承，衣冠不墜，故涼州號爲多士。沮渠牧犍尤喜文學，以敦煌闞駰爲姑臧太守，敦，徒門翻。闞，苦濫翻。駰，音因。張湛爲兵部尚書，曹魏置五兵尚書。據此，則兵部之號起於河西。劉昞、索敞、陰興爲國師助教，金城宋欽爲世子洗馬，索，昔各翻。洗，悉薦翻。趙柔爲金部郎，曹魏置二十三郎，金部其一也，主財帛委輸。廣平程駿、駿從弟弘爲世子侍講。從，才用翻。魏主克涼州，皆禮而用之，以闞駰、劉昞爲樂平王丕從事中郎。安定胡叟，少有俊才，少，詩照翻。往從牧犍，牧犍不甚重之，叟謂程弘曰：「貴主居僻陋之國而淫名僭禮，以小事大而心不純壹，外慕仁義而實無道德，其亡可翹足待也。吾將擇木，左傳：衛孔文子將攻太叔疾，訪於仲尼，仲尼曰：「甲兵之事，未之學也。」退，命駕而行，曰：「鳥則擇木，木豈能擇鳥！」先集于魏；與子暫違，非久闊也。」遂適魏。歲餘而牧犍敗。魏主以叟爲先識，拜虎威將軍，賜爵始復男。按地名無始復。漢書地理志，越巂郡有姑復縣，或者「始」字其

「姑」字之誤乎！河內常爽，世寓涼州，不受禮命，魏主以爲宣威將軍。河西右相宋繇從魏主至平城而卒。相，息亮翻。卒，子恤翻。

魏主以索敞爲中書博士。時魏朝方尚武功，朝，直遙翻。貴遊子弟不以講學爲意。鄭玄曰：貴遊子弟，王公之子弟；遊，無官司者。敞爲博士十餘年，勤於誘導，肅而有禮，誘，音酉。貴遊皆嚴憚之，多所成立，前後顯達至尚書、牧守者數十人。守，手又翻。常爽置館於溫水之右，水經註：桑乾城西十里有溫湯。教授七百餘人；爽立賞罰之科，弟子事之如嚴君。由是魏之儒風始振。高允每稱爽訓厲有方，曰：「文翁柔勝，先生剛克，漢景帝末，文翁爲蜀郡守，仁愛好教化，選郡縣小吏開敏有才者詣京師受業博士；又修起學官於成都市中，招下縣子弟爲學官弟子，爲除更繇，由是大化。至今巴、蜀好儒雅，文翁之敎也。克，亦勝也，言文翁以柔勝而常爽以剛勝也。立敎雖殊，成人一也。」

陳留江強，寓居涼州，獻經、史、諸子千餘卷及書法，亦拜中書博士。魏延昌三年，強孫式上表曰：「臣聞伏羲氏作而八卦形其畫，軒轅氏興而靈龜彰其彩。古史倉頡，覽二象之爻，觀鳥獸之迹，別剏文字以代結繩，用書契以維事，迄于三代，厥體頗異，雖依類取制，未能違倉氏矣。故周禮八歲入小學，保氏教以六書，蓋是史頡之遺法。及宣王太史史籀著大篆十五篇，與古文或同或異，時人謂之籀書。孔子脩六經，左丘明述春秋，皆以古文，厥意可得而言。其後七國殊軌，文字乖舛，暨秦兼天下，丞相李斯乃奏蠲罷不合秦文者。斯作倉頡篇，中車府令高作爰歷篇，太史令胡母敬作博學篇，皆取史籀式，頗有省改，所謂小篆者也。於是秦燒經書，滌除舊典，官獄繁多，以趣簡易，始用隸書；古文自此息矣。隸書者，始皇使下杜人程邈附於小篆所作也；世人以邈徒隸，即謂之隸書。

故秦有八體：一曰大篆，二曰小篆，三曰符書，四曰蟲書，五曰摹印，六曰署書，七曰殳書，八曰隸書。漢興，有尉律學，復教以籀書，又習八體試之，課最，以爲尚書史，書省字不正，輒舉劾焉。又有草書，莫知誰始，其形書雖無厥誼，亦一時之變通也。孝宣時，召通倉頡讀者，獨張敞從受之；涼州刺史杜業、沛人爰禮、講學大夫秦近亦能言之。孝平時，徵禮等百餘人說文字於未央宮中；以禮爲小學元士；黄門侍郎揚雄採以作訓纂篇。及亡新居攝，自以運應制作，使大司馬甄豐校文字之部，頗改定古文。時有六書：一曰古文，孔子壁中書也；二曰奇字，卽古文而異者；三曰篆書，云小篆也；四曰佐書，秦隸書也；五曰繆篆，所以摹印也；六曰鳥蟲，所以書旛信也。壁中書者，魯恭王壞孔子宅而得禮、尚書、春秋、論語、孝經也。又，北平侯張蒼獻春秋左氏傳，書體與孔氏相類，卽前代之古文矣。後漢扶風曹喜號曰工篆，小異斯法而甚精巧，自是後學，皆其法也。又詔侍中賈逵脩理舊文，殊藝異術，王教一端，苟有可以加於國者，靡不悉集。逵卽汝南許慎古文學之師也。後慎嗟時人之好奇，歎俗儒之穿鑿，故撰說文解字十五篇，首一終亥，各有部屬，可謂類聚羣分，雜而不越，文質彬彬，最可得而論也。左中郎將蔡邕採李斯、曹喜之法以爲古今雜形，詔於太學立石碑，刊載五經，題書楷法，多是邕書也。後開鴻都，書畫奇能，莫不雲集。時諸方獻篆，無出邕者。魏初，博士清河張揖著埤蒼、廣雅、古今字詁，方之許篇，古今體用，或得或失。陳留邯鄲淳亦與揖同時，博古開藝，特善蒼雅、許氏字指，八體六書，精究厥理，有名於揖，以書教諸皇子。又建三字石經於漢碑西，其文蔚煥，三體復宣；較之說文，篆、隸大同而古字小異。又有京兆韋誕，河東衞覬，二家並號能篆，當時臺觀牓題、寶器之銘，悉是誕書；咸傳之子孫，世稱其妙。晉世呂忱表上字林六卷，尋其況趣，附託許慎說文而按偶章句，隱別古籀奇惑之字，文得正隸，不差篆意也。忱弟靜，別倣故左校令李登聲類之法，作韻集五卷，使宮、商、角、徵、羽各爲一篇，而文字與兄，便是魯、衞，音讀楚、夏，時有不同。皇魏承百王之季，紹五運之緒，世易風移，文字改變，篆形謬錯，隸體失眞。俗學鄙習，復加虚巧，談辨之士，以意爲疑，炫惑於時，難以釐改，乃曰「追來爲歸，」「巧言爲辯」，「小兔爲䨲，」「神虫爲蠶」，如斯甚衆，皆不合孔氏古書、史籀大篆、許氏說文、石經三字也。嗟夫！文字者，六籍之宗，王教之始，前人所以垂今，今人所以識古。臣六世祖瓊，家世陳留，往晉之初，與從父兄應元皆受學於衞覬，古篆之法，蒼雅、方言、說文之誼，當時並收善譽。而祖遇洛陽之亂，避地河西，數世傳習，斯業所以不墜也。世祖太延中，牧犍内附，臣亡祖文威杖策歸國，奉獻五世傳掌之書，古篆八體之法，時蒙褒錄，敍列於儒林，官班文省，家號世業。臣藉六世之資，奉遵祖考之訓，切慕古人之軌，企踐儒門之轍，輒求撰集古來文字，以許慎說文爲主，及孔氏尚書、五經音註、籀篇、爾雅、三蒼、凡將、方言、通俗文、祖文宗、埤蒼、廣雅、古今字詁、三字石經、字林、韻集、諸賦文字，有六書之誼者，以類編聯，文無複重，統爲一部。其古籀奇惑，俗隸諸體，咸使班於篆下，各有區別。訓詁假借之誼，隨文而解；音讀楚、夏之聲，逐字而註；其所不知，則闕如也。冀省百氏之觀而同文字之域。」詔如所請。中書，自曹魏置監、令以來，未嘗置博士，蓋拓跋氏初置是官也。

魏主命崔浩監祕書事，監，工銜翻。綜理史職；以中書侍郎高允、散騎侍郎張偉參典著作。曹魏明帝景初初，中書改置監、令，又置通事郎；及晉，改曰中書侍郎。散，悉亶翻。騎，奇寄翻。浩啓稱：「陰仲逵、【章：甲十一行本「逵」作「達」；乙十一行本同；下同；張校同。】段承根，涼土美才，請同脩國史。」皆除著作郎。仲逵，武威人；承根，暉之子也。段暉事乞伏熾磐、暮末父子。

浩集諸曆家，考校漢元以來日月薄食、五星行度，漢元，漢初也。幷譏前史之失，別爲魏曆，以示高允。允曰：「漢元年，十月，五星聚東井，見九卷漢高帝元年考異。此乃曆術之淺事；今譏漢史而不覺此謬，恐後人之譏今猶今之譏古也。」浩曰：「所謬云何？」允曰：「按星傳：『太白、辰星常附日而行。』十月日在尾、箕，孟冬之月，日在尾；言在尾、箕者，竟一月言之也。傳，直戀翻。昏沒於申南，而東井方出於寅北，二星何得背日而行？背，蒲妹翻。是史官欲神其事，不復推之於理也。」復，扶又翻。浩曰：「天文欲爲變者，何所不可邪？」允曰：「此不可以空言爭，宜更審之。」坐者咸怪允之言，唯東宮少傅游雅曰：東宮少傅，即太子少傅。少，詩照翻。「高君精於曆數，當不虛也。」後歲餘，浩謂允曰：「先所論者，本不經心；及更考究，果如君言。五星乃以前三月聚東井，非十月也。」衆乃歎服。允雖明曆，初不推步及爲人論說，爲，于僞翻。唯游雅知之。雅數以災異問允，數，所角翻。允曰：「陰陽災異，知之甚難；既已知之，復恐漏泄，復，扶又翻。不如不知也。天下妙理至多，何以問此！」雅乃止。魏主問允：「爲政何先？」時魏多封禁良田，允曰：「臣少賤，允自言其少賤也。少，詩照翻。唯知農事；若國家廣田積穀，公私有備，則饑饉不足憂矣。」帝乃命悉除田禁以賦百姓。

15 吐谷渾王慕利延聞魏克涼州，大懼，帥衆西遁，踰沙漠。帥，讀曰率。魏主以其兄慕璝有擒赫連定之功，事見上卷八年。遣使撫諭之，使，疏吏翻。慕利延乃還故地。

16 氐王楊難當將兵數萬寇魏上邽，將，即亮翻；下同。秦州人多應之。東平呂羅漢說鎮將拓跋意頭曰：「難當衆盛，今不出戰，示之以弱，衆情離沮，不可守也。」意頭遣羅漢將精騎千餘出衝難當陳，所向披靡，說，輸芮翻。陳，讀曰陣。披，普彼翻。殺其左右騎八人，難當大驚。會魏主以璽書責讓難當，璽，斯氏翻。難當引還仇池。

17 南豐太妃司馬氏卒，故營陽王之后也。九年，帝以江夏王義恭子朗爲南豐王，奉營陽王祀，以后爲南豐太妃。

18 趙廣、張尋等復謀反，伏誅。十四年，廣、尋降，至建康，復謀反。復，扶又翻；下復能、復那、不復、無復同。

十七年（庚辰、四四〇）

1 春，正月，己酉，沮渠無諱寇魏酒泉，元絜輕之，出城與語；壬子，無諱執絜以圍酒泉。

2 二月，魏假通直常侍邢穎來聘。散騎常侍，秦官也。曹魏末，增置員外散騎常侍。晉武帝泰始十年，使員外二人與散騎常侍通直，故謂之通直散騎常侍。穎假以出使，非正官也。

3 三月，沮渠無諱拔酒泉。

4 夏，四月，戊午朔，日有食之。

5 庚辰，沮渠無諱寇魏張掖，禿髮保周屯删丹；删丹縣，漢屬張掖郡，後分屬西郡，唐屬甘州；居延海在縣界。丙戌，魏主遣撫軍大將軍永昌王健督諸將討之。將，卽亮翻。

6 司徒義康專總朝權。上羸疾積年，羸，倫爲翻。心勞輒發，屢至危殆；義康盡心營奉，藥石非口所親嘗不進，或連夕不寐；內外衆事皆專決施行。性好吏職，好，呼到翻；下好於同。糾剔文案，莫不精盡。上由是多委以事，凡所陳奏，入無不可；方伯以下，並令義康選用，生殺大事，或以錄命斷之。義康錄尚書，故謂其命爲錄命。斷，丁亂翻。勢傾遠近，朝野輻湊，每旦府門常有車數百乘，朝，直遙翻。乘，繩證翻。義康傾身引接，未嘗懈倦。復能強記，耳目所經，終身不忘，好於稠人廣席，標題所憶以示聰明。士之幹練者，多被意遇。懈，古隘翻。復，扶又翻；下同。好，呼到翻。被，皮義翻。嘗謂劉湛曰：「王敬弘、王球之屬，竟何所堪！坐取富貴，復那可解！」王敬弘恬淡有重名，王球簡貴虛靜，皆以門望位八坐，不以文案關心，故義康云然。解，戶買翻。然素無學術，不識大體，朝士有才用者皆引入己府，府僚無施及忤旨者乃斥爲臺官。晉、宋以來謂天朝爲天臺。忤，五故翻。自謂兄弟至親，不復存君臣形迹，率心而行，曾無猜防。私置僮六千餘人，不以言臺。四方獻饋，皆以上品薦義康而以次者供御；上嘗冬月噉甘，甘似橘而巨，其皮黃於橘，其味甘於橘。歎其形味並劣。義康曰：「今年甘殊有佳者。」遣人還東府取甘，大供御者三寸。

領軍劉湛與僕射殷景仁有隙，事見上卷十二年。湛欲倚義康之重以傾之。義康權勢已盛，湛愈推崇之，無復人臣之禮，上浸不能平。湛初入朝，上恩禮甚厚。湛善論治道，諳前代故事，敍致銓理，致，極致也；理，文理也；言敍其極致，又銓次其文理也。治，直吏翻。諳，烏含翻。聽者忘疲。每入雲龍門，御者卽解駕，左右及羽儀隨意分散，不夕不出，以此爲常。及晚節驅煽義康，馬方走而疾其鞭策曰驅；火方熾而鼓其氣燄曰煽。上意雖內離而接遇不改，嘗謂所親曰：「劉班方自西還，吾與語，常視日早晚，慮其將去；比入，吾亦視日早晚，苦其不去。」湛，小字班虎，故稱之爲班。比，毗至翻，近也。殷景仁密言於上曰：「相王權重，非社稷計，宜少加裁抑！」相，息亮翻。少，詩沼翻。上陰然之。

司徒左長史劉斌，湛之宗也；斌，音彬。大將軍從事中郎王履，謐之孫也；王謐識武帝於微時，晉、宋之際，位任通顯。及主簿劉敬文，祭酒魯郡孔胤秀，皆以傾諂有寵於義康；見上多疾，皆謂「宮車一日晏駕，宜立長君。」長，知兩翻。上嘗疾篤，使義康具顧命詔，義康還省，流涕以告湛及景仁。湛曰：「天下艱難，詎是幼主所御！」義康、景仁並不答。考異曰：南史以爲義康有此言，湛、景仁並不答。按義康雖不識大體，豈敢自爲此言！湛常欲推崇義康，豈肯聞而不答！今從宋書及宋略。而胤秀等輒就尚書議曹索晉咸康末立康帝舊事，「議曹」，南史作「儀曹」，當從之。曹魏置二十三郎，儀曹其一也。立康帝事見九十七卷。索，山客翻。義康不知也；及上疾瘳，微聞之。瘳，丑留翻。而斌等密謀，欲使大業終歸義康，遂邀結朋黨，伺察禁省，伺，相吏翻。有不與己同者，必百方構陷之，又採拾景仁短長，或虛造異同以告湛。自是主、相之勢分矣。相，息亮翻。

義康欲以劉斌爲丹楊尹，斌，音彬。言次，啓上陳其家貧。言未卒，卒，子恤翻。上曰：「以爲吳郡。」後會稽太守羊玄保求還，會，工外翻。義康又欲以斌代之，啓上曰：「羊玄保求還，不審以誰爲會稽？」上時未有所擬，倉猝曰：「我已用王鴻。」自去年秋，上不復往東府。史言帝已疏忌義康，而義康貪戀權勢，惑於附麗者，不能引退。復，扶又翻；下同。

五月，癸巳，劉湛遭母憂去職。湛自知罪釁已彰，無復全地，釁，許覲翻。謂所親曰：「今年必敗。常日正賴口舌爭之，故得推遷耳；今既窮毒，謂母子相訣，則人理窮而罹荼毒也。無復此望，禍至其能久乎！」考異曰：南史云：「湛伏甲於室，以俟上臨弔，謀又泄，竟弗之幸。」宋書無此事。按湛若謀泄，當即伏誅，豈得尚延半歲！今從宋書。

7 乙巳，沮渠無諱復圍張掖，不克，退保臨松。臨松郡臨松縣，當是沮渠氏所置，後宇文周廢入張掖。復，扶又翻；下同。魏主不復加討，但以詔諭之。

8 六月，丁丑，魏皇孫濬生，大赦，改元太平眞君，取寇謙之神書云「輔佐北方太平眞君」故也。寇謙之神書見一百十九卷營陽王景平元年。

9 太子劭詣京口拜京陵，司徒義康、竟陵王誕等並從，從，才用翻。南兗州刺史、江夏王義恭自江都會之。夏，戶雅翻。

10 秋，七月，己丑，魏永昌王健擊破禿髮保周于番禾；保周走，遣安南將軍尉眷追之。

番，音盤。尉，紆勿翻。

11 丙申，魏太后竇氏殂。

12 壬子，皇后袁氏殂。太子劭弒逆之心萌於此矣。

13 癸丑，禿髮保周窮迫自殺。

八月，甲申，沮渠無諱使其中尉梁偉詣魏永昌王健請降，降，戶江翻。歸酒泉郡及所虜將士元絜等。魏主使尉眷留鎮涼州。

14 九月，壬子，葬元皇后。

15 上以司徒彭城王義康嫌隙已著，將成禍亂，冬，十月，戊申，收劉湛付廷尉，下詔暴其罪惡，就獄誅之，幷誅其子黯、亮、儼及其黨劉斌、劉敬文、孔胤秀等八人，徙尚書庫部郎何默子等五人於廣州，曹魏置尚書二十三郎，庫部其一也。因大赦。是日，敕義康入宿，留止中書省。其夕，分收湛等；青州刺史杜驥勒兵殿內以備非常，遣人宣旨告義康以湛等罪狀。義康上表遜位，詔以義康爲江州刺史，侍中、大將軍如故，出鎮豫章。

初，殷景仁臥疾五年，景仁臥疾始上卷十二年。雖不見上，而密函去來，日以十數，朝政大小，必以咨之；朝，直遙翻。影迹周密，莫有窺其際者。收湛之日，景仁使拂拭衣冠，左右皆不曉其意。其夜，上出華林園延賢堂，召景仁。景仁猶稱腳疾，以小牀輿就坐；誅討處分，一以委之。坐，徂臥翻。處，昌呂翻。分，扶問翻。

初，檀道濟薦吳興沈慶之忠謹曉兵，上使領隊防東掖門。劉湛爲領軍，嘗謂之曰：「卿在省歲久，比當相論。」省，謂領軍省。比，毗寐翻。謂當爲之論敍也。慶之正色曰：「下官在省十年，自應得轉，不復以此仰累！」復，扶又翻；下同。累，力瑞翻。收湛之夕，上開門召慶之，慶之戎服縛袴而入，上曰：「卿何意乃爾急裝？」慶之曰：「夜半喚隊主，江南軍制，呼長帥爲隊主、軍主。隊主者，主一隊之稱；軍主者，主一軍之稱。不容緩服。」史言沈慶之有識略。上遣慶之收劉斌，殺之。

驍騎將軍徐湛之，逵之之子也，徐逵之，武帝愛壻，死於司馬楚之、魯宗之之難。驍，堅堯翻。騎，奇寄翻。與義康尤親厚，上深銜之。義康敗，湛之被收，罪當死。其母會稽公主，於兄弟爲長嫡，被，皮義翻。會，工外翻。長，知兩翻。素爲上所禮，家事大小，必咨而後行。高祖微時，嘗自於新洲伐荻，有納布衫襖，納，與衲同。臧皇后手所作也；既貴，以付公主曰：「後世有驕奢不節，可以此衣示之。」至是，公主入宮見上，號哭，不復施臣妾之禮，以錦囊盛納衣擲地號，戶高翻。盛，時征翻。曰：「汝家本貧賤，此是我母爲汝父所作；爲，于僞翻；下右爲、嘗爲同。今日得一飽餐，遽欲殺我兒邪！」上乃赦之。

吏部尚書王球，履之叔父也，以簡淡有美名，爲上所重。履性進利，言履務進而好利也。深結義康及湛；球屢戒之，不從。誅湛之夕，履徒跣告球，跣，先典翻。球命左右爲取履，先溫酒與之，謂曰：「常日語汝云何？」語，牛倨翻。履怖懼不得答，怖，普布翻。球徐曰：「阿父在，汝亦何憂！」江南人士呼叔父、伯父爲阿父，亦爲伯父、叔父者以自呼。阿，烏葛翻。上以球故，履得免死，廢於家。據南史，帝初爲宜都王，以球爲友，簡淡見重，蓋素知之也。

義康方用事，人爭求親暱，暱，尼質翻。唯司徒主簿江湛早能自疏，求出爲武陵內史。檀道濟嘗爲其子求婚於湛，湛固辭；道濟因義康以請之，湛拒之愈堅。故不染於二公之難。難，乃旦翻。上聞而嘉之。湛，夷之子也。江夷嚮用於元嘉之初。

彭城王義康停省十餘日，見上奉辭，便下渚；上惟對之慟哭，餘無所言。上遣沙門慧琳視之，義康曰：「弟子有還理不？」不，讀曰否。慧琳曰：「恨公不讀數百卷書！」

初，吳興太守謝述，裕之弟也。謝裕見一百十五卷晉安帝義熙五年。累佐義康，數有規益；早卒。義康鎮江陵，述爲驃騎長史、南郡太守；義康入相，又爲司徒左長史。數，所角翻。義康將南，將自建康南徙豫章。歎曰：「昔謝述惟勸吾退，劉班惟勸吾進；今班存而述死，其敗也宜哉！」上亦曰：「謝述若存，義康必不至此。」

以征虜司馬蕭斌爲義康諮議參軍，領豫章太守，事無大小，皆以委之。斌，摹之之子也。蕭摹之見上卷十二年。使龍驤將軍蕭承之將兵防守。驤，思將翻。之將，卽亮翻。義康左右愛念者，並聽隨從；從，才用翻。資奉優厚，信賜相係，朝廷大事皆報示之。

久之，上就會稽公主宴集，甚懽；主起，再拜叩頭，悲不自勝。勝，音升。上不曉其意，自起扶之。主曰：「車子歲暮必不爲陛下所容，今特請其命。」義康，小字車子。因慟哭，上亦流涕，指蔣山曰：「必無此慮。若違今誓，便是負初寧陵。」高祖葬初寧陵，在蔣山。即封所飲酒賜義康，并書曰：「會稽姊飲宴憶弟，所餘酒今封送。」故終主之身，義康得無恙。恙，余亮翻。

臣光曰：文帝之於義康，友愛之情，其始非不隆也；終於失兄弟之歡，虧君臣之義。迹其亂階，正由劉湛權利之心無有厭已。厭，於鹽翻。詩云：「貪人敗類」，芮良夫桑柔之詩。敗，補邁翻。其是之謂乎！

16徵南兗州刺史江夏王義恭爲司徒、錄尚書事。戊寅，以臨川王義慶爲南兗州刺史；殷景仁爲揚州刺史，僕射、吏部尚書如故。義恭懲彭城之敗，雖爲總錄，奉行文書而已，上乃安之。彭城，義康也。上年給相府錢二千萬，他物稱此；相，息亮翻。稱，尺證翻。而義恭性奢，用常不足，上又別給錢，年至千萬。

17十一月，丁亥，魏主如山北。

18殷景仁既拜揚州，羸疾遂篤，羸，倫爲翻。上爲之敕西州道上不得有車聲；爲，于僞翻。揚州治所在建康臺城西，故謂之西州。宋白曰：秣陵縣，秦屬鄣郡。丹楊圖云：自句容以西屬鄣郡，以東屬會稽郡，武帝元封二年，改鄣郡爲丹楊郡，置揚州刺史，理秣陵，西州橋、冶城之間是其理處。劉繇爲揚州刺史，始移理曲阿。

孫策號此爲西州。癸丑，卒。卒，子恤翻。

十二月，癸亥，以光祿大夫王球爲僕射。戊辰，以始興王濬爲揚州刺史。時濬尚幼，州事悉委後軍長史范曄、主簿沈璞。曄，泰之子；璞，林子之子也。范泰爲高祖所賞愛。林子從高祖爲將有功。曄尋遷左衞將軍，以吏部郎沈演之爲右衞將軍，對掌禁旅；又以庾炳之爲吏部郎，俱參機密。演之，勁之曾孫也。沈勁守死於洛陽，以雪父充爲逆之罪。

曄有雋才，而薄情淺行，數犯名教，爲士流所鄙。行，下孟翻。數，所角翻。性躁競，自謂才用不盡，常怏怏不得志。爲後范曄謀亂張本。吏部尚書何尚之言於帝曰：「范曄志趨異常，趨，與趣同，七著翻。請出爲廣州刺史；若在內釁成，不得不加鈇鉞，鈇鉞亟行，釁，許覲翻。亟，區記翻。非國家之美也。」帝曰：「始誅劉湛，復遷范曄，復，扶又翻；下復稱同。人將謂卿等不能容才，朕信受讒言；但共知其如此，無能爲害也。」

19 是歲，魏寧南將軍王慧龍卒，呂玄伯留守其墓，終身不去。慧龍不殺玄伯，見上卷八年。

20 魏主欲以伊馛爲尚書，封郡公，馛辭曰：「尚書務殷，公爵至重，非臣年少愚近所宜膺受。」馛，蒲撥翻。少，詩照翻。帝問其所欲，對曰：「中、祕二省多諸文士，中、祕，謂中書省、祕書省也。若恩矜不已，請參其次。」帝善之，以爲中護軍將軍、祕書監。

21 大秦王楊難當復稱武都王。十三年，難當自稱大秦王。

十八年（辛巳、四四一）

1春，正月，癸卯，魏以沮渠無諱爲征西大將軍、涼州牧、酒泉王。

2彭城王義康至豫章，辭刺史，辭江州刺史也。甲辰，以義康都督江、交、廣三州諸軍事。前龍驤參軍巴東扶令育詣闕上表，驤，思將翻。扶，姓也。稱：「昔袁盎諫漢文帝曰：『淮南王若道路遇霜露死，陛下有殺弟之名。』文帝不用，追悔無及。見十四卷文帝六年。彭城王義康，先朝之愛子，朝，直遥翻。陛下之次弟，若有迷謬之愆，正可數之以善惡，數，所具翻。導之以義方，柰何信疑似之嫌，一旦黜削，遠送南垂！草萊黔首，皆爲陛下痛之。爲，于僞翻；下竊爲同。廬陵往事，足爲龜鑑。見百二十卷元年。恐義康年窮命盡，奄忽于南，臣雖微賤，竊爲陛下羞之。陛下徒知惡枝之宜伐，豈知伐枝之傷樹！伏願亟召義康返于京甸，兄弟協和，君臣輯睦，則四海之望塞，多言之路絕矣。塞，悉則翻。何必司徒公、揚州牧然後可以置彭城王哉。若臣所言於國爲非，請伏重誅以謝陛下。」表奏，卽收付建康獄，賜死。

裴子野論曰：夫在上爲善，若雲行雨施，施，式智翻。萬物受其賜；及其惡也，若天裂地震，萬物所驚駭，其誰弗知，其誰弗見！豈戮一人之身，鉗一夫之口，所能攘逃，所能弭滅哉？是皆不勝其忿怒而有增於疢疹也。勝，音升。疹，丑刃翻。以太祖之含弘，尚掩耳於彭城之戮；自斯以後，誰易由言！鄭玄曰：由，用也。易，以豉翻。有宋累葉，罕聞直諒，豈骨骾之氣，俗愧前古？抑時王刑政使之然乎？張約隕於權臣，事見百二十卷元年。扶育斃於哲后，宋之鼎鑊，吁，可畏哉！

3 魏新興王俊荒淫不法，三月，庚戌，降爵爲公。俊母先得罪死，俊積怨望，有逆謀；事覺，賜死。

4 辛亥，魏賜郁久閭乞列歸爵爲朔方王，沮渠萬年爲張掖王。十六年，魏擒乞列歸，沮渠萬年亦以是年以姑臧降魏。

5 夏，四月，沮渠唐兒叛沮渠無諱；無諱留從弟天周守酒泉，從，才用翻。與弟宜得引兵擊唐兒，唐兒敗死。魏以無諱終爲邊患，庚辰，遣鎭南將軍奚眷擊酒泉。

6 秋，八月，辛亥，魏遣散騎侍郎張偉來聘。

7 九月，戊戌，魏永昌王健卒。

8 冬，十一月，戊子，王球卒。己亥，以丹楊尹孟顗爲尙書僕射。顗，魚豈翻。

9 酒泉城中食盡，萬餘口皆餓死，沮渠天周殺妻以食戰士。食，祥吏翻。庚子，魏奚眷拔酒泉，獲天周，送平城，殺之。沮渠無諱乏食，且畏魏兵之盛，乃謀西度流沙，遣其弟安周西擊鄯善。鄯善王欲降，鄯，上扇翻。降，戶江翻。會魏使者至，勸令拒守；安周不能克，退保東城。鄯善國之東城也。

10 氐王楊難當傾國入寇，謀據蜀土，遣其建忠將軍苻沖出東洛以禦梁州兵；五代志：義城郡景谷縣，舊白水縣也，後周省東洛郡入焉。余據白水縣，漢屬廣漢，晉屬梓潼，時屬晉壽，則東洛在晉壽界也。梁、秦二州刺史劉眞道擊沖斬之。眞道，懷敬之子也。劉懷敬見一百一十一卷晉安帝隆安三年。難當攻拔葭萌，獲晉壽太守申坦，遂圍涪城；涪，音浮。巴西、梓潼二郡太守劉道錫嬰城固守，難當攻之十餘日，不克，乃還。道錫，道產之弟也。十二月，癸亥，詔龍驤將軍裴方明等帥甲士三千人，又發荆、雍二州兵以討難當，皆受劉眞道節度。裴方明，益州之良將也。程道養、趙廣之亂屢有戰功，故用之。爲明年平仇池張本。驤，思將翻。帥，讀曰率。雍，於用翻。考異曰：氐胡傳作「十九年正月遣方明等」，今從帝紀。

11 晉寧太守爨松子反，寧州刺史徐循討平之。晉惠帝永安二年，分建寧西七縣爲益州郡，至懷帝，更名晉寧郡。

12 天門蠻田向求等反，破漊中；沈約曰：漊中縣，二漢無，晉太康地志有，疑是吳立，屬天門郡。漊，郎侯翻。荆州刺史衡陽王義季遣行參軍曹孫念討破之。

13 魏寇謙之言於魏主曰：「今陛下以眞君御世，建靜輪天宮之法，開古以來，未之有也。應登受符書以彰聖德。」帝從之。

聶崇岐標點王崇武覆校